国家社科基金重点课题
中国社会科学院重点课题
本丛书获中国社会科学院出版资助

中国国情丛书——百县市经济社会追踪调查

中国国情丛书——百县市经济社会追踪调查·儋州·洋浦卷

琼西崛起的双子星座
The Rising Gemini
in West Hainan

社会科学文献出版社
SOCIAL SCIENCES ACADEMIC PRESS (CHINA)

儋州·洋浦政区示意图

儋州农村一瞥

儋州天正造船厂 　洋浦千年古盐田

儋州永航不锈钢厂

儋州汽车站

洋浦浦苑园小区

儋州长坡瓜菜

中秋文化周儋州调声活动

儋州农民新居

中国百县市调查丛书总编辑委员会

名誉主编 丁伟志 陆学艺

主　　编 何秉孟 黄浩涛

副 主 编 牛凤瑞 谢曙光

秘 书 长 谢曙光

副秘书长 何丽 丁凡

编　　委 （待后增补，按姓氏笔画为序）
　　　　　　王爱丽　韦　伟　水延凯　曲　伟
　　　　　　吕芳文　刘景华　孙自铎　孙兆文
　　　　　　杜受祜　李友清　张　明　张卓民
　　　　　　格　勒　黄陵东　曹晓峰　廖　逊
　　　　　　魏胜文

《儋州·洋浦卷》编辑委员会

主　　任　丁尚清　廖　逊
顾　　问　柳树滋
副 主 任　张　琦　罗时祥　郭全茂　樊明亮
　　　　　林星煌　夏鲁平　王琼兰
委　　员　（按姓氏笔画为序）
　　　　　丁尚清　于苏光　王琼兰　刘光前
　　　　　岑选星　张　琦　林芳兰　林星煌
　　　　　罗时祥　柳树滋　夏周青　夏鲁平
　　　　　高　萍　郭全茂　郭晓帆　廖　逊
　　　　　樊明亮
主　　编　廖　逊
副 主 编　夏鲁平（常务副主编）　王琼兰

总 序

1978年改革开放以来，中国的经济社会结构发生了巨大而深刻的历史性演变：正在由一个传统的、封闭的农业农村社会转变为工业化、开放的城市化的现代社会。我国的改革开放大业，是一场占世界人口1/5强的13亿人民的进步运动，已经改变了中国的面貌，还在进一步发展变化之中，影响及于世界，她是20世纪后期世界发生的最重要、意义最深远的大事之一。

伟大的变革，一定会有科学的总结。对于改革开放以来的这场大变革，应该做深入的研究和总结。她是怎样发生的？是怎样发展变化的？经历了哪些中间环节和中间过程？有哪些基本经验？有哪些要吸取的教训？未来将怎样演变和发展？还有哪些重大问题要解决等。所有这些，不仅是中国人民普遍关注的大问题，而且也是世界各国人民关注的大问题。这样的总结，当然首先应该由当代中国人自己来做，因为这是发生在自己身边的事情，有亲身的经历和亲身的体会。

一场伟大而深刻的历史变革，影响广大而深远，会有各种各样的总结。既有当代人从不同的立场、观点和不同的要求、视角的总结，也会有后代人的各种总结。中国人有总结历史的好传统，"温故而知新"是我们的格言。所以，后代人的总结，虽然可能比较简约，但常会有更加全面、更加深刻的佳作，给人以新的启迪和警示。

中国的改革开放大业还在继续，中国的经济社会结构大变迁还在继续。原有的社会矛盾解决了或基本解决了，新的社会矛盾产生了或正在产生，中国的新的历史长卷正在按照规律一步一步地展示。20世纪80年代以来，国内外的人们对中国这场巨变已经做了很多总结，有的是很有见地的，有的则是浮光掠影地描述或者只是个人的臆测和猜想，这是难免的。因为变革本身还在演变之中，有许多不确定因素，加上体制等方面的原因，一些变革的真正原因、重大改革和重大事件的决策真相，还没有公示。所以，真实、全面深刻的总结还要有待于未来。

伟大的变革，是亿万群众亲身参加的变革，总结本身也应该是群众的事业。人们可以从不同的方面、不同的角度、不同的阶段，用不同的形式作出各种不同的总结。一旦条件和时机成熟，集腋成裘、集其大成，真实全面深刻的总结就诞生了。在当前，我们应该为中国这场伟大的变革作好各方面的准备，其中有一项工作很重要，那就是通过实地调查研究，采用各种形式，把改革开放以来，中国的政治、经济、社会、文化等各个方面的变化情况、变化过程，如实地记载下来。中国的这场巨变，可以说是自周秦以来，经济社会结构发生最巨大、最深刻的一次演变，不仅是经济基础、社会结构变了，上层建筑也变了；农村变了，城市也变了；生产方式变了，生活方式也变了；家庭婚姻变了，社会心理、价值观念也变了。而且这些变化非常迅速，转瞬即逝。有的农村，几个月工夫，整村整屯地不见了。有的地方，几年工夫就冒出来一个很大的城市。就是住在北京市的人，几个月不出门，再到原来很熟悉的社区去看，有的四合院不见了，幢幢大楼矗立起来了，连路也不认识了。我们这一代人，有责任通过各种调查方法和形式，将这个巨大的变化从各个侧面把它记载下来，越具体、越详细、越真实越好。这些调查记录，不仅对研究中国的经济学、社会学有意义，而且对政治学、历史学、哲学等学科的发展也有意义。从学术的角度看调查分析，不仅对当代有价值，而且对后代更有用。年代越久，越珍贵。这可以说，这是对中国这场巨大变迁作出科学总结的学术准备，也是最重要的基础工作。

1988年，为了贯彻落实邓小平同志关于"摸准、摸清"中国国情的指示，拓宽、深化对于社会主义初级阶段理论的认识，在党中央有关部门的指示下，在国家社会科学基金会的大力支持下，中国社会科学院开始组织实施了"中国百县市经济社会调查"，这是一项全面系统的综合性调查。从全国31个省、市、自治区中选定了100余个不同区域类型，不同发展程度，具有代表性的市（县）区作为调查对象。调查的内容是自1949年以来，特别是改革开放以来，这些县市的政治、经济、社会、文化等各个方面的演变过程和状况。调查的形式和方法是，组织专业调查人员到这个县市蹲点，同当地的干部群众相结合，广泛收集大量的数据和文献资料，召开各种座谈会，听取县市各级干部、群众的介绍，并且坚持下厂下乡，走村串户，作抽样问卷调查，对各个阶层、各类人员进行深入访谈，下大工夫掌握第一手资料，按照"真实、准确、全面、深刻"的八字方针，进行分析研究，写出反映这个县市全貌和历史演变过程的调查研究成果。本项大规模国情调查，是中华人民共和国成立以来进行的少数几次大规模经济社会调查之一，是一次浩大的调查系统工程，先后有近3000名社会科学专业工作者和实际工作者参加，动员了数以万计的干部群众协助，取得的数据资料数以亿计，最终成果由中国大百科全书出版社以《中国国情丛书——百县市经济社会调查》为书名，自1991年起陆续出版，到1998年10月出齐，共104卷，4000多万字。经总编委和国情丛书编辑部评议和协商，从中减去4卷，最后送交国家社会科学基金会作为最终成果的是100卷。前后历时10年8个月，完成了预定的计划。

这100卷国情丛书，每一卷都是以描述一个市（县）区的历史和现实发展状况为主的学术资料性专著，它既是各级政府制定经济社会政策和发展战略的依据，也是进行基本国情研究或社会科学专题研究的基础资料，具有重要的实用价值和较高的学术价值。这套国情丛书，真实地记录描述了分布在全国31个省、市、自治区的各种类型、各种发展水平、有代表性的县市的历史演变的轨迹，这些资料和数据来之不易，十分珍贵，所以这套国情丛书也具有重要的保存价值，历时愈久远，其价值愈珍贵。因为它是对20世纪80～90年代中国改革开放以来中国发生的伟大变革的真实记录，是对这场伟大变革做出科学总结的基础性学术资料。所以，这套国情丛书一出版，就受到了国内外学术界的欢迎，认为这是社会科学界的一项很重要的学术资料基本建设的成果。这套国情丛书已成为国内外各大学和学术科研单位的图书馆的藏书。国家社会科学基金会对本项成果给予了高度评价，公开予以表彰，中国社会科学院给本丛书颁发了科研成果特别荣誉奖。

从1991年出版第一批国情丛书（调查内容是1988～1990年间的），距今已十多年。这十多年来，恰是中国经济社会变化最大的时期，邓小平同志的南方谈话、党的"十四大"明确指出要建立社会主义市场经济体制；国有企业改革、乡镇企业改制、科教兴国战略和可持续发展战略的实施；第八、第九、第十个五年计划的顺利完成；综合国力有了极大的增强，胜利实施了现代化建设"三步"战略的第一步、第二步目标，总体上达到了小康水平。这十多年是中国政治、经济、社会、文化等各个方面改革和发展最快的时期。鉴于此，国情丛书总编委认为有必要在第一次百县市国情调查的基础上，从中选择部分县市作一次追踪调查，作深入翔实的比较研究，这有利于我们准确把握21世纪初期的中国国情。为此，总编委向国家社会科学基金会和中国社会科学院提出了申请报告。2003年春，国家社会科学规划办正式批准《中国百县市经济社会追踪调查》课题，并将其定为国家社科基金"十五"重点课题。随后中国社会科学院也批准本课题的立项，给予了重点资助。《中国百县市经济社会追踪调查》课题立项后，第一批五个调查试点已于2004

年初启动，同年8月又部署了十余个县市调查点，整个追踪调查计划到2007年完成。本次追踪调查的内容，强调以科学发展观为指导，着重反映这十多年在改革开放、建立和完善社会主义市场经济体制过程中，经济社会发展所取得的成就和面临的问题，既要同上次调查内容衔接，作出相应的比较，探讨发展变化的内在规律，也要有新的拓展，对改革发展中出现的新事物、新领域、新问题，要充分予以反映。

本次追踪调查的方针，仍要始终坚持贯彻"真实、准确、全面、深刻"的八字方针。实践证明，这个方针是正确的，保证了中国百县市经济社会调查这项大规模调查众多人员的认识和步调一致，保证了最终成果的质量。

本次追踪调查的成果，定位为资料性和研究性相结合的学术专著。在全面深入调查，掌握大量第一手资料和数据的基础上，进行综合分析，与上次成果作比较研究，总结出一些规律性认识，写出具有科学研究价值、实用价值和保存价值的专著。最终形成的成果，将由中国社会科学院所属的社会科学文献出版社从2005年起陆续出版。

本次追踪调查，是继中国百县市经济社会调查后的又一次大规模的社会调查，意义重大，难度也很大。既要有参与此项工作的社会科学工作者的敬业奉献精神，尽心尽力，又一定要有被调查县市的领导和各级干部、广大群众的大力支持和参与，群策群力，才能完成。我们虽然有了组织实施上次调查的实践，但是在新的历史环境、新的条件下，要完成这项新任务，还要解决好一系列新的难题。我们竭诚欢迎社会各界、广大读者不吝赐教，提出各种批评和意见，帮助我们把这项具有重要现实意义和学术价值的事情办好。

陆学艺

2005年8月28日

是金子总要发光（代序）

——洋浦开发启示录

1993年3月国务院正式批准设立洋浦经济开发区，自此洋浦行政归属上从儋州划分开来，到今天已经16年了。1996年由中共海南省委党校牵头的课题组完成中国百县市经济社会调查《中国国情丛书——百县市经济社会调查·儋州卷》的时候，洋浦经济开发区只在该书第十六章经济开发区中被单独列为一节，字数不足6000字，就像褟褓中的一个婴儿。今天再写《中国国情丛书——百县市经济社会追踪调查·儋州（洋浦）卷》时，洋浦却已独立成编，长成翩翩少年。16年筚路蓝缕，16年坎坷奋斗，当年的一张草图已然变成现实，粗具规模的重化工基地在昔日不毛之地崛起，2007年开发区的工业总产值竟然占到了全省的38.5%，进出口贸易总额则占到58.8%，全区的地区生产总值为74.2亿元，人均17.18万元，相当于全省平均水平的11.8倍。

当年吸引过全国目光的洋浦如何走过这段岁月，洋浦和儋州如何相伴成长、相互提携、共创辉煌，个中的教训、经验与启示值得一说。

一　发现洋浦（20世纪70年代）

海南岛四面环海，海岸线绵延1500多公里，拥有68个天然港湾，却"极乏良港"。陈植先生在1949年出版的《海南岛新志》一书中说："海南岛四面环海……唯天然良港，并不甚多，有之，唯榆林（南部）、清澜（东部）、马袅（北部）、新英（西部）、海口（北部）等数处港口而已。"王翔翻译的《棕榈之岛》一书中对于海口港的评价则是："这个港湾在退潮时恐怕是世界上最糟的。"

20世纪40年代日本占领海南岛时期，曾经对八所和榆林两个港口进行了建设，结果最大的八所港建成之后也不过有了5000吨级的泊位。直到1958年经过扩建，才有两个万吨级泊位，但是退潮之时重载的万吨货轮还是无法进港。

严格地说，洋浦良港是70年代才被发现。根据当时周恩来总理在全国建设200个万吨级泊位的指示，1974年交通部开始了对洋浦港的勘察，并在1984年和1986年相继完成了《洋浦港口工程可行性研究报告》和《洋浦港工程可行性研究报告》。

人们这时才惊喜地发现，海南竟然还有一个"中国少有世界难得的天然良港"洋浦，这里具有发展新型临海工业的诸多优势：一是港口，洋浦半岛深水岸线有60多公里，水深一般在10～30米，可建1万～30万吨码头80多个。而且基本不淤，无须每年疏浚。二是区位，处在中国与东南亚海运主航线的中心位置。三是资源，洋浦近海有丰富的石油天然气资源，周边有石英砂等矿产资源。四是土地，洋浦半岛腹地开阔，人口稀少，土地贫瘠，岩石基底，最适合工业发展。

洋浦前景可观，是否马上开发却众说纷纭。1975年，海南行署提议建设洋浦港并且成立了筹备组，从广州和上海等地邀请一批专家进行可行性研究，他们都认为海南岛没有多少东西可运，国家财力也不足，搁置了那个提议。1983年6月，海南行署成立了洋浦港筹建办公室，由于资金短缺，筹备工作停滞不前。同年8月，交通部派人研究建设洋浦港问题，再次认为岛内无多少东西可运而否定之。

转机终于出现。1986年2月，当时的国务院总理视察洋浦，提出"洋浦港很有前途，要好好规划，好好建设，三五年或者十年八年内，这地方要搞成一个现代化的港口城市"。有了总理的支持，1987年交通部投资1.8亿元，开始洋浦港一期工程，即在这里建设3个2万吨级码头和1个3000吨级工作码头以及60公里的高标准疏港公路。

二 得意文章（1987～1988年）

许士杰是海南的首任省委书记，曾对自己的秘书说，引进外资成片开发洋浦，是自己"辛辛苦苦、深思熟虑构思的一篇最为得意的文章"。

20世纪60年代许士杰在海南行署担任副书记，1988年受命主政海南，已经68岁的他满怀豪情再次上岛。有一个故事可以佐证。1988年4月13日全国七届人大一次会议上，通过《关于设立海南省的议案》之时，2836票支持，2票弃权，还有1票是反对。散会以后在广东代表团汽车上许士杰愤愤不平地说道，海南建省如此好事，怎么还有人反对？一个代表笑着说："反对票是我投的，海南要离开广东，我舍不得呀。"许士杰听罢莞尔一笑，随即说:"你放心,我们会把海南建设好的。"此时的许士杰已经胸有成竹,他当然知道海南岛的经济基础还十分薄弱,完成赶超发达地区的任务困难重重,不过,实现超高速的发展必须有超常规的思路,那就是更大的开放,更勇敢的创新。他在年前海口召开的琼崖纵队建立60周年纪念会上即席朗诵的那首诗中已经披露了这个心迹:

> 琼崖儿女展雄风,揽月摩星上碧空,
> 冲破小笼翱四海,扶摇万里作征鸿。

从1987年筹备建省的时候开始,许书记最多的一个话题,就是如何认识海南、建设海南。他认为,海南与深圳、珠海等特区不同。说海南有地理优势,是相对于更适合大开放来说的,若论和香港、澳门的距离,深圳、珠海、珠江三角洲比海南优势大,三来一补项目,人家愿在那里搞,不会舍近求远到海南来。深圳开始办特区,各方面都给开绿灯,而海南办特区一开始就比别人慢了好几拍,国家又不可能给大的投资,基础差、底子薄、起点低却目标高的矛盾特别突出。要想把海南特区搞上去,非得寻找大规模引进外资和台港澳资金的新路子不可。

洋浦开发区的设想就在这样的背景下应运而生。经过许士杰的亲自游说,熊谷组(香港)有限公司于元平老先生同意在洋浦搞个30平方公里的开发区,从基础开发搞起。谈判、探讨正在进行,各种议论就接连不断地传来,有充分肯定、热情支持的,有原则肯定、具体否定的,更多的是有疑虑、有担心,一是疑虑熊谷组炒地皮,不上项目;二是担心地价低,农民接受不了;三是疑虑主权转移。

那一段日子里,许书记每天少言寡语,陷入深深的沉思,有时闭门谢客,关起门来翻阅文件、资料。一次他把秘书叫进去,"你说主权的标志是什么?"秘书知道他这样问一定是有了明确的观点需要阐述,就默默地坐在那里等下文。果然他继续说下去:"洋浦开发区要按照省政府的统一规划搞,行政、公安、税务、邮政、公路、码头都在政府的有效管理之内,主权在我不必顾虑。"他又说,"洋浦那个地方,是三多三少,石头多、仙人掌多、荒地多,水少、林木少、村庄少。那地方已经沉睡了几千年,难道还让它继续沉睡下去吗?什么叫炒地皮?谁有本事到那荒凉的地方炒炒看看,连起码的地产常识都不懂。没有投入哪来的产出?荒地基础开发,每平方公里至少要投入1亿~2亿元人民币,30平方公里是多少?我们拿不出那么多资金往荒地里投，还不愿别人来投，没道理。根本不用担心人家不上项目，不上项目人家怎么回收资金？天下没这样的傻子，投下巨资搞三通一平而不上项目。至于农民的工作嘛，关键在统一干部的思想认识。"许书记越说越兴奋，一扫这几天的沉默。显然，经过反复思考，他看准了，心里有数了。这天中午，他特地带了一瓶酒到小餐厅，和一起在那里就餐的其他领导同志们干杯。

一天傍晚，华海公司一位负责人来向许书记反映。儋县领导和熊谷组在地价问题上谈不拢，熊谷组的人已经走了。第二天许书记就驱车赶到县里，和县里一班人坐下来开会。他没有恼怒，没有批评，和平日一样温文尔雅，胸有成竹。他拿起小本子，认真记录县领导们的意见，问题集中到一点——地价，熊谷组方面坚持2000元一亩地，县里认为这个太低，农民不好接受。许书记听完县里的意见，又详细问了洋浦30平方公里内有多少可耕地、青苗、树木和村庄，之后，为县里领导算了一笔账：他从农民的现有收益到土地出让及开发起来后的收益算起，从县里目前状况算到洋浦开发后可能得到的带动性发展，从儋县一个县的发展算到周围邻近县可能的获益，从一个洋浦地区的崛起算到全海岛的开放与开发，没有摆大道理，没有说教，都是入情入理，实事求是。他的话讲完了，县领导们从聚精会神的记录状态中抬起头。从表情上看得出，大家想通了。书记和县长表示，要层层向下算笔账，相信会算通的。时隔不久，熊谷组和县里又重新坐到谈判桌旁，签订意向书，缴下土地预订金。后来在洋浦风波中，儋县的广大干部群众从未动摇过，与这次细致的"算账"不无关系。

从儋县回来后，许书记在各种场合反复讲开发洋浦的意义：成片开发是根据海南特区实际确定的发展路子，而洋浦开发则是成片开发的重点和示范区，是为特区发展开拓一条如何"引鸟筑巢"，搞成片开发的新路子。

在以许士杰书记为首的海南省委、省政府的积极努力下，1988年6月熊谷组（香港）有限公司副董事长兼总经理于元平率专家实地考察洋浦，短短4个月之后的10月16日，《海南洋浦地区30平方公里土地使用权有偿出让协议书》即在海口签署。海南省政府同意由熊谷组（香港）有限公司利用受让的30平方公里的土地投资兴建开发区的基础设施，形成工业用地和其他建设用地条件，并且按照有关政策引进工业项目。熊谷组提出，将在15年内分三期投入180亿港元进行开发区的基础设施建设。与此同时，通过招商在其中兴建年产45万吨乙烯联合企业、52万吨尿素厂、300万吨炼油厂、300万标准箱玻璃厂以及钛白粉厂，预计总投资又是50亿美元。

1988年12月8日,海南省政府正式上报国务院《关于引进外资成片开发洋浦的请示》。

三 遭遇"寒流"(1989年3月~1992年3月)

1989年早春,许士杰的"得意文章"遭遇寒流。

3月25日下午,政协七届二次会议最后一次大会发言,有5位政协委员突然提出"海南拟将洋浦港中心地区大片土地出租给日本企业",导致"可能出现新的租借地,人们不能接受。海南省的做法如成为事实,一定会损害我国的主权,令人十分忧虑。""我国即将收回香港、澳门,从此中国人民一个半世纪的国耻将得以彻底清洗。但现在海南省领导却又要将本土大片连块土地租借给外国企业,我中华民族之尊严将何以维持。"这个发言因为安排在最后,也就没有了海南代表的申辩时间。舆论出现了一边倒。

此后,100多位政协委员签名上书国务院,要求制止海南引进外资开发洋浦的行为。被莫名其妙地扣上了这样的政治帽子,海南的同志当然不服气。4月25日,在海南省人大一届二次会议上,许士杰激动地说:"引进外资开发洋浦,我们在经济上没有风险,但是政治上要冒风险,大概不会挨棍子,但帽子可能不会少,最吓人的帽子无非是卖国。为了改革开放,我们不怕戴帽子,想保险,就关起门睡大觉,优哉游哉,让荒地继续荒芜,继续长仙人掌,但仙人掌不能当饭吃……"

风波发生才一个月,"总设计师"出面为海南说话了。4月28日,邓小平对于洋浦问题做出批示:"我最近了解情况后,认为海南省委的决策是正确的,机会难得,不宜拖延。但须向党外不同意见讲清楚,手续要迅速周全。"但是,在各种力量的影响下,洋浦的开发还是暂时被搁置了。此时,许士杰已经因病离开了海南省委书记的职位,住进了广州的医院。在住院的14个月里,他没少议论过洋浦的事情,和他的秘书,和来探望他的同事与战友,和海南的同志。在许士杰病房的墙上,赫然挂着吴南生同志(时任广东省政协主席)书写的他的诗作《洋浦风波诗六首》:

1. 有感

开发力筹邓氏钱,云山远隔是非颠。
外资才引飞奇帽,君住桃源不辨年。

2. 有寄
有偿出让变租界，兄脑细思话热昏。
烟火远离人入定，怎知室外有风云。

3. 有别
商业行为世既然，主权国耻怎沾边？
马牛不及惊蛇形，黄历岂能说当年。

4. 有辨
繁华闹市寸金地，海角荒芜乱石坡。
谬以厘毫当尺寸，无知偏见废言多。

5. 有情
洋浦风波掀巨浪，惹来中外共关怀。
石头荆棘成珍宝，人面桃花处处开。

6. 有为
蓝图已绘历今朝，京阙劲风助幼苗。
勤灌细栽察气候，从来历史笑观潮。

曾经被广州市民高票推举为全市十大公仆之首的许士杰，一生政治生涯的最后一站却是海南，而对洋浦更是情有独钟。他从洋浦带回的一棵仙人掌，就养在广州自家的庭院里，"勤灌细栽"，每次回到家里，都要细细观赏一番。他最后的遗愿也是"想回海南特别是洋浦看看"。可惜直到1991年7月去世之时，老书记也没有等来洋浦开发获得批准的消息。

四　11年坎坷（1992～2003年）

1992年3月9日，国务院终于批准海南省吸引外商开发洋浦地区30平方公里土地建设洋浦经济开发区。消息传出，洋浦人奔走相告，13日晚上洋浦开发的消息在中央电视台播出，14日早晨六七点钟，民众就放起庆贺的爆竹，镇上的人们奔走相告，敲锣打鼓以示庆贺，犹如过年一般。同年9月9日，洋浦开发区封关运作，目标是建设一个类似香港的全面开放的自由港。

1993年12月中旬，在洋浦登记注册的企业已经超过5500家，其中外资企业250家，注册资本1000万元以上的197家。注册企业总计注册资金为人民币87.47亿元，港币47.7亿元。但是，实际开业经营的企业仅为150家。

熊谷组是真干的。到1995年底，洋浦开发区仅基础设施的投资就达36

亿元，装机容量44万千瓦的发电厂建成了，号称北部湾沿岸第一高楼的36层洋浦商业大厦竣工了……但是，洋浦的招商引资一直进展不大。1997年才实现了开发区投产项目零的突破，不过仅是一个精米加工厂。

土地开发商熊谷组在全力争取投资额高达155.8亿元的海南大化肥项目落户洋浦，这是就近利用海南天然气资源激活洋浦的关键步骤。1995年8月中国海洋石油总公司来洋浦考察建设大化肥项目的事宜，9月22日，开发区各界群众千余人就自发组织了一次"我是洋浦人，支持大化肥项目落户洋浦献爱心签名活动"。1997年3月，中国海洋石油总公司与洋浦土地开发公司关于海南大化肥项目落地签字仪式及新闻发布会在北京钓鱼台国宾馆隆重举行。但是1998年5月，即将开工的大化肥项目突然宣布改址海南东方市，给洋浦的项目引进和产业规划造成极大影响。看不到政府多少实际支持的熊谷组心灰意冷，决定转让自己在洋浦土地开发公司的股份，结束在这块土地上5年的惨淡经营。中国光大银行开始控股洋浦土地开发公司。

大项目引进困难，只好全力争取引进服装加工、塑钢门窗、保健药酒、食品加工等中小轻工业项目。深圳科技工业园、温州民营工业园、台湾工业村、出口加工一条街等项目相继开工。2001年时，投产的4大项目不过是镶木地板厂、果酒厂、化妆品厂和香精香料加工厂。

这几年，在全国的36个国家级开发区中，洋浦的各项经济指标经常排在最后。

洋浦需要新的发展思路，洋浦需要转型。

20世纪90年代末期，日本丸红株式会社、日本（社团）海外咨询企业协会在他们考察洋浦之后提交的《中国海南省及洋浦经济开发区的开发战略》中最先提出了洋浦开发的新思路。

当初洋浦的开发模式是以贸易、金融、出口型轻工业为中心的香港式的出口加工区模式，但是由于环境的变化，小香港模式实现的可能性变得越来越小。现在看来，洋浦模式应该转向韩国、日本、东南亚型的临海重化工业即以原材料产业为中心的重化学工业基地（有必要将出口加工基地改为以国内市场需求为中心的重化学工业基地）。而到目前为止的经验（亚洲）表明，在距离主要城市100公里之外的地区兴办轻工业、电子工业为目标的开发区很少有成功的例子。因此建议：

①改变开发思路，从小香港模式转向韩国、日本、亚洲各国实行的临海重化学工业基地模式。

②从出口加工模式转向国内市场需求与出口加工模式的结合。

③从单一企业型开发转向多国籍、国家项目型开发模式。

④逐步下调土地价格，促进招商引资。

⑤利用海南岛最有希望的天然气资源，推动第一期开发（在海南岛现有资源中，附加值最高），且最容易启动项目的是天然气，如果中国政府要认真把洋浦作为中国南部重要的重化学工业基地来开发，就应当把天然气管道延伸到洋浦，在洋浦兴办与天然气相关的项目，并且以此来启动洋浦开发。

⑥中国政府（中央和省）明确把洋浦定为中国南部地区的重要重化学工业基地，积极支持项目引进。

随后，中国国际工程咨询公司在他们提交的《洋浦经济开发区工业发展规划总报告》中也提出了建议。

"从国际上特别是东南亚各国建立开发区的成功经验和洋浦开发区的现有条件看，最初选择的以轻工电子的出口加工区模式比较难以实现。"

"结合洋浦经济开发区在资源、区位、政策等方面的优势，选择面向国内外两个市场，以资源加工型的原材料工业为主的重化工业基地的发展模式，确实比较可行。"

"洋浦开发区的起步阶段，应该以基础原材料为中心进行开发，特别是要尽快利用海南省最具有比较优势的近海天然气资源，兴建从天然气出发的大规模的原材料基础工业。"

五　昂然崛起（2003年开始）

虽然坎坷不断，但是洋浦的拓荒牛们依然在默默耕耘。截至2004年底，洋浦基础设施累计投资约58亿元。区内15平方公里主干道路框架基本形成；从松涛水库铺设54公里管道，建成了日供25万吨的供水工程，并建成了日处理5万吨的自来水厂；年供气16亿立方米的天然气输气管道已开通，并为电厂、浆纸等项目供气；有约15平方公里排水、排污地下主管网框架已基本形成，大型项目排污系统已建成投入使用；区内电厂总装机容量达86万千瓦，其中包括：中海油公司控股的洋浦发电厂，总装机容量为44万千瓦；印尼金光集团浆纸厂自备电厂装机容量为42万千瓦；区内开通了1650条中继线和6000门程控电话、3000部小灵通，移动通信和公用数字数据网络等全部开通。洋浦港一、二期工程已建成3个3.5万吨级、2个2万吨级的泊位，拥有海南唯一的标准化集装箱专用泊位，已开通至香港的固定航班，并正在筹备洋浦港三期工程建设。

栽下梧桐树，不愁凤凰来。1998年奠基2003年才动工的金海浆纸厂，终于在2004年11月试产成功并于2005年3月28日正式投产，这个由APP公司投资102亿元的年产量100万吨木浆项目的成功预示着洋浦大项目大企业进入战略的成功。金海浆纸厂的制浆生产线是迄今为止世界上规模最大技术最先进的单一制浆生产线，加上目前开工的年产160万吨造纸项目和年产30万吨卫生纸项目，将形成中国最大的浆纸制品产业链。

2004年4月26日，海南炼化的奠基典礼在洋浦开发区举行，直到5个月以后，该信息才公开，只有短短的一句话，中石化海南炼化已经在海南洋浦兴建。洋浦人开始尝试"少说话，多做事，把嘴巴闭上"的新谋略。

两年之后，中国石化海南炼油化工有限公司坚持"必做于细"的精神，在洋浦建成了技术亚洲领先的包含15套工艺装置的800万吨炼油生产线，还包括了聚丙烯、苯乙烯等若干化工项目、相应的油品储运及公用工程系统、30万吨级原油码头、10万吨级成品油码头等基础设施。主要产品有汽油、柴油、航空煤油、液化气、硫黄、燃料油、苯、聚丙烯等。

这个当年的省政府一号工程默默之中创造了6个纪录：工期短，从开工到投产仅仅用了26个月，比常规工期缩短了1/3，创造了国内外同类项目建设的最短速度纪录。

质量优，一个年产800万吨的全新炼油大厂，十几套大型装置，一次开车成功。

人员少，全国同等规模的炼油厂职工多则上万，少则5000人，海南炼化只有500人，成为全国的样板。

安全系数高，116亿元投资的大项目，没有发生任何上报事故，连砸破指头见血的"小打小闹"也罕见。

投资监控好，在国内原材料一片涨声的大背景下，不仅没有超过投资概算，而且搞了不少配套设施。

合同履约好，116亿元的投资，涉及施工单位100多家，工程合同、劳务合同乃至采购合同，无一例纠纷。

该项目2006年9月正式投产，10月的月产值就达到17.24亿元，推动当月全省工业总产值增长44.6%。2007年海南炼化加工原油和原料油802.45万吨，生产汽油、柴油、航空煤油、聚丙烯、硫黄等石化产品742万吨，出口产品77万吨，完成工业总产值335.87亿元，实现税金15.23亿元。特别是由于洋浦的地理优势，运费成本很低，和国内任何一家炼化厂比较，海南炼化每加工1吨原油就可节省50元，每年800万吨可节省4亿元。

从社会效益上看，建成海南炼化的意义更加重大。自2007年起，每年为地方财政贡献二十多亿元，这对于海南这个只有800多万人口、工业化进程尚处在初级阶段经济欠发达省份来说，犹如久旱逢甘霖。1993年经济泡沫破碎、1994年外贸体制改革和分税制改革之后，经济特区的政策优惠弱化，海南已经苦苦拼搏了12个春秋。洋浦的炼化建成投产，事实上带来了海南建省、办经济特区以来的第二个繁荣期。而且，此次繁荣来得体体面面，令人心服口服。因为这一次，海南不再是通过政策优惠转移财富，而是靠物质生产部门实实在在地创造繁荣。与此同时，海南省内政府与社会各界，也一举结束了长达18年的争论——"海南能不能搞工业，该不该搞工业"。在农业不再收税，第三产业短时期之内还起不来的今天，不发展工业根本不可能维持海南经济的可持续发展。

两个大项目激活了洋浦，开发区的招商引资进入了快车道。到2007年底，已投产的主要工业项目有：①中石化投资116亿元的年产800万吨炼油项目，2007年实现产值335.87亿元，实现利税15.98亿元。②APP公司投资102亿元的100万吨木浆项目，2007年实现产值约60亿元，利税约8亿元人民币。③中海油洋浦燃气发电厂，总装机容量44万千瓦，2007年实现产值4亿元，税收0.6亿元。④海南炼油化工有限公司与上海嘉盛集团合资建设的8万吨苯乙烯项目，2007年实现产值7亿元，税收1884万元。

在建的主要工业项目有：160万吨造纸、30万吨的卫生纸、23万吨润滑油基础油等项目。

规划选址进行前期准备的主要项目有：大型修造船和海洋工程基地项目，300万吨LNG开始实施填海工程，1000万立方米石油商业储备正在谈判之中，60万吨PX已上报国家发改委核准，100万吨乙烯项目已获国家发改委批准开展前期准备工作，计划今年完成项目建议书、可行性研究、环境影响评价、安全评价、工业卫生评价，明年上报申请报告，争取2010年获国务院核准并开始动工建设。

规划选址进行前期准备的码头仓储项目有：500万吨的矿石仓储及配送中心，配套6个5万~25万吨级码头泊位；300万吨的煤炭仓储及配送中心，配套6个5万~25万吨级码头泊位；150万吨的散货仓储及配送中心，配套3个5万~20万吨级码头泊位；服务于原油储备等项目的2个30万吨级的原油码头泊位；大型的液体化学品中转储备基地，配套8个8万~10万吨级码头泊位及100万立方米的化学品储罐。

2007年9月24日，国务院批准在洋浦设立保税港区，洋浦成为继上海洋山、天津东疆、大连大窑湾保税港区之后的第四个保税港区。

据统计，洋浦经济开发区2007年实现地区生产总值74.2亿元，比上年增长60%；工业总产值417.4亿元，增长184.3%；总税收（含海关税收）69.7亿元，增长162.9%；地方财政收入8.61亿元，增长45.4%；港口吞吐量2351万吨，增长131.5%；进出口贸易总额43.29亿美元，增长213.1%；完成固定资产投资29.75亿元。其中，工业总产值、总税收、港口吞吐量和进出口贸易总额分别占全省的38.5%、33.26%、32.07%和58.8%。洋浦带动海南工业发展的龙头效应正逐步凸显。

六　启示若干

优良的港口作为重要的海陆运输的节点，在大宗货物的吞吐上具有天然优势（远洋运输的成本仅相当陆路运输的几十分之一），以强大的港口物流业为基础，可以为临港产业的发展提供充分的原材料和物流服务保障。临港产业集群可以凭借这些优势逐步发展起来，在区域产业发展中形成自身的核心作用。世界和亚洲这样的例子很多，例如英国的伦敦，美国的纽约，比利时的安特卫普，亚洲的新加坡，中国的香港、上海、青岛等，洋浦不过是一个较新的案例。从这个角度看，洋浦就是一块金子，迟早要发光的。但是，如何让它尽早发光呢？

1. 允许外商成片开发为洋浦争取了时间

20世纪70年代发现洋浦良港的时候，中国很穷，海南更穷，因此耽误了10年的时间。1988年海南建省之时，全省一年的财政收入不过4亿多元，连吃饭财政都不足，也根本拿不出几十亿元的资金开发洋浦。在这种背景下，海南省的领导借鉴国际上的先进经验，引进外资搞成片开发，确是一种勇敢的尝试。一些坚持传统计划经济和闭关锁国政策的老人和"爱国者"对此群起而攻之，又耽误了3年时间。1992年洋浦开发区正式启动的时候，虽然错过了最有利的时机，外商还是按照国际标准进行了密集的资金投入，3～5年就完善了适宜大规模工业开发的基础设施。虽然此后由于种种困难外商退出了洋浦，到2005年政府终于取代企业成为土地开发的主导，但是外商最初的开拓之功还是巨大的。否则，洋浦能否在21世纪之初就能利用中国重化工发展的新浪潮迎来金光浆纸、海南炼化等巨型项目落地还是一个问号。

回顾历史，由外商成片开发土地，确实有很高的效率，但是其招商引资的模式，推动开发区长远发展的眼光，与中国政府的沟通能力乃至在国内外的公信力，也有不少局限。海南最初引进外商开发洋浦，利用了其效率，此后在外商招商引资遭遇困难的情况下，适时变换开发主体，也是一种与时俱进的选择。这样既争取了时间又保证了开发区持续发展的路径，是特殊的历史条件形成的，却有不少出其不意的效果。

2. 牢牢地依托中国大市场

洋浦最初的发展是希望借鉴香港模式和珠江三角洲模式，用最开放的政策吸引外资，利用自己廉价的土地和劳动力，发展"大进大出"的外向型经济。1992年3月洋浦开发区获得批准，9月9日就宣布封关，目的就是尽快建立一个最开放的自由港。但是实际的发展却形成了"大进小出"甚至"大进不出"的模式，国内市场发挥了越来越大的作用。现在洋浦投产的800万吨炼油厂、100万吨纸浆厂，原料全部或者大部分进口，产品却基本进入了国内市场，洋浦成了进口加工区。这一切都是在中国经济崛起的大背景下形成的。其实海南岛也是经历了这样的一个转变，20世纪80年代末期尝试移植珠江三角洲和深圳模式，发展"大进大出"的外向型经济，在接连的挫折之后，20世纪90年代中期开始选择"一省两地"的发展战略，努力建设新兴工业省、热带高效农业基地和度假休闲胜地，把国内市场作为经济的主要拉动力量。今天海南又响亮地提出了建设国际旅游岛，其实也是在致力于发挥相对于中国大市场的比较优势，让自己稀缺的热带海岛旅游资源更快地转变成为财富。

3. 抓住新的历史机遇

2010年中国—东盟自由贸易区即将全面启动，中国与东盟老6国之间90%以上的商品贸易关税将降低为零。至此，中国和东盟将相互成为彼此的第一个自由贸易区。这是一个有着近20亿消费者的大市场，被誉为世界第三大经济体。中国—东盟自由贸易区的建立，给了海南一个变末梢为枢纽、变边缘为中心的难得机遇，这种机遇不亚于20年前海南获得建省办经济特区政策优势的机遇。抓住这个机遇，需要大胆实施"四靠四拓"的新战略：依靠海南岛稀缺的热带资源，开拓大陆市场；依靠东盟丰富的热带资源，开拓大陆市场；依靠大陆丰富的温带资源，开拓东盟市场；依靠海南和东盟的热带资源，开拓中亚和北亚市场。届时，海南岛如能整合430万平方公里近6亿人口的东盟10国的资源与市场为我所用，将彻底改变自身腹地狭窄、地处边缘的困境，迎来一个经济社会快速发展的新时期。

海运是中国与东盟贸易的主要运输手段，因为远洋运输成本是近海运输的1/5，陆地运输的1/15。而东盟10国中9个都临海，泛北部湾更是世界的港口富集区，各类口岸超过100个，海南背靠大陆南连东盟的地理区位优势可以凸显。在这个大经济共同体中，海南岛就不再是末梢而是中间枢纽了，一面连接着13亿人口的中国大市场（北边还有近亿人口的中亚和北亚市场），一面连接着超过5亿人口的东盟大市场。

海南已经拥有洋浦、八所、马村、海口等天然良港，更有粤海铁路和大陆铁路网连通，公路、通信、电力设施先进，与20年前不可同日而语。如果能够把握这次机遇，海南的第一产业、第二产业特别是第三产业都将显著受益，大量基础设施也可以得到充分利用。作为海南的第一天然良港，洋浦应该也有条件最先抓住这个历史机遇。

我们对此充满期待……

2009年8月28日

前　言

《中国国情丛书——百县市经济社会追踪调查·儋州·洋浦卷》是继1996年出版的《中国国情丛书——百县市经济社会调查·儋州卷》之后，对1993～2008年15年间儋州、洋浦经济社会发展历程所做的进一步调查（基本数据截至2007年）的又一成果。

《中国国情丛书——百县市经济社会调查·儋州卷》一书中，洋浦开发区还只是儋州的一个部分，面积30平方公里，不足儋州3384平方公里总面积的1/100。该书资料截至1993年，洋浦才刚刚单独建区。由于得天独厚的港口优势和优惠政策，举全省之力的扶持以及开发区干部群众的艰苦奋斗，洋浦在十多年的时间里奇迹般地崛起，2007年地区生产总值达到74.2亿元，已经接近儋州当年83.64亿元的水平。

1993～2007年的14年间，不算洋浦，儋州的经济总量增长了2.95倍，计算洋浦，则增长了6.45倍（见表1）。

我们之所以把儋州和洋浦合编在一卷之中，不仅因为它们过去就是一体，而且未来的联动作用也大可期待。无论是洋浦的巨变还是儋州的渐变，都是中国改革开放大背景下的产物，也是当地群众和干部辛勤劳动、艰苦奋斗的结果，更离不开二者之间的相依相伴、相互提携、相互激荡。它们如同世纪之交琼州大地上空崛起的一对"双子星座"，光芒四射，充满活力。因此我们也把本书的名字确定为《琼西崛起的双子星座》。

这里所说"双子星座"一词，具有象征性的意义。是借用了天文学的词汇来表达儋州与洋浦之间的特殊亲密关系。在天文学中，"双子星座"是指两颗星球互相绕着对方旋转的一个联合星体的总称，儋州和洋浦当今也是这样两个互相环绕的联合体，它们的分而又合产生了"1+1远远大于2"的效果。"双星共辉"形象地表达了它们各自崛起的动力源泉和共同发展的美好前景。

也许正是出于这个战略考虑，中共海南省委才在2008年3月作出了一个

表1 1993年、2007年儋州市主要经济社会指标变化

类　别	1993年	2007年	2007年比1993年增长倍数
年底户籍总人口（万人）	74.09	96.57	0.30
地区生产总值（亿元）	21.20	83.64	2.95
第一产业（亿元）	11.42	47.96	3.20
第二产业（亿元）	4.15	13.74	2.31
第三产业（亿元）	5.63	21.94	2.90
粮食总产量（万吨）	20.64	19.22	-0.07
糖蔗总产量（万吨）	96.45	144.52	0.50
干胶总产量（万吨）	0.78	1.66	1.13
水产品总产量（万吨）	8.16	42.40	4.20
社会货物周转量（万吨公里）	562.60	69798.00	123.06
社会旅客周转量（亿人公里）	720.00	64949.00	89.21
社会固定资产投资（亿元）	7.13	18.75	1.63
社会消费品零售总额（亿元）	3.16	18.00	4.70
实际利用外资（万美元）	387.00	226.00	-0.42
接待游客人数（万人次）	28.23	40.88	0.45
旅游营业收入（亿元）	0.15	2.50	15.67
地方财政收入（亿元）	1.10	2.73	1.48
财政支出（亿元）	1.40	10.08	6.20
城乡居民储蓄年末存款余额（亿元）	7.95	41.67	4.24
人均储蓄余额（元）	107.33	431.50	3.02
职工年平均工资（元）	3654.00	15881.00	3.35
城镇居民人均可支配收入（元）	3072.00	9529.00	2.10
农村居民人均纯收入（元）	1114.00	4011.00	2.60
邮电业务总量（亿元）	0.12	3.04	24.33
拥有电话机（万部）	0.36	19.35	52.75
在校学生数（万人）	15.14	20.40	0.35

资料来源：根据《中国国情丛书——百县市经济社会调查·儋州卷》（1996年）和《2008年儋州市经济和社会发展统计公报》（儋州市统计局）中的数据整理而成，没有考虑物价上涨因素。

重要决定，任命已经担任洋浦开发区管理局局长和工委书记的丁尚清，同时兼任中共儋州市委书记，从而在组织上把这个"双子星座"紧紧地整合在一起。经省委批准，新一届儋州市委的指导思想确定为"依托洋浦，服务洋

浦，发展儋州"，坚持以工业为主导，带动第一、第二、第三产业发展，带动城市化进程的发展思路，大力实施工业强市、农业稳市、旅游旺市、科教兴市、民生安市战略，促进新兴工业、特色农业、现代服务业、城市建设、改革开放、改善民生六个新发展，加快把儋州市建成海南西部具有辐射、带动、服务功能的中心城市。

作为国家级的保税综合港区，洋浦及其腹地儋州市的发展前景不可限量。这个"双子星座"一旦真正实现其巨大潜力，不仅能辐射整个海南岛，而且能在"中国—东盟自由贸易区"中，充当一个越来越引人注目的角色。

目 录

儋州部分

第一篇 儋州经济

第一章 儋州工业 ……………………………………… 5
第二章 儋州热带农业 …………………………………… 17
第三章 儋州渔业 ………………………………………… 34
第四章 儋州热作农场 …………………………………… 44
第五章 儋州旅游业 ……………………………………… 51
第六章 儋州商业贸易 …………………………………… 58
第七章 儋州财政与民生 ………………………………… 66

第二篇 儋州城市建设

第八章 儋州城镇规划 …………………………………… 78
第九章 儋州城镇建设 …………………………………… 92
第十章 儋州土地开发与利用 …………………………… 114
第十一章 儋州城建管理 ………………………………… 122

第三篇 儋州人口、资源与社会

第十二章 儋州人口、婚姻和家庭 ……………………… 126
第十三章 儋州社会结构与社会保障 …………………… 138

第十四章　儋州自然资源与社会资源 …………………………………… 147
第十五章　儋州生态环境保护与建设 …………………………………… 156

第四篇　儋州文化

第十六章　儋州教育 ……………………………………………………… 166
第十七章　儋州科技 ……………………………………………………… 171
第十八章　儋州文化和体育 ……………………………………………… 180
第十九章　儋州医疗卫生 ………………………………………………… 191

第五篇　儋州政治

第二十章　儋州政党和群众团体 ………………………………………… 203
第二十一章　儋州市人民代表大会和政协 ……………………………… 231
第二十二章　儋州市人民政府、人民检察院、人民法院 ……………… 241

洋浦部分

第一篇　洋浦经济

第一章　洋浦经济开发区发展概况与发展优势 ………………………… 257
第二章　洋浦开发区产业发展规划 ……………………………………… 262
第三章　洋浦开发区招商引资 …………………………………………… 268
第四章　洋浦工业发展 …………………………………………………… 275
第五章　洋浦港口贸易发展 ……………………………………………… 279
第六章　洋浦财政与金融 ………………………………………………… 283

第二篇　洋浦城建、社会与文化

第七章　洋浦城区建设 …………………………………………………… 292
第八章　洋浦社会基本状况 ……………………………………………… 305
第九章　洋浦社会秩序与劳动就业 ……………………………………… 316
第十章　洋浦教育 ………………………………………………………… 330
第十一章　洋浦医疗卫生、社会保障与文化事业 ……………………… 339

第三篇　洋浦政治

　　第十二章　洋浦党政和群众团体 ································ 348
　　第十三章　洋浦经济开发区管理局、检察院、法院 ················ 360

专题调查报告

专题一　儋州市文明生态村调查 ·· 375
专题二　海南省国投洋浦港有限公司调查 ······························ 385
专题三　海南省炼油化工有限公司调查 ································ 396
专题四　海南省松涛水利工程调查 ···································· 411
专题五　海南省温氏禽畜有限公司调查 ································ 420

户情调查报告

儋州市300户城乡居民问卷调查 ······································ 431

编　　后 ·· 453

儋州部分

第一篇　儋州经济

儋州在过去的14年实现了较快发展,按照当年价格计算,2007年与1993年比较,地区生产总值增长了2.95倍,其中最快的是第一产业为3.2倍,次之是第三产业为2.9倍,第二产业则为2.31倍。农村居民的人均纯收入增长了2.6倍,也超过了城镇居民人均可支配收入2.1倍的幅度(见表1)。

表1　1993年、2007年儋州市主要经济社会指标变化

类　别	1993年	2007年	2007年比1993年增长倍数
年底户籍总人口(万人)	74.09	96.57	0.30
地区生产总值(亿元)	21.2	83.64	2.95
第一产业(亿元)	11.42	47.96	3.20
第二产业(亿元)	4.15	13.74	2.31
第三产业(亿元)	5.63	21.94	2.90
粮食总产量(万吨)	20.64	19.22	-0.07
糖蔗总产量(万吨)	96.45	144.52	0.50
干胶总产量(万吨)	0.78	1.66	1.13
水产品总产量(万吨)	8.16	42.4	4.20
社会货物周转量(万吨公里)	562.6	69798	123.06
社会旅客周转量(亿人公里)	720	64949	89.21
社会固定资产投资(亿元)	7.13	18.75	1.63
社会消费品零售总额(亿元)	3.16	18	4.70
实际利用外资(万美元)	387	226	-0.42
接待游客人数(万人次)	28.23	40.88	0.45
旅游营业收入(亿元)	0.15	2.5	15.67
地方财政收入(亿元)	1.1	2.73	1.48
财政支出(亿元)	1.4	10.08	6.20
城乡居民储蓄年末存款余额(亿元)	7.95	41.67	4.24
人均储蓄余额(元)	107.33	431.5	3.02
职工年平均工资(元)	3654	15881	3.35
城镇居民人均可支配收入(元)	3072	9529	2.10
农村居民人均纯收入(元)	1114	4011	2.60
邮电业务总量(亿元)	0.12	3.04	24.33
拥有电话机(万部)	0.36	19.35	52.75
在校学生数(万人)	15.14	20.4	0.35

资料来源:根据《中国国情丛书——百县市经济社会调查·儋州卷》(1996年)和《2008年儋州市经济和社会发展统计公报》(儋州市统计局)整理而成,没有考虑物价上涨因素。

1996年出版的《中国国情丛书——百县市经济社会调查·儋州卷》，记载了中国社会科学院1993年为儋州发展作出的战略规划：用12年的时间即到2005年把儋州初步建设成为"国际性的转口贸易中心、现代重化工业基地、热带农业基地和休闲旅游胜地"。时间过去了14年，当初设定的4大目标中，地处儋州境内的洋浦因为800万吨炼油项目和金光造纸项目具备了现代重化工业基地的模样，但是成为国际性转口贸易中心的目标没有实现。

第一章 儋州工业

第一节 儋州工业发展现状和特点

20世纪90年代初，儋州从第一产业在国民经济中占主导地位，一下子跳到第三产业在国民经济中占主导地位，结果出现了泡沫经济，经济发展从高潮陷入低谷。从1993年开始的宏观调控以后，儋州经济在风雨中走过了曲曲折折的十多年。经过痛定思痛的反思和卧薪尝胆的沉寂，儋州市委、市政府以邓小平理论和"三个代表"重要思想为指导，树立科学的发展观，紧紧抓住"发展"这个中心，进一步解放思想，坚持以人为本，以制度创新为切入点，以全方位开放为动力，大力发展工业。特别是2003年以来，儋州市确立了"以工业化、城镇化为突破口，带动农业产业化"的发展思路，出台了《关于加快儋州工业发展的指导意见》，发挥地处西部工业走廊核心地段的优势，依托洋浦，围绕大工业项目来规划配套产业，大力发展橡胶、制糖、建材和农副产品加工为主的工业经济。进一步深化工业企业改革，培育和壮大主导支柱产业，千方百计引进和扶持培育一批投资几千万、上亿元，产值超亿元至超十亿元的大中型骨干项目企业，一批石油化工和炼钢等新型工业项目陆续落户儋州。2003年以来，全市累计引进现代新型工业项目127个，实际利用资金累计24.68亿元，使其成为拉动儋州市经济增长的主要力量。工业生产快速发展，工业经济快速增长，工业的主导地位明显增强，新型工业化步伐加快，儋州的工业发展已经提高到了一个新的水平，在日趋激烈的市场竞争中，工业增长呈现向优势产业、优势企业、优势产品不断集中发展的趋势，形成了包括电力、制糖、冶金建材、橡胶、水产、造纸、木材加工、水泥制品等行业在内的工业生产体系。

一 工业经济总量大幅增长，工业的带动地位明显增强

2003年以来，儋州引进了永航不锈钢项目，重组了中化橡胶、南华糖

业，扩建了珠联食品公司、鑫木锋人造板、如来木业等一批具有规模的工业企业，使儋州工业呈现不断上升的快速发展势头。1995年儋州市工业总产值为11.41亿元，2002年儋州工业总产值为15亿元，全市无一家过亿元工业企业。2005年在重点工业企业的带动下，全市工业总产值实现23.5亿元，增长6.2%。其中，规模以上工业总产值14.6亿元，增长8.4%，产值过亿元企业激增到7家。工业生产和发展的基础不断夯实，出现了成信橡胶、建鹏钢业、永航不锈钢、珠联水产等一批产值超亿元的骨干企业。2006年全市工业总产值完成26.3亿元，同比增长16.5%，超亿元企业8家；2007年全市工业总产值完成40.3亿元，同比增长50.2%，超亿元企业发展到11家。2008年1~9月，工业总产值27.8亿元，同比增长5.6%；产值过亿元的企业有供电公司、永航不锈钢、春江糖业、长坡糖业及珠联食品公司等5家企业；产值超5千万元的企业有那大糖业、海头糖业、宝强实业等3家企业。特别是永航不锈钢等一批超亿元重大项目的成功引进和相继投产，标志着儋州市工业经济实现了历史性突破。工业发展后劲明显增强，预计2008年全市工业企业新增产值将达20亿元以上。

二 资源型产业优势凸显

2003年以来儋州市大力发展石油化工、煤化工、林浆纸一体化、钢铁建材、橡胶加工、制糖等产业。从原材料利用来看，形成了以加工当地自然资源为主的八大骨干行业共28家规模以上工业企业。主要包括制糖加工业、水泥制品业、橡胶制品业、木材加工业、水产品加工业等。

（一）制糖工业

制糖工业是儋州的传统支柱产业。由洋浦南华糖业集团属下的长坡、春江、那大、海头四家糖厂和八一糖业公司组成，日榨量为1.5万吨，年加工处理甘蔗能力250万吨；2007/2008年榨季，全市榨蔗量156万吨，同比增长33%，占全省总榨蔗量的35%，实现税收近亿元，在全省居主导地位。

（二）橡胶加工制品业

儋州市的橡胶加工制品业，已经形成以中化、金联、金星为龙头的橡胶加工和市乳胶厂的医用手套生产线的橡胶制品业。年加工生产子午线轮胎通用胶5万吨、浓缩乳胶3万吨、医用检查手套3000万副。

（三）供电行业

随着新上工业项目的投产，售电量逐年增加，供电企业成为本市超10亿元产值的纳税大户。

（四）钢铁建材业

永航不锈钢有限公司年设计生产不锈钢钢坯50万吨，钢材占全省的28.5％，钢铁钢材业已经成为儋州的重要工业行业，成为推动儋州经济发展的又一生力军。

（五）水产品和农副产品加工业

儋州已经建成年加工2万吨水产品的珠联食品有限公司、达川食品等一批骨干生产企业。为水产捕捞养殖的大发展拓展了市场空间，为农产品种植生产走向专业化、规模化创造了条件。

（六）木制品加工业

洋浦浆纸厂的投产带动了儋州方海、绿岛长青等木材加工生产企业的发展，如来木业、鑫木锋人造板等企业生产家具、板材畅销国内外，形成特色品牌，人造板占全省的81.7％。

（七）纸制品制造业

纸制品业共有嘉宝纸业、万佳纸业、贸发纸箱、新潮纸箱等四家企业机制纸及纸板占全省93％。

（八）水泥制造业

海岛环保建材公司年生产矿渣微粉30万吨和水泥60万吨；水泥制品业作为儋州市的传统产业，由市属企业的明成水泥厂、宝强水泥厂和农垦系统的金岭水泥厂、西培水泥厂、八一水泥厂、华昌水泥厂构成，年生产能力为170万吨。

三 培育出一批骨干企业和名牌产品

对工业结构的调整，调出了一批骨干产业、骨干企业、名牌产品。全省最大的木具加工企业海南如来木业有限公司、全省最大的乳胶加工企业美联乳胶加工厂等纷纷落户儋州；儋州市的白砂糖、干胶等在省内占有一定的市场份额，年产白砂糖16万吨，占全省白砂糖35％；干胶6.2万吨，占全省干胶产量的18.1％，并形成以南华糖业和中化橡胶为代表的集团化生产；"大宝"牌水泥、"椰威"牌砂糖等产品享誉省内外。

四 非公有制企业快速发展

非国有经济企业数量较多，经济活力高于国有企业。在儋州27个规模以上工业企业中，有25个是非国有经济企业，占规模以上企业总数的92.6％。按总产值计算，非国有经济成分在工业中已占70％，给儋州市的经济发展带来了积极因素。

儋州糖业快速发展

五 国有工业企业改革有较大进展

随着儋州市规模以下工业企业改制和管理力度的加大，一些原来由于内部管理不善，机器设备落后、产品质量差的企业通过重组等改制方式，加强企业管理，更新生产设备，使国有存量资本得到优化，企业经济效益显著提高。一批制糖业国有工业企业和大宝水泥厂实施了以委托运营、股份合作、兼并等为主要内容的改制，取得一定效果；市机械工业总公司等一批承包经营期满的企业开展了清产核资，进行新一轮承包经营。春江糖厂实行股份制改造，成立春江糖业股份有限责任公司，推进了企业技术改造。那大糖厂完成节能改造，市造纸厂完成1号机改进和节能改造，市乳胶厂完成工业手套联动生产线改装。

六 新兴行业迅速崛起

兴建一批重点工业项目。芒果饮料厂、一洋玩具厂、生物有机肥料厂等建成，钢管厂、陶瓷厂、光学材料厂等在建。新上马工业项目主要有10万吨蔗渣造纸、万吨糖厂扩建、创域石英砂、圣大人造板、峨蔓风力电厂、木棠自来水厂等。2003年以来，儋州培育了永航不锈钢、中化橡胶、南华糖业、儋州电力、珠联冷冻等龙头骨干企业，形成了冶炼业、制糖业、橡胶加工业和水产品加工业等优势产业。

七 涌现出一批农业产业化龙头企业

近年来，儋州市充分发挥农产品资源丰富的优势，大力发展现代农业，涌现出了一批起点较高、成长较快、规模较大的农产品加工企业，成为农产品加工业的中坚力量。农产品加工龙头企业，不仅规模大，效益好，而且带动能力强，辐射面广。形成了以南华集团为龙头的甘蔗制糖产业，以珠联冷冻为龙头的海洋渔产品加工业，以中化成信橡胶为龙头的橡胶加工业，以及温氏集团为龙头的禽畜养殖业。到2007年儋州全市规模以上农业龙头企业已经发展到14家。

八 外来投资企业成为主力，工业凸显集群发展态势

2002年，在儋州的外来投资商的计划投资额为2.8亿元，2006年达到28.9亿元。在儋州的外来投资中，福建板块成为火车头。统计显示，2006年，在儋州投资的闽籍企业近50家，投资额约20亿元，行业涉及钢材、教育、房地产、建筑、建材、商贸服务业、农业等。2006年闽商产生的工业产值，已占到全市工业总产值的15%。除了福建板块，还有山东的水泥、橡胶板块，浙江的玩具工艺品板块，广东的水产品、饲料板块等，都在儋州各成气候，各显身手。

九 工业布局趋向合理

儋州市以科学规划为依据，以优质服务为抓手，加大工业园区建设，重点抓好木棠工业园区、美扶工业园区和白马井园区的路、电、水、通信等基础设施及配套设施建设，积极引导工业项目向园区聚集，到2006年共有25家企业到园区投资。

第二节 儋州工业较快发展的原因分析

儋州市大力实施"项目立市、工业强市"战略，立足本地资源和产业特色，突出抓好工业园区建设，营造优良政策环境，积极招商引资和激活民间资本，工业经济发展水平得到明显提高，经济发展后劲不断增强。

一 转变观念，找准思路

1996~2002年，因种种原因，地理位置优越、全省面积最大、人口最多

的儋州市，从一个财政相对富足市县变成一个"困难户"，成为同时期全省地方财政收入唯一下降的市县，年均下降7.91%。而且财政收入结构不合理，非税收入占4成左右，农业税的比例也是3成有余，而工商税收仅占整个财政收入的1/3。儋州市在全省市县经济发展考核中一度排名倒数第一，GDP增长率仅8.2%，排名倒数第三。在这种情况下，全市企业界蔓延起一种得过且过的颓废思想。转变观念，找准思路，迎难而上，是当时儋州唯一的选择。2002年12月18日，儋州召开了久违的全市企业发展座谈会。会上，市领导郑重发布了为企业服务的"三个理念"（牢固树立企业好、政府就好；全心全意为人民服务、全心全意为企业服务；让投资者发财、求儋州发展）和"五项承诺"（努力实践为投资者提供安定和谐的社会秩序、快捷便利的办事渠道、周到有效的协调服务、整洁优美的周边环境、公平公正的竞争条件）。全新的"三个理念"和"五项承诺"施政方针，它向麻木的儋州"官场"传达了一种崭新的思想和信号：儋州将从管理型政府向服务型政府转变。随即，儋州在全市机关开展了"善待企业、善待投资者"的大讨论，从而在全市范围形成了统一的思想：要改变前几年儋州经济、财政的困难局面，必须进行经济结构战略性调整，以工业化、城镇化作为突破口，带动农业产业化和组织化。而这条道路，必须依靠企业和投资者来实现。随即，儋州全市上下将"三个理念"和"五项承诺"贯穿于为企业服务和经济社会建设全过程。

2003年以来，该市先后组织了"改善投资环境动员大会"、"招商引资动员大会"等一系列重要会议，多次召开企业座谈会，并出台了一系列政策，建立招商引资目标责任制、激励机制和约束机制。随后，儋州在全省率先成立行政服务监督中心。2003年1月，该市把二十多个职能部门集中到一个大厅，开起了"政府超市"，两年后又将"超市"搬到了网上。儋州市四套班子领导还亲自出马，对农业龙头企业、规模以上工业企业及第三产业重点企业实行了"一对一"跟踪服务，力求全方位解决各种困难和问题，感动了很多投资者。

二 不断改善企业的投资环境

2003年以来，儋州市十分重视企业的成长和发展，始终致力于投资环境的建设，为企业在儋州投资、发展和壮大创造了良好的环境和有利条件。

在软环境方面主要的政策措施有：一是引导企业发展的扶持政策。出台了《加快工业发展的决定》、《扶持、指导规模企业做大做强的意见》、《优化经济环境,大力招商引资奖励办法》等政策文件。儋州市主要领导采取多种形式走访企业家,并召开全市企业发展座谈会,请企业家对政府各职能部门提意见,市政府将这些意见下发到各职能部门,限时改进。儋州市向企业作出承诺:提供安定和谐的社会秩序、快捷便利的办事渠道、周到有效的协调服务、整治优美的周边环境、公平公正的竞争条件。凡所有进入该市的项目,市里实行联审制,一次性联审通过。实行项目收费公示制,不属公示的收费视为乱收费,投资者有权拒绝。此外,儋州市还划定发展工业无费区,对一定区域内的建设项目免缴市属规费。此举对开发商鼓舞很大。二是鼓励企业发展的奖励政策。全市设立了纳税大户奖、企业上台阶奖和创品牌奖,重奖对工业发展有突出贡献的民营企业主。2003年儋州市政府财源建设奖励支出200多万元。同时,给予民营企业主相应的政治待遇,积极推选他们担任省、市各级人大代表和政协委员,并在电视、报纸等新闻媒体上重点宣传推介,扩大知名度和影响力。三是保护企业发展的服务政策。在全省率先建立行政服务监督中心,率先开通"一站式行政审批系统",把行政审批搬到了网上,还实行重点项目市领导"一对一"跟踪服务、部门"包到底"的保姆式服务市。为全程跟踪服务外来企业,从2007年1月份开始,儋州市政府责成该市工业发展办公室每月汇编一份"企业情况反映"简报。该简报内容主要反映外来投资企业目前碰到的困难和所需要解决的问题,每月送达市委市政府领导和有关部门,然后集中进行研究解决。在儋州投资的永航不锈钢公司,因缺电、缺水,阻碍了企业的发展,后来该简报将此情况反映到儋州市委书记的案头上,最后在书记的跟踪指导下,该企业两座高炉同时生产,解决了企业的用电难题。同时,在机关扎实开展"一创建、两转变、两提高"活动(创建学习型机关,转变政府职能,转变机关作风,提高行政效率,提高服务质量),打造诚信政府,不断提高政府职能部门的工作效率和服务质量,为民营工业的发展保驾护航。

通过这一系列的政策措施,全市工业发展环境不断优化,对投资者吸引力不断增强,近4年来,全市引进投资300万元以上项目52个,投资额5.3亿元。良好的投资氛围,让儋州企业界尝到了"发家"的滋味。珠联冷冻厂董事长2001年刚来儋州时,只建了个小小的加工车间,从2003年开始逐渐加大投资力度,现已成为全省的农业龙头企业。原来看不到投资发展希望的嘉宝纸业老总,现在利用废旧回收的纸品做包装纸,已经做到全省行业老大,占据了全省65%的市场份额。

在硬环境建设方面,完成了《儋州市总体规划修编纲要》,建成了广场、公园、体育中心等一批公共设施，新建和改造一批市镇道路30多公里。"一线五区"、"一个中心三个组团"的规划已经形成。

三　重视工业发展质量

儋州市过去发展工业更多的是注重数量，现在则是数量和质量结合起来，以提高质量为主。近年来，在科学发展观的指引下，关闭了一批耗能高、排污大、生产技术落后的小胶厂和小糖厂，消除了"村村点火，户户冒烟"的不良现象。

四　立足本地资源优势，发展特色加工产业

儋州充分发挥农产品资源丰富的优势，大力发展农业加工产业，形成了以南华集团为龙头的甘蔗制糖产业，以珠联冷冻厂为龙头的海洋渔产品加工业，以中化成信橡胶为龙头的橡胶加工业，以及温氏集团为龙头的禽畜养殖业。这4家产值过亿涉农企业的出现，实现了儋州市里提出"围绕工业抓调整、围绕龙头抓规模"的目标。

五　突出抓好工业发展布局和工业园区建设

儋州市近年来把规划作为工业发展的龙头，提出了"一线五区"的总体框架，主动接受洋浦辐射，加快发展与洋浦大工业项目相配套的工业项目，重点发展石化工业、浆纸工业、食品工业、建材工业和电力工业，走新型工业化道路。儋州的工业基本上以洋浦—那大公路为轴线，规划了木棠、白马井、美扶等五个工业园区。洋浦这边主要以石化工业、浆纸工业、食品工业、电力工业为主，木棠地区主要发展建材工业，东成这块主要是食品加工，那大这一头以如来木业为龙头，城区发展无污染的高新技术产业。工业布局的原则是：根据不同地区的实际情况，按照相对优势取向，推动产业集聚，不搞遍地开花。工业布局的总体框架是："一线五区"。通过实施"一线五区"，把企业、市场、生产基地在空间上进行有序组合，优势互补，合理布局，实现专业化与综合发展相结合，做到既充分发挥岛西工业走廊中心位置的区位优势，又为儋州发展成为岛西经济中心预留出一定的城市空间，逐步形成具有区域特色、层次分明、梯度推进的格局。具体布局包括以下几方面。

（一）"一线"

那大（美扶）—西联—东成—木棠—洋浦。以那大到洋浦公路沿线进行布局的工业走廊，一端是全岛的"重中之重"——洋浦。另一端则是本市的行政、

文化、经济中心——那大，这一条线将成为本市经济发展的生命线。

(二)"五区"

1. 三都、峨蔓石化、浆纸制造和仓储区

拟划出 50 平方公里土地，拟建年产 600 万~1000 万吨炼油城，兴建年产 60 万吨纸浆厂、年产造纸 160 万吨及项目相应的下游工业。

2. 木棠建材工业区

拟划出 10 平方公里土地兴建年产 45 万吨特钢厂一座（已动工）、年产 100 万吨矿渣粉末站一座、年产 270 万重量箱玻璃厂一座。

3. 东成（西部工业城）橡胶加工工业区

拟划出 10 平方公里土地，兴建橡胶加工及橡胶制品项目，形成以子午线轮胎（年产 100 万条）、医用手套（年产 3000 万副）和检查手套（年产 5000 万只）为主导产品的橡胶加工及制品的生产基地。

4. 那大出口（美扶路口）路段木器加工及城区高新技术工业区

拟划出 6 平方公里土地，以如来木业、亚欣家具等企业为骨干兴建木器加工工业区，建成那大东北家具城。以那大原有工业为依托，以食品、饮品、制药等无污染加工业项目为主。拟建年加工鲜汁 6 万吨凝胶生产线芦荟加工项目、年产 5 万吨仙人掌系列产品的综合开发项目，年产 4 万吨果汁饮料加工项目（已建成）等，开拓生物工程制药业。

5. 白马井水产品和农副产品加工区

拟划出 8 平方公里土地兴建水产品加工、农副产品加工、饲养加工项目，以形成洋浦工业的后勤保障基地和水产品加工、出口、创汇基地。

第三节 儋州工业发展中面临的主要困难

一 政策因素对规模以下工业的发展制约依然存在

儋州市大部分规模以下工业都是依靠本地资源发展起来的，对本地资源的依赖性较强，加上其低下的技术水平使得生产过程中资源浪费大，环保功能差，政府限期停产整顿，影响了企业的可持续发展。

二 企业缺乏创新，品牌意识薄弱

由于大部分规模以下工业规模小、投资少，加上部分经营者对技术创新的重要性认识不够，过多强调当前利益，实施短期行为，无力或不愿采用新技术、新工艺，缺乏开发高技术含量、高附加值新产品的能力，导致儋州市规模以下工业产品质量低下，能够达到国际、国内先进水平的凤毛麟角。即使有些企业的产品质量高，但也只是替别人加工的产品，没有自己的品牌。

三 企业流动资金短缺，发展后劲不足

资金是企业的血液，而儋州规模以下工业大部分规模小、实力弱、积累少，自筹资金能力弱，加上近年来银行企业化、市场化进程加快，为了避免信贷风险，对小企业普遍采取惜贷政策。金融机构对中小企业的信贷扶持力度不足，以及融资担保平台建设缓慢，信用担保体系不完善等原因，造成中小企业流动资金短缺，周转困难，影响了扩大再生产的后劲。

四 企业加工原料不足

儋州市南华糖业、成信橡胶加工厂、珠联冷冻加工厂等几家农产品加工企业，都存在原料不足的问题。每年珠联冷冻加工厂有6000吨的原料缺口，成信橡胶加工厂有8000吨的原料缺口。水泥产业为应对日益显现的原料资源储备不足，开采难度和成本加大的实际，结合其资源的不可再生性和地区经济的可持续发展需要的因素，正在加快立窑水泥生产能力的改造和淘汰步伐并加大拟建的木棠年产100万吨矿渣粉末站的建设步伐，促使儋州市的水泥产业发展顺利与国家和省的产业政策相接轨。

五 产业发展不平衡

儋州的工业可以用"三多三少"来形容：中小企业多、大型企业少，传统产业多、新兴产业少，劳动密集型企业多、技术密集型企业少。以及相应的企业规模小，经济总量小，负债率高，技术薄弱、产品科技含量低，产业链短，产品附加值不高，名优特产品少，竞争能力不强，企业产品结构单一。2008年上半年，儋州市规模以上工业增加值4.7亿元，占全省150.5亿元的3.1%，排名第六位，与全省第一梯队的海口、三亚、洋浦相比差距较大。所以，工业发展在生产过程、管理、技术等方面均需要提高。

六 企业对市场"抗震"能力不强

2008年随着国际国内市场原材料价格上涨等因素的影响，部分企业开工不足，部分行业甚至出现亏损。1~9月，全市27家规模以上工业企业中有11家产值下降，减产面达40.7%。

七 节能减排工作任务依然艰巨

儋州市钢铁、水泥等高耗能重工业在工业经济中占有较大比例，节能、降耗和减排任务艰巨。

第四节 儋州工业大发展的机遇

儋州市不仅具有高速发展工业特别是重化工业的区位优势、自然资源优质、人口资源潜势和良好的经济发展基础，而且面临工业超常规发展的难得机遇。

一 区域合作带来新的发展机遇

中国—东盟自由贸易区（10+1）的建设，为海南及儋州带来新的发展机遇。泛珠三角"9+2"区域经济联合，也给海南带来确立和发挥海上区位优势的机遇，有利于儋州吸引外资，加强对外经济、技术及文化交流，形成比较优势；有利于儋州参与区域经济的合作与分工，更好地承接技术和产业转移，实现跨越式发展。

二 海南20年来的积累，奠定了经济发展的新基础

海南已完成了环岛高速公路的建设，粤海铁路已初步建成，航运已达到国内先进水平。海南已完成了区域规划的布局，东部建设速度加快，西部工业产业引进与发展出现了新的局面，中部的生态资源保护与开发潜力增强，全岛规划与建设更加有序、科学。干部与群众的开放观念与市场意识明显增强，能人经济发展加快，民营经济有新的增长。纵向相比，海南经济发展进入了新的发展阶段，已达到"经济起飞前"的准备阶段。下一步的发展将是"十一五"期间重要的发展机会，儋州经济发展同样面临这个良好的机遇。

三 全省战略布局赋予儋州新的发展机遇

海南实施"南北带动，两翼推进，发展周边，扶持中间"的区域发展思路，产业布局以港口、铁路、工业园区为支撑，发展现代重（化）工业，推进清洁生产和循环经济，改造和提升传统产业。这一战略为儋州经济发展提供了新的发展机会，特别是工业发展具有比较优势。

四 省委、省政府决定将儋州建设成为西部中心城市

2008年海南省人大政府工作报告明确提出要将儋州建设成西部中心城

市。省委书记卫留成表示，省委、省政府将给儋州发展提供强有力的支持，并要求有关部门在开发政策、基础设施建设、财政转移支付、人才引进和班子建设等方面给予儋州积极支持和适度倾斜。儋州建设中等城市，将有利于儋州的基础设施建设，城市建设是儋州经济起飞的重要机遇。

五 洋浦保税港区建设将对儋州经济发展形成巨大辐射

洋浦保税港区的建立，将会带动洋浦新一轮的高速发展。儋州和洋浦在地理位置上的特殊性，决定了洋浦的大发展必然带动或影响儋州的发展。

第二章 儋州热带农业

第一节 儋州热带农业发展概况

儋州是海南省的农业大市和农业强市。自1996年以来，儋州市深入贯彻中央和省农业农村工作会议精神，坚持"围绕增收调结构，突出特色闯市场，依靠科技增效益"。根据儋州市的自然条件和经济条件，以市场为导向，重点发展具有比较优势的农产品；依靠科技进步，改善农产品品种结构，提高农产品质量；加强农田水利基础设施建设，提高农业抵御自然灾害的能力；扶持龙头企业发展，推进农业产业化经营；引导农民从事第二、第三产业，提高农民人均资源占有率。

近几年来，儋州市先后荣获"全国无公害蔬菜生产示范基地市"、"全国渔业生产先进市"、"全国生态农业示范市"、"全国农村能源综合建设示范市"、"全国粮食生产先进市"等称号，跻身全国第一批生猪调出大市县行列并获得国务院奖励，农田水利基本建设和农综农田整治分别获全省一等奖，甘蔗生产经验得到中央电视台采播推广，民营橡胶管理技术和海防林建设走在全省前列，是海南省唯一的国家农业科技园区。全市农业和农村工作呈现出快速、健康、协调发展的良好态势。

第二节 儋州热带农业发展现状和特点

一 农业产出大幅度增加

1993年儋州农业的附加值仅为11.42亿元，到2007年，增长到47.96亿元，增长了3.2倍。

2007年儋州完成农业总产值737220万元。分项计算，完成种植业产值187747万元；完成林业产值33749万元，其中完成造林面积8.42万亩，包括浆纸林4.74万亩,海防林0.82万亩,乡土树种0.35万亩,其他造林2.51万亩,森林覆盖率达38.6%;完成畜牧业产值113640万元;全年水产品产值达402084万元,水产品产量424000吨,其中,海水产品产量383784吨,淡水产品产量40216吨。

二 农民收入显著提高

近几年,儋州市紧紧围绕农业增效、农民增收目标,坚持按照"围绕工业抓调整,围绕龙头抓规模,围绕城镇抓带动,围绕市场抓特色,围绕增收抓服务"的思路,多管齐下,多策并举,积极发展现代农业,千方百计增加农民收入。农民人均纯收入从2002年的2646元增加到2006年的3674元,2002~2006年4年间,儋州农民人均纯收入年平均增幅达8.2%,名列全省第一,比2002年增长37.3%。2007年,儋州市农民人均纯收入4011元,高于海南省2007年农民人均纯收入3791元的水平。第一产业快速发展和务工收入快速增加是农民收入大幅度增长的主要推动力。

三 农业结构产业不断优化,热带特色更加鲜明

1996年,海南果断突破"以粮为纲"传统农业模式,确定要建成中国热带高效农业基地。根据省政府的指示精神,儋州市按照比较效益最大化和生态平衡的原则,适当调减水稻种植面积,着力提高畜牧业在大农业中的比重,提高高效经济作物在种植业中的比重。经过10年来的不断调整优化,使农业产业结构从原来的以粮、糖、橡胶为主向多元高效产业转变。畜牧业、冬季瓜菜和热带水果成为儋州农业的支柱产业和优势产业,成为儋州农业经济新的增长点。

(一) 冬季瓜菜质优味美

儋州市是海南省冬季瓜菜产销环境上佳、质量优、发展快的市。近年来,儋州市立足本地资源优势,坚持调优、调精、调高的原则,不断优化和调整农业产业结构、产品结构和品质结构,加快冬季瓜菜产业发展。全市冬季瓜菜的种植面积由1998年的8万亩,发展到2006年的24.48万亩,瓜菜总产量35.50万吨。2002年全市建起了长坡洋、扫地坡、新中洋、福禾洋等21个连片面积1000亩以上的高产示范基地,使瓜菜生产逐步走上基地化、规模化、产业化发展轨道。主要瓜菜品种从单一的辣椒发展到椒类、瓜类、豆类、茄类、其他瓜菜等。儋州市冬季瓜菜不仅品种多,质量也较好,其中蓝洋牌黄皮尖椒、东坡牌圆椒、蓝洋牌甘蓝等被省评为优质农产品。冬季瓜菜现已

发展成为儋州市重要的支柱产业，农民收入的重要来源。1998~2002年儋州市冬季瓜菜年出岛量40万吨以上，农民从种植冬季瓜菜中获取收入达4.8亿元。

（二）热带水果呈现基地化、品牌化

儋州市的水果基地主要分布在南部地区。1993年儋州市热带水果种植总面积5.9万亩，年总产量17732吨，到2007年热带水果种植总面积达6.93万亩，年总产量达6.6万吨。热带水果主要有香蕉、荔枝、龙眼、杨桃、番石榴、莲雾、黄皮、芒果、菠萝蜜等10多个品种。规模较大的水果基地有6个，它们分别为南丰镇南宏公司基地、雅星镇昌源公司基地、和庆镇天龙公司基地、黄泥沟金土地公司基地、那大镇洛基香蕉基地和海头镇枫根香蕉基地。日丰、南宏、锦兴、昌源、泰和园、怡兴等6家公司的荔枝等产品已获得农业部的产品认证，注册"南鸿"牌商标。金土地公司的香蕉不仅通过农业部的产品认证，还获得海南省优质香蕉称号。

（三）畜牧业生产快速发展

2000年以来，儋州市充分利用海南省建设国家无规定动物疫病示范区的机遇，大力发展畜牧业，使畜牧业发展步伐加快。大力推广"公司+农户"养殖模式，如以温氏养殖集团为中心，向四周辐射的生产模式，使饲养规模不断扩大，专业化生产能力有较大的提高。2005年全市肉类总产量达6.56万吨，产值3.68亿元，比上年增长12.7%，全市畜牧业生产连续6年呈两位数增长。2007年，肉类总产量7.6万吨，总产值11.4亿元，占全市农业总产值15.3%，分别比上年增长7.8%和6.6%。其中，生猪生产位居全省第一，跻身全国生猪调出大市（县）行列，获国务院奖励383万元。儋州生猪不仅大量调往海口、洋浦、八所等岛内市场，还大量调往岛外，并有部分销往香港。

（四）甘蔗产业做强做精

甘蔗是儋州市具有资源优势的传统支柱产品，是地方财政收入和农民增收的重要来源。1993年儋州甘蔗种植面积18516公顷，总产量775957吨，到2007年甘蔗种植面积43.69万亩，同比增长30.34%，总产量166万吨，同比增长43.69%。

（五）林业生产健康发展

儋州市近年来在林业方面，围绕"建设文明生态市"目标，加大荒山植树造林力度，生态公益林建设成效显著。从1997年以来的10年间，全市共造林55万多亩，森林覆盖率从1990年的32.5%提高到2006年的38.6%。

2007年全市林业用地205万亩，林木蓄积量达750万立方米，实现了森林面积和蓄积量双增长的目标。儋州市开展的"创绿色家园建富裕新村"工作取得可喜成绩，被中央宣传部、中央文明办、全国绿化委员会和国家林业局等四部委授予"绿色小康市（县）"称号。

四 农业产业结构逐步趋向合理

由于引进培育了中化橡胶、广东温氏、珠联冷冻等一批农业龙头企业，使全市农业内部结构不断优化。在农业产值中，种植业在农业中的比重逐年调减，畜牧业和海洋渔业的比重快速提升。种植业、林业、牧业、渔业之比由1998年的46∶4∶11∶39调整为2002年的35∶4∶14∶47。呈现出种植业、畜牧业和捕捞业齐头并进、同步发展的新格局。种植业内部也不断优化，粮、油、糖、橡胶等传统产业在种植业中的比重进一步下降，冬季瓜菜、热带水果、热带作物等高效产业比重不断提高。2007年瓜菜、水果种植面积分别为24.59万亩和6.93万亩。热带高效农业产量稳定增长，其中渔业、畜牧业、甘蔗、橡胶四大优势农产品对全市农业贡献率达79.2%。果菜、经济林等均有不同程度增长。

五 农产品质量安全不断提高

近年来，儋州市按照"统一品种、统一规程、统一技术、统一农药、统一采收"的要求，扎实有效地开展无公害蔬菜生产示范基地的创建工作。农产品质量安全度不断提高。在无公害农产品生产示范基地建设方面，通过开展产地环境检测，产品检测和产品认证，推动农产品标准化，提高优质农产品的比重。创建了10万亩连片的无公害蔬菜生产示范基地。全市优质产品、特色产品合格率不断提高，涌现出一大批瓜果菜品牌，主要有王五黑皮冬瓜、海头小南瓜、排浦西瓜、长坡尖椒、那大红南瓜、光村西瓜、中和黄瓜等，先后有黄皮尖椒、青皮尖椒、紫长茄、长豆角、黄瓜、冬瓜、苦瓜、南瓜、白萝卜、胡萝卜等通过农业部无公害产品认证。儋州南宏农业开发有限公司申请的注册商标，已通过检测验收，儋州瓜果菜产品无商标的历史实现了零的突破。

六 农业科技含量显著提升

近年来，儋州市围绕热带特色产业发展和农村劳动力转移就业，组织实施绿色证书培训、进村入户等一系列工程，农业科技含量大幅度提高。启动了"百千万农村扶贫计划"和"十万农民实用技术培训计划",开展多种形式的农业技术培训,引进和推广一批农业科技成果及实用技术,有效地促进农产品产量的增加,提高了农业科技附加值。如引进新的国内良种良苗,扩大良种的覆盖率。在水稻优先品种引进推广方面:推广优质米新品种组合博优961、博优964,使优质稻从1998年的36%上升到2002年的82%;在推广优良甘蔗方面:加强甘蔗良种示范基地建设,使甘蔗良种覆盖率达到85%;以及良种花生覆盖率达到95%。"九五"后期和"十五"前期,这两项工程的实施,使农业逐步从粗放生产向集约生产转变,农业科技进步贡献率每年平均提高2~3个百分点。

七 无公害、绿色农业迅速崛起

儋州市10年来通过无公害农产品认证20个;创建标准化示范基地5个(糖蔗、水稻、尖椒、黑皮冬瓜、西瓜标准化示范基地各1个)。其中,国家级标准化示范基地1个(糖蔗标准化示范基地)。儋州市成为全国55个无公害生产示范基地县(市)之一。

儋州市结合农村文明生态村创建,以农村沼气为纽带的生态富民工程,把沼气建设与农村改水、改厕、改厨结合起来,与发展养猪业结合起来,与发展庭院经济结合起来,与发展无公害农业结合起来,大力推行整村建池模式,建设沼气社会化服务体系。积极推行猪—沼—果(瓜菜、热作)及林下养鸡、果园养畜等生态模式,促进了循环经济快速发展。

八 农业生产新格局基本形成

儋州市坚持因地制宜、合理规划、突出特色的原则,狠抓优势主导农产品基地建设,创建以兰洋、和庆、南丰、大成、那大、雅星等镇的橡胶生产基地;以雅星、海头、王五、排浦等镇为主的甘蔗生产基地;以东成、王五、中和、海头、光村、白马井等镇为主的无公害瓜菜基地;以那大、和庆等镇为主的肉猪饲养基地;以白马井、光村、峨蔓、海头、新州、木棠等镇为主的海产品养殖基地;以南丰、兰洋、雅星、大成等镇为主的水果基地。随着农业经济的发展,儋州市基本上形成了三条区域经济带,即南部区域经济带,包括那大、兰洋、和庆、南丰、大成、雅星等镇,以胶、果、牧为主;中部区域经济带,包括东成、王五、排浦、新州、马井、光村、中和等镇,以蔗、油、菜为主;北部沿海区域经济带,包括木棠、峨蔓、三都,以粮、渔、畜为主。全市相继在中南部建起了粮食、油料、糖蔗、橡胶、水果、食品、水产、畜牧、甜竹笋、饲料十大加工龙头企业，一镇一品的区域化布局、专业化生产格局日趋成熟。农业生产逐步形成了种、养、加一体化，走上了区域化布局、基地化生产、规模化经营、企业化管理、产业化发展的道路。

九 农业生产条件不断改善

（一）农业机械的装备总量持续增长，装备结构明显改善

"九五"以来，儋州市农业机械化发展较快，拥有量不断增加，装备结构不断优化，至2005年7月，儋州市农业机械总值达7767万元，农机总动力达14.4万千瓦，分别比2000年增长39.1%、17.1%；拖拉机农用运输车拥有量达6390台，小型旋耕机896台，联合收割机43台，分别比2000年增长40.7%、40.2%、26.2%；农用排灌机械12388台，机动脱粒机1042台，机动喷雾机258台，分别比2000年增长26.1%、18.8%、25.6%。碾米机、增氧机、饲料加工机等农副产品加工机械都有了较大幅度的增长，大部分粮食粗加工已为机械所代替，农产品粗加工机械化程度在60%以上。

（二）农机作业水平逐步提高

农机已承担30%以上的农业生产作业量和60%以上的农村运输任务，农业机械已成为支撑农业生产的重要物质基础，农业机械在提高农业抗御自然灾害能力、提高劳动生产率和农业资源利用率、促进农业增产增收、帮助农民脱贫致富奔小康等方面发挥了重要作用。全市拥有耕地面积70.3万亩，其中水稻21万亩，甘蔗30万亩。至2004年末，全市全年完成机耕面积14.4万亩，占耕地面积20%；机脱面积26.1万亩，占水稻面积62%；机收水稻面积1.6万亩，占可机收面积5.9%；化肥深施面积22.4万亩，占耕地面积32%；机耕、机脱、机收、化肥深施面积分别比2000年增长16.2%、21.3%、24.8%、33.3%。机耕比人畜力耕作每亩可节约5个劳动力，水稻每亩可增产40~50千克，甘蔗每亩可增产800~1000千克，机收比人工收获水稻减少损失和节约开支每亩约100元，机械化肥深施，肥效利用率提高30%左右，增产10%左右。

（三）水利灌溉设施建设大大改善

实施松涛水库灌区的配套工程，加快天角潭水库的建设，完善儋州北部、西南部地区的水利灌溉设施建设，基本解决了儋州市北部、西南部地区缺水问题。

第三节 儋州热带农业发展的基本做法和经验

一 发展壮大优势产业，调整优化农业结构

10年来，儋州市围绕市场抓产业特色，不断调整优化农业结构，发展壮大优势产业，形成农业核心竞争力，农业规模效益日益凸显，竞争力不断增强。在糖蔗生产、香蕉生产和发展畜牧业等方面取得了突出成绩。

二 大胆创新农业经营机制

改革开放确立了家庭经营主体地位。然而随着农村商品经济的不断发展，农民的小生产与大市场之间的矛盾逐渐暴露。靠一家一户的农民单打独斗去实现与大市场的对接是不可能的，但是通过提高农业生产的产业化、市场化、组织化水平，市场风险可以有效降低。为了破解小农生产不能对接大市场的难题，儋州市委、市政府对农业经营机制进行了创新。

（一）抓农业产业规模经营

儋州市根据本市农业发展的特点，紧扣本地资源型工业调整农业产业结构，引导农民围绕橡胶、制糖、水产品加工等农产品加工业，大力发展相关农产品种养业。与此同时，该市把扶持和引进农业龙头企业作为农业结构调整、带动农户增收致富的重要举措，先后引进和培育了中化橡胶、珠联冷冻、温氏集团、南华糖业、如来木业等一批省、市级重点农业龙头企业，让这些农业龙头企业以"公司+基地+农户"的模式，通过签订"订单"，按保护价收购农产品，企业利润返回，农民入股以及为农民提供技术、资金、信息服务等方式，与农户建立紧密型的"利益同享、风险共担"的经济共同体。2003年以来，儋州市规模以上农业龙头企业发展到14家，龙头企业的建立，为农户提供了产前、产中、产后的一系列服务，从而产生强大的联结力、带动力和辐射力，使农户从分散的小生产逐步进入有组织、有规模、有效益的大生产，在一定程度上解决了农民小生产与流通大市场之间的矛盾，使儋州市橡胶、甘蔗、无公害瓜菜、热带水果等优势产业逐步形成了规模化、基地化、产业化发展格局，并带动农民收入持续增长。2006年，儋州市农民从甘蔗、橡胶、瓜菜等热带高效农业中得到的收入就占农村经济总收入的34.5%。

（二）成立行业协会

为解决农民销售难问题，儋州市建立了果菜运销协会等销售运输类龙头

企业，打造"贸工农一体化，产加销一条龙"的农业产业化经营体系，拉长产业链，"以市场+协会+基地+农户"为模式，拓展协会上联市场、下结农户的功能，促进了农业发展和农民增收。全市成立橡胶、甘蔗、荔枝、瓜菜等协会4个，各类专业合作社各16个；长年活跃在流通领域的农民营销队伍有1万人以上。协会组织督促瓜菜运销户（主要为本地瓜菜运销户）与农民签订瓜菜产销合同，组织种子等生产资料供应，安排技术人员对生产进行指导，农民按技术要求生产瓜菜，运销户对农民生产的产品进行收购，设最低收购价，解决了农业小型分散问题，提高了农民的产业标准化程度。

（三）建立农民经济合作组织

在大宗农产品产地，按照"民办、民管、民受益"的原则，建立发展农村专业经济合作组织，以"市场+专业经济合作组织+基地+农户"的模式，把农民有效地组织起来，共同生产某一专项农产品，通过农民组织化程度的提高，加速农业产业化进程。

三 推进科技兴农战略

自1996年以来，在发展农业生产过程中，注重抓科技成果和先进农业实用技术，通过实施农业品种、技术培训、科技示范三项工程建设，建设农业科技示范基地，积极推进农业技术和机制创新。

（一）积极引进推广先进实用农业新技术

1998~2002年推广的新技术有8类13项，如地膜覆盖技术、反季节生产技术、无公害生产技术、组培育苗技术等。在甘蔗方面，示范推广地膜栽培技术10万亩；在橡胶方面，示范推广"三天一刀"、"四天一刀"，新割制技术15万亩；在水果方面，示范推广反季节龙眼生产技术2万亩，推广应用香蕉组培育苗技术育苗1600万株；在瓜菜方面，推广应用营养器育苗1万亩，推广无公害瓜菜生产技术20万亩；在畜牧方面，实施雍羊规范化饲养技术示范项目，推广饲养200只；在农机方面，推广应用滴灌、喷灌、雾灌等技术近万亩，推广应用甘蔗机械化收割2000亩。此外，还推广水稻抛秧、水果套袋、机械深施、农作物病虫防治、优化配方饲养、畜禽疫病防治等技术。先进实用新技术的推广应用，使儋州市农业生产取得了显著的经济效益和社会效益。

（二）抓好农作物新品种推广

不断加大优良品种和先进技术推广应用力度。据不完全统计，1998~2002年通过实施百项农业新技术项目等途径，在水稻、花生、橡胶、甘蔗、瓜菜、水果等方面共引进推广新品种31种，通过大力示范推广新优品种，加快了儋州市农作物品种更新换代的步伐。

水稻推广Ⅱ优128、博Ⅱ优15、粤杂922为主导品种，并认真抓好4000亩Ⅱ优38、92、93等超级稻品种的示范种植；甘蔗主要推广粤糖93/359、86/368、园林3、4、6号等；瓜菜引进了一批适销对路的新品种，包括椒类有茂椒4号、茂丰5号、中椒5号等19个品种，瓜类有东升小南瓜、翠绿苦瓜、津优1号黄瓜等14个品种，豆类有双青12号四季豆、香港荷兰豆等5个品种；茄类有亚蔬6号、翠红、龙女等4个品种。使农业经济的增长从过去粗放型向科技型转变。

（三）抓技术培训

结合农业结构调整，启动实施"百千万"农村扶贫计划、"百项"农业新技术项目和"百万"农民培训工程，突出抓好农民技术培训和推广农业实用技术。在实践中：一是围绕种植业结构调整，组织农业科技人员，特别是利用华南热作"两院"的科技力量，采取集中和分散办班培训形式，开展粮作、瓜菜、果树、热作、畜牧等专业技术培训，向农民传授超级稻、蔗糖、橡胶、瓜菜、香蕉等栽培技术；二是以提高产量、保证质量、增加效益为要求，引导农村种植大户采取技术互助的方式，边种植、边示范，手把手地相互交流、传授生产经验，向产量、质量要效益，出现了王五镇枝根、峨塔等村青黑皮冬瓜平均亩产1.7万斤，最高亩产达2万斤的典型；同时，还与市电视台、市电影公司合作，通过开办《农家乐》节目和"农业科技电影巡映万村"活动，对全市农户加强蔗糖、橡胶、水果、瓜菜等管理技术的培训。

（四）抓好"农业机械化示范村"和"农机安全示范村"建设，推进农机安全化技术推广

大大加快了全市农业机械化进程，使农机拥有量大增，机械作业面积不断增大。

（五）探索农技推广服务新体制

配合科技部门创建农业科技110服务体系，2004年正式开通了农业科技110，全省统一电话号码（963110），儋州市设立了农业科技110服务站，搭建了新的农业科技推广、培训、服务和科普平台，深受广大农民的欢迎。

四　强化农产品质量安全

牢固树立"质量比数量更重要"的理念，切实抓好农产品安全，促进农业的可持续发展。

（一）推进农业标准化生产

以强化培训、开展无公害认证、创建标准化示范基地、加强产地抽检为重点，切实推进农业标准化生产。一是抓示范基地建设，二是抓科学用药施肥，三是抓农业投入品监管，四是抓农产品认证。

（二）建立健全农产品质量安全检验检测体系

一是整合农业项目，组建海南西部农业服务中心。将海南西部农产品质量安全检验检测分中心、动物疫情检测等涉农项目资金整合起来，建立了海南西部农业服务中心。二是建设农产品质量安全检验检测流动服务站。市级配备农产品检测流动汽车1辆，镇级配备农产品质量安全检验检测流动服务摩托车17辆，并装备快速检测仪，农产品质量安全检验员40名，检验员到各生产基地及镇内贸市场对瓜果菜进行抽样检查。三是创建无规定动物疫病区。在全市范围内加强基础设施建设。建成兽诊断室和疫情测报工作室，面积200平方米；配备相关的仪器、设备；抓好兽禽检疫防治工作。注射预防猪瘟数以百万计，预防鸡瘟数以千万计，注射5号病、猪肺疫等预防针近10万头；抓好兽用生物制品管理。实行经营许可制度，坚决取缔非法经营兽用生物制品和假冒伪劣药品，提高畜禽免疫效果。

五　加强农产品推广和市场体系建设

（一）推进信息建设，建立农业信息平台

在上级业务部门的支持下，儋州市农业局投入了近30万元进行农业信息体系建设，使信息点从无到有并发展到8个镇，形成了信息网络，覆盖了全市瓜菜主产区。自建立信息网点以来，儋州市共向农民发出了全国各大中城市的各种农业经济信息数以千计，有效地指导产销，促进了儋州市传统农业向现代农业转化。与此同时，儋州市农业局还建立了农业信息平台。积极收集产销市场信息，坚持每天发布全国各地大中城市农产品销售市场信息，让农民了解市场行情，有针对性地进行生产。通过电脑传真、《儋州报》等途径发布各种农业经济信息。在做好市场信息的收集、传递和发布工作的同时，儋州市还积极开展市场调查、市场分析和市场观测，供农民参考。

（二）大力发展"订单农业"

为了实现产地与销地有效对接，推动农业步入以销定产的轨道，儋州市按照配制"菜单"—签订"订单"—落实"产单"—兑现"存款单"的思路，不断发展和规范订单农业。一是实施"走出去、请进来"的策略，每年

组织有关镇和运销大户到省外跑市场，找客户，拉订单；二是根据"订单"情况，制定出《冬季瓜菜生产指导性意见》，使生产与"订单"统一；三是搞好跟踪协调服务，兑现"订单"。通过以上举措，儋州市与全国近40个大中城市建立了农产品购销关系，农产品出岛量逐年增加，冬季瓜菜年均出岛量达6万吨，年均递增10.2%。

（三）积极参加冬交会

从1998年开始，海南每年举办海南冬季农产品交易会，建立固定的会展中心，搭建农产品交流订货的大平台。儋州市制定了参加冬交会筹备工作方案，积极搞好展馆的设计、制作和展品的规划，组织企业和优质农产品参加每年海南举办的热带农产品交易会，邀请客商到儋州市参观考察，使儋州农产品的知名度和市场竞争力得到了进一步提升。

六　加强农业基础设施建设

作为农业大市，儋州长期受"缺水"的困扰，特别是中北部地区，十年九旱。根据实际情况，儋州加大资金投入力度。2005年完成春江、沙河2个中型水库的除险加固，硬化黄沙、松林岭和黄泥沟等水利渠道300多公里，高标准整治田洋4000公里。2003~2006年，儋州市累计投入农田水利建设资金2.5亿元，完成渠道配套与防渗硬化490公里。解决了中北部地区39.6万人的生产生活用水难和17万多亩农田灌溉困难问题。此外，儋州还实施农村通达、通畅工程，建设农村公路57条共183.4公里，完成239.2公里柏油路改造。农业基础设施的完善，也为儋州发展农村经济、增加农民收入提供了根本保证。

七　抓好农村经营管理，稳定和落实党在农村的基本政策

（一）抓好第二轮土地承包工作

根据《海南省第二轮土地承包若干规定》、《海南省农村集体经济承包合同管理条例》，在全市开展第二轮土地延包工作，签订家庭承包合同8.5万份，专业承包合同640份，发包耕地67.5万亩。以二轮承包为契机，解决土地承包合同纠纷43宗，面积1560亩；兑现历年拖欠的承包金442万元，落实提留统筹款1275万元；签发土地流转证书25份，面积5.4万亩；建立健全230个农村集体经济组织，完善了农村财务制度，促进了村务公开。

（二）减轻农民负担工作

根据《关于做好当前减轻农民负担工作的意见》及《农民承担费用和劳

务管理条例》，建立减轻农民负担联席会议制度，落实农民合理负担"一定三年不变"的政策，推行农村"两费"预决算、监督卡和专项审计"三项制度"。全市农民人均负担53元，严格控制在5%的限额内。发放"农民承担费用和劳务登记证"监督卡8.4万个，使农民有权拒绝"登记证"外的一切收费，从根本上减轻了农民负担。

（三）清理整顿农业用地

累计清理393宗流转用地并建立了宗地档案，整顿规范了356宗用地手续。其中无偿收回连续丢荒2年以上的闲置土地19宗、面积2425公顷；重新补办2/3以上村民代表同意承包土地184宗、面积2835公顷；补办规范合同157宗、面积2876公顷；补办《农地流转鉴证书》198本。通过清理整顿工作，解决了一些原来农村中难以解决的问题，基本上理顺了农民与开发商的关系，促进了农村经济的发展和农村社会的稳定。

八 积极抓好农业项目引进工作，搞活农业经济

引进项目资金是搞活儋州市农业经济建设的一个重要措施。一方面通过外引内联引进项目，在黄泥沟、王五、马井、木棠、雅星、东成、光村、南丰、兰洋、和庆等地共引进项目116个，计划投资总额15.2亿元，其中马来西亚三林集团在黄泥沟计划投资3.2亿元种植芦荟1万多亩；日本山岗农艺株式会社在王五镇计划投资450万元建高新农业种植基地近500亩。另一方面"跑部跑省"引进项目，累计争取到部、省级农业项目17个，项目资金近1000万元。其中省百项农业新技术项目有"新台糖22号引种示范"、"香蕉套袋技术示范"、"巴西香蕉新品种阿瓜、伯拉达、那尼靠引种试验"、"美国三味辣椒、美泥亚彩椒、侯爵甜椒引种示范"、"夏威夷4号木瓜引种示范"、"甘蔗机械收割试验示范"、"雍羊规范化饲养技术示范"等等。通过项目实施，加快了新技术的普及推广和新品种更新换代的步伐。

此外，还通过体制改革、技术创新、结构调整和招商引资等措施，加快乡镇企业发展步伐，使乡镇企业逐年增长，2002年乡镇企业总产值达25亿元，年均增长11.2%，发展成为儋州市农村经济的重要组成部分。

九 加快农村劳动力转移，发展农村"打工经济"

儋州市坚持转移农民、减少农民、富裕农民的原则，切实抓好农村劳动力转移。一是全面调查全市农村劳动力资源，摸清底子，把农村劳动力的职业技能培训作为一件大事来抓。二是根据企业的需求，以服装、电子、餐饮、

驾驶等行业为重点，围绕岗位技术、职业道德、劳动权益等内容，举办职业技能培训班，切实加强农民"打工"职业教育。三是采取走出去、多沟通的办法，积极与人劳部门、就业部门配合，在考察深圳、珠海、东莞、顺德等劳务市场的基础上，先后与多家企业建立长期合作关系，较好地解决农村劳动力输出就业问题。全市累计转移农村劳动力5.64万人。

第四节　儋州热带农业发展存在的问题

儋州热带农业发展10年来虽然取得了显著成效，但是，与国内一些地区比较来看，仍然还处在一个较低的层面，农业改革发展还存在许多不足，一些制约农业发展的深层次问题尚未从根本上解决，农业发展和农民增收存在不确定因素，从而影响了热带农业的进一步发展。当前制约农业发展的主要因素有以下几方面。

一　农业基础设施仍然薄弱，发展后劲难以增强

近几年来，儋州市虽然加大了对水利、土地整理、农村道路等农业基础设施的投入力度，但由于经济实力弱、底子差，基础设施建设现状与热带现代农业的发展要求仍有较大差距，物质装备落后，农田、池塘水利设施老旧、毁损严重，许多耕地得不到有效灌溉，沿海、北部村镇生产用水较为紧缺。农业基础设施的落后，不仅大大降低了农业抵御自然灾害的能力，而且从根本上阻碍了农业生产的发展，"靠天吃饭"还是儋州市部分地区农业的根本现状。目前，除橡胶、蔗糖和部分水果生产具有一定的专业化、商品化、规模化外，其余众多农业生产领域基本上是维持分散的、个体的、以手工劳动为主的生产方式，一旦出现大的自然灾害和市场风险，农产就可能滑坡。2004年出现历史罕见的旱情，全市甘蔗、水稻、橡胶不同幅度地减产。

二　要素保障不力，产业效益难以提高

创建、培育、扶持农产品品牌的政策还有待完善，资金投入力度有待加大；金融支持农业发展力度不够，龙头企业和业主融资难题有待进一步解决；农业科技含量依然比较低。科技对农业增长的贡献率不足40%，农业技术推广体系薄弱，尤其是基层农技机构普遍存在着人员老化、知识老化、设施陈旧等现象，基层农技站基本上处于瘫痪状态，形同虚设；农产品质量安全体系有待健全。市内从事农资经营摊点较多，对种子、农药、化肥等农业投入

品的质量标准监管不够准确,从事农产品监测技术人员严重缺乏,先进检测仪器严重缺乏,产品质量难以准确掌握,产品标准难以实现整体监控,随着市场不断扩大,市场对农产品的质量要求越来越高,农产品质量安全控制压力增大。目前儋州市农产品质量安全保障体系比较薄弱,检验检测中心建设尚处于启动阶段,执法监管机构不健全,农产品质量安全保障能力和监管手段与国内先进省市区有较大差距,不适应农产品"两进两出"的要求。大多数农产品达不到出口标准,缺乏市场竞争力。土地使用权的流转机制还不健全,土地难以有效整合利用,不利于农产品基地集约化和规模化发展。

三 农业结构调整还未到位,离精致农业的要求有较大差距

尽管畜牧业发展加快,在农业中的比重比 2006 年提升 1.67 个百分点,但远低于全国平均水平(全国畜牧业占农业比重为 35%),今后几年,畜牧业如不能超常规发展,将难以实现"十一五"目标。精品瓜果菜的比重较小,无公害、绿色产品生产规模不大,设施农业在种植业中的比重很低。农业生产经营总体上粗放,农业标准化体系不健全,标准化实施主要集中在龙头企业和规模化生产基地,分散的农户难以推行标准化生产。

四 农业产业化层次较低、组织化程度不高

(一)龙头企业较少

农业发展离不开龙头企业强有力的带动。目前,该市现有的农业企业近百家,但是普遍存在投入不足,生产规模较小,承受风险能力弱,难以真正承担龙头作用和带动功能,从而出现"小马拉大车"的被动局面,整体发展后劲不足,影响了农产品的深加工和转化增值。

(二)基地规模偏小,企业原料难以保障

由于儋州市农业标准化建设工作起步较晚,基地建设还未形成较大规模,与龙头企业生产需要严重脱节。

(三)运销队伍薄弱

缺乏大型运销龙头企业,运销长效机制尚未有效建立;农民合作化程度不高,企业、合作组织联结农户的机制还不完善。实施农业产业化经营战略10 多年来,农业产业化企业仅有 7 家,整体规模偏小,产业链不长,效益不高,带动力不强。农民出售农产品多以原粮、活畜为主,农产品深加工少,附加值很低。

五 农产品市场发育程度低，服务体系不健全

现有市场多属初级的，交通、通信设施落后，市场法规也不健全。流通渠道不畅，大宗鲜活农产品价格波动时有发生，挫伤了农民的生产积极性。农业社会化服务体系不健全。许多涉农部门难以适应农业产业化经营的要求，传统意义上的服务内容跟不上现代农业发展的需要；对市场信息的调研，对科技含量较高的农业技术指导水平还不能满足农业产业化发展的需要；部分镇的农技、供销、农机、农经部门还停留在农业生产的产中服务上，而对产前市场信息调研和产后加工销售服务几乎是一片空白，阻碍了农业产业化发展。

六 信息沟通不强

千家万户的农户分散经营，根本没有能力去抗御市场的风险，对市场的需求信息不仅缺少，而且缺乏正确的判断能力，加上政府的信息引导作用没能完全发挥，致使农民在生产和营销过程中带有很大的盲目性，农民对当年该种养什么，种养多少，什么时候种养，什么时候上市价格最好，一般都是靠"老经验"，或者是别人种，我也种，去年赚钱，今年照种。因而，往往导致阶段性或地域性供过于求，造成增产不增收，挫伤农民的积极性。

七 乱占滥用耕地、林地等破坏环境资源的现象依然比较严重

乱砍滥伐和刀耕火种使热带天然林面积比"一五"后期减少一半以上，而且森林质量大为下降，从而导致水土流失加剧，水库泥沙淤积，库容减少。经济建设和农村建房中不珍惜土地，耕地、林地被占用过多的问题也较突出。

八 热带农业的支持保护体系脆弱

长期以来，由于儋州经济处于典型的农业社会状态，农业经济在国民经济中属于支柱地位，全市农业得益于其他产业的支持和反哺十分有限。相反以农业生产所产生的剩余利润支持国民经济其他部门发展的现象较为突出。农村集体经济比较薄弱，以工补农、以工建农，依靠集体经济的积累兴建农村各项事业的能力差。

九 农村劳动力流动不畅

由于儋州农业在国民经济中占有很大比重，大量劳动力集中在农村和农业，从而制约了农业经营规模的扩大和农业新技术的运用，降低了农业的劳

动生产率和效益，也使农民增收变得比较困难，削弱农民扩大再生产的能力。同时，这种局面使得农业政策实施的难度加大，有效性降低。更突出的是，儋州工业化和城市化程度较低，农村富余劳动力转移缺少有效的出路，这种状况在短期内难以有很大的转变，从长远看将严重制约儋州农业的市场综合竞争力的提高。

十　农民科技素质、商品质量意识有待提高

儋州市每年外出务工的近20万劳力，都是有知识有文化的青壮年，剩下在家务农的都是妇女、儿童和老人，生产出来的东西也因品质不高而没有市场。由于农民的文化水平仍普遍较低，他们缺乏接受新知识、新信息，应用新技术、新设备从事农业生产与农产品加工包装的能力；缺乏市场意识、品牌意识、风险意识和开拓创新意识；缺乏科学的经营管理知识和能力，从而制约了农业生产结构调整优化。同时，基层科技推广体系不健全，特别是市场信息体系，缺乏必要的设施、设备和手段。在科技推广中，仅注重产中服务，缺乏产前、产后服务，多数农民及农业企业得不到销售服务的指导。

十一　农产品加工严重滞后

综观儋州现有的农业生产，普遍存在重数量轻质量的传统观念和意识，农产品"两多两少"现象突出，即质量一般的产品多，质量好的产品少；大路产品多，特色品牌产品少。在农产品加工业方面，大部分农产品加工尚处在初级阶段，总摆脱不了"大路货"的痕迹，更谈不上工业化大规模加工。以水果为例，发达国家水果采摘后通常要进行预冷、储藏、洗果、涂蜡分级、冷链运输等规范配套的处理，产后商品化处理量几乎达100%，而儋州的热带水果多是采摘后箩筐一装，大大咧咧地摆到地摊上贱卖。农产品加工、保鲜、冷冻严重滞后，制约了农业经济的发展。

第五节　儋州热带农业发展面临的机遇

目前儋州市正处于现代农业加速发展的关键时期，面临新的发展机遇。

一　政策机遇

中央和省高度重视"三农"工作，出台一系列强农惠农政策，不断加大

农业投入，儋州市农业基础建设将进一步加强，农业生产条件将进一步改善，一些重大农业建设项目得到国家和省的大力支持。

二 产业发展机遇

作为全国最大的热带地区和无规定动物疫病区，海南省的冬季瓜果菜、热带作物和畜禽等"菜篮子"产品生产将得到国家进一步支持，成为重要的商品生产基地和出口基地。省委省政府高度重视农产品加工业，着力推进加工区建设，农产品加工业将迎来新的发展机遇。

三 儋州农业发展具有一定的基础

农业发展方式开始转变，特色优势产业粗具规模，农产品出岛出口大幅度增长，特别是一些重点建设项目开始启动，得到省委省政府的充分肯定和大力支持，经过连续几年的不懈努力，完全能够办成几件大事，实现预期目标。

四 农业增效、农民增收的潜力和空间还很大

随着农业结构调整深入、农产品质量安全水平提高和农业科技进步，优势特色产业将不断做大做强，土地产出率将不断提高，农产品市场竞争力将进一步提升。精致农业方兴未艾，还有很大的发展空间。随着农产品加工园区建设力度加大，将跨越农产品加工这道坎，延伸农业产业链，农产品加工转化和增值能力将大幅度提升。

第三章 儋州渔业

第一节 儋州渔业发展概况

儋州市位于海南岛西北部，濒临北部湾。儋州市海洋资源丰富，发展海洋渔业的水文、气候等自然环境条件得天独厚。拥有225公里长的海岸线，为全省之最，并有8个港湾和2个岛屿。全市滩涂面积1.49万公顷，可养殖面积3333公顷，潮间带坡度小，滩涂底质以泥砂和砂质为主，境内有北门江、春江、排浦江、珠碧江和山鸡江（光村河）等淡水河流注入，河流及海面均无污染，盐度变化较大，为贝类及虾蟹类的养殖业提供了广阔的场地和良好条件。全市沿海0~15米水深浅海面积2万公顷，可养殖面积4000公顷，海水透明度除新英湾及河口附近的透明度偏低以外，一般偏高。浅海海底地形变化不大，坡度平缓，有珊瑚礁分布，底质为泥、砂泥、砂和岩礁等，为高盐度的贝类及广盐度的太平洋牡蛎、筏式养殖和底播纹流提供了良好的条件。生物资源丰富。浮游植物密度大，经专家考察，认为儋州市浅海滩涂具有全省一流的自然资源优势，发展海水养殖潜力极大。

儋州北部湾海场广阔。优质名贵鱼类有红鱼、石斑鱼、海鳗、红三、马鲛、鲳鱼、带鱼等。儋州市拥有国家一级渔港——白马井渔港，还有新英、排浦、海头等主要渔港，有利于大力发展海洋捕捞生产。

儋州拥有8个沿海镇，渔业自然村78个，渔业户15091户，渔业人口78578人，渔业劳力30502人。其中海洋捕捞劳力15720人，海水养殖劳力2043人，渔业第二、第三产业劳力12739人。

10年来儋州市充分发挥得天独厚的自然优势，适应市场经济的发展要求，不断改革完善经济体制，积极引导企业、渔民、养殖户转变经济增长方式，调整产业结构，培育扶持龙头企业，有力促进了渔业经济持续健康发展，使海洋渔业成为儋州市农业的支柱产业和经济增长的亮点。

第二节 儋州渔业经济发展现状和特点

一 渔业经济增长显示出强劲的发展态势

儋州市是海南省渔业大市，渔业产量占全省总产量的1/4。1995年渔业产量11.12万吨，产值7.36亿元，到2002年水产品总产量25.3万吨，产值22.46亿元。其中海捕产量19.6万吨，海养产量2.5万吨，淡养产量3.2万吨。养殖面积也由1995年的1.38万亩发展到2001年的3.5万亩。2007年1~9月，儋州市共完成水产品总产量30.62万吨，产值24.86亿元，与2006年同期相比分别增长11.6%和14%。其中，海洋捕捞产量249959吨，产值25473万元，与2006年同期相比分别增长12%和16%。

二 渔业产业结构趋向合理

近年来，儋州以市场为导向，以资源为依托，不断调整优化渔业经济结构，着力实现由以捕捞为主向捕捞和养殖相结合的调整，捕捞业由近海捕捞为主向近海捕捞与外海捕捞相结合的调整。

（一）海洋捕捞

海洋捕捞业是儋州市渔业的支柱产业，海洋捕捞主要品种有石斑鱼、金线鱼、方头鱼、白鲳、马鲛、红鱼、花鳗鲡、军曹鱼等，海洋捕捞产量占渔业总产量的73%。2002年儋州市有机动渔船1560艘，总吨位5万吨，总功率12万千瓦。渔船主要在北部湾，本岛东南部、粤东、粤西和西、中、南沙渔场生产。作业方式主要以流刺主网、钓业为主，刺钓业产量达54万吨，占海洋捕捞总产量的55%。2008年新造、购买渔船57艘，其中钢质渔船7艘，木质渔船50艘，增加吨位2300吨，功率8669千瓦，改造渔船网具126艘。

（二）海水养殖

海水养殖业是儋州市发展潜力较大的产业。儋州市拥有225公里海岸线的优越自然资源，加上良好的投资环境，吸引了国内山东、湖北、江苏、上海、甘肃等10多个省市和地区的投资商前来投资开发。据统计，自1997年第一批海水养殖基地在儋州建成以来，对虾养殖业共吸引投资资金超过亿元，建成的养殖基地面积达1.3万多亩，年产值也超过亿元。近年来海水养殖得到快速发展。海水养殖业逐步由规模产量型向质量效益型转变。2002年海水养殖面积约2400公顷。其中高位池240.9公顷，养殖方式有工厂化养鲍、高位池养虾、低位精养和网箱养鱼等；2004年海水养殖产值32亿元，占渔业总产值27.3%。儋州市已开发建设海水养殖面积达3万多亩，其中，优势产业对虾养殖面积为1.3万多亩，在儋州沿海形成了一条对虾黄金产业带。海水养殖主要品种有对虾、青蟹、牡蛎、文蛤、扇贝、鲍鱼、石斑鱼、江蓠、麒麟菜等。

（三）淡水养殖

1995年淡水产品1.26万吨，2007年淡水产品4.02万吨，比2006年增长15.9%。

三 水产品出口加工快速发展

水产品出口加工业是儋州的新兴高附加值产业。目前全市拥有水产品出口加工骨干企业3家。它们分别为白马井珠联冷冻厂，永茂实业鱼粉加工厂，海头鳗鱼加工厂，年加工能力约26万吨，产品畅销全国各地。主要出口美国、日本、韩国和欧盟等国家和地区。2007年首季儋州市渔业加工企业实现了较大增长。其中珠联冷冻有限公司实现产值1317万元，同比增长107.1%；永茂实业有限公司实现产值553万元，同比增长50%。

儋州水产品加工快速发展

四 建立渔业生产合作社

为提高农村渔业生产的组织化、产业化水平，儋州市在白马井、新州两镇抓渔业生产合作社组建工作，组织农户成立渔业生产合作社5家。通过合作社把渔民、农户组织起来，把老虾塘改养罗非鱼、青斑鱼示范基地。

五　龙头企业发挥辐射作用

近年来，珠联食品有限公司发挥加工和龙头带动作用，先后联结儋州、临高、昌江、东方等地区的捕捞养殖户和经销商，共联结捕捞业主2000多户、养殖户3000多户，罗非鱼和对虾的养殖面积均在5000亩以上。2006年，该公司产值达到1.2亿元，主要的出口产品冻罗非鱼片、南美白对虾系列产品等销往日本、韩国、美国及欧盟国家。

六　建立渔港监督管理体系

十多年来，儋州市逐步开展渔监立法，对机构建设、渔港管理、船舶管理、船员管理和海事处理等制定了规章制度，已建成了以渔港为中心的渔港监督管理体系。

第三节　儋州渔业发展的主要做法和经验

一　不断优化渔业产业结构

（一）不断开发海洋捕捞业

在海洋捕捞方面，鼓励、引导企业、渔民自筹资金建造、购买渔船，2008年新造和购买渔船57艘，增加吨位2300吨，扩大了海洋捕捞生产能力。同时儋州市渔业部门还组织800多艘渔船到外港生产，转移渔场，开发中深外海渔场，增加渔业产量，其中组织130艘钓业渔船赴粤西珠江口外海生产作业，610艘渔船赴八所、三亚外海生产，60艘渔船赴西沙、中沙、南沙渔场生产，发展8支活鱼捕捞船队外海作业，实现捕捞作业由近海向外海远海渔场转移，扭转了儋州市历年来没有捕鱼船只开发南沙渔场的被动局面，提高了捕捞产量效益。

（二）大力发展海水养殖业

在海水养殖方面，继续抓好传统品种对虾、青蟹大面积养殖的同时，鼓励和引导企业、养殖户调整养殖品种。2001年在海头、三都、峨蔓等沿海地区发展鲍鱼养殖，养殖水体达275000立方米，其中工厂化养殖水体11000立方米，鲍鱼育苗水体9000立方米，沉箱养鲍水体7500立方米；在光村、新英、排浦等地进行高位池开发养殖和低位池的改造，共开发高位池1620亩，其中排浦1120亩；改造低位池虾塘4890亩，其中光村1560亩；2007年引进青斑鱼、老虎斑、珍珠贝苗种场，大力发展效益高、市场前景好的青斑鱼、老虎斑、珍珠等新品种养殖。2008年全市新增海水养殖面积2310亩，完成年度计划的115.3%，其中珍珠1000亩，青斑鱼、老虎斑1310亩。

（三）淡水养殖重点抓罗非鱼

为加快罗非鱼产业化行动计划的落实，儋州市成立罗非鱼开发领导小组，派工作组进驻光村、王五镇，抓罗非鱼示范基地的土地征租和测量工作，完成光村、王五两个1000亩罗非鱼示范基地的测量规划，并开始基地建设。为增强农户养殖罗非鱼的信心，还组织两镇村委会干部、养殖农户63人到文昌参观考察罗非鱼养殖。2008年儋州市罗非鱼开发取得突破，全市新增罗非鱼养殖面积5190亩，完成计划的103.8%。

（四）认真抓好养殖病害防治，推广标准化、无公害养殖

儋州市技术推广站人员经常深入企业、养殖基地，指导帮助农户搞好基地的规划建设，养殖病害防治。在排浦、光村、新州、峨蔓等镇抓老池塘改造，改造低产池塘2600亩，推广罗非鱼、对虾标准化养殖2500亩，提高了产量效益，增加了农户收入，促进了养殖产业的健康持续发展。

二 重视高新科技在渔业生产中的支撑作用

随着儋州市海洋渔业科技与培训工作力度进一步加大，科技进步已经成为海洋渔业经济增长的主导力量。示范并推广的项目有沉箱养鲍、四刺网和三重刺网作业、低位虾池改造、高位虾池养殖。技术改进、近海网箱养鱼、海胆育苗技术和病害防治技术等，带来了可观的经济效益。

三 加快渔船技术改造

渔业经济体制改革取得显著效益，刺激了渔船技术改造。以更新改造原有渔船设备为中心，包括更新加大马力、改造冷藏保鲜、增添助渔导航设备等项目，以达到提高渔船技术性能，提高抗风能力，增加生产时间，增加产量的目的。儋州市部分渔船存在吨位马力小、陈旧等问题，针对这种情况，市渔业部门注重加快渔船更新改造，提高渔业船只捕捞技术。引导渔民开展海捕渔船更新改造工作，更新改造渔船23艘，增加吨位1230吨，功率2680千瓦。还认真抓好渔具渔法改革，推广延绳钓、白钢钓新技术，共改造渔网渔具48艘；在渔具渔法方面，重点抓钓业渔船网具的改造，同时引进香港钓

业新技术，改造以往传统钓业网具，使得渔民劳动强度明显降低，极大地提高了渔船生产效率。

四 加强渔业管理，促进渔业经济持续健康发展

（一）加强渔业安全生产监管

为确保安全生产得到有效落实，儋州市积极贯彻农业部、省市政府有关渔业安全生产通知精神，深入渔村、渔港、渔船开展安全生产和渔业保险宣传活动。认真抓好镇村干部、船员渔民安全生产技能培训，2008年举办安全生产培训班25期，培训有关人员2195人次。按市政府、省厅部署开展安全生产隐患排查和百日安全督察专项行动，检查清除渔船隐患36宗，查处违法违规渔船163艘，并限期整改，对5艘不适航渔船作停航处理。认真落实渔船跟帮生产制度、渔船防风预案。抓好遇险渔船救助，全年抢救遇险渔船11艘，渔民150人，挽救渔民直接经济损失446万元。此外，认真抓好政策性渔业保险推广，2008年全市参保渔船1560艘，投保渔民7980人，渔船、渔民入保率分别达98%和94.4%，收保费300万元，渔业保险工作走在全省前列，并在省召开的农业保险试点工作会议上作经验介绍。

（二）加强渔业资源保护

为做好渔业资源保护工作，儋州市渔政渔监处执法人员查处违法违规捕捞渔船1200艘次，开展打击非法炸、电、毒鱼行动22次。抓扣非法炸、电、毒鱼违法人员8人，行政处罚6人，2人移交边防公安处理，使沿海非法炸、电、毒鱼活动得到遏制。儋州市严格执行国家休渔制度，采取有效措施确保休渔制度落到实处，在伏季休渔期内没有违规现象。2008年全市216艘应休渔船全部进港休渔，全市渔船的回港休渔率达到100%。依法征缴海域使用金241万元。

（三）加强水产品质量安全监管

按儋州市政府和省厅部署，认真开展水产品质量安全整治活动，组织人员深入加工企业、养殖基地查找水产品质量安全隐患，要求企业建立加工、养殖档案，严禁企业、养殖户使用违禁药物、饵料从事水产养殖和产品加工，保证水产品质量安全。

五 建立健全渔业社会化服务体系

水产品价格全面放开后，儋州市为渔业提供产前、产中、产后服务的体系逐步形成。

①国有水产供销公司发挥自己有良好的场地设施和技术水平，通过兴办后勤服务设施为渔船提供服务。有的通过赊销渔需物资，贷出资金，支持生产，以取得一定的产品经营。

②渔业乡（镇）或村委会通过兴办渔具商店、冰厂、船排和油库等综合服务企业，为渔船提供有偿服务。集体企业所得利润，除兴办集体的公益事业，有的也支持渔业生产发展。

③以个体商贩为主组织各种服务公司和门市部，为渔船提供制冷、冷藏、加工、运输、销售、供应等多项服务，有的还在资金、出口产量等方面提供服务。渔业社会化服务体系的逐步建立和发展，有力地促进了渔业商品经济的发展。

六 培育扶持龙头企业

儋州市认真抓好省级龙头企业珠联食品有限公司和市天正造船厂的培育扶持工作。多次深入珠联帮助解决企业资金、用电、用水、用工、罗非鱼养殖基地建设等问题。在政府的扶持下，珠联不仅拥有年加工2.5万吨水产品生产能力，还拥有罗非鱼养殖基地和远海捕捞船队，企业的产业链延伸，整体实力增强。抓好天正造船厂扶持工作，想方设法协调有关部门帮助企业解决厂外道路建设、场地纠纷、船网工具指标等问题，保证了企业的正常生产。

七 加快渔港码头建设

在渔港建设方面，除继续做好白马井中心渔港项目的跟踪落实工作外，还积极争取省渔港项目资金134万元，建设光村泊潮渔港三期工程，于2008年10月竣工。投资10万元进行排浦渔港项目的测量勘探规划。

八 加大海洋管理和渔业执法力度

在加快海洋渔业生产发展的同时，儋州市高度重视海洋管理工作，不断强化海域管理，着力保护海洋环境。尤其重视法制建设，政府、渔政、渔监和公安边防部门密切配合，形成合力，不断加强海洋管理和渔业执法力度。为提高全社会保护海洋环境意识，儋州市还利用宣传车深入沿海镇、洋浦开发区宣传《海域使用管理法》、《海洋环境保护法》等法律法规，印发宣传小册子1500册，发给企业、养殖户。在白马井镇组织中小学生到海边捡拾白色垃圾，开展净海活动；在那大举行"海洋环保宣传日"活动，组织中小学生上街游行宣传；在海域执法方面，大规模清理整顿沿海乱挖乱建行为；在海洋环境保护方面，加强对洋浦倾倒区的监管，严禁未经许可向海洋倾倒废弃物，严肃查处了新州镇养殖户砍伐红树林违法行为，对未办理海域使用证的养殖企业、农户限期办理，依法规范海域使用管理。通过开展海域普查、海洋环保宣传、海域执法等专项活动，企业、养殖户海洋环保和依法用海意识明显增强，全市海域使用办证率达100%，海域使用管理工作逐步走向规范化、制度化和科学化。

第四节 儋州渔业发展中存在的主要问题

一 渔业基础设施落后

海洋捕捞业作为儋州海洋渔业传统作业方式，历尽多年的风雨沧桑，又有长足发展。但就总体而言，仍不容乐观，渔船旧、渔场旧、渔具旧"三旧"状况依然没有根本性改变；渔业基础设施跟不上生产快速发展。港口码头老化，基础设施不完善，供水、供冰、供油等服务设施不配套。

（一）捕捞业投入严重不足

渔船更新改造资金投入不足，没有发展后劲，大吨位、大功率、高科技含量渔船少。海洋捕捞船只吨位和功率较小。由于装备落后，渔船续航能力低，无法向外海发展，大部分渔船仅限于本岛四周80米水深以内的"家门口"作业。这种生产布局导致近海渔场拥挤不堪，捕捞强度超过了资源的再生能力，渔业资源严重衰竭。近年来的渔业生产情况表明，大宗鱼汛消失，马鲛、白鲳、金线鱼等优质鱼已明显减少，低质鱼和幼鱼比例增大，特别是中下层鱼类资源衰退尤为明显，近海14种主要经济鱼类不同程度出现衰竭和消失，捕捞效益明显下降。有关专家指出，倘若无休止地滥捞乱捕，渔民手中饭碗必砸无疑。

（二）渔港建设滞后

白马井现有港口在1998年被国务院批准为国家一级渔港。据统计，该地区有2000多艘渔船停靠在该港及港湾避风，年均进入渔港生产和补给的渔船有两万多艘次，渔港卸货量达10万吨左右。目前，因港口建造年代久远，码头港池水位浅、航道窄，港口设施陈旧，配套设施不完善，管理混乱，造成船多拥挤，堵塞航道，妨碍交通，同时影响渔船出海作业时机。后勤补给不能适应生产发展的需要。建设白马井中心渔港，发展港口经济势在必行。

二 海水养殖业发展缓慢

儋州市养鱼池塘标准水平低，海水养殖业仅限于港湾和滩涂，浅海养殖发展缓慢种苗跟不上，技术比较落后。

三 水产品加工业增值滞后

水产品加工增值滞后是扼制儋州水产品大批出口的瓶颈。受生产规模、设备、加工技术、产品流通等因素的影响，产业产品利用率还停滞在传统的原料粗加工水平上，严重制约了各类水产业的发展和产品附加值的提升。水产品加工企业规模小，缺乏大型龙头企业。由于加工生产滞后，产品互补性差。呈现粗加工产品多、精加工产品少，低附加值多、高附加值少，单项产品多、综合利用少的现状。另外，现有的罗非鱼和对虾的养殖规模已无法满足"珠联"的需求，原料养殖总量的短缺将成为该公司发展的"瓶颈"。要紧紧围绕加工企业搞好罗非鱼、对虾等原料生产，让"珠联"吃饱，推动企业增效、促进财政增长、帮助渔民增收，实现加工企业、政府和养殖户之间的"三赢"。

四 水产品总体上还处于由数量增长型向质量效益型过渡的阶段

儋州市在大力发展渔业产业过程中，对养殖结构、养殖模式进行了一些调整和摸索，重点加大了名、特、优新品种的养殖规模，取得了一定的经济和社会效益。但是由于渔民观念陈旧，文化和专业技术水平低，渔民为了增加产量，在养殖形式上加大了中间的投入量来维持产量。由于使用药物过量或使用污染环境的药物，造成水产品产量和质量都比较低，整体档次偏低。

五 从业人员素质低

水产养殖技术是一个涉及多学科的综合技术，需要科技服务的对象又是文化素质不一、千家万户的农民。但是儋州市水产养殖业在接受新事物、新技术、新成果与它本身的需求愿望相差较大，因此搞好综合配套服务尤显重要。但是从 2001~2005 年从业人员来看，渔业劳动力、渔业村、渔业人口和渔业户等都没有多大的变化。而且从事海水养殖的主要是当地渔民；因此在渔业科研、技术推广、渔政管理等部门职责不清、资金投入不足、从业人员素质偏低等，这在一定程度上影响了水产新品种、新技术的引进和推广，影响了养殖病虫的测报、防治、渔业安全生产的流通等各个环节的正常运转。

六　经营机制不够完善

一是大多数都是家庭养殖模式。龙头企业与养殖基地、农户之间的利益联结机制发展缓慢。由此制约了产业化经营水平的提高。二是水产品流通主体不突出，经营管理水平较低，交易手段落后，依然停留在收购、运、销的初级阶段，开拓市场和抵御市场风险的能力较弱。三是投入机制不够健全，投入不足，部分政策落实不到位，制约着产业基础设施的建设。

七　水产品缺乏优势品牌

儋州渔业产量上在全国已经占据一席之地，依靠儋州优越的自然环境，产品质量已经得到国际的认可，罗非鱼、对虾、金鲳等品种是儋州出口主要品种，但还没有形成自己的品牌。这种情况将导致渔业发展受制于人，优质的产品只能沦落为"二次订单"（替国外品牌做代加工），没有品牌，将难以建立相对稳定的市场，产业利润分配主导权也掌握在别人手中，这将导致水产出口后续乏力。儋州渔业产业化环节未能一体化是没有形成品牌的主要原因，从苗种、饲料、养殖、加工、市场等水产品生产环节没有形成一条龙的产业链控制体系，全程质量控制体系难以实施，养殖水产品安全系统（EOS系统）也不能建立，就不能实现全面意义上的水产品专业化生产，也不能创建本地品牌。

第四章 儋州热作农场

第一节 儋州热作农场发展现状和特点

儋州境内原有国有农场10个，地方农场4个。近年来海南农垦进行体制改革，10个国有农场改制为6大分公司。10年来儋州市各农场贯彻落实"全省农垦改革与发展会议"精神，实施总局党委提出的"橡胶向中西部转移"、"加快产业结构调整"等一系列决策，积极推进经济结构调整和增长方式转变，努力做大做强橡胶产业，大力发展非胶产业，推进和谐新垦区建设，垦区经济实现了又好又快发展。

一 橡胶产业稳步发展

天然橡胶是儋州市垦区的主导产业。10年来，儋州市各农场企业克服了自然灾害和胶价下跌的影响，始终把发展橡胶产业摆在重要位置。2002年，国有农场产胶33000吨，比1997年增产2701吨，增长8.9%；橡胶种植面积约55万亩，比1997年增加3.6万亩，增长7%，其中开割树面积约36.5万亩，比1997年增加3万亩。2004年国有农场产胶40174吨，完成年计划的104.6%，比2003年同期增产1714吨，增长4.5%。2003年民营橡胶面积27.7万亩，其中新种橡胶面积13927亩，开割面积16.4万亩，年产干胶12557吨，与2002年同期相比增产714吨，增长6%，比1998年干胶增产2629吨，增长26%。

二 非胶产业快速发展

10年来，儋州垦区不断调整产业结构，加快非胶高效农业发展的速度，改变产业单一的局面。各农场在发展主业橡胶生产的同时，大力发展非胶产业，大面积种植荔枝、龙眼等优质、高效水果等。非国有经济的异军突起，非胶产业和职工自营经济的迅猛发展，给企业注入了活力，给职工带来了实惠。

（一）自营经济面积总量逐年递增

1998～2002年，职工自营经济用地面积以年均20%速度增长，到2002年底，儋州市10个国有农场职工自营经济面积达16万亩，比1997年增长109%，劳均4亩多。发展最快面积较大的是：荔枝2万亩、龙眼近1万亩，劳均自营经济面积近5亩，比1999年翻了一番。

（二）养殖业有新的发展

形成了良种牛繁殖基地，良种羊繁殖基地，职工家庭养兔场等。2001年养牛达1.7万头，比上年增长2%；养猪出栏3.4万头，比上年增长18.2%；养羊3.5万只，比上年增长近一倍；养三鸟100万只，比上年增长7.6%。

（三）职工自营经济均衡发展

过去只有少数人从事自营经济，现在每家每户都从事自营经济。

（四）高效农业正在形成

从过去的传统农业向规模化、产业化的高效农业转变，优质水果陆续投产。整体发展比较好的有八一、蓝洋、西流、西培、红岭等农场。

三 资源型工业粗具规模

海南农垦已成为中国最大的改性橡胶木生产基地，橡胶木材的改性成功，为橡胶木材的综合利用展现了广阔的前景。目前，儋州已形成橡胶加工和制品、机械制造、木材等工业体系。建起西联木材厂、海南中化成信橡胶有限公司、如来等一批橡胶木加工企业。海南中化成信橡胶有限公司是儋州市橡胶产业龙头企业，公司以天然橡胶产业为主，集科研、生产、销售为一体，引进国外先进的天然橡胶加工设备和生产工艺，年设计生产能力为7万吨。公司自行研发生产的子午线轮胎标准橡胶系列产品，通过ISO9001:2000质量管理体系和ISO4001:2004环境管理体系认证，填补了我国子午线轮胎标准橡胶产业化生产的空白。

四 旅游业成为垦区近年崛起的新兴产业

垦区旅游资源丰富，除了拥有海南特色的自然旅游资源外，热带大农业旅游观光和温泉资源无与伦比。近几年来，垦区积极拓展招商引资，大力推进生态旅游产业的发展，建起了蓝洋温泉度假和森林公园旅游区等一批旅游、观光、度假胜地。

五　企业制度改革取得新成果

垦区各单位围绕农垦总局党委提出改革与发展的新思路，抓好企业经营管理、生产管理、人事管理等多项制度改革；开割树实行周期承包经营和割制改革，中小苗实行自费管理，18万亩中小苗中已有80%实行自费管理；企业实行减员增效，压缩非生产人员，减少费用开支，降低企业成本，均取得成效。

六　职工收入不断提高

据统计，1997年职工人均收入4853元，其中工资收入2855元，自营经济收入1998元；到2001年职工人均收入达到8091元，比1997年增收66%，其中工资收入3372元，比1997年增收18%，自营经济收入4719元，比1997年增收136%；2006年垦区职工平均收入达1.32万元，比上年增长9.3%。

七　精神文明建设成果显著

垦区各农场在抓好生产建设的同时，加强职工政治思想教育，开展爱岗敬业教育，建设文明生产队，开展社会主义劳动竞赛，积极引导职工立足本职作贡献，10年来垦区涌现了一批优秀集体和先进个人，西联农场党委获得了"全国先进基层党组织"荣誉称号，八一农场女胶工魏梁爱、西联农场青年胶工刘学现均被授予"全国五一劳动奖章"荣誉称号，西华农场场长吕用锋被评为"第四届海南省杰出（优秀）青年企业家"，还有一大批的单位和个人被省农垦总局和企业表彰。

八　社会事业快速发展

文化、教育、医疗卫生事业快速发展，形成了比较完整的基础教育、职业教育体系和医疗保障体系。各农场相继建起了一批粗具规模的现代化小城镇和文明生态社区。基层文化设施完善，电视、电话覆盖率已达100%。员工素质、生活水平、生活质量不断提高，各项社会事业欣欣向荣。

第二节　儋州热作农场发展的基本经验及做法

一　解放思想，创新发展

农场领导班子针对职工队伍出现的坐视、观望、徘徊、等待，对企业发展壮大信心不足的现状，有的放矢地开展以"破除等、靠、要思想，树立穷则思变、要变就要干"为主题的系列教育，形成不甘落后、艰苦奋斗、锐意进取、开拓创新、无私奉献、与时俱进的企业精神，坚定打扭亏牌、走改革路、与时俱进、富民强场的发展之路，并通过实施"5411"发展计划和"135"养殖工程的企业发展思路，创新地开展工作。

二 做强、做大橡胶产业

儋州片垦区是主要产胶地区之一，占海南的1/6，全年干胶总产量1.76万吨。围绕做强、做大橡胶产业，把儋州片垦区建设成海南西北部最大的橡胶基地。各场始终坚持以橡胶生产为主业不动摇。通过实施以肥促胶策略，促进干胶持续增产；通过推进和完善割制改革，实现科技兴胶；通过人本管理和制定激励机制，激活增产增收潜能；通过增肥管理，强化橡胶中小苗改造，增强产胶后劲；通过开展社会主义劳动竞赛，调动全员干胶生产积极性；通过内治外防、"四个结合"的护林保胶策略和奖惩制约机制，确保干胶生产健康有序发展。

三 不断调整产业结构，大力发展非胶产业

儋州垦区10年来，在调整产业结构，发展非胶农业，推动职工自营经济发展方面，做了大量的工作。

四 充分发挥垦区办事处的协调作用，为企业办实事

垦区儋州办事处把协调工作作为一项重要工作职责，把支持和协助农场做好工作作为办事处工作的出发点和落脚点，特别在涉及企业与地方的工作关系中，办事处领导都亲自出面协调解决，几年来，多次出面为企业协调解决税、费收取不合理，企业账户被查封，西部工业城的建设用地缴费，糖厂榨季蔗区分配，以及土地争端等问题。

五 强化企业管理，落实双增双节

竭力从企业内部管理制度改革方面构建新的综合管理平台，鼎力重振企业经济。在企业管理中，以"新、实、细、活"四字贯穿经营管理全过程。做到改革创新，解放生产力，管理出新招，企业效益大幅度提升。通过对经营活动中的内部管理行为进行"去伪存真"的改革。规范各级管理人员的操

47

守；通过推进二级企业产权重组，激活场办二级企业经营；通过严格财务开支原则，堵漏截源；通过精兵简政，精简人员，实现节支增收。

第三节　儋州热作农场发展中存在的问题

在20世纪90年代以前的很长一段时期内，海南农垦凭借天然橡胶优势，曾经是全省先进生产力的代表，为巩固南疆国防、带动海南经济发挥了积极作用。但是，最近10余年来，受国内橡胶和其他各类农产品市场环境变化的影响，以及管理体制和产业发展的特殊性，使儋州垦区农业发展面临着诸多问题，主要有以下几方面。

一　政策"边缘化"日趋突出

近年来，国家加大了对"三农"的扶持力度，惠农政策相继出台，继续支持国有企业改革，但这些政策基本上不能完全覆盖到农垦系统。如现在的农民种地、子女上学都不用交钱，用的是低价电，烧的是低价油。与此相反，垦区职工还要或多或少地向农场缴纳费用，子女上学还要交学费，每度电也比农村贵1元左右。另外村村通工程、安居工程、水电沼气等基础设施在农村已全面铺开，农村合作医疗、最低生活保障、养老保险等福利制度也相继出台。海南农垦在水、电、路及小城镇建设，最低生活保障、义务教育、新型合作医疗等社会事业，大中型水库移民后期扶持，以及国有企业改制、破产等方面，没有充分享受到应有的政策待遇。社会负担沉重，企业无力承担。垦区内的水、电、路等各项基础设施和教育卫生治安民政开支全部由企业承担。垦区内干部职工工资、离退休人员养老金、教职工工资长期明显低于当地同类人员水平。

二　基础设施建设严重滞后

（一）农场道路建设落后

多年以来海南农垦的公路建设国家一直没有专项资金安排，垦区14个农场大部分地处山区，大多属于沙土路，且路面狭窄、坡度陡、转弯多，明显落后于海南省地方乡镇公路建设水平，已成为制约垦区社会经济发展的"瓶颈"。

（二）农场职工危房多

农场职工住房大多是20世纪60年代建造的砖木结构瓦房，共有373万平方米的危房，危房主要分布在基层生产队，居住人员多为生产第一线的职工及部分离退休人员，由于历史、体制和垦区创建以来一贯实行"先生产、后生活"经营方针以及资金短缺等诸多因素，垦区职工居住危房问题长期得不到有效解决，加之海南是台风频繁地区，危房问题更显严重。1996~2006年，职工住房改造工程依赖于每年的文明点建设的住房改造，大部分职工都居住在20世纪五六十年代建造的砖瓦结构房屋。生产队的水泥硬化道路建设基本为零。

三 垦区发展环境恶化

土地纠纷日益增多，到目前为止，尚有1222宗、58.4万亩场村争议地未确权，特别是西培、西庆、西华、西联、八一等农场并场队，极少数人利用群众表达合理诉求之际，煽动和非法组织群众盗割、抢割垦区国有橡胶，私分破坏国有财产，挑起多起暴力抗法的群体性事件，扰乱垦区正常生产生活秩序，影响社会稳定。目前垦区因人为破坏所造成的直接经济损失达到3亿元以上。

四 富余劳力多，安排就业难

农场产业结构单一，为职工提供就业的机会少，富余人员多，制约了农场的发展。随着海南农垦改革的不断深化，农业富余劳动力越来越多，但由于土地资源有限，下岗人员就业门路少，企业安置困难，一些深层次社会矛盾和不稳定因素不断显现。同时由于垦区属农业企业，野外劳动强度大，这些富余人员大多属"4050"人员（女性40周岁、男性50周岁），年龄偏大，身体状况差，生活十分困难。

五 科技人才严重缺乏

20世纪90年代国家进行科技体制改革以来，海南农垦以其独有的政企社合一的管理体制，科技机构转制、经费投入大幅度缩减、科技人员大量流失，使科技事业受到了严重创伤。因农场长期经济困难，难以引进高层次的管理人才，现有的人才也严重外流。

第四节 儋州热作农场发展面临的机遇

"十一五"时期，是我国经济和社会发展的重要时期，是进行经济结构战略性调整的重要时期，也是完善社会主义市场经济体制和扩大开放的重要时期。这一时期给热作农场经济和社会发展带来许多有利条件和大好机遇。

一是国家把重点解决"三农"问题定为全国工作的重中之重。党和国家已逐步把农垦纳入支农惠农的体系，农场和职工将逐步享受到农业补贴政策和经济社会发展的基础设施建设投入。

二是垦区扩大投资领域，实施新的产业政策。增加工业企业的投入，对热作农场是千载难逢的机遇。

三是省委、省政府专题调研垦区，良化垦区发展环境，加速垦区改革及现代化建设，促进垦区的带动作用和辐射发挥的机遇。

四是农场经过50多年特别是"十五"时期的改革和发展，综合实力明显增强，为"十一五"发展打下了坚实的物质基础。"十一五"期间将有一批项目相继开工，投资支撑力量增强。农场上下团结一致，思发展、谋发展、干发展愿望强烈，为农场实现跨越式发展提供了强大的精神动力。

第五章 儋州旅游业

第一节 儋州旅游业发展概况

儋州位于海南省西北部,濒临北部湾,距省会海口市 130 公里,离洋浦 60 公里,是中国优秀旅游城市之一。儋州有着优美的旅游环境,完善的旅游设施,是回归大自然、休闲度假的旅游胜地。儋州,地处亚热带地区,气候条件优越,四季如春,花果飘香,景色宜人,具有迷人的亚热带景观和独具特色民俗风情。旅游资源丰富多样、得天独厚,发展旅游业的潜力巨大,是海南西线旅游的首选之地。目前全市已开发和待开发的生态旅游景观和人文景观共 28 处之多,有堪称世界温泉奇观的蓝洋冷热泉;热带珍奇植物宝库——海南热带植物园;天南名胜,古风新韵——东坡书院;云浮月沉,鹭飞鱼跃——云月湖;天上平湖——松涛水库;珍鸟朝阳——鹭鸶天堂等等,还有一批正在或尚待开发的景区(点),如蓝洋温泉国家森林公园、蓝洋观音洞、八一英岛山石花溶洞、鹿母湾瀑布、龙门激浪等。

儋州地理位置优越,有西线高速公路,粤海铁路贯通境内;有洋浦港、白马井对越边贸口岸,可以和广西北海、钦州、香港、越南以及东南亚通航。同时儋州市内的旅游出租车可随时为游客提供方便、快捷的服务。儋州以洋浦经济开发区为依托、辐射,地处海南西部工业走廊的核心地段,是海南西部交通、通信枢纽和经济文化活动的中心。

10 年来,儋州市旅游业在市委、市政府的高度重视和直接领导下,凭借其丰富的旅游资源优势,经市旅游局和相关职能部门的通力协作,取得了显著的成绩。特别是儋州市委市政府提出"要努力提升以旅游业为重点的第三产业发展水平,把旅游业作为第三产业的龙头优先加快发展"的战略之后,儋州旅游业发展呈现出良好的态势,2002 年荣膺"中国优秀旅游城市"的称号;2006 年被评为"中国县级城市旅游竞争力二十强"。旅游发展经济总量稳居全省第五位,即三亚、海口、万宁、琼海、儋州。旅游接待游客数量及旅游收入每年均以两位数以上增长，旅游前景乐观、形势喜人，旅游业已真正成为儋州市充满活力的重点产业。

第二节 儋州旅游业发展的现状和特点

一 旅游硬件设施日趋完善

（一）旅游饭店业的接待能力和服务水平不断提升

1996年前儋州没有一家旅游星级饭店，10年来旅游星级饭店逐渐增多。据统计，到2007年为止，全市纳入旅游统计范畴的旅游饭店共有16家，其中星级饭店7家，客房约1400间，床位3000张左右；社会旅馆约100家，客房约2500间，床位近5000张。2008年新增了豪威麒麟大酒店（相当四星，已营业）、新天地大酒店（相当五星，在建中，2009年底开业）。

（二）旅游景区（点）规模扩大，接待能力不断增强

儋州市旅游资源丰富，历史文化悠久，旅游景点有28处。自然景观有松涛天湖、热带植物王国——海南热带植物园、"仙女梳妆"云月湖、云雾山庄、鹭鸶天堂、龙门激浪、万年石花水洞、千年古盐田、千年古榕、鹿母湾瀑布、蓝洋温泉国家森林公园、排浦金滩、光村银滩、洋浦神头等；人文景观有"天南名胜"东坡书院、东坡井、宁济庙、中和古镇、伏波庙、白马涌泉等，但许多景区（点）设施设备不完善，尚未具备大规模的接待能力。10年来儋州政府高度重视旅游产业的发展，为旅游景区创造了良好的环境。特别是最近几年来，儋州市加大对旅游景区新景区（点）的开发和老景区（点）配套设施建设。对蓝洋观音洞和八一石花溶洞进行开发，对热带植物园、东坡书院等不断完善配套设施，使之上档次、成精品、创名牌；对蓝洋冷热泉公园的特色产品进行改造和完善，不断充实旅游内涵。一是形成了一批代表儋州旅游形象的精品名牌和新的亮点，其中3A级景区2处。至2007年，儋州市已具备接待游客的主要旅游景区有：国家3A级旅游景区八一石花溶洞地质公园、国家3A级旅游景区松涛水库、热带植物园、东坡书院和蓝洋冷热泉公园等五家。目前海南热带植物园正在申报国家4A级旅游景区，东坡书院在申报3A级旅游景区。儋州市已成为西线景区最集中、接待档次最高、服务设施较完善的旅游城市，也是西线唯一的中国优秀旅游城市。

2008年儋州市的部分旅游资源，如洋浦千年古盐田、鹭鸶天堂、龙门激

浪、蓝洋莲花山森林公园、蓝洋观音洞、番加云雾山庄、光村银滩和中和古镇等正在建设或招商之中，预计2010年儋州市的旅游资源将得到较充分的开发和有效利用，届时儋州市将呈现出丰富、多样的特色旅游产品，以满足不同层次的游客的需求。

二是旅游景区管理服务水平有了较大提高，机制体制创新有了新的突破。尤其是通过连续三年的景区整顿规范，全市旅游景区面貌发生了很大的变化，旅游景区综合环境明显改观，经营秩序明显规范，服务质量明显提升，经济效益明显提高，基本达到了旅游行业提质增效的目标。

（三）旅行社从无到有

儋州市到2007年有两家旅行社，分别是豪阳国际旅行社有限公司儋州分公司和海汽儋州国内旅行社。其中海南豪阳国际旅行社儋州分公司于2007年8月成立，主要从事组织出境旅游、入境旅游、国内旅游等业务。它凭借雄厚的实力，全力塑造"豪阳旅游"品牌。而海汽儋州国内旅行社成立于2004年，是儋州市首家国内旅行社，主营国内旅游业务。

（四）其他设施方面

儋州市克服地方财力不足的困难，充分调动旅游企业和社会各方面的积极性，多方筹措资金，加快旅游基础设施建设，使旅游景区配套的交通、通信、环保、卫生、供水、供电、安全保障、自然环境和文化遗产保护等设施得到改善。经过近几年的建设和努力，开通和硬化了通往各旅游景区的道路，增设了旅游交通指示牌和路标，拥有了百佳汇、大勇、那大商场等大型旅游购物场所，多家酒楼、娱乐城不断在市内投资建设，形成了多元化、多层次的旅游综合接待能力。

二 旅游业各项经济指标高速增长

据统计，旅游接待从1996年的19.9万人次上升到2007年的41.76万人次，增长了109.8%；旅游收入从1996年的1.05亿元增加到2007年的2.44亿元，增长了132.4%。2007年度儋州市接待过夜游客41.76万人次，46.21万人/天，旅游收入2.44亿元，分别比上年同期增长8%、3.3%和3.4%。全市旅游收入2.44亿元（不含社会旅馆），占全市GDP（83.6亿元）的3%，占全市第三产业GDP（21.9亿元）的11.1%。由此可见，儋州旅游业对本地国民经济的贡献日渐增多，真正成为第三产业的龙头，确立了其在海南西线旅游的中心地位。2006年前后旅游人均花费约500元/人天（见表5-1）。

表 5-1　1996~2007 年儋州旅游发展情况

年份	接待人数（万人/次）	同比增长（%）	接待人数（万人/天）	同比增长（%）	总收入（亿元）	同比增长（%）	开房率（%）	同比增加（%）
1996	19.9	—	19.9	—	1.05	—	50.5	—
1997	21.93	10.2	21.93	10.2	1.15	9.5	51.1	0.6
1998	22.18	1.1	22.18	1.1	1.17	1.7	51.3	0.2
1999	26.77	20.7	26.77	20.7	1.41	20.5	52.1	0.8
2000	26.33	-1.6	26.33	-1.6	1.39	-1.4	53.9	1.8
2001	30.1	14.3	30.1	14.3	1.58	13.7	54.1	0.2
2002	29.07	-3.4	29.07	-3.4	1.53	-3.2	54.3	0.2
2003	31.18	7.3	33.06	13.7	1.74	13.7	54.6	0.3
2004	34.24	9.8	35.15	6.3	1.85	6.3	54.7	0.1
2005	35.19	2.8	40.08	14.0	2.11	14.1	54.9	0.2
2006	38.65	9.8	44.73	11.6	2.36	11.8	55.1	0.2
2007	41.76	8.0	46.21	3.3	2.44	3.4	55.6	0.5

资料来源：儋州市旅游局。

三　旅游服务质量不断提高

近年来，为了提高旅游从业人员的服务意识，更好地为游客服务。儋州市在抓好日常培训、安全检查工作的同时，还积极开展各种活动提高服务质量。儋州市成功举办了以"体验儋州优质服务、领略特色文化风采"为主题的首届儋州旅游服务月，并多次举办饭店、景区（点）服务竞赛，使旅游从业人员的服务意识有了很大的提高，赢得了游客的称赞。儋州市认真贯彻旅游行业分级管理制度，形成有效的行政管理体制。通过整顿和加强旅游市场监管，扰乱旅游市场秩序的行为得到有效遏制，旅游投诉率下降，旅游企业整体素质明显提高。

第三节　儋州旅游业发展存在的问题

10 年来，儋州市旅游业虽然取得了长足的发展，但是，由于儋州市旅游业发展还处于起步阶段，与东线的琼海、文昌、陵水、三亚比起来，差距依然很大。

一　旅游基础设施建设不完善

儋州旅游资源丰富多样，得天独厚，但相关旅游基础设施配套不完善，景区景点娱乐项目缺乏，旅游交通、旅游住宿不能满足现代旅游消费者的需求，旅游环境亟待改善。

（一）景点分散

儋州最有名的景点号称"儋州八景"，分别为：蓝洋温泉、东坡书院、松涛天湖、鹭鸶天堂、龙门激浪、海南热带植物园、云月湖、洋浦港；还有新的旅游热点——八一石花溶洞，这些景点散布在儋州各处，景点之间没有旅游交通贯通，每游完一个景点都得取道市中心进入另一个景点，对散客和自助游游客缺乏吸引力。

（二）景点规模很小，娱乐项目严重缺乏

有的旅游景区可用一句成语概括为"一览无遗"，且娱乐项目、旅游基础设施严重缺乏，蓝洋温泉、海南热带植物园以及石花溶洞稍好，各具特色，但难撑大局，松涛天湖得天独厚，但开发严重滞后，旅游设施建设不完善。难以吸引过夜游客，增加游客的滞留时间。

二 缺乏独具特色的景点

有些景点没有特色，没有核心的旅游吸引物，让人不知道这些旅游景点主打什么，有什么项目可以参与，以至于没能形成自己独具特色的品牌或主题旅游产品。不能吸引相应类型的旅游消费者。而且和海南别的地方旅游景点很类似。

三 经济实力薄弱，旅游招商引资力度受限

近年来，儋州经济虽有较快发展，但经济结构和地区之间经济发展不平衡的矛盾仍十分突出，社会有效需求不足，经济实力较为薄弱，与海南其他城市如海口、三亚相比，经济实力还有较大的差距。据海南省统计局统计，2007年海口市和三亚市的GDP分别为396.35亿元和122.32亿元，而儋州市才83.64亿元，这客观上使得政府在旅游开发和旅游基础设施建设方面投入的资金有限，制约了儋州旅游的进一步发展。

四 旅游宣传力度不够，营销手段落后

（一）营销手段单一

由于政府财力有限和本市旅游企业实力较弱，宣传促销的资金投入较少，难以形成较为系统、长久和较大规模的促销。由于对旅游促销对象缺乏详尽了解，对国内外旅游者的不同旅游需求进行有针对性的产品促销宣传活动相

对较少，促销宣传和办法还比较单一，旅游形象宣传与产品经营常常脱节。一些节庆活动重形式而轻内容，短期热闹一阵，长期效果就不明显。

（二）忽视旅游形象营销

近几年来，儋州在大力推销自身旅游产品的时候，由于没能充分地根据旅游市场的变化来科学设计具有鲜明特色的旅游形象，使儋州旅游的总体形象至今尚不鲜明，忽视旅游形象的营销，以致难以形成富有特色和吸引力的旅游品牌。

（三）营销手段落后

未能很好地把网络信息技术的优势充分运用到旅游市场营销当中去。缺乏全方位、高质量、高品位的旅游营销策略和手段。比如：一些旅游景点没有建设旅游网站，或是有的景点建有自己的网站，但旅游信息不完善和功能建设不完备，缺乏与旅游者的互动交流，儋州市旅游信息网站建设更是严重滞后。在信息化高度发达的今天，没有网络信息的支持，在相当程度上制约了旅游产品的推销和旅游形象的塑造。

（四）促销人才缺乏

由于有经验的宣传促销人才缺乏，也使得旅游宣传促销难以出新、出彩。一些旅游热点地区没有充分发挥当地主要旅游产品的辐射作用，在产品包装策划宣传时，没有把周边县市旅游产品很好融入组合包装，形成有机整体，客源共享度低。

五 旅游发展总体规划滞后，旅游产品富裕度不足

1993年编制了《儋州市旅游发展总体规划》，但缺乏具有实际操作意义的配套实施细则，而且所提出的旅游业发展战略目标、发展规模、要素结构与空间布局等已经不适合儋州市旅游业的发展现状，特别是在旅游开发方面，还存在对客源市场的定位较模糊，发展思路不清晰，对市场需求的研究不深、不透、不全等问题，不仅导致了儋州市旅游业科学、有序发展缺乏指导性和规范性，更为严重的是，旅游区域与旅游产品重点开发的时间序列与空间布局、旅游产业要素结构的功能组合、资源开发与设施建设的关系等问题也难以得到合理解决，进而制约了儋州市旅游产品的进一步丰富和完善。

六 旅游企业市场竞争能力不强

儋州的旅游企业大部分规模偏小、经济基础薄弱，而且资产主要集中在酒店建筑物等实物形式上，大部分旅游企业负债重，流动资金缺乏、抗风险

能力较弱。就作为旅游龙头企业的旅行社而言，至今为止，儋州只有一家本土的旅行社——海汽儋州旅行社，其整体经济实力相当弱，仍靠"几张办公桌、几部电话机、传真机来打天下"，业务上主要是以接待旅游为主，组团旅游较少，甚至是"名存实亡、关门营业"，而且旅游市场营销网络局限于岛外组团社，受外地旅游客源市场或其他突发性事件影响大，客源相当不稳。

七　旅游行业管理不够完善

儋州旅游业市场化程度较高，但由于对全社会办大旅游的负面效应考虑不周，市场应变能力不强等诸多因素影响，致使儋州旅游市场管理存在一些问题。旅游市场内部还不同程度地存在着业务操作不规范，低价格竞争、从业人员素质低、管理粗放、服务质量差等问题；"黑社"、"黑车"、"黑导"、"黑店"等现象屡禁不止，影响了儋州整体的旅游形象和投资环境，妨碍国内外知名旅游企业进入。

第六章 儋州商业贸易

第一节 儋州商业贸易发展的现状和特点

10年来儋州商务工作紧紧围绕建设"统一、开放、竞争、有序"商品市场体系的总方针,坚持以商品流通服务人民、服务生产建设为根本宗旨,以发展大市场、大流通、大贸易为中心任务,进一步深化体制改革和扩大对外开放,鼓励多种经济成分竞争,不断完善商贸市场体系,加强商品流通、内外贸易、商业服务等行业管理,规范经营行为,提高商品流通产业的组织化程度和现代化水平,打破市场、行业、地区的封锁和垄断,使市场竞争的程度更完全更充分,使儋州市商业贸易持续、快速、健康发展。

2005年随着经济的增长和人民生活水平的提高,儋州城乡消费呈现出良好的发展态势。全市社会消费品零售总额达13.7亿元,比上年增长10.5%,"十五"期间年均递增7.8%。从城乡看,城市消费品零售总额8亿元,比上年增长9.8%;农村消费品零售总额5.7亿元,比上年增长11.6%。从销售行业看,批发零售贸易业10.9亿元,比上年增长9.8%;餐饮业2.6亿元,比上年增长8.8%;其他0.18亿元,比上年增长12.1%。

一 商贸建设粗具规模

"十五"期间,儋州市各级政府及相关部门十分重视商贸流通工作,经过坚持不懈的努力,逐渐形成了以大宗专业市场为主干、以乡镇集贸市场和城乡商贸网点为网络,各类要素市场相配套的区域市场体系。培育形成了果菜、肉类、建材、小百货等大型批发市场。建成了一批规模较大、档次较高、功能齐全、辐射面广的综合市场,并在多个重点乡镇建成了区域性集贸市场。资金、信息、房地产和土地等要素市场已具雏形。中介组织及经纪人队伍等开始孕育并发展。2006年全市有农贸市场54个,农副产品批发市场6家,按照零售业态分类,共有超级市场7家,购物中心2家,百货商店8家,专业店1051家（包括书店40家，音像店128家，手机商店92家，化肥、种子商店140家，药店220家，粮油商店230家，汽车零配件商店60家，家用电器商店48家，农机商店18家，摩托车商店10家，建材商店65家），加油站34家，美容美发店340家，宾馆酒家27家，汽车交易市场1家，烟草配送中心1家，农资配送中心1家，专卖店40家，家居商店38家，便利店1120家。此外，连锁经营从百货逐步向医药、餐饮业、美容美发等服务业发展。

二 商品流通规模和对外贸易不断扩大

商品流通规模不断扩大。有一批大型购物中心、购物广场、百货大楼、商业广场等相继建成开业，营业总面积扩大，商品销售额增加。它们分别为百佳汇、万福隆超市、儋州大勇超市、凯立商业城、椰亨商城、华越电器商场、百货大楼、那大商场、金泰隆、前进商行等。1995年儋州社会消费品零售总额为4.45亿元，到2006年全市社会消费品零售总额达15.6亿元；全市社会消费品零售总额平均每年递增15%。从城乡看，城市消费品零售总额93798万元，比上年增长14.2%；农村消费品零售总额62326万元，比上年增长12.7%。从销售行业看，批发零售贸易业124746万元，比上年增长13.2%；餐饮业30559万元，比上年增长15.4%；其他819万元，比上年增长6.4%。对外贸易迅速发展，进出口贸易总额每年递增10%。

三 民营经济成为商贸业发展的主导力量

国有商贸企业一直是儋州商业的主力军，特别是国有零售业一统天下。改革开放以后，商贸业特别是零售企业受到新型流通业态的较大冲击。一部分零售商厦转为民营企业，一部分关门转向。一些商业企业走连锁经营的发展道路，或成为大型综合超市和便民超市。随着儋州市流通体制改革的不断深入，商贸业的市场化进程明显加快，全市商贸业已形成多元化投资格局。从事商贸业活动的有外商企业、国有企业、个体户。从经济类型看，非公有制经济所占比重为95%，占主导力量。经济所有制成分多元化，激发了经营活力，拓展了发展领域，促进各类商业网点的快速发展。

四 突出品牌经营

儋州市商贸业大型商场突出品牌经营优势，有的引进国内品牌，有的引进国际品牌，其中国际上流行的化妆品牌、"耐克"、"阿迪达斯"等名优品牌逐渐占据主导，致使商场品位和档次明显提高。

五　商业网点建设由原来的数量增长转向功能提升

创新经营理念、提高管理技术、完善服务功能，已成为儋州市内贸发展的主流。初步形成了以交通线、居民区为基础的商业网点布局特点。合理分布购物中心，体现城市的繁荣繁华；合理分布大型综合、专业批发市场，体现城市的聚散功能；合理分布社区便民超市、便利店，体现城市消费的便利性。

六　体现消费结构升级明显加快

随着人们生活水平的不断提高，市民的消费结构发生了很大改变。吃的方面，有益健康的绿色、无公害食品成为首选；穿的方面，更加追求时尚化、个性化；用的方面，开始向舒适、享受型转变。特别是近年来消费结构升级更是明显加快，城市消费热点开始向住宅、汽车、通信、教育等多方面发展。

七　餐饮业呈现出活跃的消费旺势

随着经济的稳步增长，城乡市场消费环境的改善，居民收入的增加及消费观念的进一步开放，刺激了消费需求的不断增长，使城乡消费市场呈现出快速增长的良好态势。2007年全市社会消费零售总额达18亿元，同比增长15.3%。从销售行业看，批发零售贸易业达14.4亿元，同比增长15.5%；餐饮业3.5亿元，同比增长14.7%，该行业的大幅度增长为近年少见。

八　商贸流通业现代化水平显著提高

近年来，在第三产业发展中，由于积极引入现代管理手段和现代营销方式，使儋州市零售商贸流通业现代化水平显著提高。一批现代化水平较高的零售企业应运而生。新型流通业态势发展迅猛。目前，全市新型企业的种类有连锁、超市、专卖、加盟、总代理等。商品流通方式有自选、零售、批发、配送、电话、传真、电脑采购订货等。除了现代流通方式和新型零售业发展较快外，先进流通经营与管理技术得到快速推广。大中型商场大都建立了销售时点管理系统（POS），同时也应用了条形码技术，零售企业建立了管理信息系统（MIS），积极应用电子数据交换系统（EDI）和互联网（internet）等现代信息技术，推进企业信息化建设和电子商务，从而大大地提高了管理水平，降低了流通费用。发展连锁、配送、代理、电子商务等新型流通业务，不断提高了第三产业的现代服务水平。

第二节 儋州商贸业快速发展的原因分析

一 大力推进国有流通企业改革

儋州市于1999年开始对全市国有流通企业进行改革，通过改革，使儋州市商贸业的企业结构、人员结构和产权结构都得到有效调整，优化和提高了儋州市商贸业的发展，为儋州市商贸业民营经济的大发展铺平了道路。

二 经营企业不断提高管理水平

商贸业市场竞争十分激烈，满足不同消费层次的多样化和个性化需求，是当今商贸业所追求的目标趋势。各经营企业为了提高企业效益，站稳市场脚跟，不断创新经营理念、完善服务功能、改进购物环境、提高现代化服务水平。各类具有特色、综合服务型的商业街、专业店不断兴起，如特色市场、贸易公司等。各级商业中心不断提升其功能，使购物环境更幽雅、服务设施更完善，充分满足消费者有目的的购物、休闲和娱乐需求。

三 加强市场监督

儋州市商务部门认真贯彻执行国家法律法规以及中央、省、市有关文件精神，坚持依法行政，规范办事权限和程序，整顿和规范儋州市场经济秩序，有效地促进了商贸业的健康发展。

（一）生猪屠宰市场执法监管

根据国务院《生猪屠宰管理条例》和《国务院关于加强食品等产品安全监督管理的特别规定》精神，制定了《儋州市生猪屠宰专项整治工作方案》，成立整治生猪肉品质量安全工作领导小组，设立屠宰举报热线电话，建立"两章两票"监管机制，深入农贸市场、集体食堂和饮食企业等检查生猪肉品使用情况，加大对私屠滥宰的打击力度，狠抓儋州市生猪肉品质量安全管理，保证人民群众吃上"放心肉"。

（二）酒类流通市场专项整治

根据商务部《酒类流通管理办法》，对全市酒类流通市场进行专项整治。利用电视、广播、报刊等形式，广泛地宣传酒类流通的有关政策，制定全市酒类流通市场整治工作方案，成立了执法检查小组，会同卫生监督、工商、质检等职能部门进行检查；加强酒类来源的检查，防止各种假酒流入市场。

（三）规范成品油经营行为

加强对各成品油加油站经营行为、服务质量、消防设施等的监督力度，会同公安、消防、技监等部门每月开展两次联合执法行动，有效地促使对各成品油加油站规范经营行为。

四 抓好自主品牌创建

按照《海南省商贸行业品牌建设总体方案》要求，在农产品流通、连锁销售、生猪屠宰、农贸市场、酒类流通、餐饮、美容美发、汽车销售、拍卖、典当等行业中评选一批品牌创建示范企业。2007年评选出品牌创建示范企业3家。

五 加大招商引资力度，积极引进外资

利用"双大互动"、"珠洽会"、"广交会"、"高交会"等大型国际会展平台，有针对性地大力宣传儋州的区位优势、投资环境、鼓励投资优惠政策等，扩大儋州知名度，促进儋州对外经贸合作交流。2007年新设立外资企业3家；合同利用外资3500万美元，同比增长14.28%；实际利用外资251万美元，同比增长17倍。

六 城乡居民生活水平提高，为零售市场的增长提供动力

2007年，儋州市在岗职工年平均工资15881元，城镇居民人均可支配收入9529元，农民年人均纯收入4011元，均比上年有所增长。

七 城乡居民生活消费观念的转变

随着人们生活水平的提高和生活节奏的加快，无论是商务活动、感情交流或是亲朋好友的聚会都喜欢到酒楼饭店里就餐，一是可以节省时间；二是可以享受到各家宾馆、酒家、饭店提供的优质服务；三是目前大众消费渐成主流，餐饮价格趋于经济实惠，也是吸引更多的消费者前来就餐的原因之一。此外，餐饮企业还不断推出品牌产品，实行让利销售、打折销售等措施吸引顾客，不仅扩大了销售规模，也增加了营业收入。

第三节 儋州商贸业发展中存在的问题

一 市场体系建设不完善

由于商业网点建设规划滞后，儋州市的商业网点布局不尽合理，商贸网

点布局散乱、中心不突出、功能区分不明显。商业网点建设失控,存在乱报、乱批、乱建现象。流通行业发展缺乏统一规划和信息指导,存在重复建设的现象。许多商场经营结构雷同,竞争激烈。重建设、轻管理、前瞻性差;市场建设水平比较低,发育程度不高,与第一、第二产业发展不够协调,还没有形成具有显著特色、能够影响周边辐射毗邻的特色市场;有些地区商业网点市场不够合理,在城乡、开发区、农场的商品交易市场差距较为明显;一些农产品批发市场和农贸市场只顾建设,不考虑经济效益,建成后未能发挥其应有的作用,造成资金浪费。出口创汇龙头企业数量少、规模小,有一定规模的出口商品基地尚未形成,外向型经济对经济和社会发展的重要拉动作用尚未显现出来;这些问题在一定程度上制约了儋州市商贸业进一步繁荣和发展。

二 商贸企业规模小,管理手段落后

虽然儋州的第三产业特别是批零贸易、住宿餐饮业总量大,但企业普遍起点低、规模小、实力弱、组织化程度不高、经营结构雷同。特别是那大商品市场多、小、乱,缺乏扩张发展的战略意识,发展后劲不足,质量型、效益型企业总量小,在现代商业市场竞争中难以发展壮大。商贸企业管理手段落后,经营手段传统、单一,缺乏现代化流通手段和经营方式。目前,运用电子商务、网上交易等现代化经营方式的企业不多。由于企业规模小,管理档次不高,制约了企业的发展。

三 乡镇农产品市场脏、乱、差

农村经营网点设施陈旧落后,规模偏小,经营品种少,商品质量差,服务档次低,经营秩序较乱。存在服务态度差、以次充好、出售假冒伪劣商品、提高物价坑害顾客等现象。

四 经济效益欠佳

在商贸流通业规模快速膨胀的同时,商贸流通企业的经济效益并没有保持同步增长。从限额以上企业的盈利情况来看,儋州规模以上批发和零售业的企业中出现亏损,星级住宿业和限额以上餐饮企业也出现亏损,有的企业年年亏损,濒临破产。效益欠佳的问题成为制约儋州商贸流通业可持续发展的重要障碍。

五 结构功能不尽合理

新兴商贸业发展缓慢,传统行业占相当比重,商贸服务业只能基本满足一般性消费。全市消费品市场以食品超市、服饰商场、电器卖场、农贸市场为主体，日用百货购物中心和日用工业品市场亟待发展。城区酒店、休闲、娱乐业档次不高，总体接待条件难以满足消费需求。农村商贸服务网络不健全，农民消费理念和消费结构需要引导和调整。除连锁经营外，物流配送、电子商务等商业组织形式还未得到广泛应用与推广。

六　行业发展制约因素增多

在规划上，城市建设规划与商业网点规划难以同步推进；"经营城市"未能将开发商利益与社会效益处理好，商业核心区以小门脸居多，大中型商业设施较少，限制了商贸服务业的规模化经营，造成市场辐射力不强，人气不足，大量网点闲置。在投入上，商贸服务业融资渠道较窄，固定资产投入不足，行业发展缺乏后劲。行业协会不够健全、行业标准化尚未建立、行业诚信体系亟待构建。

七　居民收入增长缓慢，消费市场不够活跃

消费是保持批零贸易、住宿餐饮业良性循环的最根本因素，因为消费的高低表明了投资转化为有效供给的程度，反映了劳动成果直接转化为消费享用的程度。2005年，全省在岗职工平均工资14162元/人，城镇居民人均可支配收入8124元，而儋州全市在岗职工平均工资12524元/人，城镇居民人均可支配收入8109元，这些数据表明儋州市居民消费水平均低于全省城镇的年人均生活消费水平，消费水平偏低，很多潜在的消费能力没有发挥出来。儋州市居民低收入群体仍然较大，居民收入增幅减缓，居民手持现金下降，消费意愿不强，也导致需求不足，市场不旺。如对经济增长及个人收入持不乐观的态度，继而影响消费信心。随着国家经济体制改革的深入和居民社会意识的转变，居民预期支出较大。如子女教育、看病、养老、购房、人寿和失业保险等，不确定因素很多，相当一部分居民不得不未雨绸缪，不敢消费。

八　零售市场缺乏热点，消费需求明显断层

儋州市城乡居民收入水平有了一定的提高，普及型、温饱型需求已经基本饱和，而新的高层次的购买力尚未形成，对档次较高的享受型、发展型需求尚处于"可望而不可即"的状况，加之居民购买力多渠道大量分流，商品需求消费在近几年内将会逐步减弱。

九 从业人员的素质偏低

目前，从儋州市批零贸易、住宿餐饮业法人单位就业人员的学历分类看，大专及大专以上从业人数占全部商贸业从业人员的8%，高中、中专、初中及小学人员占92%，这说明儋州市商贸业从业人员的整体文化水平不高，知识型、管理型从业人员严重缺乏，严重影响了儋州市批零贸易、住宿餐饮业的快速、健康、有序的发展。

十 外贸出口企业面临着诸多困难

从事进出口贸易的企业资金紧缺，融资困难，限制了进出口总量，导致进出口量少，创汇不多。加上对争取中小企业开拓国际市场资金认识和出口基地培育力度不够，严重制约企业的规模化生产，出口货源基地缺乏，出口产品单一，尤其是高附加值、高科技含量的产品甚少。

第七章 儋州财政与民生

第一节 儋州财政

1997~2007年，儋州市财政工作紧紧围绕各项发展目标，认真贯彻执行中央稳健的财政政策和省财政厅的工作部署，不断深化财政改革，强化财政管理，加强财政监督，取得了较好的成绩，为全市经济社会全面、协调、可持续发展作出了积极贡献。

一 依法理财

（一）加强收入征管，财政收支实现新突破

2007年，全市地方财政收入2.73亿元，财政支出10.08亿元。

为完成财政收入任务，市财政局主动向市委、市人大、市政府报告进度情况，并认真进行财政税收分析，同时还加强与地税、国税、农税部门研究，加强对大项目、大企业的纳税监督，将税收任务进行分解，并进行跟踪落实，确保税收任务的完成。强化非税收入征管，深挖增收潜力，切实加强国有资源有偿使用收入的征收力度，做到应收尽收，应缴尽缴。由于财政部门征管措施得力，财政收入实现了稳步增长，预计全市地方财政收入和一般预算收入均超额完成年度任务。在抓好收入的同时，我们按照市委市政府提出的集中财力办大事的工作思路，调整和优化财政支出结构，千方百计筹措资金，较好地保证了重点支出需要。

（二）财政工作取得的主要成绩

1. 财政收入继续保持了较好的增长速度，财政支出规模不断扩大，支出结构进一步优化

1997~2007年，全市财政收入呈现出较好的增长势头，近五年来财政收入连续保持两位数的增长速度。全市财政支出规模由2003年的3.59亿元扩大到2007年的13.54亿元。财政收支的稳定增长，有力地促进了儋州市经济

和各项社会事业的发展，对维护社会稳定和提高人民生活水平发挥了重要作用。同时，儋州市财政支出结构也进一步得到优化。将离退休职工的离退休经费、维护社会弱势群体的支出、促进下岗人员再就业支出、农村合作医疗保障支出、城市居民医疗保障和其他社会保障支出纳入财政保障范围。财政支出有进有退，有保有压，支出结构日趋合理。特别是在财政收支矛盾十分突出的情况下，重点提高财政对工资发放、政权建设、社会保障支出等方面的保障能力，为儋州市的经济发展和社会稳定发挥了积极的作用。

2. 财政职能作用得到较好发挥，集中财力支持经济社会事业发展

2007年，我们在克服增资、偿债等刚性支出迅猛增长的困境下，按照市场经济的要求，在贯彻落实稳健财政政策的同时，始终坚持"保工资、保重点、保稳定、保发展"的工作思路，集中财力支持经济社会事业发展，为我市经济社会的发展作出了很大的贡献。

保证市重点经济建设项目的资金投入。2007年共拨出建设资金3958.79万元，其中国债资金1846.99万元，中央及省级建设资金共1028万元，市级建设资金1083.8万元。拨出的建设资金主要用于那大城市供水工程管网建设、儋州市那大城区污水处理项目建设、水利工程建设、农村饮水工程建设、基层司法所建设、农村沼气项目建设、乡镇卫生院建设、19所中小学校危房改造项目建设及三个地方华侨农场归难侨危房改造项目建设等。资金的及时拨付，有效地促进了各项工程建设的进度，提高了资金的使用效率。

加大对民生工作的支持力度，保证支农资金稳定增长。2007年财政农业支出6790.43万元。其中：农业支出3802.3万元；林业支出809万元；水利和气象支出1396.5万元；不发达地区资金支出727.49万元。财政支农资金的加大投入，对"三农"发展起到了积极的推动作用。

加大社会保障的支持力度，扩大社会保障资金的覆盖面。2007年，为确保全市离退休人员养老金正常增资、足额发放，巩固和促进社保工作。积极配合相关部门和单位，调查摸底，掌握离退休人员数量、增资、历史拖欠等情况，按有关政策积极筹集资金并及时拨付。全年共拨付养老金10906万元，其中：拨付企业养老金52464人次4412.99万元，拨付机关事业养老金31791人次5743.93万元；补发1993~2002年企业、机关事业单位拖欠养老金749万元。2007年1~10月，拨付低保金2861万元，惠及低保人员114670人次；安排再就业资金共272万元，并全力协助就业部门，举办多期下岗失业人员、失地农民和富余劳动力就业再就业培训班，培训人数4988人，完成省下达任务156%；实现农村富余劳动力转移就业7297人，完成省下达任务116%；

大大提高失业人员的就业率，保证全市失业率控制在3.7%。至2007年，新增就业岗位3226个，完成省下达任务的176%；安排资金84.78万元，安置公益性岗位212个；及时拨付失业救济金398万元，保证了海洋渔业总公司等单位1093人次的失业救济和经济补偿金，保障了国有下岗失业职工的基本生活。拨付农村医疗救助资金71.88万元，保证了五保户、优抚对象35942人及时参加农村合作医疗，缓解了困难群众因病致贫问题。拨付农村卫生事业4067.58万元专项资金，确保了公共卫生体系建设和农村卫生事业的稳步发展。

支持新型农村合作医疗工作和城镇居民医疗保险工作。为抓好新型农村合作医疗实施工作，2007年安排经费资金30万元，有效加强了机构人员培训、提高了管理效率和管理水平，确保我市新型农村合作医疗各项工作的顺利开展。全市17个乡镇、218个行政村参加了新型农村合作医疗，参合农民420128人，参合人数比2006年增加12万人，增长40%，筹集农民个人缴费630.19万元，超额完成了省年初下达的参合计划。截至2007年底，全市乡镇、农垦共13万多人参加城镇居民医疗保险，筹集居民个人缴费622.7万元，超额完成了省下达的参合计划任务。从此儋州市基本实现全民参与医疗保险，确保全市人民病有所医。

认真贯彻执行能繁母猪补贴政策，促进养猪业发展。2008年财政拨付660万元母猪补贴资金，补贴母猪户2200户，补贴母猪6.6万头。实行母猪补贴和保险制度后，有效地调动了养猪户的积极性，促进了养猪业发展，同时也促进了农民的增收。

安全、准确、及时发放退耕还林粮食补助资金和石油价格改革财政补贴资金。2007年对635户退耕还林者发放补助资金706.51万元，占应发补助资金的97%；补助亩数34815亩，占应补亩数的97%。市财政局还积极与市海洋与渔业局、市交通局、市林业局制定补贴方案，将9404.47万元的石油价格改革财政补贴资金及时发放到受益者手中。

3. 财政改革不断深化，财政管理日趋规范

2007年，按照建立社会主义公共财政体制的要求，儋州市积极开展和深化预算管理、国库集中支付、非税收入征缴、农业和经济资金报账制、会计委派、农村义务教育经费保障机制改革等各项财政改革，财政管理基本实现了制度化、规范化、科学化。一是按时完成政府收支分类改革工作，并在编制2007年部门预算时全面运用新的收支科目。二是工资统发改革工作稳步推进。工资统发职能移交会计中心管理后，已规范运作，为2009年实施国库集中支付改革打下坚实基础。三是继续推行农业资金报账制和经济建设资金报账制改革。把农业建设资金和经济建设资金直接拨付到承建单位或个人，方便企业和人民群众。四是会计委派制工作不断取得新的进展。2007年完成了人手一台计算机的配置，为会计核算电算化和国库集中支付改革奠定了坚实基础。五是政府采购改革工作不断完善。政府采购规模不断扩大，从2002年的423.15万元增长到2007年的2064.97万元，增长率为387%。六是进一步完善政府非税收入征缴改革。继续完善非税收入预算管理体制，使非税资金管理工作走上了规范化的轨道。七是积极推进国库制度改革工作。在市本级九家行政事业单位试运行证明，推行国库集中支付制度提高了财政资金拨付效率，增强了预算执行的透明度，增强了财政调度资金能力，促进了财政财务管理不断加强。八是加快行政事业单位公务卡管制的推广。根据省国库支付局有关文件精神，选定6个单位为试点单位，为儋州市行政事业单位公务卡管制的全面推广打下了良好的基础。九是加强国有资产监督管理工作，实现国有资本运营效益的提高。截至2007年，国有资产处置累计收入2812万元，比预算增收882万元，完成预算任务的146%。

4. "金财工程"建设取得新进展，财政科学化水平大大提高

在网络建设和系统安全建设、应用软件建设方面，应用了预算编制管理、预算执行管理（含国库集中支付）、非税收入征收管理、工资统发管理等系统。在此基础上，按照省"金财工程"总体规划的要求，整合优化现有应用系统，不断完善儋州财政网上办公系统，使信息技术在财政管理中得到广泛应用，提高了财政管理的规范性、科学性和透明度，也极大地提高了财政工作的效率、节约工作经费。同时，还开展了海南财政西部（儋州）信息中心的建设工作。

5. 财政监督得到加强，财经秩序大为好转

财政监督工作主动适应财政体制改革的需要，不断提高财政监督工作的科学性和有效性。将监督关口前移，积极探索建立事前审核、事中监督、事后检查的财政监督运行机制，基本做到资金拨付到哪里，专项监督检查、跟踪问效就到哪里，确保财政资金发挥应有的作用，取得实实在在的效果。根据财政部的统一部署和海南省财政厅文件精神，开展会计信息质量检查工作，重点检查8个单位，对在检查中发现的会计核算不真实、工资支出未通过"应付工资"科目核算、核算手续不完备，混淆科目核算、未建立坏账准备制，未按规定计提坏账准备、未按规定进行固定资产核算登记、无证上岗和财务管理制度不健全等问题都进行了信息反馈，并要求有问题的单位进行整

改，并责令有关单位将整改措施与整改结果以书面的形式按时上报。通过整顿财经秩序，加强财政监督，有效制止了行政事业单位公款私存和私设"小金库"现象和截留、挤占、挪用财政性资金等现象，财政财务信息公开性、真实性得到加强，违法乱纪行为大为减少，财政资金的使用效益得到提高，出现了财政监督工作与财政改革相互促进的较好发展局面。

6. 加强源头控制，推进依法理财

一是加大票据清理和监管力度，开展对财政旧票据的清缴工作，并加大了财政票据发、领、核、销的监管工作。2007年，根据省厅要求对历来各种作废票据进行了认真清理、造册、登记共79994本存根进行销毁。二是严把银行账户开户审核关。2007年，经审核批准全市行政事业单位开设银行账户47个。三是加强和完善政府非税收入对账和分析工作。要求各执收执罚单位每月和财政局对账，同时在每年末，还组织各执收执罚单位开展年度对账工作。四是认真做好各类会计考试报名。会计从业资格考试共有330人报名，订书400多册；会计职称考试报名共有322人，其中：初级229人，中级93人，订书300多册。

7. 依法理财观念增强，干部队伍建设得到加强

围绕财政改革和发展，健全财政规章制度，落实行政执法责任制，积极推进依法行政、依法理财。围绕建立"民主、多元、活力"的机关文化，加强财政干部队伍建设。经过坚持不懈的努力，财政干部队伍思想政治工作得到全面加强，机关作风发生了明显转变，干部队伍素质得到提高，工作效率提高了。

（三）财政工作存在的主要问题

近年来，儋州市财政实力进一步增强，保障能力得到提高，财政管理不断规范，财政科学化水平得到较大提高，但受各种因素影响，儋州市财政运行中仍然存在许多困难和问题，主要表现在经济结构不尽合理，含税产业总量不够，财源基础薄弱；政权运转保障能力差，社会发展事业欠账多，财政收支矛盾突出；债务负担沉重，财政存在潜在风险；财政自给率低，财政支出依赖中央和省补助；财政体制改革步子迈得不大，基层财政所的工作有时运转不正常。这些问题仍然需要财政在以后的努力工作中逐步解决。

二 财政改革

（一）儋州市财政改革与发展的总体要求

农村税费改革虽然取得了较大成绩，但巩固的任务依然十分繁重，全面

推进农村综合改革是解决"三农"问题的一项重要举措。因而,推进农村财政改革,对于进一步完善农村经济体制、政治体制和社会管理体制,更好地解放和发展农村生产力,加快社会主义新农村建设,意义重大而深远。

儋州市财政以科学发展观统领财政工作,积极发挥财政职能作用,促进全市经济又好又快发展;调整和优化支出结构,确保工资、津贴、政权运转等重点支出,着力解决全市社会经济发展和社会稳定等重大问题;加大对民生的投入,全力支持新农村建设,让广大农民享受改革发展成果和公共财政的"阳光";完善市对三个新区管委会的财政体制改革工作;加强财政监督,强化内部管理,提高财政资金使用的规范性、安全性和有效性;坚定不移地树立依托洋浦,服务洋浦的思想,紧紧抓住洋浦建设保税港区这个重大发展机遇,加快儋州的发展,努力把儋州建设成为海南西部的中心城市。

(二)以转变政府职能为重点,稳妥推进乡镇机构改革

1. 转变政府职能

这是乡镇机构改革的核心,重点强化四个方面的职能:一是为农村经济发展创造良好环境,为农业发展和农民增收提供高质量、高效率、低成本的服务。二是解决上学难、看病难、行路难、饮水难等突出问题,为农民提供更多的公共服务。三是为农村构建和谐社会创造条件,化解农村社会矛盾,保持农村社会稳定。四是创新农村工作机制,规范乡镇政府行为。

2. 合理调整乡镇政府机构

按照精简、统一、效能、适用的原则,不搞上下对口、不搞一事一职,千方百计解决好乡镇农口事业单位人员工资和社会保险等问题。不折不扣地贯彻执行省政府《关于解决我省乡镇农口事业人员工资和社保等问题的通知》,依法操作,手续完备,不留后遗症。

(三)以落实教育经费保障机制为重点,推进农村义务教育体制改革

农村义务教育管理体制改革核心是建立起政府投入办学、财政分级负担、经费稳定增长的农村义务教育经费保障机制。教育系统自身改革加快,在增加教育投入的同时,更重视农村办学水平和教育质量的提高,缩小城乡之间义务教育发展差距,让农村孩子也能享受到优质教育资源。

(四)以增强基层财政保障能力为重点,推进乡镇财政管理体制改革

2007年市乡财政管理体制改革着重解决财政分配的公平性和有效性问题,保证基层运转。按照这个要求,以事权定财权,以责任定财权,增强乡镇政府履行职责和提供公共服务的能力。

（五）以坚决控制新债为重点，优先化解农村义务教育债务

按照《国务院办公厅关于坚决制止发生新的乡村债务有关问题的通知》精神，坚决制止发生新的乡村债务，从源头上防止新的债务发生。优先清理化解农村义务教育债务。用1年左右时间，完成全市农村义务教育债务化解工作。

（六）以维护农民合法权益为重点，建立健全农民负担监督管理机制

继续坚持减轻农民负担工作、政府主要领导负责制和"谁主管、谁负责"的部门责任制，完善农民负担监督工作联席会议制度。加强村级财务管理，规范村级会计代理制等管理办法，促进村级财务监管工作经常化、规范化和制度化。

三 农村财政改革取得实效

（一）加强组织协调

各乡镇各部门主要领导亲自抓、负总责，层层落实领导责任制和部门分工负责制。近年来加强了农村综合改革的组织机构和队伍建设，配备必要的专职人员，为推进改革提供强有力的组织保障。市农村综合改革工作领导小组及其办公室充分发挥了组织实施和督察协调的作用，建立了有效的工作机制，加强上下信息沟通，及时研究处理改革中出现的一些新情况和新问题，不断完善改革政策，共同做好并不断推进农村综合改革的各项工作。

（二）细化改革措施

推进农村综合改革，做深入过细的工作。财政、人劳、编办、教育及农业五个牵头部门切实负起责任，就各自负责的改革事项制定保障措施，指导基层搞好改革。人劳编办部门具体就乡镇职能的界定、人员分流、乡镇机构设置等重点、难点问题制定定位准确、措施具体、便于操作的指导意见；教育部门对深化教育人事制度改革、合理配置城乡教育资源、提高农村教师素质和教学质量，逐步缩小城乡之间义务教育发展差距等问题提出实施意见；财政部门按照建立公共财政的要求，完善市乡财政体制，改善市乡财政困难状况，增强基层政府履行职责和提高公共服务的能力方面制定具体措施。

（三）妥善处理好改革中出现的问题

推进农村财政综合改革势必调整农村的利益关系，涉及农民、基层组织、地方财政及有关部门的实际利益。各部门都做好打硬仗的准备，知难而进，创造性地开展工作。做到既精简机构、降低行政成本，又保证农村基层组织有效运转；既确保农民负担不反弹，又依靠农民辛勤劳动加快发展农村社会

事业；既充分调动广大农民的主动性，又保护基层干部的积极性，确保农村财政综合改革顺利推进和健康发展。

四 儋州财政工作的主要对策措施

（一）加强财源建设，努力做大财政经济"蛋糕"

认真落实科学发展观，紧紧抓住洋浦设立保税港区的重大机遇，结合儋州经济社会发展的特点，加大财政支持经济发展力度，做大财政经济"蛋糕"，努力把儋州建设成为海南西部中心城市，是儋州市财政工作的首要任务。一是认真研究中央、省"十一五"时期宏观经济政策变化，在贯彻实施稳健的财政政策过程中，积极争取中央政策和中央、省项目资金上的支持。积极向省厅和有关部门反映我市的困难和问题，争取省里在资金和项目上的支持。继续抓好已启动中央和省项目的后续建设，防止出现新的"半拉子"工程。新安排项目按照中央、省的要求，确保资金到位正常运转，及时发挥项目投产效益。二是加快城镇化建设，以城镇化促进财政经济快速发展。按照把儋州建设成为海南西部的中心城市的发展战略，突出对那大、马井、木棠三个新区的重点建设，增强区域中心对全市经济社会发展的辐射带动作用。积极帮助构建金融平台，通过财政引领手段，吸引更多的资金投入儋州开发建设，特别要加强市城投公司现金流运作，增强城投公司运行能力，加大城市开发建设力度，推动市域经济发展。积极支持农村劳动力转移，发展"打工经济"。进一步加快东成、雅星、中和、兰洋等有发展潜力的小城镇建设步伐，不断完善城镇基础设施和社会化服务体系。把城镇建设与新区建设、市场建设、产业化龙头企业建设结合起来，努力提高城镇商品化服务功能和城市品位，促进城镇第二、第三产业的发展，特别是要逐步提高第三产业对税收增长的贡献率。

（二）健全财政收入增长机制，确保财政收入稳步增长

一是坚持依法理财治税。继续贯彻落实"加强征管、堵塞漏洞、惩治腐败、清缴欠税"的方针，开展税源普查，强化税收征管基础工作，严格执行税收法规，切实做到应收尽收。依法查处各种偷税、骗税和逃税行为，严厉打击各种涉税犯罪，维护税法权威，促进财政收入稳定增长。二是充分挖掘非税收入潜力。继续规范行政事业性收费和政府性基金管理，切实采取措施，加强对国有资源有偿使用收入、国有资产（资本）收益等政府非税收入征收管理，继续完善非税收入收缴管理改革。

(三)进一步优化支出结构,促进经济社会和谐发展

按照科学发展观和建立公共财政的要求,继续调整和优化财政支出结构,提高财政对经济社会各项事业发展的保障能力;加大对民生的投入,切实改善和保障民生,让老百姓"学有所教、劳有所得、病有所医、老有所养、住有所居"。一是积极安排资金,确保行政事业单位人员工资的及时足额发放,保证政府机构尤其是基层政权的正常运转;保障公检法司等支出,维护社会安定;继续做好公务员和事业单位人员津贴补贴改革工作,逐步提高行政事业单位人员津贴补贴待遇。二是落实好各项民生政策,在继续加强财政支农力度的同时,积极推进财政支农资金整合,不断完善财政支农资金稳定增长机制。继续完善和落实粮食生产的有关财政补贴政策,完善补贴资金发放方法,继续做好对种粮农民实行粮食直补、良种补贴、农业生产资料综合直补等工作。三是积极推进"教育扶贫",支持贫困地区、民族地区教育事业发展,完善家庭经济困难学生资助政策体系,实施和健全义务教育经费保障机制。多方筹集资金,加大中小学校危房改造力度,推广农村远程义务教育,逐步提高中小学教育水平。加大对职业教育的投入,普遍提高技工水平。四是加强公共卫生体系建设,进一步完善突发公共卫生事件应急处理体系、疾病预防控制体系、医疗救治体系以及妇幼保健体系。加快完成市突发公共卫生中心建设和乡镇卫生院改造工作。尽快将新型农村合作医疗和城镇居民医疗保险工作惠及全市所有农民和居民并逐步提高补助标准。支持发展社区卫生服务,努力实现全体人民病有所医。五是加大对文化建设重点项目的投入,继续支持市职业学校、第五中学、体育广场等配套项目建设,加快公益类文化事业发展。支持文化体制改革,支持文明生态村建设,支持开展计划生育奖励扶持制度,大力培养具有儋州特色文化品牌。六是增加社会保障支出,健全城乡社会救助体系。集中财力积极促进社会就业再就业;支持完善城镇社会保险制度,提高社保资金征缴率,稳步推进国有企业下岗职工基本生活保障向失业保险并轨;切实解决好困难群体的生活问题。七是积极解决历史遗留问题,着力构建和谐社会。想方设法解决消化事业单位退休人员占用企业退休金问题;借鉴化解农村义务教育债务经验,积极探索化解各种债务的措施;积极探索解决失地、少地农民生产生活有效办法,积极争取省厅的资金支持。八是支持生态市建设,加强国土资源管理。积极筹措资金,通过安排项目贴息资金、建立规范的政府信用贷款偿债机制等方式,加强土地、资源和环保管理。支持环保产业和循环经济发展,重点加大环境污染治理,促进提高资源综合利用水平。

（四）进一步推进财政改革，着力构建财政运行新机制

一是要继续深化和完善国库集中收付、非税收入征管等财政改革，全面提升全市财政管理水平。国库管理方面，完善单一账户体系，逐步将所有的财政资金通过国库单一账户体系进行集中支付。非税收入征管方面，按照"统一征管、统筹安排、集中支付、全面监督"的原则，加强制度建设，建立非税收入管理新模式。绩效评价方面，推行项目支出绩效报告制度，积极探索建立预算绩效评价体系，对财政资金使用进行跟踪问效，提高财政资金的使用效益。二是加快"金财工程"建设步伐，推进财政管理信息化。建设海南西部（儋州）网络中心，建立覆盖全市的信息网络系统，建立财政业务应用系统。

（五）不断创新和健全财政监督机制，确保财政资金运行的规范性、安全性和有效性

充分发挥财政监督队伍作用，着力构建事前审核、事中监控、事后核查问效相结合，涵盖预算编制、预算执行、资金运行全过程的财政监督机制。一是夯实会计工作基础。认真贯彻落实《会计法》，加强《会计法》执法检查，强化会计从业人员资格管理工作，加强会计职业道德教育，提高会计人员整体素质。促进财经秩序的好转，形成"诚信为本，不作假账"的社会氛围。二是加强对财政专项资金的监督管理。针对财政专项资金使用管理中存在挤占挪用和使用效益不高的现象，继续按照"三个统筹"要求，加强专项资金管理的制度建设，建立项目完成情况报告制度，制定项目绩效考评办法，对项目执行过程和执行结果进行跟踪问效。三是加强财政内部监督。对财政内部资金的预算安排、审批、拨付等环节进行跟踪监督检查，重点检查财政资金安排是否规范、公平、合理，从源头上堵塞漏洞，保证财政资金安全高效使用。

（六）加强财政队伍建设，提高依法理财能力和服务水平

一是不断研究探索建立健全符合实际的干部录用、考核、晋升激励机制。通过人才引进和输出，不断优化财政干部队伍的整体学历层次、知识结构、专业结构和年龄结构；全面、客观、准确、公正、公平地反映各类人才的德、能表现和工作实际，考核考评与晋职晋级挂钩；做好干部轮岗交流和挂职锻炼工作；加强干部政治思想教育、廉洁自律意识和党风党纪教育；完善干部选拔任用制度，真正实现能者上、庸者让、劣者下的干部用人激励机制。二是强化在职干部的学习培训，构筑终身教育体系。按照"科学、创新、服务、务实、高效、廉洁"要求，通过各种培训资源，创新培训模式，更新培

训内容，增加培训效果，形成全员学习、终身学习的良好氛围，不断给在职干部进行新知识、新技能的"补课"、"充电"，全面提高财政干部队伍的综合素质，以适应新形势新任务下对财政干部的要求。三是加强领导干部的政治理论学习和调查研究工作。围绕增强工作的超前性、适应性，坚持实事求是，注重调查研究，发扬民主集中制，努力增强领导班子的凝聚力、战斗力，不断提高领导干部的决策水平。四是培育令行禁止的执行文化，切实改进工作作风。继续坚持"以人为本，从严治队，内强素质，外树形象"的管理理念和管理方法，始终坚持理财为公、理财为民的思想。努力营造一种相互信任、相互支持、相互理解、合作共事的宽松、和谐的工作氛围。依法履行职能，做到廉洁高效。

第二节 服务"三农"扶持民生

儋州财政服务"三农"扶持民生工作，注重对"三农"投入的倾斜，积极采取阳光财政，多方面扶持民生工作。

一 服务"三农"

（一）加强领导，政府推动

2007年市财政采取了有效措施，因地制宜，培育和发展农民专业合作社，目前全市形成了"建一个组织，兴一项产业，活一地经济，富一方群众"的发展新格局。

（二）培育典型，示范带动

市委、市政府利用公司出口市场的份额，采取"公司+合作社+农户"的模式，公司下订单，合作社组织农户负责生产，再由公司销售，带动种植业的发展。

（三）突出主业，大力扶持

从实际出发，坚持突出主导产品和主导产业。在资金的扶持上，财政资金的投入主要是用于基础设施建设，包括大棚、供电、供水、路网、平整、办公及生活用房、冷库加工等基础设施。农民合作社自筹资金的投入主要是用于地租、种苗、化肥、农药、人工费用和管理费。经营形式主要是以农民合作社进行经营管理，按照"民办、民管、民受益"的原则，本村农民以资金、土地入股等方式加入生产合作社，并成立了理事会和监事会，实行民主管理、利益共享，风险共担。

（四）搞好服务，促其发展

农民专业合作组织是新生事物，势必遇到许多问题与困难。在农民专业合作组织发展过程中，市公共财政给予大力支持，每年安排资金重点培育发展一批专业性或综合性农民专业合作经济组织。强化部门帮扶职责，提供"扶上马，送全程"的服务，激励合作社提升档次。

实践证明，通过财政支农资金整合，扶持农民专业合作社是实行农业产业化经营、增加农民收入的行之有效的途径。一是推动农业品牌和主导产业的发展，促进了农民专业合作经济组织规范化建设；二是培养一批新型农民，提高了农民素质；三是降低生产成本，增加了农民收入；四是改善和提高生产规模及水平，促进了农民合作经济组织生产基地及规模的发展壮大；五是增强了抵御市场风险的能力。

二 扶持民生

（一）农村饮水安全问题

农村饮水安全是关系到党和政府同人民群众密切联系的问题。农村饮水主要存在着：①含氟超标。长期饮用高氟水，可引起氟中毒，出现氟斑牙和氟骨症，重者造成骨质疏松、骨变形，甚至瘫痪，丧失劳动能力。②苦咸水范围广。主要分布在沿海乡镇。长期饮用苦咸水会导致胃肠功能紊乱，免疫力低下，诱发和加重心脑血管疾病。③细菌学指标超标严重。全市农村饮用水细菌学指标超标严重。④其他水质问题。其他水质的严重问题主要是指锰超标，锰系有慢性毒害物质，长期饮用会导致癌症等各种恶性肿瘤的发生。

几年来，市委、市政府始终把解决人民群众最关心、最直接、最现实的利益问题放在首位，从 2005 年开始启动解决农村饮水问题，每年都从地方财政中安排大量的资金，但饮水安全还没能得到完全解决。

（二）文明生态村建设问题

推进文明生态村建设即儋州市社会主义新农村建设，促进农村社会经济全面发展，是"三农"工作中的主要问题，也是一项大型民生工程。几年来，儋州市财政投入了大量资金，努力做好这方面的工作，共建生态文明镇 6 个，生态文明村 140 个。

第二篇 儋州城市建设

第八章 儋州城镇规划

第一节 创建海南西部中心城市

一 有利条件

琼西区域包括儋州市、临高县、昌江黎族自治县和白沙黎族自治县，其腹地范围涵盖一市、三县的行政区划范围。该区域已形成以洋浦为龙头，以儋州西部沿海区域，昌江西部沿海区域，临高西、北部沿海区域为支撑，以儋州东部山地区域，昌江东部内陆区域，临高东、南部内陆区域以及白沙县为腹地的经济区域。

（一）区位优势

儋州市地处北部湾东岸，距对岸的越南海防市200海里；与广西的钦州、北海以及广东的湛江、雷州半岛隔海相望，最近处只有18海里。在本岛内，东近海口、南靠八所与周围各重要城镇联系方便，通信快捷。由于地处西部工业走廊的核心地段，又兼具港口、渔业、海洋运输之利，将发展成为以现代工业为主的西部重镇。

（二）交通优势

西环高速公路、海榆西线公路以及粤海铁路，从儋州市境内中部平行而过，线路长度约60公里。铁路车站设在那大市区北侧，距高速公路出入口约30公里。此外，儋州市拥有白马井、新英、海头等大小港口9个，发展潜力巨大，可以走出本海域向更加广阔的海洋进军。

（三）经济优势

儋州市拥有雄厚的经济实力，其GDP和人均GDP均高于区域内其他县的水平。这是其区域性中心城市的最基本的经济特征，是发挥其巨大的经济作用的基础。

儋州市撤县设市以来，经过多年的建设，地区生产总值由1993年的21.2亿元增至2007年的83亿元，经济总量在全省排名靠前，国民经济呈现出持续稳定快速增长的良好态势（见图8-1）。

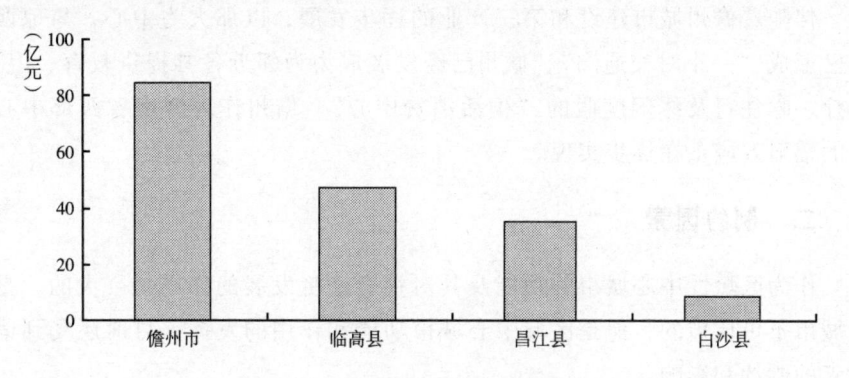

图8-1　海南省琼西地区经济分析

农业仍是拉动经济增长的主导力量。制糖业、建材业、水产品加工业等也在全省占有重要地位。先后荣获"全国农业百强市"、"全国卫生城市"、"中国民间艺术之乡"、"全国文明示范市"、"全国城市环境综合整治优秀城市"、"中国优秀旅游城市"等多项称号。

（四）发展动力——洋浦保税港区

海南地处中国—东盟自由贸易区的枢纽部位，而位于儋州的洋浦则是中国经济最活跃的泛珠三角区域的重要港口，地理位置十分优越。

设立洋浦保税港口区，是扩大对外开放战略的需要，实施国家能源战略的需要，推进区域经济发展战略的需要。

设立洋浦保税港口区，可以利用其独特的区位优势推动洋浦建成中国南部面向东南亚，连接北部湾，背靠华南腹地的航运中心和物流中心。促使洋浦率先成为中国—东盟自由贸易区口岸，成为中国对东南亚最有吸引力的经济跳板。

洋浦的发展与儋州的发展息息相关。洋浦既是儋州市的一部分，又是独立的保税港区，因此洋浦的发展必然给儋州市创造一个前所未有的发展机遇，并带来深远的影响和巨大的推动力。另一方面，洋浦的发展需要儋州市的协作与支持，儋州市社会经济不断发展对洋浦保税港区的建设起到重要的保障作用。两者是相互补充，相互促进、共同发展的关系。

随着洋浦的开发和建设，不断提高儋州市在全省经济建设中的地位和作用，必将带动儋州市新的投资热潮，加快儋州市的发展。

（五）儋州发展为西部中心城市具有一定基础

城市规模只有率先达到一定的程度后，才能给予区域经济产业以较大的辐射力和带动力。

伴随着儋州城市建设和第三产业的逐步发展，以那大为中心，与琼西各县已形成"一小时交通圈"，儋州已经发展成为为邻近各县提供教育、卫生、医疗、吃住行及休闲度假的"生活消费中心"。儋州作为海南省西部中心城市的辐射效应正在逐步实现。

二 制约因素

作为区域性中心城市的功能及其对社会经济发展的作用是巨大的，是一般城市不可比拟的，但是区域中心城市功能和作用的发挥，目前还受到诸多因素的制约和影响。

（一）优势产业不明显，产业结构有待优化

中心城市的建设需要产业支撑，而工业经济是发挥产业支撑的骨骼。由于历史等方面的原因，儋州市长期以来产业结构不合理，呈现"一三二"的格局。即农业一直占经济主导地位，交通运输、金融保险、科教文化等产业相对落后，而第二产业总量不足，比重过低，难以形成儋州的优势产业，造成经济实力不强的局面。进而影响城市的基本功能的完善和发挥。因而优化产业结构，以工业和城镇化发展为突破口，带动农业产业化，促进城市发展，实现经济结构的转型是当务之急。

（二）城市的发展定位、职能不明确

按照《海南省城镇体系规划》，全省共分为北部、南部、东部、西部四个经济片区；其中西部片区包括儋州、临高、昌江和白沙。

目前，区域内的城市规模相差较大，地域分布极不平衡。

琼西地区城市与城市、城市与区域之间缺乏合理分工与协调，导致区域产业经济分工雷同和同构竞争的恶性循环，难以形成西部地区的核心竞争力。

儋州作为西部工业走廊的重要城市，有着良好的区位优势、交通优势和经济优势，但其与区域内其他县、市的分工不明，未能发挥作为琼西中心城市所应有的集聚作用、带动作用和辐射作用。

（三）经济总量低

2007年儋州全市实现生产总值83亿元，约占海南全省生产总值（1229.6亿元）的6.8%（见图8-2）。国民经济呈现出持续稳定较快发展的

良好态势。但与省内其他区域中心城市存在一定差距，第三产业仍然未能发挥其主导作用（见图8-3）。

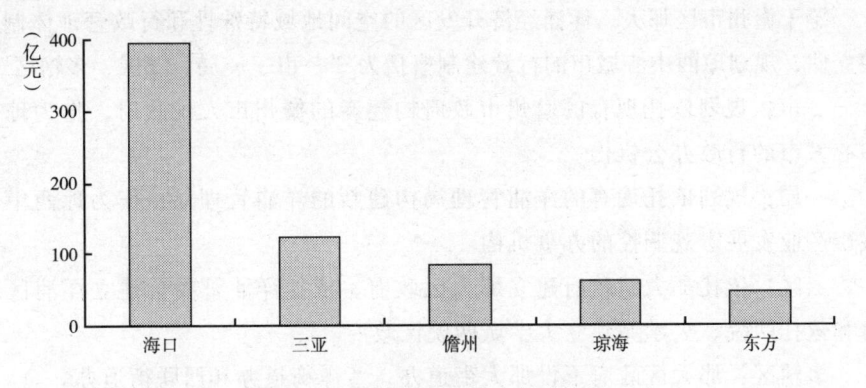

图8-2 海南省中心城市经济分析

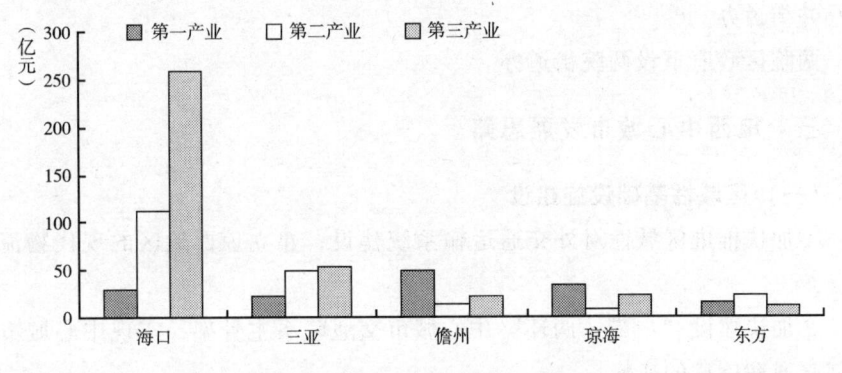

图8-3 海南省中心城市产业分析

（四）各项服务功能有待完善

儋州市现有公共服务设施严重缺乏，基础设施建设落后，城市管理水平低，难以承担其作为琼西地区中心城市，服务和带动琼西地区发展的职能。

第二节 总体规划思路

一 琼西中心城市的空间构架

琼西中心城市就是以儋州市区那大、洋浦经济开发区为两个增长极核，以那大—洋浦公路为发展轴，串联其沿线中心城镇、农场场部，构建哑铃式的区域性中心城市。

二 琼西中心城市的行政建制

鉴于儋州市区那大、洋浦经济开发区的空间地域特殊性和行政管理体制的独立性,规划琼西中心城市的行政建制概括为"一市、一局、三区、多辖区"。

一市:规划依托现有的儋州市政府构建新的儋州市人民政府,作为琼西中心城市的行政办公机构。

一局:规划依托现有的洋浦管理局构建新的洋浦管理局,作为琼西中心城市产业发展宏观调控的办事机构。

三区:依托那大镇政府建立那大区政府、依托洋浦管委会建立洋浦区政府和依托两院、大学城建立大学城两院区政府。

多辖区:那大区政府下设那大街道办、兰洋街道办和西联街道办。

洋浦区政府下设洋浦街道办、三都街道办、峨蔓街道办、木棠街道办和白马井街道办。

两院区政府下设两院街道办。

三 琼西中心城市发展思路

(一)区域性基础设施建设

①加快推进区域性对外交通运输系统建设,建立琼西地区的现代物流中心。

②加快建设"一带、两环"中心城市交通联系主骨架,实现中心城市的内部交通和信息的通畅。

一带:规划充分利用那洋公路建设那洋区间快速干道,实现那大—洋浦两区的半小时交通联系。

两环:围绕那大、洋浦两区建设区内一刻钟城镇交通圈,实现区内环城高速联结快速便捷。

③加快建设"六变、四水、两污、三燃"以及相配套的输送管道(线),为琼西中心城市的快速发展奠定坚实的支撑体系。

"六变":木棠、白马井、东成、八一和那大两个110千伏变电站共六个变电站。

"四水":南茶河、那大、西联和洋浦四个区域性供水设施。

"两污":那大、洋浦两个污水处理场。

"三燃":那大、洋浦两个燃气门站和一个燃气分输站(中和镇附近)。

④加大生态涵养区和区域性垃圾中转站的建设力度,构建琼西中心城市

的生态园林主骨架。

生态涵养区：松涛水库、松涛干渠、新英湾以及多个小型水库。

（二）那大中心城区基础设施建设

1. 交通枢纽方面

规划在现有儋州市火车站基础上，结合都市工业园区建设，配套建设货运站场，形成琼西中心城市的铁路交通枢纽。

规划将现有三级长途汽车站作为区间交通枢纽；并在儋州市火车站附近建设长途汽车总站，构建琼西中心城市的公路交通换乘枢纽。

2. 城市道路方面

规划在现城市道路骨架的基础上，积极建设四通八达、纵横交错的市内交通网络。此外，在市政设施方面、绿化景观方面和环保环卫等方面，也都制定了具体的规划。

（三）产业结构调整

1. **着力实施工业立市战略，加快新型工业化进程**

依托洋浦，发展石化产业——立足洋浦开发区现有的产业基础，充分发挥区位和资源优势，在优化结构、提高效益和降低消耗的基础上，进一步壮大造纸和石油化工产业，加快配套下游加工工业集群，积极构筑新的工业体系。

依托西联，发展木制品出口加工业——规划充分考虑西联产业园现有的产业基础，重点发展木制品（以家具为主）出口加工为特色，配套协作中小企业集群的工业园区，凸显"宝岛西联、南国明珠"的形象特征。

依托西部工业城，发展橡胶加工业——规划依托现有美联橡胶工业有限公司，聚合岛内橡胶资源，重点发展橡胶加工业及其产业链延伸的企业集群园区。

2. **着力发展现代农业，扎实推进社会主义新农村建设**

依托两院，发展现代农业——充分利用"两院"的科研优势，继续加快发展现代农业，强化农业基础地位，坚持以工业化促进农业，以城镇化带动农村，以市场化富裕农民，加强农村基础设施建设，健全农村市场和农业服务体系，促进儋州迈入现代农业强市的行列。

依托白马井，发展水产养殖业——充分利用白马井的天然渔港优势，继续加快发展水产养殖业，构建洋浦周边现代农业产业集群。

3. **着力发展第三产业，培育新的经济增长极**

坚持以市场化、产业化、社会化为导向，改造提升传统流通业，积极发展现代服务业。

依托都市工业园，发展科技创新产业——依托那大城区，承接主城区

"退二"产业，发展具有一定的科技含量的高新技术园区和研发创新基地。

依托特色旅游资源，大力发展旅游业——围绕东坡书院、光村银滩度假村、雅星农场、八一农场、蓝洋温泉、松涛水库等地域特色，把旅游业发展成为支柱产业。

（四）完善各项服务功能

1. 打造琼西的行政中心

儋州市作为海南西部区域中心城市，通过集聚和扩散效应，带动区域经济圈的整体发展，具有主导区域的作用。通过儋州市的引导示范作用，打造琼西行政中心。

2. 打造琼西的商贸、金融中心

通过规划，构建儋州市与周边的临高、白沙和昌江等地的"一小时车程范围的都市圈"，儋州市必将成为该范围内的区域性中心城市；儋州又同海口、三亚、琼海、东方一起，构成了海南省五大区域经济中心，儋州担当了向西辐射和传递海口辐射的重要载体。通过都市圈的发展使儋州金融中心的地位逐渐形成。

3. 打造琼西的文化娱乐中心

形成以文化娱乐业、网络文化业、影视音像业、演艺业、新闻出版业、文化旅游业等为主，门类较为齐全的文化产业格局。打造琼西文化娱乐中心。

4. 打造琼西的旅游服务中心

儋州旅游资源丰富，具备建成琼西功能完善的旅游服务中心的前提条件。

把儋州作为旅游接待中心必须围绕旅游交通通信、旅游住宿、旅行社、旅游餐饮、旅游购物等方面精心建设，加强功能配套。

把儋州作为旅游目的地应以生态花园城市作为主打品牌，开发优势资源和特色文化，建设旅游精品，把儋州建成琼西地区旅游服务中心。

5. 打造琼西的科研教育中心

儋州市的科技文化教育优势是明显的。在市场机制的作用下，一方面科技教育文化资源会向儋州市集中，另一方面它们也会对周边地区的科技文化教育产生支持帮助作用。

随着海南西部城市圈的交通、信息、周边城镇化等的发展，科技文化教育等行业本身特别需要清静的环境，不宜安排在城市的闹市区中心，因此中心城市周边城镇的科技文化教育与中心城市的科技文化教育，在市场机制的自然配置下，在城市政府的引导下，可望形成"众星捧月"的格局。

近几年来，儋州市充分利用其资源优势和区域环境的比较优势，并结合政府给予的强有力的扶持政策，大力发展科研教育事业，为高新技术产业和农业高科技产业的快速发展奠定了良好的软硬件基础。

6. 打造琼西的医疗卫生中心

儋州要建成琼西中心城市，必须构建以基础设施体系、产业支撑体系、市域城镇体系、公共服务体系组成的区域性中心城市架构，建成琼西的能源中心、区域交通枢纽、区域商贸中心和区域卫生中心等。

其中，促进城乡卫生事业统筹发展、全面保障人民群众健康是极其重要的组成部分，卫生事业的发展速度和质量应该与区域经济社会发展的总体形势相一致。

随着琼西地区经济社会建设步伐的加快，其经济总量、财政收入持续增加将为卫生事业加大投入创造物质条件。将为儋州市打造琼西地区医疗卫生中心创造条件。

7. 打造琼西的综合物流中心

现代物流业由于具有产业关联度高、带动效应强等特点一直是引导生产、促进消费的先导产业。通过建立洋浦区域性现代物流中心带动促成琼西城市群物流圈，逐步推进海南省西部工业走廊的全面启动。

8. 打造琼西的交通枢纽中心

儋州市地处西部工业走廊的中心地段，北接临高，南连昌江、白沙。既是西部地区辐射琼西的重要通道，又是西部地区发展沿海经济的前沿。

目前，无论从水路或陆路，儋州市与省内外各地联系将更为快捷。西环高速公路、海榆西线公路以及粤海铁路，从境内中部平行而过。同时儋州市拥有白马井、新英、海头等大小港口9个，发展潜力巨大。

2007年，西线铁路全线通车，铁路车站设在那大市区北侧，距高速公路出入口约30公里。

这一重大基础设施的建成通车，将形成儋州市一小时铁路经济圈，并与公路经济圈一起，形成区域经济集群，加强了城市间的密切联系。为实现琼西地区的工业化和城镇化提供极有力的基础设施支撑。

第三节　开发区规划

一　"三区一城一基地一中心"规划

立足建设海南西部中心城市，策划和规划了儋州滨海新区、那大城北新区、木棠工业园区、白马井边贸城、西部农产品加工储藏集散基地和北部湾国际水产品交易中心等"三区一城一基地一中心";策划和规划了白马井修造船、木棠橡胶、三都机械加工、科拉圣建材和儋州化工等"五大工业园区";策划和规划了那大组团、儋州滨海新区、新英湾和光村银滩等"四大旅游房地产区块",为今后的发展奠定了良好基础。

创新思路,群策群力,以"三区一城一基地一中心"为重点,按照"竣工投产一批、开工建设一批、谋划储备一批"的要求,加快推进项目建设,务求在拉动投资、扩大消费和优化结构上取得新突破,不断拓展财源、增强财力,提升加快发展的内生动力和辐射强度。

二 新型工业发展规划

工业化是实现现代化、城镇化不可逾越的重要阶段,是加快儋州发展的优势和希望。拟下最大决心,充分发挥资源优势,利用洋浦的品牌效应和政策,依托洋浦大工业和港口的辐射带动,着力拉长工业"短腿",构筑以工业为主导的经济发展格局。计划加快推进项目建设,确保建成峨蔓风力发电一期、高深橡胶加工、陆通沥青加工、模压刨花板、混凝土搅拌站等项目,加快建设凯盛机械修理、海岛年产40万吨矿粉及60万吨矿渣水泥二期、洋浦纪合水泥配料厂等项目,开工建设峨蔓风力发电二期、合成甲醇炼油等项目,使之成为撬动工业经济增长的重要动力;争取省政府产业发展引导资金和政策,支持太阳能风力发电设备等高新技术产业项目建设;进一步谋划南华蔗渣制浆造纸等项目,加快培育精细化工、修造船务、机械加工、特钢制品、建材制品等新型工业,积极培育骨干企业和拳头产品。要完善园区基础设施,做大做强城投公司的融资平台,强化融资手段,筹措更多的基础设施建设资金和项目配套资金,加快"五大工业园区"基础设施建设,完善配套功能,规划项目集群,增强园区项目落地的吸引力。要巩固提升现有工业企业,落实支持中小企业和非公有制经济发展的各项优惠政策,发挥市信用协会和担保公司的作用,帮助企业解决贷款、融资等实际困难,打牢蔗糖、橡胶、木材、水产品等加工企业发展基础;引导和鼓励南华糖业、中化橡胶等企业挖潜技改,大力发展循环经济,延伸产业链条,提升产品附加值,提高抗风险能力。

三 旅游房地产和商贸物流业发展规划

旅游房地产和商贸物流业作为第三产业,是聚集人气、扩大就业、拉动内需、促进消费的重要途径。要加快培育旅游房地产，按照建设国际旅游岛的大格局，确定儋州旅游业发展的思路和目标，为把儋州打造成为西部旅游胜地奠定基础。要办好各种文化节庆活动，举全市之力办好第十届中国海南岛欢乐节，力争办出特色、办出水平、办出效益；尽快策划建设军屯东坡山水文化旅游区、蓝洋温泉休闲度假区、白马井新世纪海岸度假区等项目，加快改造完善东坡书院、八一石花溶洞、鹭鸶天堂等景区景点，积极策划举办东坡文化国际论坛、文化体育赛事、农副产品交易会等活动，加快儋州旅游业的转型升级；通过举办欢乐节，提高儋州的知名度，带旺人气，活跃市场，加快易鸿房地产二期等项目建设，推动旅游房地产业的发展。要加快商贸物流网络建设，积极推动西部商贸物流规划，调整商贸网点布局，策划建设西部商贸物流中心，建设木材、建材、橡胶、蔗糖、农资、日用品等一批专业市场和批发市场，建设小商品、特色小吃、海鲜、咖啡等规模经营"一条街"；着力推进仓储物流、金融保险、信息咨询、文化创意、影视娱乐等新兴服务业，争取设立免税商店；积极推进大勇商业文化广场二期、北部湾国际水产品交易中心、海汽商贸城建设，加快改造农贸市场，鼓励商贸龙头企业到农村建设农资、消费品连锁销售网络，开展家电下乡、农机下乡活动，对农民购买家电、农机实行补贴。要启动重点区域建设，按照海南西部中心城市的总体规划要求，启动建设儋州滨海新区，尽快策划一批旅游度假酒店、中高档居住、休闲娱乐、特色饮食、康体教育等项目，打造国际化现代滨海新城；加快那大城北新区建设，启动3000套财供人员住宅小区建设工程，积极完善6.6平方公里区域的基础设施配套建设，推进商住、酒店、购物、饮食、文化、娱乐、教育、医疗等项目建设，使重点区域成为新的经济增长点。新农村建设进一步加快，建成"通畅"道路232公里，完成渠道续建配套和节水改造105.5公里，除险加固病险水库10座，治理水土流失4.5平方公里，建成防洪堤2.5公里，整治东坡洋农田1.6万亩，打抗旱机井22眼，实施农村饮水安全项目25个、惠及3.6万人，改厕3000户，建成文明生态村85个，新增户用沼气池1950个，新增农民专业合作社104个，转移农村劳动力1.4万人。

第四节 乡镇规划

儋州作为海南西部中心城市，必须统筹城乡规划，扎实推进城市建设，不断完善城市功能和农村发展条件，切实把儋州打造成为独具魅力的"绿城"、"水城"、"文化之城"。

一　加快推进规划编制，统筹城乡协调发展

根据《儋州市城市总体规划》，进一步细化"四大旅游房地产区块"控制性详细规划，完成旅游、交通、商业网点等专项规划，扎实推进乡村发展规划的制定，形成以城带乡、特色鲜明的空间发展格局。

二　健全乡镇管理机制，提升乡镇管理水平

以创建国家园林城市为契机，建立健全城市管理机制，开展城乡环境综合整治活动，大力整治"城中村"，下大力气治理和拆除违章建筑，重点整治"脏乱差"，严厉打击非法营运等行为。启动创建那大、白马井、木棠等6个文明生态镇；坚持建设与管理并重，提高乡镇政府所在地镇管理水平。

三　扎实推进新农村建设，优化农村发展环境

按照"生产发展、生活宽裕、乡风文明、村容整洁、管理民主"的要求，推进新农村建设。全面完成行政村"通畅"工程建设，2008年底建成89个文明生态村，促进白马井水厂投入使用，推进以中和、光村、雅星3个中心水厂为重点的农村饮水安全项目建设；2008年底完成北部地区和退场队村庄9.5万人改水。力争新建大中型沼气池9座、小型沼气池50座、户用沼气池3000个，完成改厕7000户。按照"三集中"的要求，推进峨蔓笔架、木棠兰训等7个村委会整村推进扶贫开发。加强少数民族地区、革命老区、边远地区等基础设施建设。加强沿海地区公共卫生体系建设，改善农村卫生环境。

四　新农村经济建设规划

牢固树立农村农业基础地位的思想，切实解决农业增效、农民增收问题，大力发展社会主义新农村。加快推进项目建设，启动西部农产品加工储藏集散、现代农业、畜牧养殖与肉联加工基地建设。截至2008年底规划建设白马井万亩甘蔗、王五万亩冬瓜基地，积极推进那大和东成等地的万亩花卉苗木基地、千亩兰花示范基地建设；加快推进罗牛山10万头种猪场、温氏6万头猪苗供应基地、温氏2000万只肉鸡和50万头肉猪加工厂、兰洋万头猪场、光村和王五各1000亩连片罗非鱼示范基地、北门洋万亩对虾养殖产业化示范基地、木棠贝类养殖场等项目建设；支持渔民建造60艘大渔船，鼓励渔民闯深海；大力发展农产品专业村，按照标准化、基地化、规模化、信息化的要

求，大力推进"一乡一品"、"一村一业"和"新网工程"建设，培育200个左右冬季瓜菜、热作水果、甘蔗、花卉、畜产品、水产品生产专业村；在扶持原有龙头企业和农民专业合作社的基础上，引进10个左右农产品加工运销龙头企业，培育50个左右水果、畜牧、花卉等农民专业合作社，形成"公司＋合作社＋农户"开发模式，推动农业向产业化方向发展。完善农业科技110联合体建设，力争海南西部农业服务中心建成使用。推进农业基础设施建设，切实做好天角潭水库及灌区前期工作，抓好松林岭、天角潭节水型灌区规划建设，完成黎屋、红岭等4宗小一型水库除险加固，完善西干、西华支渠等总长18.4公里渠道的防渗硬化与节水改造，规划建成10宗小型农田水利专项工程，整治光村洋农田2万亩，打抗旱机井250眼；重点推进白马井中心渔港规划建设，积极配合洋浦完成航道疏浚工程。

健全生态保护长效机制，编制和实施生态示范市建设规划，尽快完成饮用水源地和保护区水源规划，明确重点保护区域，切实保护松涛水库、南茶水库等重点水源地和其他保护区水源。

五 新农村教育发展规划

进一步加大教育投入，逐步改善农村办学条件和教师住房条件。2008年加快改造D级危房，新建、改建、扩建新州中学、南丰中心学校等28所中小学校教学楼和学生宿舍，完善"希望小学"建设，鼓励和支持社会办学，缓解大班额问题。提高"两免一补"补助标准，完善义务教育经费保障机制，扩大城乡学生受益面，确保全市适龄儿童都能按时上学，适龄少年毛入学率达到99%以上。加大教育布局调整，进一步整合优化教育资源。全面推进义务教育阶段规范化学校创建工作，改革教育管理体制，将部分学校下放给镇管理。加强教师队伍建设和提高教育教学质量。

六 新农村医疗卫生发展规划

加强镇卫生院建设，改善医务人员的工作和生活环境。改革现行农村医疗卫生人事管理制度，加强人才培训和人才引进，充实基层卫生院专业技术队伍。2008年完善1个社区卫生服务中心和8个社区卫生服务站建设，提高社区卫生服务能力。新（改）建一批村卫生室，实现村村都有卫生员。做好霍乱、登革热等传染病的防控工作。加强妇幼保健工作。继续推进新型农村合作医疗和城镇居民基本医疗保险工作。规范医疗机构药品采购和收费行为，着力解决"看病贵"问题。加强中医院建设，扩建市福利优抚医院，提高

"困难、特殊、优抚"三个弱势群体的医疗保障水平。加强计生工作，完成落实长效避孕措施7000例，当年结扎及时率68%，加强孕情管理，落实计划外怀孕补救措施，严厉打击"两非"行为，有效治理出生人口性别比偏高问题，稳定低生育水平，力争计生工作进入三类市县先进行列。

七　城乡文化建设规划

大力弘扬先进文化，用社会主义核心价值观和荣辱观教育引导城乡居民，着力提高广大群众的思想道德水平和文明素质。抓好文化发展规划，建立稳定的文化投入保障机制，大力推进文化惠民工程，2008年完成7个镇宣传文化站、15个宣传文化室、39个农家书屋建设，建成全国文化信息资源共享工程儋州支中心、广播电视发射塔，推进西部文化公园、会展中心等项目建设。积极开展东坡文化和调声山歌等民俗文化活动，丰富城乡居民的文化生活。扶持兴办地方特色文艺团体，支持现实题材文艺作品创作，引导镇村开展健康向上的地方文艺活动，不断培育壮大文化产业。深化文化体制改革，增强文化馆、图书馆、今日儋州报社等文化事业单位的发展能力。抓好全国第三次文物普查工作。加大中和历史名镇开发保护力度。完成东坡书院、儋州故城保护规划编制、东坡书院安防工程和千年古盐田国保单位申报等工作。

八　城乡社会就业发展规划

2008年，新增就业岗位4000个，开发公益性岗位200个，实现再就业850人。实施积极的就业政策，加大职业技能培训力度，开展下岗失业人员小额担保贷款，扩大贷款范围，提高贷款额度，以创业促就业，确保"零就业"家庭、失地农民家庭和贫困户至少有一名适龄劳动力就业。以实施"阳光工程"为重点，继续加强农村劳动力转移就业培训，落实开发商安排本地农民就业的相关约定，力争转移农村劳动力1.5万人。

九　城乡社会保障规划

完善城乡最低生活保障、社会养老保险、医疗保障等社会保障体系，完善灾害救助、流浪乞讨人员救助、城乡大病救助、五保供养等社会救助体系，建立健全教育、住房、就业、法律等社会救助体系，2008年扩大城乡低保1万人左右，建设市福利中心、流浪未成年人救助中心，建设1个社区服务中心及那大4个社区服务站，建设新州、海头、东成3家敬老院，完善市特殊学校服务设施。完善农村（社区）"两委"干部绩效补助机制，积极解决在职农村（社区）"两委"干部养老保险问题，引导和鼓励农民参加养老保险。进一步健全失地农民社会保障机制，切实做好被征地农民的社会保险工作。加大退场队农民、水库移民生活保障工作力度。落实好优抚政策。促进残疾人事业发展。积极做好农垦各项社会保险移交地方管理的配套服务工作。

十　保障性住房建设规划

积极推进廉租房和经济适用房建设，逐步解决困难群众和中低收入群体的住房困难问题。2008年新建廉租房500套、经济适用房720套，改造民房150户、侨房200户、民政对象危房200户，抓好150户农村地震安居示范工程建设。

第九章 儋州城镇建设

儋州城镇建设历史悠久。由于时代不同，城乡房屋格局也有所不同，直至20世纪70年代，民房多为砖木瓦结构。80年代开始，城镇多为混凝土结构，二层以上楼房较多。然而在农村，仍为砖木瓦结构。尽管如此，城乡民居条件大为改变，人均住房面积不断增加，多数人家都住得宽敞。据统计：2007年建房总面积29.7万平方米。尤其是县城（那大镇）新城区和白马井、木棠开发区正在加快建设步伐，发展势头很好。

第一节 城镇基础设施和环境建设

一 城市道路基础设施建设

2008年，完成30条路面硬化工程，总长17150米，总硬化面积为104300平方米。水泥混凝土维修及改造路面694平方米，沥青铺设维修坑洼路面4425平方米，维修塌陷人行道路面112平方米。新建兰洋北路、万福西路、伏波东路、国盛路接东坡路段，并整治市内排水设施，维修排水管沟和排水井，补偿雨污水井盖。配合城投公司建设改造建设路、万福东路、东风路等道路，沥青铺设维修坑洼路面，对桥梁进行定期检测，增设限高限载标识及桥牌名。完成市区内桥梁桥台修补及桥栏杆加长修复工作。维修、清理疏通排水管沟2159米，检查井18座；更换雨污水井盖305块，改建道路市政排水管沟152米。拆除违章建筑259间（面积2万多平方米）。过街管线一律采用顶管施工方式，有力遏制乱挖路面现象，提升城市形象。做好防空袭预案的制订和修订以及人防专业队伍建设和重点目标防护工作，加强人防通信警报、人防工程建设，提高人防警报覆盖率。

二 重点区域建设

按照海南西部中心城市的总体规划要求，启动建设儋州滨海新区，尽快策划一批旅游度假酒店、中高档居住、休闲娱乐、特色饮食、康体教育等项目，打造国际化现代滨海新城；加快那大城北新区建设，2008年启动3000套财供人员住宅小区建设工程，积极完善6.6平方公里区域的基础设施配套建设，推进商住、酒店、购物、饮食、文化、娱乐、教育、医疗等项目建设，使重点区域成为新的经济增长点。

按四星级标准装修的豪威麒麟大酒店和五星级标准建设的新天地花园酒店建成营业，蓝洋观音洞景区加快开发，2007年全市接待游客44万人次，旅游收入2.7亿元，分别增长5.4%和10.7%。易鸿房地产一期和巴洛克商城已竣工销售，万豪欧尚广场和阳光棕榈小区加快建设，大勇商业文化广场一期建成营业。全市客运量1800多万人次，货运量1700多万吨，分别同比增长4%和5%。金融、保险、邮电、通信等发展势头良好。

三 重点项目建设

（一）体育中心

2002年7月2日开工建设，投资额1559.66万元，已使用的用地面积250亩（16.67公顷），规划用地面积400亩（26.67公顷）。现有的基础设施有：标准体育场1个，篮球场1个，体育馆1个，1个游泳馆在建。体育中心目前建设主要以园林绿化环境建设为主，绿化面积12.6万平方米。

（二）大戏院

1995年4月13日开工建设，2005年2月3日竣工。面积3995平方米，座位652个，投入资金2151.73万元。

（三）图书馆

用地面积42.8亩（2.853公顷），建筑面积6000平方米，框架四层，造价497.59万元。

（四）海南中学东坡学校

海南中学在琼西地区的分校，占地面积260亩，建筑面积12.36万平方米，该项目于2004年11月开工，2006年启用。

（五）泰安苑、万豪欧尚广场等房地产项目

截至目前，泰安苑建筑面积73998.73平方米，二期项目建设正在实施。万豪欧尚广场建筑面积54875.6平方米。这两宗项目是儋州市最早按房地产规范模式引进开发的房地产项目，项目建筑风格独特，万豪欧尚广场以欧式建筑风格为主，已成为儋州市城市建筑亮点，继此之后的峰华城市明珠（建筑面积59150平方米）、阳光棕榈（建筑面积54800平方米）、阳光巴洛克

（建筑面积25458平方米）等房地产项目不断建设，建筑亮点不断增加，城市品位不断提升。此外，豪威麒麟大酒店（建筑面积5116.5平方米）、新天地五星级酒店（建筑面积22664平方米）等酒店项目及市政府西湖广场（占地面积23000平方米）、大勇商业文化广场（建筑面积40000平方米）的建设，为儋州增加了更多的城市配套设施，为市民提供了更多的休闲娱乐场所。

四　城市绿化建设

（一）园林绿化

①加大对《海南省城镇园林绿化条例》的宣传，以《条例》为契机，进一步完善园林绿化工作。完成2009年园林绿化项目建设工作，塑造城市特色标志性景观。

②2008年，完成西湖公园建设的第一、第二期基础设施和绿化建设，面积2.33公顷，总投入92万元。对三都镇入口绿化、木棠工业园和木棠镇入口绿化工程实施了规划设计等指导性工作，督促施工单位进行土建、绿化工程施工，总面积为1.7万平方米。支持兰洋镇4个文明生态村的绿化建设工作，投入16万元，共种植各类乔、灌木8000株，铺植草坪2万平方米。

③切实加强花木生产基地建设。2009年，苗圃新增面积20亩，投入资金35万元，共栽各类园林树木3000株，生产工程袋苗25万袋，生产盆花5万盆，开发10个品种计4.5万株。

（二）城区绿化

为保证城区绿地苗木正常生长和绿地植物的景观效果，共施肥200吨，绿化淋水7.8万吨。对城区街道的绿化树木进行定期修剪，提高绿地植物的观赏性和街道景观。2009年，完成以下六项工作。

①完成城市绿地系统防灾避险规划编制工作。

②完成城区几个主要大型公园绿地的绿线控制。

③完成银河带状公园（东干桥至水务局段）的绿地建设，面积约24公顷；完成南茶公园的绿地建设，面积35.3公顷。

④在新城区（公务员住宅小区）建设一个面积为6.5公顷的大型休闲防灾避险公园绿地。在老城区扩建2处休闲防灾避险公园绿地，面积2公顷。改建4处街边绿地，面积1公顷。

⑤完成新建或改建城区道路的绿化建设，约12条，面积3.4公顷。加大发展花木生产基地建设，减轻政府对园林绿化建设的负担。

⑥建成区新增绿化覆盖率0.88%，新增绿地率0.88%。新增绿地22公

顷，改造绿化面积 6 万平方米。建成区绿化面积共 1084 公顷，绿化覆盖率达 43%，绿地面积共 951 公顷，绿地率达 38%，人均拥有公共绿地面积 10.4 平方米。

第二节　市域基本建设

一　港口建设

儋州市北临北部湾，东至海口市 139 公里，西至东方市 132 公里。海上 500 公里范围内有钦州、北海、湛江、广州、香港，2000 公里范围内有上海、厦门、汕头、高雄、曼谷、马尼拉等城市。境内沿海从光村的东场、泊潮至海头，海岸线全长 225 公里，有 25 处海湾可建港口，其中既大又深的海湾是洋浦、白马井、新英、龙门、海头，根据《海南省国土综合规划》要求，儋州是全省发展港口的重点地区之一。

现有洋浦及白马井两个成规模的港口。洋浦港位于洋浦开发区内（属洋浦管理局），水路至海口 87 海里，到八所 54 海里，至湛江港 173 海里，至广州 450 海里。是海南最大的天然深水避风港，天然水深 9~24 米，拥有可建 10 万吨级泊位的峨蔓油轮港口和 20 万吨级泊位的洋浦港口。洋浦港已有 2 万吨级泊位两个，3000 吨级泊位一个，货物吞吐量 100 万吨/年。白马井港历史悠久，远在东汉时期，已经是一个规模不小的渔港，现有 2000 吨级泊位两个，货物吞吐能力为 10 万吨/年，占全市年货运量的 88.26%（不含洋浦，1996）。现有仓库 1681 平方米，堆场 17340 平方米；装卸设备：吊机 8 吨两台、吊机 3 吨两台、装载车 1 台、方向式拖拉机 10 部。现有 80~1000 吨船舶 11 艘。白马井港是海南主要的对越边贸基地；负担糖产品、煤、金属矿石、肥料等货物的运输。存在的问题主要是没有上规模的资金投入，港口建设速度较慢，几年来货物年吞吐能力一直停留在 10 万吨/年的水平。

已建成使用的港口、码头还有新英、海头、干冲、鱼骨、南滩、龙门、顿机、盐丁、咸塘等 9 个。

已建成使用的内河渡口有黄木江口、新州江口、松涛水库南丰渡口、那历渡口、南港渡口、红坎渡口、港口渡口、泊潮渡口等 8 个。

已开通的货运航线有广东、广西、福建等沿海主要港口。已开通的客运航线有白马井至北海客货滚装船航线。全市有机动船 52 艘，总吨 2970 吨位，其中货船 31 艘，总吨 2312 吨位；客船 21 艘，总吨 658 吨位。2000 年港口货运量44万吨（不含洋浦），比往年略有下降，货物周转量213万公里；客运量19万人，旅客周转量46万人公里。

儋州市海洋运输历史悠久，发展前景广阔，但发展缓慢，港口设施水平低，远不能满足经济发展需要。

二　公路建设

儋州市现有大小公路235条，总长1822.79公里。其中国道1条，61公里；省道4条，161.95公里；县道12条，254.99公里；乡镇公路65条，1357公里；高速公路1条，65.7公里。路网密度55.8公里/百平方公里，每万人拥有公路21.96公里。

经过多年建设，目前公路干线已形成"两横两纵"网络。即海榆西线公路、高速公路从境内横穿而过，成为儋州市东西方向的交通干线；兰洋—洋浦公路和白沙县（吴朗）—新英公路，分别成为南北方向的交通干线。西环高速公路和洋浦至东城公路建成通车后，大大提高了儋州市的对外交通能力。除公路干线外，境内还有数以百计的支线与公路干线连接，直通各乡镇和村庄。目前25个乡镇基本做到村村通汽车，初步形成各种等级配套的公路网络。

至2000年，全市拥有各种机动车40173辆，其中载货汽车2075辆，载客汽车748辆，轮胎拖拉机3850辆，其他机动车33500辆。在车辆结构和经营结构中，大吨位和耗油量低的重型货车逐年增多，集装箱、零担、冷藏、大件散装货物的运输得到较快发展。客运方面，近年来投入了高档车辆跑长途线路，开发农村客运等。目前全年基本形成高、中、低各档次齐全，大、中、小车型配套的客运格局，运输半径由原来的200公里提高到2000公里。2000年货运量达到1240万吨，比上年增长15.8%；客运量1363万人，比上年增长22%。

公路运输在儋州市占有重要的位置，公路货运量占全市总货运量的96.6%，客运量占98.6%。目前公路网络虽已形成，但公路线形差、路基窄、坡度大、技术等级偏低，抗灾能力弱。随着经济发展，尤其生态农业和乡镇企业的兴起，机动车辆和运输量不断增加，现有公路的技术改造，必将提到相当重要的位置。

三　铁路建设

已经建成通车的粤海铁路由三部分组成，即海南西环铁路、琼州海峡火车轮渡、海安至湛江铁路。海南西环铁路途经海口、澄迈、临高、儋州、白沙、昌江、东方、三亚等八个市县，全长（182.5+214）396.5公里，为国家二级干线。西环铁路自东往西路经本市的和庆、那大、大成、雅星四个城镇，境内线路约60公里。儋州市境内设那大站、八一站两个火车站（中间站）。

铁路运输具有运量大、费用低的特点，充分利用铁路运输势在必行。现在粤海铁路与大陆铁路干网连成一片，那大成为海南西部铁路与公路的交通枢纽，交通运输业将得到快速发展。

四　市域道路骨架

经过建省20年来的新建与改造，已基本形成纵横相交的方格网系统。东西方向的干道有园地路、人民路和中兴大街，南北方向的干道有文化路、解放路、工业大道等。除中兴大街断面为四块板外，文化路断面为三块板，其他道路断面均为一块板。市区现有道路总长度118.3公里，道路网密度10.85公里/平方公里。道路总面积13.7平方公里，人均占有道路面积14.2平方米。

那大机动车辆增长较快，目前机动车辆已达40173辆，其中货车2075辆，客车748辆，其他车辆33500辆，轮胎式拖拉机3850辆。

目前道路建设存在不少问题，有待进一步改进。一是道路系统不完善，分布不均，断头路多，连贯性不够。这些情况在新区表现更为突出。二是道路功能不明确，客货混行、机非混行、人车混行等现象较为普遍，混合交通干扰大。三是有的道路过于平直，路幅过宽，道路利用率不高；有的路段过窄，行车速度和安全受到影响；有的道路交叉口设计不合理，不利于交通组织。四是过境交通穿越市区，增加交通压力。从长远看，对城市干扰较大。从现状来看，老城区由于道路交叉口存在很多弊端，如五路相交、缺少交通管制，使市内交通不够顺畅，甚至有时发生交通堵塞。

五　市政供水状况

（一）水源状况

1. 河流

儋州市大小河流36条，流域面积在100平方公里以上的大河流有8条，其中南渡江、文澜河、珠碧江为过境河流，北门江、春江杨、桥江山、鸡江为发源在本市境内独流入海的较大河流，集雨面积1830平方公里。

春江除监测项目溶解氧、高锰酸钾指数、氨氮、挥发酚指标仅符合Ⅲ类水质标准外，化学耗氧量COD（锰法）和细菌总数超过国家《地面水环境质量标准》（GB3838-88）Ⅲ类水质标准，水源污染来源主要是春江水库上游的八一糖厂、矿厂、农业尾水中的化肥、农药、沿岸人畜污水及腐殖质。

北门江（含天角潭）水质受上游工厂排污的影响，遭到了比较严重的有机污染，超过Ⅲ类水质标准的项目有 pH 值、化学耗氧量、氨氮等，其中化学耗氧量（重铬酸盐法）污染十分严重，儋州市区附近河段的氨氮仅符合Ⅳ类水域标准，高锰酸钾指数、挥发酚符合Ⅲ类水质标准，中游河段（长坡桥）符合Ⅲ类水质标准。1989～1991年监测资料表明，超过Ⅳ类水质标准的测次占70%，超过Ⅴ类水质标准的测次占60%。此外北门江枯水期感官指标，如色、嗅也比较差，并且存在一定的油污染和悬浮物污染。河流的污染来源那大镇东南部生活水及那大糖厂、造纸厂、纸箱厂等工业污水，沿岸农业尾水、人畜污水、腐殖质等。由此可见该水源是不能作为生活饮用水水源的。从现状看Ⅳ类水质可作为工业用水水源，从长远看若不治理污水，任其发展，待污染加重后就不能作为工业用水水源。

珠碧江水质良好，达到Ⅱ类水质标准。

2. 水库

北门江流域内已建有天角潭引水坝、沙河水库和那旦、角要二宗小型水库及小型以下水库工程60余宗，水资源开发利用率为11.7%，流域内建有9级水电站，总装机容量6260千瓦，年发电量3426万千瓦时，沙河水库与天角潭引水坝联合运行，灌溉天角潭灌区农田79699亩，二宗小型水库灌溉农田1580亩，小型以下工程灌溉农田1240亩。

光村水上游支流已建有兰马水库，下游支流新龙建有黑墩沟水库，干流中游建有杨桥江引水坝，水资源开发利用率约9.94%。黑墩沟水库现灌溉农田1650亩，杨桥江引水坝灌溉农田4699.5亩。

排浦水上游已建有小江、山鸡江两座小型水库及小型水库6宗，水资源开发利用率仅为5.7%。两座小型水库设计灌溉农田2250亩，6宗小型水库灌溉农田540亩。

山鸡水系建有中型水库（红洋水库）一宗，小型水库（红岭水库）一宗及小型水库8宗，总的设计灌溉面积16410亩，现灌溉面积7290亩。

文澜河系在儋州境内建有小型水库（美万水库）一宗，小型水库13宗，总的设计灌溉面积10515亩，现灌溉面积为2515亩。

南渡江水系在儋州境内建有小型水库（大五岭水库）一宗，小型水库25宗，总的设计灌溉面积6902亩，现灌溉面积3330亩。

珠碧江水系在儋州境内建有小型以下水库15宗，灌溉面积为1050亩。儋州市域内水库有关数据见表9-1、表9-2。

表9-1 儋州市境内水库有关数据

水库名称	汇水面积（平方公里）	最大库容（万立方米）	有效库容（万立方米）	最高水位（米）	最低水位（米）	灌溉面积（亩）
松涛水库	1440	334500	263300	194.0	165.0	2050000
沙河水库	83.7	6360	3569.3	141.240	122.88	29750
那旦水库	3.2	125	81.5	202.896	191.00	1380
角要水库	3.9	133	83	159.150	150.75	1500
火烧坡水库	2.02	199.52	120.6	35.530	29.98	300
黎屋水库	1.5	208	208.05	—	—	—
黑墩沟水库	22	227	117	25.880	18.10	1700
春江水库	304.4	5500	2620	31.160	18.58	26600
石马岭水库	21	469.4	383	31.390	18.93	3400
田屋水库	11.4	430	222	117.056	108.23	800
小江水库	13.1	178	98.3	22.720	13.23	900
山鸡江水库	8	268	166.1	49.640	38.23	400
红洋水库	78.6	2530	2240	32.990	24.53	8900
红岭水库	5	123	70.3	89.260	78.66	220
美万水库	12.38	940	618.8	169.200	158.93	8000
大五岭水库	2.8	374	307.1	206.916	197.50	1600

表9-2 儋州市境内水库有关数据

序号	水库名称	水库分布	坝体结构	兴建年代	所属水系	使用与维修情况
01	松涛水库	—				
02	沙河水库	那大	均质土坝	1958年	北六江	1997年溢洪道加固
03	春江水库	王五	浆砌重力坝	1958年	春江	2000~2001年除险加固
04	红洋水库	海头	均质土坝	1970年	山鸡江	1997年溢洪道加固
05	那旦水库	南丰	均质土坝	1964年	北六江	1998年溢洪道护坡加固
06	角要水库	南丰	均质土坝	1959年	北六江	2001年溢洪道加固
07	火烧坡水库	木棠	均质土坝	1958年	北六江	
08	黎屋水库	三都	均质土坝	1976年	北六江	
09	黑墩沟水库	光村	均质土坝	1960年	光村水	1986年土坝溢洪道加固
10	石马岭水库	王五	均质土坝	1958年	春江	1998年溢洪道加固
11	田屋水库	雅星	均质土坝	1969年	春江	1998年坝体溢洪道加固
12	小江水库	排浦	均质土坝	1968年	排浦水	1998年溢洪道加固
13	山鸡江水库	排浦	均质土坝	1979年	排浦水	1996年溢洪道加固，1997年修复水涵
14	红岭水库	富克	均质土坝	1970年	山鸡江	1998年溢洪道加固、土坝灌浆
15	美万水库	和庆	均质土坝	1959年	文澜河	1990年主副坝护坡加固
16	大五岭水库	兰洋	均质土坝	1970年	文澜河	1998年溢洪道加固反滤体放水涵

3. 地下水

儋州全区域地下水储存量48.44亿立方米，其中潜水7.84亿立方米，海口给（N22）承压水17.21亿立方米，长流组（N21）承压水23.39亿立方米，全区地下水天然资源974985立方米/日，其中潜水769046立方米/日，承压水205939立方米/日。全区地下水开采资源为287167立方米/日，占全区天然资源29.5%；全区火山石裂隙孔洞水开采资源为115860立方米/日，占全区火山石天然资源88.8%；承压水开采资源为171427立方米/日，占全区承压水天然资源83.3%。

浅层地下水含水层薄，出水量少，水质较差，开采价值不大。深层地下水埋深在150~250米范围内，水质基本符合生活饮用水标准，埋深在250米下的水，含铁量高，不符合供水水质要求。

(二) 城镇供水

1. 市域供水

全市大部分乡镇、农场、院校都有自来水厂，总供水能力约3.5万立方米/日。供水能力超过1000立方米/日的有白马井、新州、新英、海头、两院及农场场部所在地。其中，两院水厂规模最大，设计供水能力为8000立方米/日，以地面水为水源，采取常规水处理工艺，经过2000年改造后，处理设施已基本完善，并增建了水质化验室。其余乡镇、农历水厂多为地下水深井水或潜水，设施都比较简单，新州、新英水厂的深井水含铁锰超标，采取了除铁、除锰处理，水质达到生产饮用水要求。白马井水厂取用的深井水因暂时硬度相对较高（但未超标），煮沸后有白色沉淀并水面漂有一层薄的粉末，居民不愿饮用，宁肯花钱到郊区购买潜井水，接在家里的自来水只作洗涤水用，故街上出现郊区农民推车卖水的现象。

2. 那大供水

(1) 那大水厂。那大水厂系那大办事处管辖的一家集体企业，1965年由广东省建筑设计院设计，设计生产能力为0.3万吨/日，1966年开始集资筹建。当时正逢"十年动乱"，资金紧缺，共投入17.2万元，于1968年12月竣工开始向那大市民供水。由于城市发展，人口增加，供求矛盾突出，1979年底，水厂自筹资金75万元（其中银行贷款15万元）开始水厂第一次扩建，扩大供水能力0.5万吨/日。为进一步扩大供水能力和完美供水设施，1989年又筹资金210万元（其中省财政拨款40万元）使水厂生产能力达到1.5万吨/日。随着海南开发建设热潮的到来，那大城区生产、生活用水急剧增加，水厂在市政府和处党委的全力支持下，再次筹集资金240万元，进行挖潜改造，将供水能力提高到3.5万吨/日。1999年，完善一座3500立方米的清水池，并对取水、供水机组进行科学配置，目前，水厂共有职工80人，供水能力已达5.0万立方米/日。

那大市区供水管网总长度57.2公里（DN100毫米以上），树枝网，最大管径DN500毫米，覆盖面积20平方公里，用水人口10.1万。

那大水厂各项制度健全，管理严格，历年多次被省市有关部门评为先进单位。

（2）那大新水厂。1993年4月开工新建的水厂征地260.32亩，距市区中心约1.5公里，设计规模20万吨/日，近期10万吨/日，取水于南茶水库，取水泵房距水厂3.5公里，其供水规模近期10万立方米/日，远期20万立方米/日，水厂的工艺流程如下：

取水泵房——管道混合器——栅条絮凝平流沉淀池——双阀滤池——清水池——送水泵房——管网——用户。

由于经济调整，资金短缺，曾一度停建，1999年又恢复建设，该水厂建成后与那大镇自来水厂并网，统一向那大市区及外围乡镇、农场工矿企业供水。

六 排水设施

（一）排水现状

目前，儋州市内排水为雨污合流制，管路系统很紊乱，解放路、东风路等老城区仍是以前的阴沟排水，在市近郊区则采用路边明沟雨、污水顺沟排入自然水体，部分则采用了砼下水道或暗涵，主街区的中兴大街、东坡路等几条主干道排水系统已建成，但大部分地段依然靠路边明沟以及地面径流将雨、污水排入南茶河松涛干渠等天然水体，不仅污染水体，特别是污染了松涛干渠，也影响了市容环境。新旧街道都未形成完整排水系统，也无实测的排水系统现状图，1995年作市政设施普查时，对大部分街道的下水道断面和长度进行过测量，但未绘制成系统总平面图，本次资料收集所示的排水现状图，系根据市政管理处的工作人员的印象绘制的，很难保证其准确性。

目前城市污水量约4万立方米/日，其中绝大部分是生活污水，由于这些污水仅经过化粪池处理，其中BOD5、SS等指标较高，经推算污染质量化指标为：

$$BOD5 = 117mg/l$$
$$SS = 133g/l$$

这些污染物对儋州市近郊受纳水体将造成极大的危害。

（二）管理部门

儋州市区内的排水系统由儋州市市政管理处负责维护管理，市政管理处于1995年经市编委批准成立，隶属于市建设局，为自收自支的事业单位。管理处现有职工44人，有1名会计师和3名助理工程师。管理处除负责排水设施维修管理外，还负责全市道路和路灯的维修管理。目前，管理处有高空作业车2辆，邵陵牌农用车1辆，沥青再生机1台，电工维修人员20人，排水设施维修人员5人。

七　电力建设

（一）电网概况

儋州境内电力资源十分丰富，现有装机容量325.5兆瓦的洋浦电厂，以双回路220千伏线路在洛基变电站上网；南丰电站及其跌水电站装机容量合计40.5兆瓦，以100千伏线路分别接入那大变电站和打安变电站；另外单机容量500千瓦以上的小水电站合计8.6兆瓦，大部分以35千伏电压等级送入电网，此外，有松涛水库局域网向库区周边地区供电。

儋州电网的基本构架已经初步形成。洛基扩建100千伏部分配电装置投产后，形成以洛基220千伏变电站为核心，以那大变、木棠变、马井变、八一变等4个110千伏变电站为中心的电源网架，通过覆盖全市广大农村地区的35千伏变电站，以10千伏配电线路向全市各厂矿、乡镇供电的基本格局。网络结构渐趋合理，供电能力与可靠性逐步提高。

（二）供用电情况

截至1999年底，全市乡镇通电率100%，村（居）委会通电率92.8%，自然村通电率89.9%，尚有21个村委会，417个自然村未通电，无电农户约1.6万户。

随着"两改一同价"工作的深入开展，依法划分供电营业区域，理顺电力管理体制，基本满足全市社会经济发展对电力的需求。2000年全市范围的供电量为1.89亿千瓦时，比上年减少2.69%。最高供电负荷5.54万千瓦，比上年增加1.65%。

总体来说，儋州现有电源丰富，但由于输配电线路的建设还不十分健全，还有许多乡村没有通电，使大量农村居民无法用电；另外电力管理体制还没有理顺，多头供电，电价混杂时有发生。今后拟加强"两改一同价"的改革力度，完善电网建设，充分利用丰富的电力资源，增加农村用电，拉动农村经济发展，形成供电和用电的良性循环。

八　电信建设

（一）有线电话网概况

儋州市现有两个电信局所，即人民路局和中兴路局。人民路局现设置一个交换系统，交换机型为5ESS，容量为1.8万线，实装15081线。人民路局的5ESS交换机还承担着儋州本地网内其他几个市（县）各端局间话务汇接。中兴路局设置3个交换系统，一个为5000路端的C3长途局，负责儋州本地网到另两个本地网的省内长途业务，交换机为S-1240。第二个为市话端局，交换机型为5ESS，容量为0.5万线。还有一个交换系统为JSN零母局，全部用于带农话模块局。儋州市农话局现有1个JSN母局（设置在新州局），8个农话端局，17个农话模块局，分布在各乡镇和国有农场机关所在地，交换机型为5ESS和JSN。

截至1999年9月，儋州市电话网计线容量为42536线，主线普及率为3.29线/百人，其中市话主线容量为246960线，实占16345线，主线普及率15.70线/百人，农话主线容量为17840线，实占9457线，主线普及率1.39线/百人。全市共有219个行政村，已通有线电话的有5个，比例为2.28%；市内国有农场58个，已通有线电话的有9个，比例为15.52%。

（二）移动通信建设

中国电信、联通、国信移动电话信号已覆盖全市大部分地区，全市GSM基站已有18个，全省联网和全国联网的无线寻呼网已覆盖全市。

九　消防和防灾建设

（一）概况

儋州自1993年撤县设市以来，城市各项建设飞速发展，国内外投资者逐年增加，人口密度和城市建设规模不断扩大，多、高层建筑、地下工程、公共场所和易燃易爆设施不断增多，消防工作的任务及难度逐年增加。

高层建筑：据统计儋州市内现有高层建筑20栋，具体名称及位置见表9-3，其中最高最大的建筑是市委大楼，高63米，地上18层，地下2层，总建筑面积25139平方米。

易燃易爆单位：主要有液化石油气站、汽车加油站，涉及种类有汽油、柴油、石油液化气。另外，其生产原料或产品属易燃物质的尚有市造纸厂、那大糖厂、市粮油加工厂等。

城市供气：儋州市目前民用燃气为瓶装液化气，市内有四家供气站，基本情况见表9-4。

表9-3 儋州市高层建筑一览

序号	建筑名称	所在位置	层数	序号	建筑名称	所在位置	层数
01	市委大楼	中心大道	18	11	水电培训中心	中心大道	9
02	泰山大厦	农垦北路	18	12	国税培训中心	中心大厦	12
03	万胜物业大厦	美扶开发区	15	13	凯立大酒店	解放北路	8
04	国土大厦	文化路	13	14	金龙宾馆	人民西路	8
05	农行大厦	军屯	12	15	健成商厦	解放北	8
06	电力调度大楼	人民西路	12	16	新华书店	文化路	8
07	电信大楼	中心大道	12	17	卫校教学大楼	人民中路	8
08	南海大厦	人民西路	11	18	丰福宾馆	中心大道	8
09	明珠宾馆	人民西路	19	19	龙泉花园宾馆	中心大道	8
10	邮电宾馆	中心大道	10	20		文明路	

表9-4 儋州市燃气供应站基本情况

企业名称	建立时间	储气罐数（个）	储气能力（吨）	瓶装气量（公斤）	每瓶售价（元/瓶）	年供气量（吨/年）	燃气来源
中石化气站	1994年8月	4	200	15	65	3000	海南石化油气
海迅气站	1997年12月	2	76	15	65	2800	东方海燕
中和气站	1999年1月	2	50	15	65	800	海燕、中石化
南华气站	2000年10月	2	50	15	65	1500	海燕、中石化

（二）消防设施现状及存在问题

1. 消防站

儋州市消防大队是在原儋县公安局消防股的基础上，于1993年组建的，又称儋州市公安消防大队。现有干部12名，士官9名，战士24名；隶属地消防大队的消防中队现有消防车辆两部，其中一部因超期服役老化曾向政府报停，但仍作为辅助救火力量而使用。现市区建成面积已达12平方公里，远远超过一座消防站责任区范围4~7平方公里的规定，不能有效地保障消防安全。

2. 消防给水

那大市供水主干管未形成环网，以致供水可靠性差。市政消火栓已建52个，仅占应建250个的20.8%。旧城区街坊内部未建有消火栓或其他消防水源，一旦失火将会增加火灾扑救难度。在一些商场内也尚未建立有效的消防设施，而新建道路和给水管道上也没能同步建设市政消火栓，致使火灾隐患十分突出。另外，缺乏对自然水体的开发利用，市区尚未建有自然水体固定消防取水措施，不能有效、快捷提供消防补充水源。

3. 消防通道

作为儋州市区的消防通道，东西向有中心大道、人民路等，南北向有解放路、东坡路、文化路、工业路等。旧城中心区居民私建房屋密集、杂乱，"背靠背"的现象十分突出，且房屋进深达到10～20多米，消防间距严重不足，该问题突出的路段主要有解放南路、胜利路、东风路、人民中路部分路段及其相邻街区。个别路段如东门街、新庄街等存在占道经营和因道路较窄而行车困难等问题亦较突出，一旦发生火灾，将影响消防车通行和火灾扑救，加大消防灭火的难度，难以在最短时间内将火灾损失减少到最低程度。

4. 消防通信

儋州市消防通信通过设在中队的一部外线电话，3条"119"线路和与"110"报警台联系的热线电话接警和出警灭火。另有8台手持对讲机（大队、中队各4台）、1部基地台、1部车载台，主要用于火场调度指挥联络。儋州市消防指挥中心建设及无线通信第三级组网设置目前尚属空白，消防重点单位也未设置报警专线，消防部门与城市供水、供电急救、交通、环保等部门还未按规定设置通信专线，一旦发生特大火灾等事故时不能及时展开统一调度和配合作战。

5. 历年火灾情况（见表9-5）

表9-5 儋州市历年火灾统计

年份	火灾次数（次）	经济损失（万元）	死伤人数（人）	年份	火灾次数（次）	经济损失（万元）	死伤人数（人）
1992	5	10.268	伤5	1997	36	31.64	伤6
1993	8	814.785	伤7 死1	1998	48	52.18	伤4
1994	5	1594.04	伤1 死1	1999	54	86.20	伤9
1995	32	54.6015	伤8 死1	2000	71	34.6	伤3 死1
1996	38	87.7725	伤3 死6				

（三）防灾

1. 灾区分布及灾情简况

（1）旱灾。儋州市位于海南省西部，雨量相对较小，每年冬春季多出现旱灾，据统计，1950～1990年，春旱2～5月平均74天，夏季6～8月平均

37天，秋季9～11月49天，冬季12～来年1月54天，全年达214天，占全年的59%。旱天最多的一年是1966年，达到253天。对农业影响最大的是春旱，其次是秋旱，从1962年10月6日至1963年4月15日，曾出现192天连续干旱天气。受旱灾影响较严重的地区有海头、富克、三都、峨蔓、木棠、兰训。旱灾对甘蔗等经济作物影响较重的地区有海头、富克、雅星、排浦、松鸣、王五等。93%的年份有春旱，1962年的春旱致使近20万亩早稻失收，占全市早稻面积的64%。其次是秋旱，1959年的秋旱使32.5万亩水稻受灾，其中29.5万亩失收，占全市晚稻面积的69.8%，三都镇和木棠镇一带晚稻颗粒无收。

（2）洪灾。儋州市汛期多发生在5～10月。东南部年平均降雨量为1200毫米，西北部为300毫米，最大洪峰在8～10月。1958年9月一次台风，北门江中游天角潭水库水坝流量达到3423立方米/秒，春江水库下游200米处洪峰达到1662立方米/秒。洪灾较重的地区有海头、新英、长坡、光村和王五的徐浦坡。因台风暴雨造成洪涝灾害平均一年三次，最多一年达七次。1950～1990年发生三次较大的洪灾，其中1958年9月12日的洪水，农田受灾达10.5万亩，重灾面积达2.45万亩，冲垮小型水利工程1600宗。1996年18号强热带风暴，那大地区降雨量达524.2毫米，致使珠碧江洪水陡涨，下游长坡、中和、新州、新英、海头五个乡镇有53个村庄受淹，受灾7144户40195人，房屋倒塌664间，1.9万人被洪水围困，红洋水库以下1.2万人受洪水威胁，在抗洪救灾中动员了115艘大小船只，工农业总产值损失7135万元。

（3）风灾。主要是遭受台风袭击，据历史记载，1141～1927年儋州市曾出现八次破坏性极强的大风灾，大风所到之处，房屋倒塌，洪水泛滥，庄稼颗粒无收。1950～1990年发生两次强台风，1958年9月12日的第23号台风，风力12级，受灾农作物达10.5万亩，倒塌房屋4762间，共伤亡147人，其中死亡77人。1980年7月22～23日的第七号台风，最大风速达32米/秒，最大雨量237.9毫米，台风过程雨量330毫米，全市700多间房屋倒塌，损坏海船6艘，冲垮桥梁13座，大面积的橡胶林被毁坏，3人死亡，4人受伤，仅橡胶林一项损失就达1200万元。

（四）三防机构及其基本任务

儋州市没有防汛防风防旱指挥部，内设办公室，共有编制6人。现有无线电通信设施：下属定点电台7部，移动车辆电台4部，指挥部、办公室电台共3部，其中1部为中转台，直接接收卫星气象云图电脑设备1套，气象信息网络电脑1套。

儋州市三防指挥部的基本任务：一是认真贯彻落实防洪法，防治洪水，防御、减轻洪涝灾害，维护全市人民群众生命财产安全，保障全市工农业生产和现代化建设顺利进行；二是贯彻执行上级三防部门制定的方针、法规、政策及指令，执行市政府的有关防汛、防风、防旱工作任务和市三防指挥部制定的各项措施、决策指令，搞好防灾、抗灾及其宣传工作；三是加强值班，收集气象信息，指挥防汛、防水、抗洪、抢险救灾，并做好灾情统计上报工作，同时要抓好灾后生产自救工作。

（五）在消防和防灾建设上目前存在的问题

一是库区工程设施大部分为20世纪50～70年代所建，设施配套不完善，工程年久失修，普遍存在诸多隐患；二是河流流域水土保持受到破坏，造成沿途泥沙流失、河床淤积、洪水水位升高，导致洪水泛滥；三是通信网络设施陈旧，达不到现代化防洪通信技术要求；四是三防指挥部的技术力量配置和人才培育工作有待加强。三防缺乏专项经费，难于开展有关业务工作。

第三节　乡镇建设

一　重点乡镇建设

（一）历史悠久的那大镇

那大镇有400多年历史。明万历年间已设那大营。清雍正三年（公元1725年），那大已成为西部的交通要道，来往商贩较多。1993年，那大已有商店600余间。为琼西交通和商业中心，居民来自四面八方。1993年后，那大作为儋州市政府所在地，城市建设发生了历史性的巨大变化（详见本章第一节）。

（二）新英墟

位于儋州湾内湾之新英港沿岸，明代前，属疍家居所。今主要街道：政府街，长380米，宽12米；新街，长1046米，宽8米；北街，长830米，宽12米；小巷口街，长800米，宽4米；水产街，长500米，宽6米。以上街道均为水泥硬化路面。主要建筑有：镇府大楼、中小学教学楼以及财政税务所、农业银行支行、医院、邮电支局、派出所等大楼，建筑面积9489平方米。

（三）王五墟

明代立基，属古镇集之一，居民住房多为砖木瓦结构。主要街道为中山街。1929年，改良市政，扩大街道宽为12米，花岗岩石路面宽2米，总长530余米，正街两旁均建骑楼。当时少数民户开始使用砖钢筋水泥建走廊（多用砖砌拱门），二楼正面用砖石砌花格窗。今墟内有主要街道10条：中山街，长100多米、宽10米；米行街，长100多米、宽8米；新兴路，长300米、宽32.5米；前进路，长830米、宽32.5米；朝南路，长230米、宽12～30米；西通路，长560米、宽12米；中学路，长200米、宽8米；群英街，长260米、宽6米；榕头街，长200米、宽12米；文明路，长340米、宽12米。

（四）长坡墟

清康熙年间设墟。主要街道有四条：长胜街，长1000多米、宽8米；新生街，长400米、宽9米；解放街，长300米、宽7米；双龙巷，长150米、宽4米。过去建造的居民住房多为砖木瓦结构，新建筑多为钢筋水泥结构。如今主要建筑有：镇政府办公大楼、中小学教学楼以及银行、工商所、税务所、粮所、信用社等大楼，建筑面积共13420平方米。

（五）海头墟

距今市区西向79公里、珠碧江出海处。其以那历墟、新市街为主。主要街道：东坊街，长350米、宽20米；中坊街，长310米、宽25米；镇府横街，长100余米、宽12米；西一街，长250米、宽25米；西二街，长308米、宽20米；新市街（属旧街），长560米、宽20米。主要建筑：有镇府大楼3幢、中学教学楼2幢、小学教学楼4幢以及银行、信用社、电影院等大楼，建筑面积12060平方米。

（六）木棠墟

本县北部地区主要集市，距那大镇52公里。墟街道呈不规划的"十"字形，西街长100米，中间宽2米许，用规则的玄武岩铺砌，东、南、北街不断扩展，其中东、南街长300余米，北街长100米，均泥沙路面。居民住房为石木瓦结构。如今南街开始有钢筋水泥楼房建筑。

（七）南丰墟

位于本市南部，距那大镇14公里。街道西横东竖，呈"丁"字形。新中国成立前多为茅草房，但西街南端部分建筑为砖木瓦结构。1958年建了松涛水库后，于20世纪60年代建起南丰电站，于是钢筋水泥结构的楼房逐渐增多。南丰电站1970年4月竣工发电，装机容量2万千瓦，年均发电量8730亿千瓦时，是海南电网的主要电源，不仅供应琼北各县市用电，而且供应本县大部分地区用电，因此，其供水、供电条件优裕。

（八）和庆墟

位于本市东部，距那大镇东向8公里，街道南横北竖，呈"丁"字形。民房原为砖木瓦结构，近年建有部分钢筋水泥结构楼房。由于松涛水库东干水渠和小型变电站靠近墟旁，供水供电极为充裕。

（九）东成墟

住房多为砖木瓦结构。1980年规划新街一条，两旁为新建居民住宅，砖木瓦结构（50多间），街宽20米，长200余米。1985年建成公社医院一幢2层钢筋砼结构大楼，其为东成乡最早使用钢筋砼的建筑物。此后，小学、银行等机关单位都建有钢筋砼结构2~3层楼房。

为建好乡政府驻地，在松林岭西北隅2里许，开辟街道一条，宽20米，长100余米，但住房仍为石木瓦结构，檐高3.5米，宽4米，长8米。

二 新农村建设

按照"生产发展、生活宽裕、乡风文明、村容整洁、管理民主"的要求，推进新农村建设。进一步加快新农村建设，全面完成行政村"通畅"工程建设，建成"通畅"道路232公里，完成渠道续建配套和节水改造105.5公里，除险加固病险水库10座，治理水土流失4.5平方公里，建成防洪堤2.5公里，整治东坡洋农田1.6万亩，打抗旱机井22眼，实施农村饮水安全项目25个，惠及3.6万人，改厕3000户，建成文明生态村89个，新增户用沼气池1950个，新增农民专业合作社104个，转移农村劳动力1.4万人。

大力推进文化惠民工程，完成7个镇宣传文化站、15个宣传文化室、39个农家书屋建设。

建设以中和、光村、雅星3个中心水厂为重点的农村饮水安全项目，完成北部地区和退场队村庄9.5万人改水。新建大中型沼气池9座、小型沼气池50座、户用沼气池3000个，完成改厕7000户。按照"三集中"的要求，推进峨蔓笔架、木棠兰训等7个村委会整村推进扶贫开发。加强少数民族地区、革命老区、边远地区等基础设施建设。加强沿海地区公共卫生体系建设，改善农村卫生环境。

第四节 生态环境保护及环卫设施建设

一 生态环境

（一）植被

（1）属儋州市管辖的林场有雅星林场和鹿母湾林场。全市绝大部分地面植被良好，"九五"期间，共营造各类林木16万亩。其中新造林2.2万亩，更新造林13.8万亩。现有林地总面积168万亩，灌木林地33万亩，四旁树覆盖面积6.2万亩，森林覆盖从"九五"前的41.3%提高到42.2%。

（2）市区共有植物644种，天然林树种530种，其中珍贵木材树种有青梅、母生、坡垒、银珠、苦梓、油楠、红木罗、鸡占、胭脂、花梨和白格等20多种；重要乔木有黄杞、黄樟、香樟、红桐、香槁、黄桐、沉香、枇杷、黄牛木、三角枫机等450多种；人工林树种有窿绿桉、木麻黄、桉、台湾相思、非洲栋、大叶相思、银合欢、加勒比松、鸡毛松、面亚松、湿地松和樟等；全天然次生林、人工林和四旁林的木材蓄积量1959673立方米，林木植被年均生长量33.6万吨；野生草100多种，大部分可作牧草，可利用面积130万亩；热带经济作物有橡胶、胡椒、咖啡、香茅、椰子、油棕、腰果等；水果有荔枝、龙眼、菠萝、香蕉、芒果、杨桃、木瓜等10多种；海头、排浦等港湾的滩涂还生长着4668亩茂密的红树林，红树林是热带海岸特有的景观，是维持潮间带生态平衡起着重要作用的生物群落，红树林根系发达，能保持水土，成片红树林可阻挡风浪，保护海岸不受侵蚀。全市有滩涂138329亩，30%适用于浅海养殖，20世纪60年代曾大力围海造田，围垦滩涂数千亩，后荒废。

（3）通过"八五"、"九五"两个五年计划的建设，儋州市的植树造林和森林保护工作成绩斐然，森林覆盖率有了显著的提高，市林业局1996年被林业部评为"全国平原绿化先进单位"，1998年获海南省科技进步三等奖，2000年市森林植物检疫站被国家林业局评为"全国森林防虫害防治检疫先进站"和"森林病虫害防治检疫标准站"，有关负责人也被评为相应的先进个人。

（二）土地资源

儋州市现有土地可利用率达95%，约456万亩，人均6.80亩，土壤以砖红壤为主，水稻土、赤红壤、红色石灰土、菜园地、潮沙土、滨海沙土、滨海盐渍沼泽土等各占少部分。土壤肥力中等，适合多种作物和牧草生长，但土壤淋溶作用强，养分蒸发、流失快。

（三）水资源

儋州市多年平均降雨量1486毫米，东南多，西北少，东南可达1700~2000毫米，西北沿海在1200毫米以下而蒸发量恰好相反，西北沿海一带年平均蒸发量一般大于1700毫米，东南小于1400毫米。另外，年内分布不均，5~10月降雨约占全年的86.1%，多年平均蒸发量大于多年平均降雨量，干旱指数大于1。

儋州市共有境内和过境河流2条，大型水库2座，中小型水库8座，总库容34.97亿立方米，其中最大的松涛水库库容33亿立方米；北部及东部地区还储藏较丰富的潜水、承压水、矿泉水和温泉水。全市已利用的淡水总量为5.32亿立方米，其中农业用水占92.3%，工业用水占2.3%，城乡居民用水占4.6%，其他用水占0.8%。

（四）野生动物

据统计，儋州市境内有价值的野生动物有10多种，其中珍稀野生动物有水鹿、穿山甲、蟒蛇和猕猴等，淡水鱼类有20多种，海水鱼类600多种。

（五）矿产资源

儋州市矿产资源比较丰富，主要有稀有元素、锡精矿、钛、铁、矿、褐煤、油页岩、大理岩、重晶石、花岗岩等，花岗岩储藏范围占全市面积的三分之一。

（六）旅游资源

儋州市有226公里风景独特的珊瑚海岸海滩，有旅游价值较高的松涛水库、热作两面三刀院、东坡书院、蓝洋温泉、沙河水库、龙门激浪及白马井的伏波古庙等风景点，邻昌岛海上世界和番加民族风情皆有吸引游客的魅力。

（七）存在问题

①由于开发建设，毁林开荒现象比较严重，加之城乡居民绝大部分以柴薪为生活能源，全民的生态保护意识薄弱，砍伐森林的现象难以控制，导致天然林覆盖率直线下降。

②水利资源不足，据统计，全市人均拥有水量2765立方米，仅为全省人均拥有水量（5256立方米）的一半。加之降雨在季节和地理分布上的差异，部分地区严重缺水，影响工农业生产的发展。

③部分地区水土流失严重，尤其是北门江中下游，由于自然植被的破坏，洪水夹带大量泥沙，淤积河道和海滩流域的土地趋于贫瘠。

④灌溉系统不完善，有效灌溉面积仅占耕地面积的三分之一，部分地区土地轮歇荒废现象严重。

二　环境保护与环卫设施建设

随着城市化水平的不断提高，工农业生产的不断发展，工业污水排放量不断增加，化肥农药的普遍使用，城市垃圾无休止地在郊外堆积，使自然水体和环境污染日益加剧，严重地影响自然生态的平衡。

（一）机构

儋州市区环境卫生工作由那大办事处管理，工业污水和城市噪声由儋州市国土环境资源局管理。那大办事处现有环卫单位三个，即那大环卫站、西干环卫站、群英环卫站，共有干部职工385人。三个环卫站有洒水车1辆、吸粪车1辆、袋装垃圾收集车15辆、吊斗车5辆、吊桶车7辆、压缩车1辆，负责那大城区大90条街巷面积150.69万平方米的清扫、保洁工作，每日清运垃圾52车次（斗车、桶车、压缩车装运垃圾）约272吨，基本做到垃圾日产日清。

（二）垃圾收集及保洁措施

采取市区内分散设置垃圾屋和垃圾桶、箱收集垃圾。垃圾屋共有七座，分布在金龙宾馆旁、民主街、干部新村市场、民族中学大门、群英文化南、西干人民银行附近和东八路等处。共有近200个垃圾桶、箱遍布市区，定时定点投放和清收，或上门收集。

为有效地保持街道的清洁卫生，根据街道路段情况划分为一、二、三级保洁区域，一级路段实行全天候保洁，时间从早上8时至晚上10时，二级路段一扫一保，时间为上午9时至下午6时，三级路段只大扫两次，早上一次，下午一次，不保洁。清洁工人在各自包干的路段快、慢车道来回检查进行保洁。人行道及门前由沿街单位、居民负责，市容队、卫生执法队检查督促"门前三包"责任制的落实。

（三）垃圾处理

垃圾采取填埋处理，现有垃圾处理场一处，位于那大至兰洋距城3公里处，占地50亩，至今已使用了17年，多年来一直处于超负荷运作，迄今仍在继续使用。近年虽已在兰洋乡那昌村与加老村界距城中心约8公里处开辟了一处新的垃圾处理场，占地面积60亩，计划服务15年，但由于各种原因还未正式投入使用。

（四）公共厕所

属环卫部门管理的公厕有8处：儋阳路1处，人民大道3处，东风居委会1处，大同居委会1处，解放居委会1处，老人委1处，共计98个蹲位。现有的公厕均属三格无害化水冲厕所。另外还有市场、商场、车站等单位的厕所，算在一起也不超过20个。

（五）城市噪声

当前闹市区白天噪声最高平均值75Db（A），噪声源主要有：机动车噪声、建筑施工噪声。目前采取在主要路段禁止鸣放高音喇叭、建筑工地限期施工等措施降低噪声。

（六）工业污水治理

2000年12月，儋州市完成"一控双达标"工作任务，全市全年工业污水排放量为956.97万吨，其中符合标准排放的污水量为886.29万吨，工业污水排放达标率92.61%。全市排放污水的工业企业有33家,其中超标排放的工业企业有6家(3家已停产治理,3家农场胶厂在2001年4月份搬迁到农垦西部工业城)。目前,全市所有工业企业排放的污水都有污水处理设施,污水经过处理达标后才排放,对附近城区水体污染程度不大。从总体来说,水体水质是好的。历年来排污收费都在100万元左右(包括废气收费,不含农垦部分)。

三 城区园林绿化

(一) 城区绿地现状

近年来,市区绿化建设发展较快,市区绿化面积达0.72平方公里,人均绿地面积6.41平方米。其中公共绿地面积0.52平方公里(包含南茶公园、中兴公园、市政府广场、沿河绿地、东风路小游园、道路绿化等),人均公共绿地面积4.6平方米。

街道绿化由单一的行道树向街头绿地方向发展,既增加了绿地面积,又改善了街容市貌。现有城市行道树20.4公里,绿化面积0.35平方公里。

已建成并对公众开放的公共绿地还不多,仅有东风路小游园、美扶金三角小游园,以及市政府广场等,面积0.04平方公里;在建的公园有南茶、北吉、中兴、沿河等四个,面积0.8平方公里;生产林地有1处,面积0.07平方公里;自然林地7处(除尖岭外,其他不计入建设用地平衡),面积1.32平方公里。城市郊区绿地有云月湖风景区、烈士陵园、军屯花果山,面积4.29平方公里。

(二) 城市绿化存在的主要问题

近些年来,市政府对城市绿化、美化工作相当重视,城市景观有了很大改善。从建设生态城市的角度看,市区绿化还存在许多亟待解决的问题。

(1) 公共绿地严重不足,且分布不均。至今,市区还没有设施较完善、正式对公众开放的公园,现状公共绿地指标远低于国家规定。

(2) 1988年版规划的"南茶公园"、"儋耳公园"等均未建成;松涛水渠作为城市绿化景观的有利条件尚未很好利用。

(3) 所有公共绿地(尤其松涛水渠两侧的绿地),被挤占蚕食现象较为突出。管理体制须进一步理顺和协调。

(4) 旧城内大部分为自建低层住宅,建筑密集,难以形成一定规模的绿地系统。

第十章 儋州土地开发与利用

第一节 土地资源

一 土地利用概况

儋州市行政辖区土地总面积3384平方公里，占全省土地总面积的9.6%，人均拥有土地4320平方米。市域土地范围包括国营八一总场、西联农场、西达农场、红岭农场，以及国营龙山农场、西华农场、芙蓉田农场的一部分。

若以公顷为单位计算，则儋州全市土地面积为3384.01平方公里，尚未利用的土地近259.5平方公里。其土地资源利用情况见表10-1。

表10-1 1996年儋州市土地资源利用结构

土地类型	面积（平方公里）	比例（%）	人均指标（平方米/人）
土地总面积	3384.01	100.0	4320
耕地	1083.63	32.0	1400
园地	662.05	19.0	845
林地	800.02	23.6	1021
牧草地	0.08	—	—
水域	308.24	9.1	393
城乡居民点及工矿用地	249.39	7.4	323
交通用地	21.07	0.6	27
未利用土地	259.5	7.7	331

说明：a. 本表据《儋州市1996~2010年土地利用总体规划》资料推算。
　　　b. 1996年全市总人口按78.31万人考虑。

二 土地利用存在的主要问题

据有关部门调查分析，目前儋州市土地利用存在以下主要问题。

（1）土地供需矛盾日趋突出。1992～1996年城镇及交通、水利等建设占用耕地5.1平方公里，而人口在同期增加5.3万人。今后非农建设将继续占用农地，人口继续增加，土地供需矛盾将日益突出。

（2）土地资源受到破坏，生态环境恶化。

（3）土地利用效率低，利用方式单一。

第二节 市域建设用地

一 城乡居民点及工矿用地

根据《儋州市1996～2010年土地利用总体规划》，1996年全县城乡居民点及工矿用地面积为249.39平方公里，占全县土地总面积的7.4%。其中城镇建设用地34.07平方公里，村庄用地97.31平方公里，分别占本类用地的13.7%、39%。

二 交通用地

1996年交通用地为21.07平方公里，占全县土地面积的0.6%。其中公路用地6.09平方公里，占本类用地的28.9%；农村道路14.87平方公里，占本类用地的70.6%；港口码头0.1平方公里，占本类用地的0.5%。

三 土地利用规划的用地控制指标

儋州市2001年编制的土地利用总体规划，以1996年为基期，对儋州市城镇和村庄土地利用的控制指标体系如下：

至2005年全市城乡建设用地为15480.1公顷。其中：城镇用地为6739.7公顷，村庄用地为8740.4公顷。

至2010年全市城乡建设用地为13673.6公顷。其中：城镇用地为8400.8公顷，村庄用地为5272.8公顷。

第三节　那大市区用地

那大位于儋州市东南部。由东南向西北倾斜，三面环山，呈半封闭的小盆地状。境内有南茶河、牙拉河、松涛干渠等水系通过。建成区呈狭长状，东西长8.5公里，南北最宽处4.3公里，用地面积10.09平方公里。现有城镇人口11.2万人，人均城市建设用地97平方米。

一　工业用地门类、规模及分布情况

（一）工业用地现状

那大于1957年成为县城以后，经过50多年的发展，初步建立了以市级企业为龙头、乡镇企业相配套，以建材、食品、木材加工、汽车修理、橡胶加工及制品、印刷、公用事业类及造纸业为主体的，具有儋州特色的工业体系。现有主要工业企业37家，从业人员9160人，工业总产值达8.8亿元，平均年增长23.5%，工业总产值占全市工业总产值的42%。那大的工业已经成为全市国民经济的重要支柱。

（二）工业用地分布情况

那大工业用地大部分位于西部工业区沿中兴大街、工业大道、人民大道的两侧；东北工业区基础设施发展较慢，目前只有零星的几块规模不大的工业用地；尚有部分工业用地不符合规划要求，如中兴大街西段的工业用地、兰洋路口的恒泰芒果饮料厂等；由于历史的原因，有部分工业用地位于《1988年版总体规划》用地范围的边缘，如那大造纸厂、那大电子厂、那大水泥厂等，或位于老城区中，如那大食品厂、服装厂等。

（三）现状工业用地面积、人均面积、占总用地的比例等指标

那大现有工业用地1.01平方公里，占城市总用地的9.3%，人均工业用地不足10平方米，低于国家规定的用地标准。其原因是那大工业发展速度慢，历史短，基础薄弱。

二　仓储用地现状

那大目前没有形成有规模的仓库片区，生产与生活用品大多分散储存。略有规模的仓库共有四处：①位于人民大道与建设路交叉口的药品、粮食仓库；②位于东北仓库区的粮库和物资仓库；③位于东坡路的建材仓库；④位于那大电子厂对面的燃气仓库。现状仓库用地面积3公顷，占城市总用地的

0.7%，人均仓库用地 0.7 平方米，低于国家规定的标准。

现状存在问题——由于那大工业不发达、生产与生活用品运量少，故仓库用地偏少，用地不集中，建筑面积不足，装运设备落后。

三 居住用地现状和特点

（一）居住用地现状

城市居住用地较为宽松，用地面积 6.1 平方公里，占城市总用地的 55.8%，人均用地 54.4 平方米，高出国家规定的用地标准。

目前那大居住用地大体可分为市政府周边（市政府大楼、松涛干渠与文化路围合的地段）、那恁（中兴大街以南、人民大道以北）、旧城（人民大道以南）、文化路（文化路两侧）、军屯、群英、东兴、农民城（中兴大街与振兴路交叉路口周边）等八个居住片区。

（二）居住用地特点

（1）围绕老城区不断向四周扩展与城市形态和发展方向吻合；

（2）各片区之间相对独立，各自拥有配套的公共设施；

（3）居住发展速度较快，基本上做到成片开发，但主要以低层宅基地为主，多、高层住宅的建设量相当少，居住发展结构不太合理，不符合城市住宅发展的规律；

（4）由于住宅建设的投资量少，造成土地使用不合理，基础设施建设滞后，小区公共环境欠缺，绿化水平低等不良后果，未能形成布局完整、结构合理、环境优美的居住区。

（三）现状住宅建设几种类型

（1）多、高层住宅小区：此类住宅在那大的建设量较少，除市政府小区具有一定规模和质量外；其他的小区都存在规模过小、规划不合理、建筑质量差等特点，如老市委宿舍区；多、高层商品房住宅在那大的销售情况不佳，甚至出现了一些半拉子工程。

（2）机关与事业单位宿舍：一般设在单位内部或附近地区，建筑质量较好，用地宽敞，多为一两栋多层住宅，建设规模小且布局分散，如教育局宿舍、公安局宿舍等。

（3）以出让宅基地方式进行建设的私人住宅：此类住宅在那大数量最多，近几年发展很快。是一种投资小、见效快的住宅建设方式。但这种建设模式造成土地利用不合理、建筑密度过大、布局单一、建筑质量参差不齐、环境质量不高等后果，与现代城市住宅规划设计理念相违背，如过量发展将影响城市合理发展。

（4）低层低密度小住宅区：此类住宅建设在那大刚起步，较有代表性的有龙华别墅区、新苑（别墅）小区等，规划合理，环境质量高，是一种值得推广的住宅建设模式，应大力发展，以代替宅基地的模式。

（5）旧区的私人住房：由于缺乏合理规划，密度过大，布局零乱分散，建筑质量差（一至两层砖混结构），绿化标准低，而且缺乏特色，条件许可时应进行彻底改造。

（6）商住两用的临街建筑：在那大分布很广，多为底层商业、楼上住人的骑楼形式，如解放路的步行街。

（7）农村居民点：那大建成区范围内，还存在着那恁、万福等几处自然村落。

四　公共设施用地及布局情况

那大市区的公共设施种类比较齐全，包括商业金融、文教卫生、行政办公等。其中商业金融、文教卫生机构大多数分布在旧城区内，行政和经济管理机构分布在中兴大街两侧与军屯区。公共设施用地1.3平方公里，占城市总用地的12%，人均用地11.7平方米。

那大公共设施分布比较分散，尚未形成全市、居住区和小区三级服务中心；公共设施普遍档次低、规模小、行业门类不全；商业性的公共设施较为发达，公益性设施比较薄弱，尚未形成完整的服务体系，服务水准与中等城市的要求不相适应。

（一）行政办公用地

那大现有行政办公用地26公顷，占公共设施用地的20%，目前行政机构的分布情况有：

（1）市级行政机构主要办公场所，是位于中兴大街中段的市政府办公大楼，占地面积9公顷，建筑面积8800平方米。有59个政府管理部门集中在大楼内办公，对提高办事效率和节约城市用地，有十分明显的效果。

（2）位于东风路的老市委第一、二、三办公楼目前仍是部分市级行政机构办公场所，占地面积1.5公顷，建筑面积4500平方米，有33个政府管理部门集中在这里办公。

（3）市交通局、质量监督局、那大办事处和市公、检、法等约占1/3独门独院的行政管理机构，仍分散在旧城区内，这些部门中，有的因为用地狭窄、办公条件差等原因，今后需要另外选址，搬迁到市内其他地方。

（4）部分行政机构中只有主体部分搬至市政府办公大楼，尚有部分职能部门留在老办公地点，如建设局、教育局等。

现状行政办公用地的特点与问题：一是行政办公用地是那大规模较大门类最齐全的公共设施，占据着那大发展历史上最好的地段（胜利路—东风路—人民大道—中兴大街）；二是用地布局分散，没能形成完整的行政办公区。

（二）商业金融用地

目前那大有商业金融用地52公顷，占公共设施用地的40%。由于历史原因，现有商业金融用地主要包括各种商店、各类市场、专业零售和批发商店、酒店宾馆、银行和保险公司等，门类较为齐全，已初步形成全市的商业服务中心，是目前全市经济活动最活跃的地带。

（1）金融业：那大的银行较为发达，分布合理，人行、中行、农行、中国农业发展银行、工行、建行、邮政储蓄等国有银行在那大都设有分支机构，共有支行、储蓄所30处，营业面积6030平方米。此外还有儋州信用社等地方银行机构。银行的办公机构主要集中在军屯、人民大道等地段。其他的金融机构如证券交易所、保险公司等在那大都刚起步，规模较小。

（2）旅游宾馆业：那大宾馆建设情况较好，共有床位1130张，规模较大的有荣兴宾馆、邮电宾馆、凯立宾馆、中旅宾馆等，主要分布在中兴大街、人民大道、文化路等地段。

（3）商业：那大的商业活动比较发达，主要集中在旧城区的人民大道和解放路、红旗路等地段，包括农贸市场、批发市场、综和商场、步行商业街、临街小商店（铺面）等经营模式。

农贸市场：那大农贸市场分布合理，居民购买农产品较为方便，规模最大的是红旗市场（占地面积11210平方米，建筑面积13388平方米），但在居住区中的农贸市场大多都存在规模小、管理落后、卫生条件差等情况，如东兴农贸市场。

批发市场：那大共有批发市场11处，占地面积8.8公顷，建筑面积4.2万平方米。其中规模最大有那大商场（人民路与建设路交界处）、大勇商城（解放路与人民大道交界处）、三鸟市场（大同路与红旗路交界处）等三家。

综合商场：那大的综合商场规模都很小，主要分布在解放路、人民大道，具有代表性的有大勇超市、凯立商城。

步行商业街：位于解放南路，主要经营电器。

临街小商店（铺面）：分布于几乎所有老城区的主干道路两侧，主要经营小餐饮、电信、日用百货、五金、理发、文具、打字复印等行业。

（三）文化娱乐用地

那大现有文化娱乐设施用地1.5公顷，仅占现有公共设施用地的1%。

现有文化娱乐设施相当薄弱，全市仅有那大露天电影院、华侨剧院、天马影剧院三座电影院，文化馆（人民中路）、图书馆（人民中路）、文化娱乐（人民中路）各一座，总建筑面积10550平方米、职工116人，规模小，档次偏低，设施落后，利用率不高。

全市基本上没有设施齐全的文化娱乐广场，与人民群众能歌善舞（儋州调声闻名全省），喜好文艺的传统不相符合。有线广播电视发展滞后，网络升级缺乏后劲。全市除私人经营的电子游乐室、桌球室外，缺乏内容健康丰富、设施完备的青少年活动场所，如青少年宫、展览馆、图书馆、纪念馆、音乐厅、游乐园等；同时还缺乏为老年人专设的活动场所。

（四）体育设施用地

占地面积27公顷，人均体育用地面积2.4平方米，占现有公共设施用地的20.1%。

2000年那大的体育设施不完善，较有规模的公共体育场地仅有灯光球场、军屯游泳场两处，其他场地大多为分散在各单位的篮球场与排球场；2001年在城市东边的美扶，西线公路与迎宾大道交叉口处附近，已建成全市唯一的体育中心，占地400亩，已建400米体育场一座，基础设施较完善。

（五）医疗卫生设施用地

现状医疗卫生设施用地16公顷，占现有公共设施用地的12%。卫生医疗机构情况见表10-3。

表10-3 那大医疗卫生机构

医院名称	病床（张）	职工人数（人）		用地面积（平方米）		建筑面积（平方米）	
		工人	医务人员（人）	医疗	居住	医疗	居住
儋州市第一人民医院	275	94	278	45022	45020	16200	14800
海南农垦那大医院	450	176	400	20897	19163	22133	33200
松涛职工医院	60	8	55	8991	—	2508	1514
那大中心医院	73	34	101	1507	1521	3699	5004
儋州市中医医院	20	4	37	17168	3330	1024	—
儋州市妇幼保健所	—	5	2	436	261	436	261
儋州市皮肤性病防治所	—	1	11	91	1391	458	—
儋州市结核病防治所	—	3	8	225	—	235	—
儋州市卫生防疫站	—	8	49	2113	466	3063	2969

那大市区现有医院、卫生院、保健站、防疫站等医疗机构10个，床位878张，基本上可满足当前居民就医保健的需要。除农垦医院设施及环境较好一些外，其他医院均在市区中心地段，环境质量较差。

（六）教育科研用地

按有关规定，本规划所指的教育科研机构包含高等院校、中等专业学校、科研设计单位等。不包括中、小学和托幼机构，该用地按分类归到居住用地。那大现状教育科研设施比较落后，仅有五个科研单位，五所中等专科以上的学校，用地8.3公顷，人均0.7平方米，仅占公共设施的6.3%。

第十一章 儋州城建管理

第一节 规划管理

近年来，儋州市以创建国家园林城市为契机，建立健全城市管理机制，开展城乡环境综合整治活动，大力整治"城中村"，下大力气治理和拆除违章建筑，重点整治"脏乱差"，严厉打击非法营运等行为。启动创建那大、白马井、木棠等6个文明生态镇；坚持建设与管理并重，提高各镇政府所在地城镇管理水平。

规范建筑市场，提高工程质量和安全生产管理水平

（一）完善招标投标监督管理制度

2008年共监督应招标项目30项，总造价为4594.16万元。应公开招标实行公开招标率达100%。通过实行公开招标，为国家和政府节约投资资金76.71万元。进入有形建筑市场备案的施工企业52家。严格按照《招标投标法》等法律法规对全市的招投标活动进行监管，确保项目招投标顺利进行。

（二）严格按法定程序审批施工许可项目

办理建设工程施工许可57宗，面积113902.52平方米，造价11807.25万元。

（三）加强工程施工图审查制度和规范设计标准

（1）严格按国家规范审查建设工程项目49项，建筑面积38165平方米，总投资6727万元。审查中发现设计质量问题，违反国家现行规范强制性条文55条，违反一般性条文159条，审查出的问题全部进行整改，有效预防了重大质量安全事故的发生。

（2）完成公共建筑设计项目30项，建筑面积27898.6平方米；居民建筑设计210项，面积61442.43平方米。

（四）抓好工程建设质量和安全管理水平

（1）建设工程报监项目49项，建筑面积45814平方米，工程造价12991

万元；监督建设工程项目共54项，竣工验收备案项目23项，一次性验收合格率91%，总造价8465万元。

（2）开展监督人员与工程质量安全验收监督、巡查及施工安全检查，确保应监理的项目监理率达100%，消除施工现场质量安全隐患39宗。

（3）开展学校建设工程抗震安全隐患检查。

（五）做好建筑节能工作

（1）把建筑节能工作与开展"安全月"和"质量月"活动相结合，在建筑工程施工检查中，加大建筑节能宣传力度。

（2）组织2次建筑节能检查，共发出涉及建筑节能整改的通知5份。

（3）加强对建筑节能标准执行情况的监督，对每项建筑工程制定监督计划，落实责任制，进行专人定点监督。

（4）积极组织设计、图审、施工、质监等单位的有关人员参加有关建筑节能技术培训，增强建筑节能的认识，掌握各类节能要求。

（5）出台了《儋州市新型墙体专项基金征收使用管理实施细则》。

（六）努力完成人民防空工作

制订试鸣方案，并在电视台、政务网播发试鸣公告，在市区悬挂横幅广告。

（七）加大工程款清欠工作力度，依法解决拖欠工程款和农民工工资问题

严格执行工程款保证金制度，累计收取了工程保证金9058618元。督办拖欠工程款项目7项，为防止新的工程款拖欠奠定了扎实有效的基础。

第二节 城镇建设管理

一 园林绿化管理

（1）管理好建成区新增绿化覆盖率0.88%，新增绿地率0.88%。新增绿地22公顷，改造绿化面积6万平方米。建成区绿化面积共1084公顷，绿化覆盖率达43%，绿地面积共951公顷，绿地率达38%，人均拥有公共绿地面积10.4平方米。

（2）相继完成西湖公园建设的第一、第二期基础设施和绿化建设，面积2.33公顷，总投入92万元。对三都镇入口绿化、木棠工业园和木棠镇入口绿化工程实施了规划设计等指导性工作，督促施工单位进行土建、绿化工程施工，总面积为1.7万平方米。支持兰洋镇4个生态文明村的绿化建设工作，投入16万元，共种植各类乔、灌木8000株，铺植草坪2万平方米。

（3）切实加强花木生产基地建设。苗圃新增面积20亩，投入资金35万元，共栽各类园林树木3000株，生产工程袋苗25万袋，生产盆花5万盆，开发10个品种计4.5万株。

完成城区绿化带市场化管理工作，严格按照标准对实施承包的绿地进行质量定期检查。为保证城区绿地苗木正常生长和绿地植物的景观效果，共施肥200吨，绿化淋水7.8万吨。对城区街道的绿化树木进行定期修剪，提高绿地植物的观赏性和街道景观。

二 城建档案管理

2008年市局城建档案馆共接收和整理归档资料约1986宗，装订1082卷，档案查询共计54人次。为能更好服务城市建设的发展，完善城建档案的管理，进一步提高馆藏资料结构和档案查询速度，通过政府采购了一款城建档案管理软件，城建档案管理得到质的飞跃，逐步实现城建资源数据共享。

三 建筑市场管理

（一）进一步完善建筑工程招投标制度

进一步完善和规范工程招投标行为，对政府投资的重大项目主动邀请各级监察部门参与。开展对重点城市重点项目招投标工作的检查，加强社会监督。

（二）加强工程质量和安全管理

工程质量和安全生产始终是一项重要工作，对工程质量和安全生产问题必须警钟长鸣。严格落实工程各方责任，保证各项质量措施落到实处。加强工程质量监督队伍建设，规范监督行为。开展工程质量安全生产专项治理，从勘察设计、施工、监理、工程验收等重要环节严把质量关，加快施工作业工人持证上岗培训的检查制度。

（三）大力推进建筑节能工作，建设节能增效型城镇

以节能为重点，努力建设节能增效型城镇。凡新建建筑严格执行《公共建筑节能设计标准》等规范标准，从勘察、设计、施工、监理、竣工验收等各环节加强对建筑节能的实施管理。加大建设领域新技术、新产品的推广力度，尤其是新型墙体材料的推广，严格控制实心黏土砖的使用。

（四）加大城建档案馆的建设工作

继续把城建档案进行分类装订，按标准化管理，加大城建档案的录入工

作，实现城市建设各种数据的整合，使之便于共享和容易使用，能方便有效地进行网上查找信息，提高工作办事效率。

（五）加大清理拖欠工程款工作力度，切实解决好群众的切身利益问题

清理拖欠工程款任务艰巨，拖欠的主体主要是市县政府和房地产开发。抓好拖欠工程款统计，进一步完善规章制度，建立长效机制，严把施工许可关，确保工程款保证金的缴纳率达100%，防止新的拖欠款发生。

第三篇 儋州人口、资源与社会

第十二章 儋州人口、婚姻和家庭

第一节 人口

  1990年以来，随着社会经济的快速发展和各项社会事业的不断加强，儋州市的人口数量呈现快速增长的态势，人口的结构也发生了深刻变化。由人口增长、经济社会资源相对紧张所引起的各种资源占有的矛盾也相应增多。为了促进人口增长与经济增长的协调发展，儋州市从1995年开始制订国民经济和社会发展的总体规划，采取有效措施，基本上确保人口计划在控制范围内良性增长，为儋州市的经济社会发展奠定可持续发展的基础。

一 人口数量变化和计划生育

（一）人口增长的情况

  2008年末，儋州市户籍总人口为98.55万人，其中，非农业人口为36.81万人，农业人口为61.74万人。与1993年相比，户籍总人口增长了33.01%，非农业人口增长了1.35倍，农业人口增长了5.7%。全市户籍总人口占海南省总人口的11.54%，在海南省18个市县中，儋州市总人口仅次于海口市，是全省人口总数排列第二的市县。2008年全市人口密度为302人/平方公里，高于1993年的227人/平方公里，略高于海南省人口密度251人/平方公里（见表12-1）。

  1993年以来，儋州市人口发展有如下几个基本特点：

  一是人口总量稳步增长，增长趋势平稳、缓慢。主要是流动人口增长的结果，整体人口增长速度较平稳，与海南省总体人口增长情况较一致。1993~2008年15年间，儋州市人口数量变化基本得到合理控制，增长趋缓，为儋州市经济社会的快速发展提供了较好的人口环境。

表 12－1　1993~2008 年部分年份儋州市户籍人口数量变化情况

单位：万人，%

年份\项目	户籍总人口数	户籍总人口情况			
		非农业人口数	比例	农业人口数	比例
1993	74.09	15.68	21.16	58.41	78.84
1999	79.15	18.01	22.75	61.14	77.25
2000	82.94	18.54	22.35	64.4	77.65
2001	83.92	18.85	22.45	65.07	77.55
2004	90.45	33.73	37.29	56.73	62.71
2005	94.18	35.1	37.27	59.08	62.73
2006	94.73	35.65	37.63	59.08	62.37
2007	96.57	36.18	37.47	60.39	62.53
2008	98.55	36.81	37.35	61.74	62.65

资料来源：根据《中国国情丛书——百县市经济社会调查·儋州卷》(1996 年) 和《儋州市经济和社会发展统计公报》(1999~2008 年儋州市统计局) 整理而成。

二是人口的自然增长得到合理控制，增长态势趋缓。2008 年全市人口出生率 16.71‰，比 1999 年上升 0.26 个千分点；人口死亡率 3.61‰，比 1999 年上升 0.01 个千分点；人口自然增长率 13.10‰，比 1999 年上升 0.25 个千分点。与海南省 2008 年人口自然增长率为 8.99‰情况相比，高出 4.11 个千分点。2004~2007 年，儋州市自然增长率低于 10‰，而 2008 年人口自然增长率达到 13.10‰，标志着儋州市人口增长进入"高出生、低死亡、平缓增长"的平稳增长时期（见表 12－2）。

表 12－2　1993~2008 年部分年份儋州市人口数量变化情况

单位：万人，‰

年份\项目	常住总人口数	人口自然变动			年人口净增数
		出生率	死亡率	自然增长率	
1993	74.09	—	—	28.46	2.08
1999	79.15	16.45	3.60	12.85	1.44
2000	82.94	16.47	4.55	11.92	3.79
2001	83.92	14.74	3.58	11.16	0.98
2004	90.45	13.83	4.25	9.58	4.27
2005	94.18	13.96	4.93	9.03	3.73
2006	94.73	12.85	4.56	8.29	0.55
2007	96.57	13.18	3.89	9.29	1.84
2008	98.55	16.71	3.61	13.10	1.98

资料来源：根据《中国国情丛书——百县市经济社会调查·儋州卷》(1996 年) 和《儋州市经济和社会发展统计公报》(1999~2008 年儋州市统计局) 整理而成。

三是非农业人口总数及比例大幅增加，农业人口总量基本不变，比例呈现下降。由于儋州市放松城乡人口流动管理，推进城市化步伐，非农业人口比例呈现大幅增加，农业人口总量基本不变，所占人口比例呈现下降。2008年非农业人口为36.81万人，农业人口为61.74万人，分别占总户籍人口的37.35%、62.65%，与1993年相比，非农业人口增加了21.13万人，占总户籍人口的比例提高16.19个百分点。1993~2008年15年间农业人口总量基本保持在60万~65万人，占总人口的比例由1993年的78.84%，显著下降至2008年的62.65%，降低了16.19个百分点。

（二）计划生育情况

2008年，儋州市基本上完成海南省下达的人口计划与各项工作指标。特别是2004年，儋州市积极强化目标管理责任制，加强基层计生基础建设，大力开展创建计生先进村（居）委会活动，切实抓好流动人口等特殊人群的计生管理和服务工作，并制定计划生育利益导向机制，对计划生育达标的个人、单位、机构给予奖励。市委、市政府采取的主要措施有：一是加强各级党政领导对人口与计划生育工作的高度重视，党政"一把手"亲自抓、负总责。二是各职能部门积极配合，要求卓有成效地开展工作。突出表现在综合治理性别比力度大、治理流动人口成效突出、结扎力度大。三是加强开展富有特色的宣传教育工作，尤其是以乡土文化宣传计生政策，收到了良好效果。

儋州市计划生育存在的主要问题：一是出生婴儿性别比持续升高，专项治理工作效果不大，通过计生政策的宣传来转变农民落后的生育观念的效果不佳；二是已婚育龄家庭，特别是流动人口的生育、节育底子尚未完全摸清和登记；三是部分村（居）委会计生人员配备与报酬尚未落实到位，还存在不稳定因素；四是乡镇服务所建设离海南省规定标准还有较大差距，技术人员的配备还达不到要求；五是对计生事业费的投入比较少和不及时，影响工作的顺利开展等。

二 人口结构状况

（一）人口的年龄结构、性别结构和民族结构的变化

一是人口的年龄结构呈现成年型状态逐步增强。2000年儋州市第五次人口普查，儋州市人口的年龄结构表现为：0~14岁少年儿童组人口比例为32.55%，高于全国22.89%和海南省27.47%水平，比1990年儋州县第四次人口普查下降了4.25个百分点；15~64岁劳动适龄组人口比例为61.55%，

低于全国 70.15% 和海南省 65.95% 水平，比 1990 年增长了 10.13 个百分点；65 岁以上老年组人口比例为 5.9%，低于全国 6.96% 和海南省 6.58% 水平，比 1990 年增长了 0.97 个百分点。儋州市人口的年龄结构呈现成年型状态，整体状况优于全国和海南省水平，与 1990 年相比，呈现成年型状态逐步增强的趋势（见表 12-3）。

表 12-3 1990 年、2000 年儋州市人口年龄结构变化情况

单位：万人，%

年龄分组	人口数 1990 年	人口数 2000 年	占总人口比例 1990 年	占总人口比例 2000 年
少年儿童人口（0～14 岁）	25.65	27.2	36.81	32.55
劳动适龄人口（15～64 岁）	39.15	51.42	56.18	61.55
老年人口（65 岁以上）	4.89	4.93	7.01	5.9
总人口	69.69	83.55	100	100

资料来源：根据《儋州县 1990 年第四次人口普查》和《儋州市 2000 年第五次人口普查资料》（2002 年）整理而成。

二是性别比逐步升高，性别结构趋向失衡。2008 年儋州市总人口中男性为 55.65 万人，女性为 42.9 万人，分别占总人口比例为 56.47%、43.53%，性别比为 129.72。其中，2000 年第五次人口普查性别比为 112.68，高于同期全国 106.74 的水平。而 2008 年又比 1990 年的 106 增长了 23.72 个百分点。1990～2008 年期间，儋州市的性别结构逐步趋向失衡，不利于人口性别结构的平衡与稳定，与人们的"重男轻女"观念相关，需加大计划生育工作监管力度（见表 12-4）。

表 12-4 1990 年、2000 年、2008 年儋州市人口性别结构变化情况

单位：万人，%

年龄分组	人口数 1990 年	人口数 2000 年	人口数 2008 年	占总人口比例 1990 年	占总人口比例 2000 年	占总人口比例 2008 年
男性人口	35.86	44.27	55.65	51.46	52.99	56.47
女性人口	33.83	39.28	42.9	48.54	47.01	43.53
性别比	—	—	—	106	112.68	129.72
总人口	69.69	83.55	98.55	100	100	100

资料来源：根据《儋州县 1990 年第四次人口普查》、《儋州市 2000 年第五次人口普查资料》（2002 年）和《2008 年儋州市经济和社会发展统计公报》（儋州市统计局）整理而成。

三是少数民族人口规模和族数逐年增多,增长率高于汉族。2000年儋州市各民族构成中,汉族人口为76.78万人,占总人口比例的91.9%,排居第二位的是黎族,有5.82万人,占总人口比例的6.97%,第三位的是壮族,有0.5万人,占总人口比例的0.6%。与1990年相比,少数民族人口增长了46.85%,汉族人口增长了17.98%,少数民族人口增长率远远高于汉族。儋州市一直以来就是多民族杂居地,1990年儋州县第四次人口普查时,少数民族有25个,2000年儋州市第五次人口普查时,少数民族数达到35个,表明儋州市在加快城市化建设的同时,人口的流动性在逐步增强,各民族通婚在不断增加,同时由于计划生育政策对少数民族人口控制的相对宽松,少数民族人口增加相对较快(见表12-5)。

表12-5 1990年、2000年儋州市人口民族结构变化情况

单位:万人,%

项 目	1990年 人 数	1990年 占总人口比例	2000年 人 数	2000年 占总人口比例
汉族	65.08	93.39	76.78	91.9
黎族	4.01	5.75	5.82	6.97
壮族	0.4	0.57	0.5	0.6
苗族	0.14	0.2	0.22	0.26
其他少数民族	0.06	0.09	0.23	0.27
总人口	69.69	—	83.55	—

说明:其他少数民族包括蒙古族、回族、藏族、维吾尔族、彝族、布依族、朝鲜族、满族、侗族、瑶族、白族、傈僳族、哈尼族、傣族、佤族、畲族、高山族、拉祜族、纳西族、景颇族、柯尔克孜族、土族、仫佬族、羌族、毛南族、仡佬族、阿昌族、塔吉克族、乌孜别克族、京族、鄂伦春族、赫哲族以及外国人加入中国籍。

资料来源:根据《儋州县1990年第四次人口普查》和《儋州市2000年第五次人口普查资料》(2002年)整理而成。

(二) 人口的文化结构和就业结构的变化

一是人口文化素质有了进一步的提高,受教育程度同比增幅较大,文盲、半文盲人口总量和比例下降显著。1990年以来,儋州市深化教育改革,形成公办与民办相结合的教育,使民办教育投资加大,推动了全市文化教育事业快速发展。2000年,在各种受教育程度人口中,接受过大专以上教育的人数为1.89万人,占总人口的2.26%,而1990年只有0.65万人,只占总人口的0.93%。与1990年相比,每万人口中具有大专以上文化程度人数由93.27人快速上升为226.23人,增长了1.43倍。高中(含中专)教育程度人口有

7.47万人，占全市总人口的8.94%，比1990年增加了2.09万人，每万人口中具有高中教育程度人数由771.99人上升为894.18人，增加了15.83%。具有初中文化程度人口有21万人，占总人口的25.14%，比1990年增加了9.19万人，每万人口中具有初中文化程度人数由1694.64人上升到2513.77人，提高了48.34%。接受过小学教育的人数为33.04万人，占总人口的39.55%，每万人口中具小学文化程度人数由3212.8人上升到3955人，提高了23.10%。与1990年相比，全市文盲、半文盲人数由19.32万人下降到2000年的8.8万人，文盲率由27.72%下降为10.53%，文盲率下降了17.19个百分点，下降了1.20倍（见表12-6）。

表12-6 1990年、2000年儋州市人口文化程度情况

单位：万人，%

文化程度	1990年 人口数	1990年 占总人口比例	2000年 人口数	2000年 占总人口比例
大专以上	0.65	0.93	1.89	2.26
高中（含中专）	5.38	7.72	7.47	8.94
初中	11.81	16.95	21	25.14
小学	22.39	32.13	33.04	39.55
文盲、半文盲	19.32	27.72	8.8	10.53
尚未受教育	10.14	14.55	11.34	13.58
总人口	69.69	100	83.54	100

说明：文盲、半文盲指15岁及15岁以上不识字或识字很少的人，尚未受教育指6岁及以下人口和15岁及以下智力障碍人口。

资料来源：根据《中国国情丛书——百县市经济社会调查·儋州卷》（1996年）和《儋州市2000年第五次人口普查资料》（2002年）整理而成。

人口文化结构变化主要是高层次和低层次呈现快速变化，大专以上文化程度人口增长最快，说明随着儋州市社会经济文化事业的发展，对高层次人才的需求不断增加，吸引人才的步伐也不断加快。文盲、半文盲人口总量和比例不断下降，表明在扫除文盲、普及全民义务教育方面的工作落实到位，成效显著。

二是劳动人口就业结构逐步向第二、第三产业转移。2000年第五次人口普查儋州市社会劳动者总数为36.74万人，比1990年增长了20.34%。第一产业从业人口为27.21万人，占在业总人口74.06%，比1990年下降了3.62百分点；第二产业从业人口为2.89万人，占在业总人口7.87%，比1990年上升了1.04百分点；第三产业从业人口为6.64万人，占在业总人口

18.07%，比1990年增长了2.58个百分点，劳动人口就业结构属合理状态。

2000年与1990年相比较，第一产业的从业人口数量和人口比重都呈下降趋势，第二、第三产业的从业人口数量和人口比重都呈上升趋势，其中第二产业比例增幅为15.23%，第三产业比例增幅为16.66%，说明儋州市劳动人口就业结构逐步向第二、第三产业转移，劳动人口就业结构逐步向合理结构转化，这与工业和服务业快速发展相关，有利于儋州市经济社会的现代化进程（见表12-7）。

表12-7 儋州市社会劳动者在业人口产业分布情况

单位：万人，%

项目 年份	社会劳动者在业 人口数	占在业总人口数			占在业总人口比例		
		第一产业	第二产业	第三产业	第一产业	第二产业	第三产业
1990	30.53	23.72	2.09	4.72	77.68	6.83	15.49
2000	36.74	27.21	2.89	6.64	74.06	7.87	18.07

资料来源：根据《儋州县1990年第四次人口普查》和《儋州市2000年第五次人口普查资料》（2002年）整理而成。

第二节 婚姻

按照新颁布的《婚姻登记条例》（2003年10月1日）的要求，婚姻登记工作依法简化办事程序，体现人性化管理。婚姻登记当事人只需出示有效户口证明和身份证即可办理，无须出示单位或居委会出具的婚姻状况证明书、婚前体检证明等证件。在离婚登记办理方面，只需双方当事人持相关有效证件（离婚协议书、户口证明、身份证）即可当场办理，取消了出示所在单位出具调解无效证明书的要求。在办理婚姻登记工作过程中，婚姻登记员审查当事人的证件是否齐全，除了询问当事人是否出于自愿外，无权过问其他情况。民政部门只妥善保管婚姻登记档案和简单的统计数字，如每年的初婚登记、再婚登记、离婚登记的数字。但是，由于儋州市民俗文化和各民族数量相对繁多，婚姻情况比较复杂，现阶段仍属在传统习俗与现代风尚交织之中，并逐步发生变化。

一 婚姻的状况

（一）通婚范围和择偶条件的基本特征

儋州市是海南省西部一个多民族聚居的中心城市，全市有30多个民族，但汉族占大多数。在通婚方式上，一般以同族之间通婚为主，异族通婚的现象也在逐年增多；婚姻择偶条件一般包括相貌、品德、性格、地域、风俗习惯及经济收入水平等方面进行，基本体现了个人的价值取向、性格相融和兼顾独立生活等特征。

儋州市早期存在的"夜游"和"不落夫家"传统习俗也在发生改变，由于其有很多负面作用，20 世纪 60 年代开始，当地政府曾禁止年轻人参加"夜游"活动，但效果甚微。90 年代以来，随着中国改革开放的深入开展，城乡的面貌发生了巨大的变化，生活水平不断提高，电视机、影碟机进入普通家庭。加上城市化的进展，电影院、卡拉 OK、茶坊、舞厅、网吧等到处都有，大大丰富了文娱生活，满足了年轻人的需要。年轻人到外地做生意或务工的增多，扩大了发展空间、增加了社会交流，使年轻人的思想观念发生了巨大的变化，导致"夜游"习俗发生变化。一是作为"夜游"活动的场所"青年馆"，目前已经基本上停止活动。个别保留的青年馆，仅在春节期间外出务工的青年回家探亲时才开放，但已经没有"大坡"、"配对"、"小坡"等活动形式。没有外出的男女青年，也基本上在家居住。二是由于思想观念的改变，婚姻观念也完全改变。年轻人谈情说爱，不再到青年馆，而是到其他娱乐场所。如果双方情投意合，即可到男家过夜。已婚女子不再"不落夫家"，婚后即到夫家生活。三是在青年馆里进行的"调声"活动，是"夜游"活动的主要形式，是男女青年谈情说爱不可缺少的媒介。现在的"调声"活动，已经演变为一种群众性的文艺活动。

（二）结婚形式和居住方式的基本特征

儋州市年轻人接受新生事物的能力较强，凡是国内流行的结婚形式，在儋州都有市场，大部分青年人大力追捧。绝大多数人在办理结婚登记领取结婚证后，都到酒店举行婚礼。农村地区的青年人结婚时会根据当地的民风民俗相互赠送礼金、操办喜宴、举行婚礼。结婚费用主要根据个人经济收入或父母的赞助情况来决定，有举行豪华婚礼的，也有简单而富有情调的，多数因个人情况而定，结婚花费一般情况下都由男方承担。在经济条件允许下，大多数青年人一般结婚后都选择单独居住，由于经济条件不够充裕的原因，有不少青年只好选择与父母同住。

二 婚姻状况的变化

1990 年以来，随着经济社会的发展，人民生活条件的改善，个人收入水平的提高，工作节奏的加快，逐渐出现了一批大龄青年，初婚年龄逐步增大。2000 年第五次人口普查资料显示，儋州市 15 岁及以上的人口为 56.34 万人，占总户籍人口的 67.44%。其中男性 29.13 万人，占男性总人口的 65.81%；

女性 27.21 万人，占女性总人口的 69.27%。初婚年龄一般为 19～24 岁，占初婚总人口的 65.91%，农村人口初婚年龄一般比城镇的小 2～3 岁。以 2000 年 15 岁以上人口婚姻状况和 1990 年 15 岁以上人口婚姻状况相比较，可以看出儋州市这 10 年来的婚姻状况的变化（见表 12-8）。

表 12-8 1990 年、2000 年儋州市 15 岁及 15 岁以上人口婚姻状况

年份	项目性别	人数合计（万人）	未婚人数（人）	未婚比例（%）	有配偶人数（人）	有配偶比例（%）	丧偶人数（人）	丧偶比例（%）	离婚人数（人）	离婚比例（%）
1990	男性	22.87	69932	30.58	149297	65.29	6639	2.9	2815	1.23
1990	女性	21.93	49925	22.77	149171	68.03	19175	8.74	1016	0.46
1990	合计	44.8	119857	26.76	298468	66.63	25814	5.76	3831	0.85
2000	男性	29.13	90433	31.04	190969	65.55	7023	2.41	2902	0.1
2000	女性	27.21	61396	22.57	190400	69.98	19070	7.01	1198	0.44
2000	总数	56.34	151829	26.95	381369	67.69	26093	4.63	4100	0.73

资料来源：根据《中国国情丛书——百县市经济社会调查·儋州卷》（1996 年）和《儋州市 2000 年第五次人口普查资料》（2002 年）整理而成。

一是未婚人口的比例呈现微幅上升，男性未婚率高于女性，性别比呈上升趋势。2000 年未婚人口比例为 26.95%，比 1990 年上升了 0.19 个百分点，上升幅度极小，说明新的婚姻与生育高峰期尚未明显形成。2000 年男性未婚率为 31.04%，比女性未婚率高出 8.47 个百分点，男性初婚年龄上升的程度比女性更强。2000 年未婚性别比为 147.29，比 1990 年上升了 7.22 个百分点，说明未婚男性通过婚姻组成家庭出现断层在加大。

二是有配偶人口比例呈现上升趋势，女性有配偶人口比例依然高于男性。2000 年有配偶人口比例为 67.69%，比 1990 年上升了 1.06 个百分点，与结婚年龄集中、成婚率高相关，同时，也说明儋州市家庭数量在逐步增加。2000 年有配偶的男性比例为 65.55%，比 1990 年上升了 0.26 个百分点；女性比例为 69.98%，比 1990 年上升了 1.95 个百分点，女性有配偶人口比例依然高于男性，与女性对待婚姻家庭的忠诚与信任传统意识相关。

三是丧偶人口比例呈现逐步下降，女性丧偶率呈下降趋势。2000 年丧偶人口比例为 4.63%，比 1990 年下降了 1.13 个百分点，与儋州市人口寿命女性普遍高于男性和丧偶后男性再婚比女性多相关。2000 年丧偶的男性比例为 2.41%，比 1990 年下降了 0.49 个百分点；丧偶的女性比例为 7.01%，比 1990 年下降了 1.73 个百分点，说明女性丧偶仍然高于男性，但寡妇多于鳏

夫现象在呈现逐步下降趋势。

四是离婚人口比例呈下降趋势，婚姻关系稳定，女性离婚率高于男性。2000年离婚人口比例为0.73%，比1990年下降0.12个百分点，说明婚姻家庭的稳定性在增强。2000年与1990年相比，女性离婚率已由1990年低于男性，转变为高于男性，说明造成婚姻关系的不稳定的因素在发生变化，与女性的婚姻危机感和自主意识观念增强相关。

第三节 家庭

一 家庭结构与规模的变化

1990年以来，随着城镇居民收入稳步增长，社会保障制度的不断完善和社会福利事业的稳步推进，以及年青人自立意识的不断增加，居住条件改善已成为城镇居民的主要追求目标，加快了多代同堂户分离为一代户。2000年第五次人口普查儋州市总户数为172917户，比1990年增加了39056户，增长了29.18%。其中，一代户为24028户，占总户数的13.9%；二代户为108358户，占总户数的62.66%；三代户为38761户，占总户数的22.42%；四代户为1767户；占总户数的1.02%；五代户及以上户仅有3户。与1990年相比，一代户的比例上升了4.2个百分点，一代户增长了84.93%；二代户、三代户、四代户与1990年相比，分别下降了2.2个百分点、1.78个百分点、0.22个百分点。但是，儋州市家庭结构仍是以二代、三代户为主，有147119户，占总户数的85.08%，说明儋州市家庭是以核心家庭为主导（见表12-9）。

表12-9 1990年、2000年儋州市家庭结构变化情况

单位：户，%

项 目	1990年 户 数	1990年 比 例	2000年 户 数	2000年 比 例
一代户	12993	9.7	24028	13.9
二代户	86820	64.86	108358	62.66
三代户	32390	24.2	38761	22.42
四代户	1655	1.24	1767	1.02
五代及以上	3	0	3	0
合 计	133861	—	172917	—

资料来源：根据《中国国情丛书——百县市经济社会调查·儋州卷》（1996年）和《儋州市2000年第五次人口普查资料》（2002年）整理而成。

1990~2000年儋州市家庭规模变化的特点有：一是家庭户人口规模呈现缩小态势。2000年，儋州市居民家庭平均每户人口为4.83人，比1990年的5.09人减少了0.26人，下降率为5.11%。二是1~6人户家庭规模所占总户数比例增大，7人及以上户比例减少。也说明了家庭规模日趋缩小，家庭结构趋向简单。三是3~6人户仍然是儋州市家庭规模主干，占总户数的65.44%，是儋州市家庭结构的主要类型（见表12-10）。

表12-10　1990年、2000年儋州市家庭规模变化情况

单位：户，%

项　目	1990年		2000年	
	户　数	比　例	户　数	比　例
一人户	6702	5.01	12081	6.99
二人户	9475	7.08	14909	8.62
三人户	19332	14.44	25573	14.79
四人户	24166	18.05	31945	18.47
五人户	23635	17.66	33116	19.15
六人户	16813	12.56	22527	13.03
七人户	13256	9.9	14974	8.66
八人户	8880	6.63	8573	4.96
九人户	5247	3.92	4530	2.62
十人及以上户	6355	4.75	4689	2.71
合　计	133861	100	172917	100

资料来源：根据《中国国情丛书——百县市经济社会调查·儋州卷》（1996年）和《儋州市2000年第五次人口普查资料》2002年整理而成。

二　家庭功能状况的变化

（一）消费功能

1990年以来，儋州市居民基本上还保留传统的以家庭为单位进行生活用品的购买和消费。随着儋州市国民经济快速发展，居民经济收入继续增加，生活质量得到提高。2008年，儋州市城镇居民人均可支配收入11053元，比1993年的3654元增长2.02倍；农民人均纯收入4584元，比1993年的1077元增长3.26倍（见表12-11）。与1993年的家庭消费相比，目前对居住、交通和通信的消费支出在不断增多，如购买商品住房、家庭汽车、电脑和手机等呈现明显上升趋势。

表 12-11　1993 年、2005 年、2008 年儋州市收入情况

单位：元

年份＼项目	在岗职工年平均工资	城镇居民人均可支配收入	农民人均纯收入
1993	3468	3654	1077
2005	12703	8109	3381
2008	19039	11053	4584

资料来源：根据《中国国情丛书——百县市经济社会调查·儋州卷》和 2005 年、《2008 年儋州市经济和社会发展统计公报》整理。

（二）教育功能

随着家庭结构缩小，家庭教育职能的地位升高。已有相当一部分人认识到就业竞争归根结底是人才的竞争，从而将"望子成龙"自然地与就业和经济收入联系起来，增加家庭人口的教育投入，家庭教育职能的作用也就显得更为重要。家庭文化水平与家长的文化素质、思想、观念以及家庭经济状况等因素，表现为正相关关系。目前，家庭的教育功能被托幼机构和学校所分担的程度在逐年上升。

（三）赡养功能

对年老体弱、丧失劳动能力的长辈进行家庭赡养，既是儋州市民间习俗，也是公民道德建设的一项要求。随着儋州市社会保障制度的建立，赡养功能趋向社会化，靠子女赡养老人与靠老人抚育孙子（女）的观念发生变化。家庭赡养功能已部分由社会的养老服务机构所替代。特别是近年来，儋州市加大和推进了最低生活保障、医疗卫生保障等社会保障工作，老年人的赡养功能在逐渐弱化。

第十三章 儋州社会结构与社会保障

第一节 社会结构及其变化

1990年以来，随着社会主义市场经济改革的不断推进与深化，儋州市的经济体制已逐步形成了在公有制占主导地位的前提下多种经济成分、多种经营方式并存的多元化经济结构格局。私营经济快速发展，国有企业转制步伐加快，促使原有社会结构变化，以职业为基础的社会结构划分机制逐渐取代以政治、户口和行政身份为依据的划分机制，社会阶层构成出现了较大变化，社会流动也随之加速。

一 社会阶层结构基本状况

在以经济结构格局划分的社会阶层结构中，以职业分类为基础，兼顾以组织资源、经济资源、文化资源占有状况作为划分社会阶层的标准，社会阶层结构按阶层地位从高至低依序排列为：国家与社会管理者阶层、经理人员阶层、私营企业主阶层、专业技术人员阶层、办事人员阶层、个体工商户阶层、商业服务业员工阶层、产业工人阶层、农业劳动者阶层等社会基本阶层。基于取样数据的准确性，本次社会阶层结构的分析仅取1990年、2000年的两次全国人口普查的相关数据。在儋州市社会结构变化中，主要的影响因素有三：经济增长和人口增长；各阶层经济发展水平不均衡；1993年建立市后，经济社会建设的中心任务发生变化。

（一）国家与社会管理者阶层

国家与社会管理者阶层指在党政、事业和社会团体机关单位中行使实际的行政管理职权的领导干部，即：国家工作人员、党务工作者、国家公务员和社会公共事业管理者的领导干部。主要指具有实际行政管理职权的乡科级及以上行政级别的干部。1990年儋州市国家机关、党政、社会团体共有从业人员0.04万人，占总从业人员总量的0.09%。2000年国家机关、党政、社会团体共有从业人员1.11万人，按20%为国家与社会管理者计算，这一阶层数量为0.22万人，占总从业人员总量的0.43%，与1990年相比，该阶层的人数和占总从业人员比例分别增长了4.5倍、3.78倍。该阶层的社会态度、利益及行动取向和品质特性，对于正在发生的经济社会结构的变迁和将要形成的社会阶层结构的主要特征具有决定性的影响力，使该阶层成员的社会地位最高，权利与发展机会均强于其他社会阶层。因此，在整个社会阶层结构中居于最高的地位，属于主导性阶层之一。该阶层成员具有比较广泛的社会资源，经济收入稳定，有很强的支付能力；注重家庭生活，喜欢自由舒适的生活状态，对生活质量要求较高，重视下一代的教育（见表13－1）。

表13－1 1990年、2000年儋州市社会阶层结构在业人口状况

单位：万人，%

项　　目	1990年 人数	1990年 占在业人口比例	2000年 人数	2000年 占在业人口比例
国家与社会管理者阶层	0.04	0.09	0.22	0.43
经理人员阶层	0.13	0.28	0.39	0.76
私营企业主阶层	0.01	0.02	0.37	0.72
专业技术人员阶层	0.57	1.22	2.13	4.14
办事人员阶层	0.27	0.58	1.41	2.74
个体工商户主阶层	0.1	0.21	1.52	2.96
商业服务业员工阶层	1.72	3.67	5.23	10.17
产业工人阶层	3.8	8.12	3.78	7.35
农业劳动者阶层	40.16	85.81	36.37	70.73

资料来源：根据《中国国情丛书——百县市经济社会调查·儋州卷》（1996年）、《儋州市各行业人口的职业分布》（第五次人口普查数据2001年）整理而来。

（二）经理人员阶层

经理人员阶层指大中型企业中非业主身份的高中层管理人员。其社会来源主要是国有和集体企业干部、民营企业职业经理人和"三资"企业的中高层管理人员。该阶层是市场化改革的最积极推进者和制度创新者，代表着生产力和现代经济体制的发展方向，因此，经理人员阶层政治社会地位仅次于国家与社会管理者，在当前的社会阶层结构中也是主导性阶层之一。以工业、地质普查和勘探业、建筑业、交通运输、仓储及邮电通信业、批发和零售贸易、餐饮业、房地产业、社会服务业、综合技术服务业、金融业、保险业等

实行企业职业经理人的行业以5%整理统计，1990年儋州市经理人员阶层共有从业人员0.13万人，占总从业人员总量的0.28%。2000年经理人员阶层共有从业人员0.39万人，占总从业人员总量的0.76%，与1990年相比，该阶层的人数和占总从业人员比例分别增长了2倍、1.71倍。

（三）私营企业主阶层与个体工商户主阶层

私营企业主阶层指拥有一定数量的私人资本或固定资产并进行投资以获取利润的人，按照现行政策规定，即包括所有雇工在8人以上的私营企业的业主。

个体工商户主阶层指拥有较少量私人资本（包括不动产）并投入生产、流通、服务业等经营活动或金融债券市场而且以此为生的人。如小业主或个体工商户主（有足够资本雇佣少数他人劳动但自己也直接参与劳动和生产经营的人）、自我雇佣者或个体劳动者（有足够资本可以自己开业经营但不雇佣其他劳动者）以及小股民、小股东、出租少量房屋者等。1990年个体工商户主0.1万人，约占从业人员总量的0.21%；私营企业主0.01万人，占从业人员总量的0.02%。2000年个体工商户主1.52万人，占从业人员总量的2.96%；城乡私营企业从业人员按5%计算为私营企业主，其数量为0.37万人，占从业人员总量的0.72%。与1990年相比，个体工商户主阶层的人数和占总从业人员比例分别增长了14.2倍、13.09倍；私营企业主阶层分别增长了36倍、35倍。私营企业主阶层主要从事服务业、房地产业、制造业、海洋捕捞业、高新技术产业等，有一定的社会关系资源，经济收入较高但不稳定，支付能力较强，抵抗风险能力差。

（四）专业技术人员阶层

专业技术人员阶层指在各种经济成分的机构中专门从事各种专业性工作和科学技术工作的人员。他们大多经过中高等专业知识及专门职业技术培训，并具有适应现代化社会大生产的专业分工要求的专业知识及专门技术。他们还是社会主导价值体系及意识形态的创新者和传播者，是维护社会稳定和激励社会进步的重要力量。1990年儋州市专业技术人员阶层共有从业人员0.57万人，占总从业人口的1.22%。2000年专业技术人员阶层共有从业人员2.13万人，占总从业人口的4.14%，与1990年相比，该阶层的人数和占总从业人员比例分别增长了2.74倍、2.39倍。该阶层成员受过良好的教育，有一定的社会关系资源，经济收入较高，积蓄较多，有很强的支配能力；关注家庭生活，具有很强的家庭责任感和社会责任心，对生活质量要求较高。

（五）产业工人阶层

产业工人阶层指在第二产业中从事体力、半体力劳动的生产工人、建筑业工人及相关人员。该阶层是推动先进生产力发展的基本力量，是近代以来中国经济社会发展特别是社会化大生产的产物。该阶层城乡之间差异极大，不同经济结构之间，不同发展水平之间，差异也都很明显。由于该阶层属于被雇佣地位，因此，他们在当前的社会阶层结构中属于下层群体。1990年儋州市产业工人阶层总的数量为3.8万人，约占总从业人口的8.12%。2000年产业工人阶层总的数量为3.78万人，约占总从业人口的7.35%，与1990年相比，该阶层的人数和占总从业人员比例分别下降了0.02万人、0.77个百分点。该阶层成员整体教育与培训水平较有限，社会关系资源较弱，经济收入较稳定但较低，有一定的家庭负担，抵抗风险能力很差，观念传统、家庭责任感强烈；生活方式简单，家庭观念安于现状，渴望提升自己的社会地位的政治诉求较强。

（六）农业劳动者阶层

农业劳动者阶层指承包集体所有的耕地，以农（林、牧、渔）业为唯一或主要的职业，并以农（林、牧、渔）业为唯一收入来源或主要收入来源的农民。由于这个阶层几乎不拥有组织资源，所拥有的文化资源和经济资源较低，因此，在整个社会阶层结构中的地位比较低，属底层群体。1990年，农林牧渔行业从业人员40.16万人，约占从业人员总数的85.81%。2000年农林牧渔行业从业人员36.37万人，约占从业人员总数的70.73%，与1990年相比，该阶层的人数和占总从业人员比例分别下降了3.75万人、15.08个百分点。农业经营收入过低的现实，将使今后农民阶层进一步分化，农民工群体将继续扩大，并将继续大批转移。

（七）办事人员阶层和商业服务业员工阶层

办事人员阶层是指协助部门负责人处理日常行政事务的专职办公人员，主要由党政机关中的中低层公务员、各种所有制企事业单位中的基层管理人员和非专业性办事人员等组成。这一阶层是社会阶层流动链中的重要一环，其成员是国家与社会管理者、经理人员和专业技术人员的后备军，同时，待业青年也可以通过这一阶层实现上升流动。商业服务业员工阶层是指在商业和服务行业中从事非专业性的、非体力的和体力的工作人员。办事人员阶层和商业服务业员工阶层在社会阶层结构中属于中间阶层，是社会发展与稳定的主要群体。1990年儋州市办事人员和商业服务业员工阶层总数量分别为0.27万人、1.72万人，占总从业人口的0.58%、3.67%；2000年儋州市办事人员和商业服务业员工阶层总数量分别为1.41万人、5.23万人,占总从业人口的2.74%、10.17%,与1990年相比,办事人员阶层的人数和占总从业人员比例分别增长了4.22倍、3.72倍;商业服务业员工阶层分别增长了2.04倍、1.77倍。这两个阶层受过一定的教育与培训,社会关系资源一般,经济收入稳定但不高,有一定积蓄但支配能力低,对向上的社会流动要求较强烈,对新观念、新产品的接受程度较高。

二 社会阶层变化

1990年以来,特别是1993年儋州市成立以来,儋州以传统农业为基础的从业人口比重逐步下降,社会结构趋向城镇化发展,第三产业经济规模和人口数量都呈现快速上升的态势。各社会阶层的变化主要是该阶层比例的增减与经济社会地位的消长变化,中间阶层规模逐步扩大,社会结构日趋合理。社会阶层分化与流动必然产生各阶层之间的社会、经济、生活方式及利益的差异,社会矛盾与冲突主要体现在社会财富占有间的矛盾。

(一) 社会结构整体呈现向上的社会流动,社会结构的合理性不断增强

2000年,儋州市社会主导阶层(国家社会管理者阶层、经理人员阶层和私营企业主阶层)占1.91%;社会中间阶层(专业技术人员阶层、个体工商户阶层、办事人员阶层和商业服务人员阶层)占20.01%;社会下阶层(产业工人阶层、农业劳动者阶层)占78.08%。与1990年相比,主导阶层和中间阶层的人数和比例均呈现明显增加,其中主导阶层人数增加了0.8万人,比例上升了1.52个百分点;中间阶层人数增加了7.63万人,比例上升了14.33个百分点;下阶层人数下降了3.81万人,比例下降了15.85个百分点。这一情况表明,在1990~2000年间儋州市社会结构整体呈现向上的社会流动,社会结构的合理性在不断增强,与儋州市市场经济体制的建立使社会流动加快相一致。

(二) 中间层社会阶层规模逐步扩大,成为社会新增就业的主流

随着计划经济向市场经济的转轨,产业结构与企业产权制度改革逐步加大、加快、加深,社会激励机制和活力日益激发。社会分工日益精细,为自主创业者、自由职业者提供了创业和就业的机会,促进了中间层社会阶层规模的扩大,显示较强的向上流动特征。基于职业为基础的社会阶层发生变化,社会流动向与第三产业从业相关的社会阶层在快速增加,如专业技术人员、个体工商户、办事人员、商业服务业员工等阶层的规模不断扩大,已成为社会新增就业的主流。同时,中间层社会阶层规模逐步扩大,为社会阶层的总

经济收入的提高奠定基础。

（三）农业劳动者阶层规模明显下降，缓和农业资源的占有率

1990年以来，农业经济发展水平严重滞后于社会经济发展水平，传统的农业生产资源已经难于承载劳动力人口逐年增长的压力，儋州市农业资源的占有率已相对紧张，势必减少农业人口的平均收入。而近年来，第三产业、中小企业、非公有制经济的快速发展，已成为扩大就业的主渠道，形成农业劳动者向其转移与分流，农业劳动者阶层规模明显下降，有效缓和了农业资源的占有率，促进社会结构逐渐转型，增进儋州市就业结构的合理性。

（四）下阶层规模过大，利益矛盾与冲突依然显著

2000年，儋州市社会阶层结构呈现"金字塔"形结构，社会下阶层人数占社会阶层总数的78.08%，近八成。由于社会下阶层在社会权利、社会资源和利益分配机会等方面，均低于其他社会阶层，其发展状态属于疲态，如收入、住房、教育等的机会处于底层，是社会弱势形态的主体，与社会主导阶层相比，呈现贫富差距扩大的趋势，缺乏社会权力表达与主张，使得该群体在保护自身权益和表达社会主张上受损。这种社会阶层构成形态与现代化社会结构相差甚远，容易产生比较尖锐的社会冲突（见图13-1）。

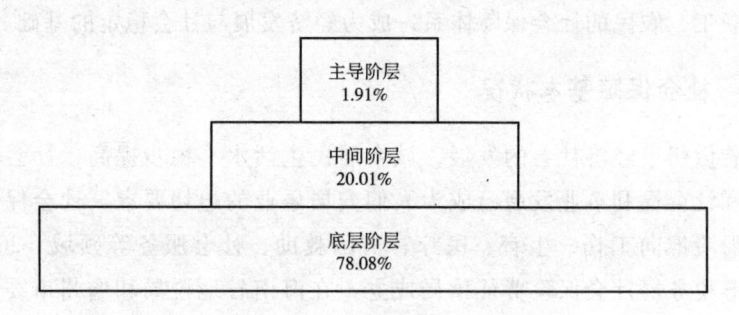

主导阶层 1.91%
中间阶层 20.01%
底层阶层 78.08%

图13-1　2000年儋州市社会阶层形态

三　解决社会阶层问题的若干对策

为了缓解社会矛盾，促进社会和谐，儋州市拟采取下列对策。

一是加大社会资源分配向工人、农民等下层群体倾斜。通过补偿性社会政策与发展性社会政策的结合，对弱势群体的社会保障政策、社会救助政策、住房补贴政策以及其他各种基本权利的实施政策保护，增加弱势群体的社会参与机会，消除社会排斥，促进社会和谐，加大社会资源对弱势群体的就业、教育、帮扶等方面的倾斜力度，通过公共财政支出、社会保障制度、转移支

付等方式提高工人、农民等下层群体经济生活水平。二是扩大中间层和中下层群体的人大代表的数量，通过参政议事表达其自身的要求与利益。特别是在影响到他们命运的决策时，如果根本听不到他们的声音，这是非常危险的，社会将会出现分崩离析。通过公平的政治参与，有效消除社会排斥现象，维护稳定、安全而公正的社会。三是扩大社会就业和维护就业的稳定。通过相应的社会保障政策的制定与实施，促进劳动就业，加大再就业扶持力度，使得新增劳动力和下岗职工通过就业获得自尊、自立、自强，努力减少社会就业不稳定所引起的各种社会矛盾。

第二节 社会保障

建立健全社会保障和社会救助制度，是建立社会主义市场经济体制的重要组成部分，是推进现代企业制度改革的重要配套措施，是建设社会主义和谐社会的重要基本要求。1993年以来，儋州市逐步加强社会保障体系、社会救助建设的政府职能力度，保障人民基本生活、维护社会安定。按照现代型社会的发展要求，对社会保障与社会救助工作进行了配套改革，不断扩大覆盖城镇职工、农民的社会保障体系，成为经济发展与社会稳定的基础。

一 社会保障基本状况

随着儋州市经济社会的发展，城乡居民生活水平稳步提高，社会保障体系完善和社会福利事业发展已成为人们安居乐业的迫切要求，社会保障改革从养老保险推向工伤、生育、医疗、贫困救助、社会服务等领域。2001年，儋州地方税务局社会保险费征稽局成立，在海南省地税局和儋州市委、市政府的统一部署下，通过加强人劳、财政和工商等各有关部门的配合，以"两个确保"工作为中心，认真贯彻落实"加强征管，堵塞漏洞，依法行政，清缴欠费，取之于民，造福社会"的工作方针，克服种种困难和不利因素，社会保险费征缴稳步增长，扩面和清欠工作取得了突破进展，社会保障制度在重新构建国家、企业、个人和社会的关系过程中，改变单位主导的状况，逐渐建立社会主导的模式。2008年征收社会保险费达到1.38亿元，创下历史最高水平。

（一）城镇基本养老保险

儋州市实施社会基本养老保险和个人基本养老保险相结合，劳动就业人员与未就业人员都享有了缴养老保险费并在退休后享受基本养老待遇的权利，为参保人员老有所养提供了政策上的保障。目前，儋州开展的城镇养老保险的类型为基本养老保险，缴费方式主要为转账和现金支付，2008年全市参加基本养老保险职工人数为3.44万人，养老保险覆盖面达到90%。与1993年1.62万名职工参保相比，参保人数增长了1.12倍；与1993年共征养老保险金589万元相比，养老保险参金增长了14.77倍。近三年养老保险费的征缴情况：2006年，共征收基本养老保险费7304万元；2007年征收8718万元，同比增加1414万元，增长19.36%；2008年征收9287万元，同比增加569万元，增长6.56%。

（二）城镇医疗保险

儋州市开展的城镇医疗保险的类型为基本医疗保险、社会补充医疗保险、公务员医疗补助和城镇居民基本医疗保险，缴费方式主要为转账和现金支付，2008年参加城镇从业人员基本医疗保险职工人数3.51万人，城镇医疗保险覆盖面达到93%。近三年城镇医疗保险的征缴情况：2006年，共征收基本医疗保险费2075万元，其他医疗保险费196万元（社会补充医疗保险费96万元，公务员医疗补助86万元，离休人员医疗统筹14万元）。2007年，征收2701万元，同比增加626万元，增长30.17%；其他医疗保险（社会补充医疗保险费、公务员医疗补助、离休人员医疗统筹）费255万元，同比增加59万元，增长30.1%。2008年，征收3268万元，同比增加567万元，增长20.99%；征收其他医疗保险（社会补充医疗保险、公务员医疗补助、离休人员医疗统筹）费302万元，同比增加47万元，增长18.43%。根据海南省、儋州市有关文件精神要求，从2008年4月1日起正式启动城镇居民基本医疗保险费征缴，截至2008年12月，征收城镇居民基本医疗保险费669万元，参保人数达到13.52万人。参加新型农村合作医疗的农民达到42.01万人，参合率为76.3%。

（三）城镇从业人员失业保险

儋州市城镇从业人员失业保险的缴费方式为转账和现金支付；2008年城镇从业人员失业保险覆盖面达到91%。近三年失业保险费的征缴情况：2006年共征收失业保险费362万元；2007年征收509万元，同比增加147万元，增长40.61%；2008年征收634万元，同比增加125万元，增长24.56%。

（四）社会最低生活保障

随着居民收入逐年增加，生活水平得到不断改善，但仍有少部分低收入的居民家庭感到日子过得较紧，需要得到政府、社会的支援和帮助。这些低收入居民家庭存在着资产少、就业人口少、收不抵支、消费水平低、消费质量差、住房条件差等问题。为保障儋州市贫困居民家庭的基本生活，建立了城市居民最低生活保障制度。2008年4月起，城市低保标准每人每月187元，农村低保标准每人每月100元，2008年给全市低保户1.38万户，给5.17万人发放低保金5000.08万元。

二 社会保障存在问题

2001年以来，儋州市社会保障工作的实施与落实逐年加强，社会保障覆盖面不断扩大，整体趋势发展良好，为儋州市经济发展与社会稳定作出了积极贡献。但是，由于各种原因，社会保障工作仍然存在一些问题。一是社会保险费征缴工作难度较大。儋州地方税务局社会保险费征稽局成立至今，归属哪一个上级主管部门管辖一直没有明确，不利于社会保险费征缴工作的开展。部分参保单位不能按时足额缴纳各项社会保险费，拖欠各项社会保险费的情况屡屡发生，常常是旧账未补，又欠新账，越欠越多，恶性循环。二是社会保险的缴费比率、缴费基数越来越高，缴费单位、个人的缴费压力越来越大。部分单位负责人为了减少开支，不愿意为职工参保缴费；少部分从业人员对社保政策不了解，存在瞒报、少报、漏报从业人员人数，或不愿意参保。三是社保信息化建设不完善。目前社会保险费征缴虽然已全部通过社会保险费计算机征收管理信息系统进行，但是由于和市社保局的计算机系统没有实现联网，不能实现数据共享，每月只能将各参保单位及个人的缴费信息数据（缴费凭证、申报表等）通过手工形式传送到市社会保险经办机构，由市社保经办机构完成缴费登记及支付工作，影响了各项社会保险缴费情况登记和支付工作的顺利进行，不利于社保事业的进一步发展。

第十四章 儋州自然资源与社会资源

1993年以来，随着经济社会的发展，儋州市认真贯彻落实《全国生态环境保护纲要》和《海南生态省建设规划纲要》，结合自身生态环境的实际情况，加大生态市建设力度，实施可持续发展战略，把环境保护纳入经济社会发展规划实施，对可再生能源开发利用、自然保护区、固体废物污染环境防治以及土地管理等全面推行环境保护目标责任制和城市环境综合整治定量考核，有力地促进了生态环境保护和建设。部分地区生态环境恶化趋势得到了遏制，环境质量进一步改善，生态产业呈现良好发展势头，生态市建设取得初步成效，促进了经济建设与环境保护的协调发展，资源的有效利用与环境保护工作取得一定进展。

第一节 资源的基本状况

一 自然资源与自然保护区

（一）动物资源

儋州市陆生动物有野生和人工饲养的两大类。野生兽类有野猪、黄猄、野兔、金钱豹、刺猬、水獭、猫花狸、水鹿、猕猴、穿山甲等；蛇类有蟒蛇、眼镜蛇、金环蛇、银环蛇、乌蛇、竹叶青等；昆虫类有蜂类、蚁类、蝴蝶类、蜻蜓等，以及金钱龟、水鳖、青蛙等两栖动物。其中，水鹿、猕猴、穿山甲、蟒蛇等10余种被列为国家珍贵野生保护动物。人工饲养的动物以禽畜类为主，包括猪、牛、羊、狗、猫、兔、鸡、鸭、鹅、鹌鹑、鸽子、蜜蜂等。近年来，儋州市大力发展畜牧业，一批优良动物种质资源陆续在落户。

儋州市的水产资源十分丰富，是海南省水产品的主产地之一。海洋鱼类有红鱼、石斑鱼、马鲛、乌鱼、白鲳、海鳗、带鱼、海鲇、鲱鲤、鲨鱼等600余种鱼类，还有龙虾、对虾、青虾、角虾、青蟹、海蛇、海参、文蛤、扇贝、珍珠贝、毛蚶、海螺、牡蛎等100余种虾、蟹、蛇、贝类。其中，新英镇的红鱼和鱿鱼，白马井镇的门鳝和鳔驰名省内外；洋浦至排浦一带海域出产的白蝶贝珍珠极为名贵。淡水鱼类有鲤鱼、鲢鱼、青鱼、草鱼、罗非鱼等30多种鱼类。

鸟类有山鸡、鹧鸪、毛鸡、猫头鹰、野鸭、白鹭、燕子、画眉、鹦鹉、鹩哥、鹰、鹭鸶、斑鸠、乌鸦、啄木鸟等数十种鸟类。其中，画眉、鹦鹉、鹩哥是主要出口的观赏鸟。

（二）植物资源

儋州境内的天然植被主要为南方热带地区常见的热带雨林和野生灌木草丛植物种群。从沿海到内地，新英等港湾的滩涂的红树林群落，滨海沙滩的刺灌草群落，滨海台地的稀树草灌群落，高丘陵地的次生常绿季雨林；从西北到东南，呈现出由矮小稀疏到高大茂密的景观。野生草本植物有白茅、矮黄茅、野香茅、竹节草等100余种，大部分可用作牧草。水生植物有蒲草、沙草、水芋等，大部分可用作禽兽的青饲料。海生植物主要有江蓠、拟石花藻等海藻类。天然林树种有530余种，属珍贵木材的树种有青梅、母生、坡垒、银珠、苦梓、油楠、红木罗、鸡占、胭脂、花梨、白格等20余种，重要乔木有黄杞、黄樟、香樟、红桐、香槁、黄桐、沉香、枇杷、黄牛木和三角枫机等450多种。

人工植被由热带区系植物的各种栽培种组成，如桉树、木麻黄、樟树、相思、松树、棕榈、橡胶、竹子和花卉等经济林、园林树种和热带亚热带果树树种。热带经济作物有橡胶、胡椒、咖啡、香茅、椰子、油棕、腰果等；水果有荔枝、龙眼、菠萝、香蕉、芒果、杨桃、木瓜等10多种。全天然次生林、人工林和四旁林的木材蓄积量1959673立方米，林木植被年均生长量33.6万吨。农作物有水稻、玉米、花生、高粱、薯芋类、甘蔗和各种蔬菜等。橡胶和甘蔗是主要的经济作物。海头、排浦等港湾的滩涂还生长着4668亩茂密的红树林，红树林是热带海岸特有的景观，是维持潮间带生态平衡起着重要作用的生物群落，红树林根系发达，能保持水土，成片红树林可阻挡风浪，保护海岸不受侵蚀。

（三）矿产资源

儋州市境内矿藏种类较多，已探明的矿产主要有煤、石灰石、泥炭、黏土、高岭土、铝土矿、锡石矿、油页岩、石英砂、矿泉水、地热水、石材、火山灰、海砂。已探明的金属矿藏有铁、铅、锌、钨、锡等8种，矿化点以锡矿较多，矿化点分布在那大镇的大宝山、兰洋镇的美元岭。非金属矿产、能源矿产、水汽矿产等17种。煤矿为褐煤，分布在长坡镇，储量约1.58亿吨。石灰石主要分布在兰洋镇、八一农场，储量约 2.3 亿吨。石材以花岗岩为主，储量约 100 亿吨。油叶岩 28.3 亿吨、灰岩 2.3 亿吨、火山灰 1.8 亿吨、石英砂 0.85 亿吨。这些矿产有明显的开采优势。地热水主要分布兰洋镇地区。海砂主要分布在沿海海岸。

（四）自然保护区

截至 2005 年 12 月，儋州市境内共有自然保护区 16 处。其中，省级自然保护区 2 处，即：儋州白蝶贝省级自然保护区和儋州市番加省级自然保护区；县级自然保护区 14 处，分别为儋州蓝洋温泉县级自然保护区、儋州英岛山石花洞县级自然保护区、儋州西华矿泉县级自然保护区、儋州黑神头景点县级自然保护区、儋州白神头景点县级自然保护区、儋州龙门激浪景观县级自然保护区、儋州东场红树林县级自然保护区、儋州新英湾红树林县级自然保护区、儋州屋基村白鹭县级自然保护区、儋州春江水库水源县级自然保护区、儋州松涛水库水源县级自然保护区、儋州沙河水库云月湖水源县级自然保护区、儋州洋浦鼻县级自然保护区。

儋州市自然保护区占海南省总数 68 处的 23.53%，是全省自然保护区数最多的市县之一，儋州蓝洋温泉县级自然保护区和儋州松涛水库水源县级自然保护区已成为海南省重要的旅游资源（见表 14-1）。

表 14-1 儋州市自然保护区名录

单位：公顷

序号	保护区名称	面积	主要保护对象	类型	级别	始建时间
1	儋州白蝶贝	30900	白蝶贝及生态系统	海洋海岸	省级	1983 年 4 月
2	儋州番加	3100	热带季雨林生态系统	森林生态	省级	1981 年 9 月
3	儋州蓝洋温泉	585	冷、热温泉水源	地质遗迹	县级	1992 年 4 月
4	儋州英岛山石花洞	79	地质遗迹	地质遗迹	县级	1992 年 4 月
5	儋州西华矿泉	850	地质遗迹及矿泉水水源	地质遗迹	县级	1992 年 4 月
6	儋州黑神头景点	28	地貌景观	地质遗迹	县级	1992 年 4 月
7	儋州白神头景点	15	地貌景观	地质地貌	县级	1992 年 4 月
8	儋州龙门激浪景观	170	地质、遗迹	地质遗迹	县级	1992 年 4 月
9	儋州东场红树林	696	红树林生态系统	海洋海岸	县级	1992 年 4 月
10	儋州新英湾红树林	115	红树林生态系统	海洋海岸	县级	1992 年 4 月
11	儋州屋基村白鹭	25	白鹭及其生境	野生动物	县级	1992 年 4 月
12	儋州春江水库水源	1008	水源	内陆湿地	县级	1992 年 4 月
13	儋州松涛水库水源	31150	水源林及水资源	内陆湿地	县级	1992 年 4 月
14	儋州沙河水库云月湖水源	1174	水源林及水资源	内陆湿地	县级	1992 年 4 月
15	儋州洋浦鼻	133	自然景观	森林生态	县级	1992 年 4 月

资料来源：国家环境保护总局《海南省自然保护区名录（2005 年 12 月）》。

2001年起，儋州市加强自然保护区和水源保护区建设，通过对全市的自然保护区进行全面清理整顿，重新确定了白碟贝、新英湾红树林等5个自然保护区以及松涛水库、沙河水库等5个水源保护区。严禁控制在自然保护区及其外围保护地带建设有污染、破坏和危害自然环境及自然资源的设施，珊瑚礁、红树林和海防林得到有效保护。同时加强对5个自然保护区、5个水源保护区、4个景观保护区的生物多样性保护与管理力度，主要加大松涛水库的水质质量管理及红树林、海防林的保护管理工作，全市保护区面积达到755.55平方公里，其中保护区陆地面积为294.92平方公里，自然保护区覆盖率9.11%。

二　历史、人文资源与旅游资源

（一）历史沿革

儋州市具有悠久的历史，古名"儋耳"。《汉书》："儋耳者，大耳种也。"《山海经·海内南经》："锼离其耳，分令下垂以为饰，即儋耳也。"《儋县志》说的干脆"其人耳长及肩"。这种说法未免有夸张之嫌。汉武帝元封元年（公元前110年），海南岛置珠崖、儋耳两郡。这是海南岛上最早同时出现的行政建制。以后各朝代虽相继变更为昌化军、南宁军等，但明清仍沿用儋州。明清琼府管三州，十县，三州即为儋州、崖州、万州。1950年海南解放至1992年，儋县建制没有改变，1950年4月儋县人民政府成立，仍以新州为县政府所在地。1957年5月设立那大县，那大成为县政府所在地，1958年12月儋县和那大县合并，沿称儋县，以那大为县城。1993年3月3日，经国务院批准撤销儋县，设立儋州市（县级市），市政府驻那大镇。儋州自建制以来，已有2000多年的历史。儋州市共辖17个镇（那大镇、南丰镇、雅星镇、和庆镇、大成镇、新州镇、光村镇、东成镇、中和镇、峨蔓镇、兰洋镇、王五镇、排浦镇、海头镇、木棠镇、白马井镇、三都镇）及3个工业园区、4个市属农场、261个村（居）委会，境内有10个国有农场。

城市建设方面。清末，县衙正式将墟区道路划为四条街：海北街、横街、中心街、丁字街。1911年那大墟粗具规模，居民增多，官方将四条街划为六个坊：敏秀坊、里和坊、近春坊、仁杰坊、敦安坊、育才坊。1945年国民党县府将墟内六个坊改为六个"保"。新中国成立初期，那大属儋县第七区，有九条街道，时称一二三街、四五六街、七八九街。1958年12月儋县和那大县合并，那大镇将一二三街改为"和平街"，四五六街改为"胜利街"，七八九街改为"解放街"。1966年将"和平街"改为"东风街"。中国共产党儋县委员会、儋县人民政府和那大镇人民政府均驻东风街。镇内大街小巷41条，人民大道、东风街、胜利街和解放街是主干。1980年后，新开发的群英新区、军屯新区、先锋新区、红旗新区和东干渠新区，街道宽阔整齐，楼房鳞次栉比。现儋州市委、市政府位于那大镇中兴大街。

（二）文物古迹

1993年以来，儋州的文博事业受到了市委、市政府的高度重视，积极开展文物调查，加强文物保护管理、考古研究。目前，儋州市有全国重点文物保护单位1处，即：儋州古城（明、清代），位于儋州市中和镇，属古建筑，2008年经中国住房和城乡建设部、国家文物局评定为"中国历史文化名镇"。海南省文物保护单位两处，一是中共琼崖特委琼崖纵队总部旧址（1945年），位于儋州市南丰镇，属革命旧址及革命纪念建筑物；二是东坡书院（清代），位于儋州市中和镇，属古建筑。

1. 儋州古城

儋州古城城址建于中和镇高坡上，夯筑而成，城址平面呈不规则方形，周长约1600米，占地面积17.5万平方米，是海南年代较早、保存较为完整的古城址，除有相当的历史、科学价值外，更有相当高的艺术价值。城制布局严谨，防御设施齐全，设有东门（德化门）、西门（镇海门）、南门（柔远门）、北门（武定门）四个城门，其上置有敌楼，外筑瓮城（月城），城墙外修筑护城壕。

四座城门建造结构基本相同，原城门上各建一座敌楼。现存镇海、武定两座城门，呈前、后双层门结构，其外用砖石混筑砌成加固。门呈拱形，部分青砖上雕刻卷草纹，武定门高5.54米，进深21米，拱门高3.5米。门额上横书"武定门"三个楷书大字，地面现存石门墩、挡门石等遗物。镇海门高5.2米，进深17米，拱门高3.75米，宽3米。德化、柔远两座城门已毁，尚存城基。

武定、镇海两城门外均设有瓮城，其内部为红黏土夯筑，外部用青条石砌筑加固。其中镇海门瓮城瓮门高3.35米、宽2.53米、进深5米。

古城墙夯筑而成，城墙高4.2~5.5米，宽21米。现存完整城墙200米，残墙450米，基础尚存的城墙950米。沿城墙外原修有护城壕，周长约1728米、宽近16米，深2.6米。

古城址内现保存有魁星塔、宁济庙、关岳庙等建筑及州署遗址。明代魁星塔为玄武岩筑成的七层石塔，中空，塔身高7.02米，塔刹由仰莲宝珠组成。宁济庙（冼太夫人庙）初建于唐代，专祀梁、陈、隋三代百越族首领冼太夫人，明代重修，三进式布局，有中堂、柔惠亭、正殿，另建有头门和前院。关岳庙始建于明弘治年间，清咸丰年间重修，两进格局，由前殿、八角亭和正殿组成。

2. 东坡书院

东坡书院位于儋州市中和镇，属全国重点文物保护单位，古时候是儋州府所在地，弯弯曲曲的村街，全用青石板铺成，古庙古寺石碑随处可见。所处环境十分雅致，树木葱茏，鸟语啁啾，一条小河从院门前静静地流过；院内建筑整齐壮观，古朴典雅，具有浓郁的民族风格。东坡书院虽历经千年的风雨沧桑，天灾人祸，但代代乡党重文厚教，募资悉心修葺，至今仍保存完好。

东坡书院与我国历史上杰出的文学家苏东坡有着密切的关系，他才华横溢，对我国文学艺术的日臻发展有着多方面的贡献，尤其散文，为世人称道，被列为唐宋八大家之一。宋哲宗绍圣四年（公元1097年），苏东坡被贬为琼州别驾。他先住在儋州官舍里，后被上司逐出，便在桄榔林里盖了几间茅屋居住，命名为桄榔庵，苏东坡与当地人结下深厚感情。州守张中和黎族读书人黎子云兄弟共同集资，在黎子云住宅边建一座房屋，既作为苏东坡及其少子苏过的栖身之处，也作为他以文会友的地方。苏东坡根据《汉书·扬雄传》中"载酒问字"的典故为房屋取名"载酒堂"。此后，苏东坡便在载酒堂里会见亲朋好友，并给汉黎各族学子讲学授业，传播中原文化。

清代，载酒堂改称东坡书院。书院旧址虽已经历了900年的风雨侵蚀，但当地人民出于对苏东坡的怀念仰慕之情，几番修建、扩建，现在东坡书院已完全恢复了当年风貌，成为颇具规模的旅游点。

3. 白马井古迹

位于儋州市白马井镇，距那大镇50多公里。此镇主要景观有"白马涌泉"和伏波将军庙。传说汉代马伏波将军南征时，因将军的白马用蹄刨沙涌出清泉而得名。后来，人们为纪念这位汉代英雄而造伏波庙设伏波井，于是，"白马涌泉"和伏波将军庙便成了旅游胜地。

现代杰出历史学家、考古学家郭沫若1961年游览考察白马井时写的《白马井港》诗，在诗序中有段关于古迹的考证的文字：在港口附近，闻迹有井，有祠祀伏波。传说伏波将军来此时，有白马踢地得泉，凿井因名"白马"。此望文生训之说耳，实则白马即是伏波，古无轻唇音，伏读如白，波马音亦相近。由此古音，可断定伏波将军确曾前来儋耳。唯不知系路伏波抑马伏波耳。苏东坡《伏波调记》云："汉有两伏波，皆在功德于岭南之民。

前伏波，邳高路侯也。后伏波，新息马侯也……古今所传，莫能定于一。"东坡生于900余年前，已难"定于一"，今则更难定矣。

随着洋浦港的开发建设和白马井开发区、白马井边贸市场的设立，白马井镇建起了宾馆、酒店等一批上档次的餐饮住宿项目和一条1公里长的商业街；街上有摩托客运车和渡口摩托游艇，为旅游者提供多项旅游服务，国内外游人日益增多。

(三) 旅游资源

儋州市历史悠久，风景资源丰富，有多处天然温泉、溶洞，境内旅游景点达26处，主要分为景观点和古迹文物点两大类，是海南岛西部地区旅游资源种类最多、最具有特色的市县。景观资源有"宝岛林园"华南热作"两院"植物园、"天上平湖"松涛水库、"沙河春色"云月湖、海滨娱乐场——海头至排浦金滩、白鹭天堂、龙门激浪、蓝洋温泉、鹿母湾瀑布、千冲神头以及英岛山天然溶洞等；古迹文物点有"天南名胜"东坡书院、东坡井、宁济庙、伏波庙、白马涌泉、儋州古城等。且有"诗乡歌海"之美誉；平民百姓吟诗作对和男女青年"调声"对唱，充满着浓郁的民族风情。旅游物产相当丰富，海产品产量名冠全省，其中以马鲛、石斑鱼、龙虾、螃蟹、红鱼、光村沙虫、邻昌海参出名；热带经济作物和水果有胡椒、槟榔、咖啡、菠萝、西瓜、香蕉和菠萝蜜等；饮食风味有那大狗肉、洛基粽；旅游产品有东坡帽、东坡屐、十三麟表带和西华矿泉水等。2008年全市接待过夜游客43.98万人次，比上年增长5.3%；旅游营业收入2.51亿万元，比上年增长2.9%。全市现有五星级宾馆1家、四星级宾馆1家、三星级宾馆5家、二星级宾馆1家、一星级宾馆1家。总的来看，儋州市的旅游资源还是比较丰富的。但投入少，开发力度不强，没有形成一定的规模效应，对外宣传不够，缺乏各类旅游人才。

第二节 资源的利用和保护

一 水资源开发利用的情况

儋州市地下水储存量48.44亿立方米，地下水天然资源97.5万立方米/日，其中潜水76.9万立方米/日，承压水20.6万立方米/日。地下水开采资源为28.72万立方米/日，占全市天然资源29.5%；火山石裂隙孔洞水开采资源为11.59万立方米/日，占全市火山石天然资源88.8%；承压水开采资源为17.14万立方米/日，占全市承压水天然资源83.3%。另外，兰洋镇有三处温泉，水温55℃～83℃，流量4.0升/秒，现已开发为休闲度假温泉。

儋州域内湖泊主要由大中小型33座水库组成，作为灌溉、发电和饮用水源，并起到蓄洪分流的作用。位于儋州市那大镇东南约20公里处南渡江上游的松涛水库是我国最大的土坝工程之一，跨儋州、白沙两市县，享有"宝岛明珠"盛誉。松涛水库始建于1958年，历时10年建成。大坝高81.1米，长760米，坝顶宽6米，将南渡江水截在南丰洋和番加洋河谷里。库区面积达130平方公里，集雨面积1496平方公里，兴利库容20.85亿立方米，年平均放水量达12亿立方米。主要担负着琼北五市县128万亩农田灌溉任务，并为海口、儋州、临高、澄迈和洋浦、老城等市县及重点工业地区提供工业、生活用水，同时保护南渡江下游十个乡镇200多万人的防洪度汛安全。松涛水利灌区粮食总产量占全省总产量27%，蔗糖总产量和油料总产量分别占全省总产量53.9%和25.3%，是一座集灌溉、防洪、供水、发电、通航、养殖等功能为一体的多功能的大型水库，水库灌区也是全国的十大灌区之一。

儋州市全境大小河流36条，目前已利用水量2.08亿立方米，占年径流量的11%，大部分水资源有待开发利用。南渡江在儋州境内22公里，流域面积460平方公里，沿河两岸景观资源丰富，水系发达，具有较典型热带田园风光和临河景观资源。

二 电力资源与电网状况

儋州市境内电力资源十分丰富。现有装机容量325.5兆瓦的洋浦电厂，以双回路220千伏线路在洛基变电站上网；南丰电站及其跌水电站装机容量合计40.5兆瓦，以100千伏线路分别接入那大变电站和打安变电站；另外单机容量500千瓦以上的小水电站装机容量合计8.6兆瓦，大部分以35千伏电压等级送入电网，此外，有松涛水库局域网向库区周边地区供电。

境内现有220千伏变电站1座（洛基变），其主变容量1×120MVA；220千伏线路2条（马洛线和洛鹅线）。110千伏变电站四座（那大变、木棠变、白马井变和八一变），主变容量合计69.5MVA；110千伏线路5条，长度合计约155公里。境内建成投运的35千伏变电站共有20座（包含用户变），主变容量合计约68.7MVA，主要的35千伏线路有13条，总长约200公里（见表14-2）。

表 14-2　儋州市电网概况

变电站 项目	主变容量(MVA)	线路名称	导线型号	长度(千米)
洋浦 220 千伏升变	2×210	洋浦-洛基地 20 千伏	LGJF-400	41.76
洋浦 132 千伏升变	2×174+50			
洛基 220 千伏变	1×120	洛基-鹅毛岭 220 千伏线	LGJ-240	69.33
		洛基-马村 220 千伏线	LGJ-400	75
那大 110 千伏变	1×31.5	洛基-那大 110 千伏线	LGJx-240	21.0
木棠 110 千伏变	1×8.0	洛基-木棠 110 千伏线	LGJx-240	27.0
白马井 110 千伏变	1×10.0	木棠-白马井 110 千伏线	LGJx-240	22.2
八一 110 千伏变	1×20.0	那大-鹅毛岭 110 千伏线	LGJx-240	69.5
		那大-南丰 110 千伏线	LGJx-150	15.0

资料来源：《儋州市基础资料》。

三　海岸线开发利用情况

儋州市海岸线长 240 公里，且曲折多海湾，主要海湾为儋州湾，儋州湾含后水湾和洋浦港，是海南省海岸线最长的市县。有 25 处海湾可建港口，港口发展潜力巨大，可以走出本海域向更加广阔的海洋进军，根据《海南省国土综合规划》要求，儋州市是全省发展港口的重点地区之一。已建成使用的港口码头还有新英、海头、干冲、鱼骨、南滩、龙门、顿机、盐丁、咸塘等 9 处。现有洋浦及白马井两个成规模的港口。洋浦港位于洋浦开发区内（属洋浦管理局），是海南最大的天然深水避风港，天然水深 9~24 米，拥有可建 10 万吨级泊位的峨蔓油轮港口和 20 万吨级泊位的洋浦港口。白马井港历史最悠久，远在东汉时期，已经是一个规模不小的渔港，现有 2000 吨级泊位两个，货物年吞吐能力为 10 万吨，占全市年货运量的 88.26%（不含洋浦，1996 年）。有仓库 1681 平方米；堆场 17340 平方米，是海南主要的对越边贸基地，负担糖产品、煤、金属矿石、肥料等货物的运输。

海岸地质条件多样、植被较为丰富，近海水质较好，大多数达国家Ⅱ类海水水质标准以上，海岸景观资源丰富。潮间带滩涂面积 1.49 万公顷，0~15 米浅海面积为 2 万公顷，可养殖面积 4000 公顷。全市渔业养殖用海面积达 0.15 万公顷，使用潮间带海域占 85%，另外 15% 为浅海。海水养殖区主要分布于儋州市沿海各镇和洋浦地区。浅海海底地形变化不大，坡度平缓，有珊瑚礁分布，底质为泥、砂泥、砂和岩礁等，为高盐度的贝类及广盐度的太平洋牡蛎、筏式养殖和底播纹流提供了良好的条件。

第十五章 儋州生态环境保护与建设

　　由于海洋性气候环境和对高污染工业的限制，儋州市环境空气质量保持在良好水平，水环境功能区水质全部达到国家相应水质标准要求；近岸海域海水水质达到Ⅰ类海水水质标准，饮用水源水质保持国家地表水Ⅱ类水质标准，河流水质符合相应水功能要求；城市声环境质量得到进一步提高，空气质量总体继续保持优于国家Ⅰ级标准。随着人口快速增长、建筑密度加大和汽车数量逐年增加，城市污水、生活垃圾相应增加，使生态环境逐渐脆弱。加强儋州市的环境建设，保护好生态环境，已成为儋州市可持续发展的一项亟待解决的任务。近年来，儋州根据自身的基础条件和发展实际，按照《海南生态省建设规划纲要》的目标要求，高标准制定了《儋州市生态市建设规划》，突出生态环境建设与保护、生态产业、城市园林绿化建设、文明生态村建设等四个重点。

第一节　自然环境状况

一　气候与土壤

　　儋州市处于东亚大陆季风气候的南缘，热带季风海洋性气候，冬春多旱，夏秋多雨，全年无雪，四季常青。由于受岛内中部隆起的五指山脉的阻隔，处于背风面，又濒临北部湾，故儋州市又有独特的小气候，特点基本上表现为：一是太阳辐射强。全年接受太阳辐射能量每平方厘米110～130千卡。南部山区较少，每平方厘米约110千卡；西部沿海最多，每平方厘米130千卡左右。夏季太阳辐射量最多，占全年辐射量的31%；春季次之，占28%；秋季占23%；冬季最少，占18%。然而，即使是冬季，南部山区每平方厘米20千卡的太阳辐射量仍能满足热带作物生长的需要。二是光热充足。全市各地年平均日照时数多在2000小时以上，西部沿海最多，达2500小时左右；南部山区最少，仅1800小时左右。在季节的分布上，夏季日照时数最多，占全年日照时数的31%，春季占27%，秋季占23%，冬季占19%，冬季寡照，常伴有低温阴雨，对早稻育秧和越冬作物不利。夏至昼最长，可照时数达13.3小时，冬至昼最短，可照时数仅10.9小时；全县年平均气温23.5℃（南部山区22℃～23℃，其余地区23℃以上）。最冷的1月份平均气温16.7℃，最热的7月份平均气温27.5℃。一年的月平均气温大于20℃的月份是3～11月，共9个月。暖季长，冷季短，春温回升早且快，热量资源丰富，作物一年四季均可生长，为农业生产提供有利条件。三是雨量适中，分布不均。全市各地年雨量900～2200毫米，年均1815毫米，大部分地区达1500毫米以上。由于受季风影响，全年雨量分布很不均匀，干季和雨季分明。5～10月为雨季，雨量达1523.4毫米，占年雨量的84%；11月至次年4月为干季，雨量292.1毫米，占年雨量的16%。雨量分布趋势是由东向西北逐渐递减。四是减速稍大，沿海为甚。全市各地年平均风速1～4米/秒。南部山区年平均风速小于2米/秒，中部丘陵地区年平均风速2～2.9米/秒。西北部沿海平均风速大于3米/秒。台风每年平均出现4次，风力12级以上的台风，出现几率较低，岛东地区首当其冲，风害较严重，与之比较，儋州市受热带风暴和台风影响在全省属强度最小的市县之一。

儋州市土壤有砖红壤、水稻土、紫色土、潮沙泥土、沼泽土、石质土、菜园土、滨海渍泽土、滨海沙土、红色石灰土和赤红壤等11个土类。自然土以砖红壤为主体，砖红壤占全市总面积的81.77%。砂页岩发育的紫色土占全市总面积的4.85%。滨海沙土占全市总面积的1.84%，水稻土是自然土壤的基础上综合人为因素的产物，占全市总面积的9.6%。

二　水文与港湾

儋州市汛期为每年的5～10月，是径流量最大的丰水期，旱季为11月至次年的4月，是径流量最小的枯水期。最大洪峰流量多出现在8～10月，一般洪水出现在5月、6月和11月。由于径流主要是由降水供给，河流最大流量、最小流量的比值和洪枯水位的变幅相当大，地表年径流量达189亿立方米。北门江下游地区的蚂蝗岭和水井岭有水土流失现象，其余绝大部分地区地面植被良好，极少水土流失，河水含沙量较少。全境大小河流36条，多循地势呈放射状流入大海。其中集雨面积100平方公里以上的河流8条，分为部分流域面积在本县的过境河流和全部流域面积在本县的独流入海河流。发源于境外流经境内的有：南渡江、珠碧江和文澜江，在儋州市的集雨面积为951平方公里，其中南渡江为海南省第一大河，河道全长334公里，流域面积7033平方公里，在儋州境内22公里，流域面积459平方公里（见表15-1）。发源于境内的有：北门江、春江、光村江、排浦江和山鸡江等5条，集雨面积共1637平方公里。境内有海南岛最大的松涛水库，库存水量达33.45亿立方米。

表15-1 儋州市主要河流基本状况

	河流名称	发源地	河流长度（公里）	集雨面积（平方公里）	多年平均径流量（亿立方米）	多年平均降雨量（毫米）
周边河流	北门江	蕉排岭	62.2	648	4.06	1526
	春江	糖兴岭	55.7	558	2.88	1406
	光村江	大吉岭	40.3	181	0.89	1403
	排浦江	别头岭	22.3	138	0.51	1269
	山鸡江	老村岭	24.6	112	0.37	1218
	小　　计		205.1	1637	—	—
过境河流	珠碧江	南高岭	83.8	957/235	6.41	1536
	文澜江	大五岭	86.5	777/256.3	5.19	1572
	南渡江	南峰岭	334	7033/459	69.20	1935
	小　　计		504.3	8767	—	—
	合　　计		709.4	10404	—	—

说明：集雨面积栏内分线号前为总汇水面积，分线号后为境内汇水面积。
资料来源：《儋州市基础资料》。

全市海岸线长240公里，且曲折多海湾，岛礁2个，港湾8个。主要海湾有：儋州湾、后水湾和洋浦湾，其中儋州湾最大，含后水湾和洋浦港，后水湾为内弯，面积约为20平方海里，洋浦湾为外弯。主要海岸港口有：洋浦、干冲、白马井、新英、海头、排浦、峨蔓、英沙、顿积、神充等，其中洋浦港湾阔水深，建有万吨级深水码头，是不可多得的深水良港。滩涂面积128平方公里，有30%以上的滩涂适宜浅海养殖。

第二节　生态环境状况

一　大气的质量状况

儋州市环境空气质量总体优良，可吸入颗粒物、二氧化硫、二氧化氮年均值均符合国家环境空气质量Ⅰ级标准。2008年监测到的可吸入颗粒物、二氧化硫、二氧化氮等三项指标浓度年均值分别为0.036毫克/立方米、0.002毫克/立方米、0.002毫克/立方米。与2003年情况相比，可吸入颗粒物年均值下降了1.64倍、二氧化硫年均值上升了33.34%、二氧化氮年均值下降了3.5倍。数据表明，儋州市环境空气质量总体情况呈现逐年优化和提高（见表15-2）。

表15-2 2003~2008年儋州市可吸入颗粒物、二氧化硫、二氧化氮年均值情况

单位：毫克/立方米

项目 年份	2003	2005	2006	2007	2008
可吸入颗粒物	0.095	0.032	0.0037	0.035	0.036
二氧化硫	0.0015	0.0015	0.0013	0.004	0.002
二氧化氮	0.009	0.010	0.002	0.008	0.002
空气污染综合指数（API）	国家Ⅰ级标准	国家Ⅰ级标准	国家Ⅰ级标准	国家Ⅰ级标准	国家Ⅰ级标准

资料来源：根据《儋州市经济和社会发展统计公报》（2003~2008年）整理。

二 水环境质量状况

（一）陆域地表水质量状况

儋州市陆域地表水水体中包含了河流、湖泊、水库、人工河渠等多种类型，形成了水量丰富的地表水系，水环境质量总体保持良好，集中式饮用水源地水质保持国家《地表水环境质量标准》（GB 3838-2002）Ⅱ类水质标准。

受污染的河流主要为春江和北门江。春江除监测项目溶解氧、高锰酸钾指数、氨氮、挥发酚指标仅符合Ⅲ类水域标准，而化学耗氧量COD（锰法）和细菌总数超过国家《地面水环境质量标准》（GB 3838-88）Ⅲ类水质标准，水源污染来源主要是春江水库上游的八一糖厂、矿厂、农业尾水中的化肥、农药、沿岸人畜污水及腐殖质。

北门江（含天角潭）水质受上游工厂排污的影响，遭到了比较严重的有机污染，超过Ⅲ类水质标准的项目有pH值、化学耗氧量、氨氮等，其中化学耗氧量（重铬酸盐法）污染十分严重，儋州市区附近河段的氨氮仅符合Ⅳ类水域标准，高锰酸钾指数、挥发酚符合Ⅲ类水域标准，中游河段（长坡桥）水质符合Ⅲ类标准。监测资料表明，北门江超过Ⅳ类水质标准占70%，

超过Ⅴ类水质标准占60%。此外北门江枯水期感官指标，如色、嗅也比较差，并且存在一定的油污染和悬浮物污染。河流的污染来源那大镇东南部生活水及那大糖厂、造纸厂、纸箱厂等工业污水，沿岸农业尾水、人畜污水、腐殖质等。该水源是不能作为生活饮用水水源的，从现状看Ⅳ类水质可作为工业用水水源。

（二）地下水环境质量状况

儋州市地下水分为北部雷琼沉降带自流水盆地区和南部印支穹隆裂隙潜水及孔隙潜水区两大部分。全市地下水储存量48.44亿立方米，其中潜水7.84亿立方米，海口组承压水17.21亿立方米，长流组承压水23.39亿立方米。按含水介质、水力特性和储存条件，可分为松散岩类孔隙潜水、火山岩类裂隙孔洞水、基岩网状裂隙水、松散固结岩类孔隙承压水四大类。按成因、岩性和结构等将松散岩类孔隙潜水分为河流冲积、洪积、海积和风积层孔隙潜水四个亚类；火山岩裂隙孔洞水分为玄武岩裂隙孔洞水和凝灰石裂隙孔洞水两个亚类；基岩网状裂隙水分为层状岩（红层）和块状岩（花岗岩）网状裂隙水两个亚类；松散固结孔隙承压水分为海口组、长流组承压水两个亚类。

水质基本状况为：第四系松散岩类孔隙水水质较好，适宜饮用，但有些地段水质较差，如砂井村，属盐水，高木村—新英—新洲—白马井等港湾一带为微咸水，不宜饮用。第四系火山岩裂隙孔洞水一般适宜饮用，但沿海地带少数民井受海水入侵，矿化度大于1克/升，不宜饮用。基岩网状裂隙水以地下水化学类型以HOC_3为主，适宜饮用。海口组承压水以地下水化学类型以HOC_3为主，适宜饮用，但笔架岭、洋浦、中和孔测铁离子含量超标，须除铁处理后方可饮用；新英28-1孔矿化度达到23.3克/升，属盐水，不宜饮用。长流组承压水以地下水化学类型为HOC_3为主，长坡—上黄—新洲—中和为铁离子超标区，松林、三都、干冲等地铁离子含量较高，不宜直接饮用，其余地区水质较好，宜饮用。

（三）近岸海域海水环境质量状况

近岸海域海水水质执行国家《海水水质标准》（GB 3097-1997），近岸海域以Ⅰ、Ⅱ类海水为主，绝大部分海域水质处于清洁状态，海域水质符合儋州湾近岸海域的功能区水环境管理目标要求，海水各功能区基本上达到相应的海水水质标准。洋浦鼻、海头港渔业养殖区和三都海域均符合Ⅰ类海水标准，兵马角、新英湾养殖区、儋州白蝶贝自然保护区和头东村养殖区近岸海域由于受活性磷酸盐和生化需氧量影响，水质为Ⅱ类海水标准。新英湾红树林保护区符合海域水环境功能区的要求，儋州白蝶贝自然保护区近岸海域未能达到Ⅰ类海水的水环境功能区管理目标。

1999年以来，按照《海南生态省建设规划纲要》（1999年2月）的要求，儋州市在海洋环境保护方面加强贯彻落实。一是建立海洋环境保护领导与执法机构。市海洋部门成立了海洋环境保护领导小组，市委书记主抓，同时成立了中国海监儋州大队，加强海洋环境的执法检查，使海洋环境和渔业资源得到较好保护。二是加强海洋环境保护宣传与清理整顿。近年来，在沿海加大了《海洋环境保护法》、《海域使用管理法》、《渔业法》的宣传力度，并认真抓好法律法规的贯彻落实。开展了打击破坏珊瑚礁的活动和违规用海的清理整顿，与有关部门合作在光村对距海岸线200米内的高位池进行强制填平，并要求种上海防林，使海洋环境得到较好保护。三是编制海洋渔业发展总体规划。坚持发展与规划同步进行，绝不以牺牲环境为代价来发展经济，在海洋产业开发方面按《海南省海洋区域功能规划纲要》要求，编制儋州市海洋渔业发展总体规划，做到了渔业产业发展规划先行，合理开发，综合利用，较好地保护了海洋生态环境。

（四）废水排放及防治情况

2007年，全市废水排放总量2921万吨，比上年减少78万吨，减少了2.67%，废水中化学需氧量排放总量12200吨，比上年减少730吨，减少了5.68%。与1993年全市废水排放总量59.08万吨相比，全市废水排放总量增长了48.44倍。工业废水排放达标率96.5%，比1993年的15.1%，提高了81.4个百分点。

近年来，儋州市不断推进生活垃圾处理场和污水处理厂的建设，目前已完成了那大城区污水处理厂和生活垃圾处理场项目的选址环评工作。同时，强化对污染源、污染防治设施和重点流域的监督检查，有效防止了环境污染事故和生态环境破坏事件的发生，确保了全市重点流域的水质安全。对排污单位和全市矿山企业进行审核，发放了排放污染物排污许可证，治理废水的规模和防治环境污染投入也在逐年加大。

三 固体废弃物处理状况

2008年，儋州市工业固体废弃物7.8万吨，综合利用率为100%。与1993年工业固体废弃物1.5万吨和综合利用率为85%相比，工业固体废弃物增加了6.3万吨，综合利用率上升了15个百分点。统计表明，1993~2005年的12年间儋州市工业固体废弃物增长1.16倍，2005~2007年的2年间增长

1.46倍，说明儋州市工业化规模不断扩大的同时，工业固体废弃物也总量呈现快速增加，可喜的是，2008年工业固体废弃物综合利用率首次实现了100%（见表15-3）。

表15-3 儋州市固体废弃物年产生和综合利用率情况

单位：万吨，%

项目\年份	1993	2003	2005	2007	2008
工业固体废弃物产生量	1.50	3.34	3.24	7.97	7.8
综合利用率	85.00	99.3	96.80	99.77	100.00

资料来源：根据《中国国情丛书——百县市经济社会调查·儋州卷》（1996年）整理。

四 绿化建设状况

儋州市主要以农田生态系统或城市生态系统为主。2005年，全市森林覆盖率达42.3%，公共绿化面积153.7公顷，建成区绿化覆盖面积1155公顷，建成区绿地率达35.08%，绿化覆盖面积达982公顷，绿化覆盖率40.75%，公共绿地153.7公顷，人均拥有绿地8.78平方米。由人文景观、公园、道路绿化带、公共绿地、人工湖库和沟渠等构成了儋州市的人工生态系统，植被茂盛，种类繁多，以椰子树、榕树、棕榈树等长绿阔叶乔木为代表，极具热带特征。为保护园林绿化成果，儋州市制定了《儋州市园林管理暂行规定》、《关于城市园林绿化工程验收管理的暂行规定》、《关于城市园林绿化规划报建暂行规定》、《关于城市园林绿化施工市场管理暂行办法》、《儋州市绿化补偿（赔偿）费标准》等规章制度和标准，为儋州园林绿化规划、建设和管理工作提供法律依据。自1993起，儋州市绿化状况逐年改善，先后被评为"全国农业百强市"、"全国卫生城市"、"全国文明示范市"、"全国城市环境综合整治优秀城市"、"全国平原绿化达标市"、"全国园林绿化先进市"、海南省"园林城市"等荣誉。

第三节 土地利用与退化状况

2005年儋州市的土地总面积3265平方公里，浅海和滩涂面积达30万亩，热带作物总面积为86.44万亩，其中，橡胶种植面积为84.65万亩，占热带作物总面积的97.93%。耕地为80.72万亩，人均土地面积5.15亩，人均耕地面积1.73亩。与2005年国家统计局发布的人均耕地面积1.2亩的统计情况相比，儋州市人均占有耕地面积远高于全国平均水平，仅为全国平均水平的1.44倍。

一 土地利用

近年来，儋州市土地利用方式以增加综合农业种植面积为主，城市建设和农村住房建设居次要地位，截至2005年，儋州市建设用地为2.7万公顷，占土地总面积的8.3%，主要用于工业、交通、能源、旅游、房地产等方面的建设。居民点及工矿用地面积为2.49万公顷，占土地总面积的7.66%（见表15-4）。其中城镇建设用地0.34万公顷，村庄用地0.97万公顷，分别占本类用地的13.65%、37.75%。交通用地为0.21万公顷，占土地总面积的0.64%。其中公路用地0.06万公顷，占本类用地的28.57%；农村道路0.15万公顷，占本类用地的71.43%。

表15-4 2005年儋州市土地利用情况统计

土地类型	项目	面积（公顷）	比例（%）	人均指标（平方米）
农用地	耕地	108363.3	33.19	1150.60
	园地	66205.4	20.28	702.97
	林地	80002.1	24.50	849.46
	牧草地	8.4	—	—
	水域	30824.4	9.43	327.29
建设用地	居民点及工矿用地	24939.3	7.66	264.80
	交通用地	2107.2	0.64	22.37
未利用地		14067.9	4.30	149.37
合计		326518.0	—	—

资料来源：根据《儋州市1996~2010年土地利用总体规划》资料整理。

随着建设用地的逐年增长，儋州市土地利用与土地资源不可再生的矛盾也日益突出，存在的主要问题有：一是非农建设将继续占用农地，二是土地资源受到破坏，生态环境恶化，三是土地利用效率低，利用方式单一。针对存在的主要问题，儋州市于1996年制定了《儋州市1996~2010年土地利用总体规划》，通过加大城镇化进程和扩大第三产业就业引导，使村庄用地面积从1996年的1.02万公顷，逐渐降至2010年的0.53万公顷，从而确保建设用地的均衡（见表15-5）。

表15-5 儋州市城镇（村庄）建设用地规划面积控制

单位：公顷

年份\项目	建设用地	城镇用地面积	其中		村庄用地面积
			市区（那大）用地面积	建制镇用地面积	
1996	13581.6	3407.1	1324.4	2082.7	10174.5
2005	15480.1	6739.7	1977.2	4762.5	8740.4
2010	13673.6	8400.8	2400.8	6000.0	5272.8

资料来源：根据《儋州市1996~2010年土地利用总体规划》资料整理。

二 土地退化

儋州市主要水系流经的区域存在水土流失的现象，存在土地沙化的情况。其中，蚂蝗岭流域总面积52.7平方公里，由于各方面的因素，多年来水土流失面积达到33.4平方公里，严重影响了东成、光村、中和等镇的30多个自然村群众的生产和生活，有4850亩农田被沙土淹没，无法耕作。近年来，为治理水土流失，在海南省政府的大力支持下，通过多方筹集资金方式，分别完成了榕妙水、新苑、振兴3个小流域的水土流失治理工作，共完成水土流失治理面积33.85平方公里，坡改梯田面积3252亩，水土保持林10950亩，种草2040亩。完成工程土石方3996.67万立方米，其中填土方123.81万立方米，石方3850万立方米。

三 土地利用建议

始终坚持"合理用地、节约用地"的原则，节约每一寸土地。一是城市总体规划要与土地总体规划相协调，做到两者兼顾，协调发展。既满足城市发展需要，又保证土地合理、节约利用。二是注意控制用地规模，处理好老城改造与新区开发的关系，坚持以人为本的城市建设理念，不追求宽马路、大广场，防止贪大求全而造成土地的浪费。三是在城市规划过程中要严格控制占用农田和耕地，要合理利用荒地、坡地和闲置土地进行城市建设。

第四节 生态环境保护的对策

儋州市委、市政府明确认识到，生态环境保护工作应以预防为主，发展经济要始终坚持不以牺牲环境为代价的原则，不能只注重眼前利益，走先污染后治理，先破坏后补救的老路。同时，应从全局出发，科学地、有计划地建设儋州生态市。

一是建立和完善有关生态环境建设的法律法规。需要制定一个有关生态建设的系统性的规章，将耕地保护、城市建设、绿化治理等方面的管理工作有机地联系起来，使生态建设做到有法可依、有章可循，实行建设项目环保第一审批权，各项评比评优工作环保一票否决权等。同时，建立有效监督管理机制，促进环境保护执法工作的开展，保障生态市建设工作的顺利进行。

二是加强生态保护组织机构建设和宣传教育。组织一批生态相关的专业人才，成立相应的生态环境管理机构，主要领导亲自挂帅，协调各部门的生态建设工作，建立一个长效的管理机制，建立科学合理的生态决策体系，避免将生态市的建设工作变成阶段性的"面子工程"和"贴金工程"。

生态工作不仅涉及城市建设、经济发展，而且深入老百姓的衣食住行之中。因此，生态城市的建设必须大众化，必须全面地发动群众参与。生态教育工作必须与中小学教育有机地结合起来，环保教材和教师培训应从小学向中学普及。城市的新闻媒体应更加关心市民周围的环境状况，多增加一些对破坏生态环境、不文明、不科学生活方式的曝光和批评，多介绍一些环境保护的知识，加强科普教育，对生态环境工作的先进人物和事迹及时报道，切实发挥舆论监督和舆论导向的作用。

三是大力发展"循环经济"。循环经济是指"资源—产品—再生资源"循环流动的生态经济，其特征是"低开采、高利用、低排放"。作为当前新的世界潮流和趋势，循环经济已被国际上公认为实现可持续发展的根本途径。儋州市拟按照新老城区优势互补、协调发展的方式，按照循环经济的模式调整产业结构，建设包括工业循环系统、农业循环系统和社会循环系统在内的循环经济体系，从而建立良性区域循环经济，形成高效的物质、能量和信息交互系统、提倡绿色消费和文明消费，提高再生资源和能源的使用效率、建立和完善生态城市建设的保障体系，包括法律、法规体系，管理体制，检测监督机制以及人才培养和生态环境意识教育等。

第四篇 儋州文化

第十六章 儋州教育

第一节 教育结构与教育资源

儋州市历史悠久，文化底蕴深，素有"海南有士始于儋"的美誉。1996年以来，儋州市已经初步形成从学前教育到高等教育、从学校教育到社会教育协调发展的教育新格局，在巩固普及九年义务教育成果的基础上，高中阶段教育以及高等教育的规模有较大扩展。尤其是2003年以来，儋州市加强教育管理和加大教育投入，在实现基本普及九年义务教育和基本扫除青壮年文盲的基础上，危房改造成绩突出，办学条件明显改善，教育资源不断扩大，素质教育不断推进，师资水平与教育质量不断提升，教育事业全面发展，取得了显著成绩。

一 学前教育的发展状况

1996年以来，儋州市的幼儿教育基本上完成了向民办教育为主的转轨，形成了公办园与民办园共同发展、正规和非正规形式相结合的发展格局。1996年儋州市规模较大、师资较强、保养质量较好的幼儿园只有1所，2008年，有省一级三类幼儿园2所、市一级幼儿园5所。

儋州市学前教育的特点：一是随着幼儿总量规模的不断增大，幼儿园数量也随之增长，基本上保证了学前教育的发展需求。1996年幼儿园总数为15所。在园幼儿数为3013人，至2008年，幼儿园总数为59所，在园幼儿数为14457人，比1996年增长了4倍。二是民办学前教育取代公办，成为学前教育的主体。1996年儋州市共有幼儿园数15所，其中公办1所，占总数比例亦为7%；至2008年，儋州市幼儿园数59所，其中公办4所，占总数比例为7%，民办55所，占93%。

二 义务教育和高中教育的发展状况

（一）"两基"提高成果不断巩固

义务教育关系国民素质的提高，是儋州市发展的基础性工程，是全面建设小康社会的重要内容。1996年以来，儋州市加大了义务教育的政策倾斜，增加了财政收入，使得教育规模、教育设施、师资力量和教育水平都有显著的提高，"两基"提高成果不断巩固。同时，积极贯彻《民办教育促进法》和《民办教育促进法实施条例》，有效地整合社会教育资源并投入义务教育中，促进儋州市的义务教育进一步发展。

2000年和2002年分别顺利通过了省、国家"两基"年检，2002年获得省"两基"年检先进单位的荣誉称号。2008年儋州市初中入学率、巩固率、毕业率、升学率分别为97.6%、92.1%、98.2%、60.7%，辍学率为7.9%，其中农村初中入学率、巩固率、毕业率、升学率分别为96.3%、90.5%、95.6%、51.2%，辍学率为3.6%；小学、初中的辍学分别控制在0.15%和3.1%以内，各项普及程度均超过国家"两基"验收指标要求和全国平均水平。

（二）高中教育的发展状况

2008年全市报考高等学校的考生人数是5777人，录取率是64.3%，本科入围率达到24.9%，1996年参加高考633人，成绩入围者585人（含大学/大专和中专），占考生总数的92.4%，2008年与1996年相比，高考入围率、录取率明显提高。儋州市高中教育出现了质的跨越。

三 高等职业技术教育现状

2009年儋州市有各类中等职业技术学校5所，其中普通中专学校2所，公办职业高中3所。全市中等职业技术学校在校生数占全市高中阶段在校生总数的25%；应届毕业生一次性就业率达68%。全市各类中等职业技术学校共开设18个专业，在校学生2130人；与1996年相比2008年各类中专、技校在校学生增加1636人。

近几年来，儋州市改革了职业学校招生方法，实行登记入学、宽进严出制度，并对农村学生减免学费或课本费。2009年职业学校面向农村招收初中学生1500人，占招生总数的100%。加强农村成人文化技术学校建设和开展各类文化技术培训，仅2009年参加学习培训的就达2500人次，其中农村劳动力转移培训的有1800人。

四　高等教育

儋州高等院校仅有华南热带作物学院，它与中国热带农业科学院一起，是中国唯一培养热带大农业高等科研及管理人才的大学，是以热带农业为基础的多科性的研究机构，也是国家首批批准有硕士学位授予权的院校之一。它对儋州市的教育和科研事业起着重大的推动和辐射作用。充分发挥该校的科教优势，是从整体上提升儋州教育水平、为跨世纪的经济社会发展培养高层科技人才和管理人才的关键。

第二节　教师队伍建设

一　教师队伍的数量、结构和素质变化

（1）本市教职工编制数为 7302 名（含海中东坡学校 200 名），现配备 7092 人，其中职工为 213 人，缺编 10 人。其中小学教师满编、初中教师满编、高中教师缺编 10 人。

（2）本市现有教师中，小学民办教师转为公办教师 1429 人；初中民办教师转为公办教师 89 人；小学临时代课教师数 403 人，学历达标率 100%；初中临时代课教师数 8 人，学历达标率 100%。

（3）本市现有教师中，小学教师 4343 人，学历达标率 100%；初中教师 2259 人，学历达标率 100%；高中教师 490 人，学历达标率 95%；小学、初中、高中转岗（专业）情况为：小学转初中 58 人，初中转高中 18 人，高中无转岗。

二　教师队伍的建设与管理

（一）本市严把中小学教师出入口关和招聘教师工作情况

从 2005 年起，本市坚持按编设岗、平等竞争、进岗必考、择优录用、合同管理和公平、公正、公开的原则，公开向社会招聘中小学教师，为加强对教师招聘工作的领导，成立了中小学教师招聘领导小组，分管教育的副市长担任组长，成员从教育局、人劳局、财政局、纪检监察局抽调组成。招聘工作程序：制订方案—向社会公告—组织报名—资格审查—笔试面试—招聘录用。几年来共招聘中小学教师 1113 人。

（二）本市中小学教师培训、继续教育、提高学历层次和骨干教师队伍建设情况

1. 本市对全体教师进行非学历提高培训

2003年小学教师学科基本功训练通过省级考核验收，3144名小学教师取得合格证书，合格率为98.5%。2003~2004年，1976名中学教师参加岗位全员培训。

2. 扎实推进新一轮（2004~2008年）中小学教师岗位培训工作

包括全员岗位培训、小学校长任职资格和提高培训、中小学教师新课程培训考试培训和小学骨干教师培训。

3. 推进教师继续教育工作的制度化和规范化

积极探索教师继续教育的方法和途径，加强师资培训行动研究，推进教师继续教育工作的制度化和规范化，并实行学分管理制度。

4. 学历提高培训

为了使中小学教师的学历在2008年达到中学教师本科化、小学教师专科化的目标要求，2003年以来，市教师进修学校与海南师范大学联合办学，创办不同层次、不同类别的函授班。儋州市中小学教师参加学历提高培训的有4600人，其中专科2500人，本科2100人。目前，专科毕业1900人，本科毕业1500人。至2008年6月，本市的小学教师专科率和中学教师本科率已达到80%。

（三）实行聘任制后在工资、津贴或奖金方面变化情况

1. 工资方面

实行聘任制后，教师的工资没有多大变化，基本上按照个人工资数额发放。从2009年开始，工资实行三、五、七等级工资，由学校具体操作，再报市财政审批。

2. 津贴方面

教师的津贴按照省有关文件精神，属于九年义务教育的教师平均每人每月有120元的绩效工资，由各学校根据教师的工作量情况具体发放。从2009年开始，由市教育局组织考核小组对各学校进行考核，根据考核情况按量发放绩效工资给学校，学校再根据该校的考核办法发放给教师。

3. 奖金方面

目前，儋州各学校基本上已按照省、市等有关文件精神，不再发放任何奖金。

三　教师队伍建设的问题和对策

目前，本市师资结构性矛盾主要表现为：城乡分布不平衡，常常是市区

教师多，乡村教师少，不同的乡镇教师分布也严重不均；学段结构分布不平衡，一般是小学教师多，初中教师少，高中教师更少；学科结构分布不平衡，传统学科教师多，新型学科教师少，比如计算机、英语等学科教师相对紧缺。由于不少地方不再新进教师，而随着高中扩招，师资短缺日益严重，因此就出现了初中的优秀教师被选拔到高中任教、小学的优秀教师被选拔到初中任教的现象。

第十七章 儋州科技

第一节 科学技术发展与科研机构

一 科技发展的基本状况

根据儋州市的实际情况和产业布局，市委市政府先后制定实施了：《儋州市科技兴市决定》、《儋州市开展创建科技进步先进市活动方案》、《儋州市科技局长基金管理办法》、《关于引进优秀人才和鼓励人才充分发挥作用的若干规定》、《科普工作联席会议制度》、《儋州市星火技术密集区高新技术发展规划》、《儋州市专利试点工作方案》等等一系列促进科技进步的制度和规定，促进了儋州市科学技术的健康快速发展。至2006年底，全市共有科研所7家。有13个市级专业协会，7个厂矿科技协会，46家民营科技协会、学会，另有国家级农业科技示范园区一个。建立了覆盖全市范围的农业科技110服务体系，"863"人工智能农业信息系统，全市专利拥有量为177件，经认定的高新技术企业三家。由于科技工作的良好进展，儋州市通过了科技部2001~2002年度和2003~2004年度科技进步考核。2002~2004年，连续三年被评为"海南省科技进步先进市"。2004年被科技部确定为"全国科技工作试点市"之一。

二 科研机构和科研水平

截至2006年，全市市属科研所为7家：甘蔗科学研究所、花生科学研究所、环保科学研究所、工业科学研究所、水产科学研究所、林业科学研究所、农业科学研究所。民营研究机构两个：惠安庄园海洋生物研究所、洋浦嘉华生态生物研究所。有6家企业科技开发中心、7个厂矿科技协会和46家民营科技协会、学会筹资机构组织。这些机构组织在各自行业领域里发挥了重要的领头作用。如海南省天然橡胶加工工程技术研究中心，是海南成信橡胶产业有限公司的附属民营研究机构，主要从事天然橡胶加工产品的开发研究。2003~2004年，先后进行了"子午线轮胎标准橡胶开发与熟化"、"恒粘子午线轮胎标准橡胶技术研究与开发"、"掺和橡胶的技术研究与开发"等研究实验，其中"子午线轮胎标准橡胶 SCR－RT5 号"被评为2003年海南省名牌产品，2004年被列入国家重点新产品计划。"子午线轮胎标准橡胶开发与熟化"2003年6月被列入"国家火炬计划"。2003年和2004年分别获得海南省科技进步二等奖和一等奖，奖励资金12万元。"恒粘子午线轮胎标准橡胶技术研究与开发"2004年通过了科技部组织的论证，获得项目补助经费80万元。在这些研究机构的带动下，儋州市大力推广先进技术，使广大农民增收致富。在橡胶方面，大力推广橡胶树优良种系600号、107号，热研8813、83317和新品种73397。实施推广三天割一刀、四天割一刀等新割制。2001年、2002年，全市橡胶种植面积共80.91万亩，良种覆盖率分别达到98.2%和98.5%。年产干胶4.5万吨，产值达10亿元以上，带动广大胶农走上迅速致富之路。

在制糖产业方面，市政府一方面大力稳定甘蔗种植面积，一方面通过甘蔗科学研究所及农技推广中心，不断改造和推广新品种、新技术，提高甘蔗产量。1996~2006年，全市实施了甘蔗新品种台糖22号、粤糖93/593试验推广项目。推广种植面积32.2万亩，良种覆盖率达98%以上，并且配套地膜覆盖，稀土喷洒，测土施肥，低位砍蔗等新技术，年产甘蔗140万吨以上，使广大蔗农的收入明显提高。在加工方面，从2001年起，建立起"蔗糖生产信息网络化"管理，实现了甘蔗生产"砍、运、榨"一体化。全市5家糖厂通过技术改造，使每吨甘蔗出糖率多出0.7%~1%。月榨量从1996年的9250吨提高到2006年的1万吨。产糖量从9万吨/年提高到12.32万吨/年。酒精产量从2006年的5000吨/年提高到2006年的8100吨/年。截至2006年底，先后开发了赖氨酸、活性干酵母、固体发酵饮料饲料蛋白等新技术项目，进一步提高了甘蔗的综合利用，增加了糖业的产值。

在油料作物方面，通过花生科学研究所和农业技术推广中心的多年努力，在全市范围内实施了花生新品种"汕油"217推广种植，同时进行了"粤油7号"新品种示范推广，保持了油料作物的丰产增收。至2006年统计，全市花生良种覆盖率达100%。

其他方面，儋州市还在热带水果种植、海淡水养殖、畜牧业等产业加大高新技术的引进和推广，先后进行了早熟"三月红"荔枝、反季节龙眼、地膜覆盖樱桃番茄种植，微喷灌香蕉种植，法系大白猪养殖，三元杂交鹅、东江玉兔、南美白对虾养殖，白骨鱼人工繁殖等方面的科学种养试验，为广大

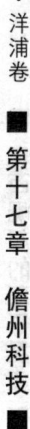

人民群众提供了科学致富的多种途径，有力地促进了儋州市的经济发展。以2002年统计数据为例：2002年全市农业总产51.85亿元，其中橡胶、甘蔗、热带水果、海淡水养殖、畜牧业的产值为37.74亿元，占全市农业总产值的72.7%。对于"科学技术是第一生产力"得到了有力的证明。

三 科研管理和科研体制

儋州市设立的正规职能管理部门有科学技术与信息产业局，科学技术协会及农技推广中心、热作中心、畜牧中心、农机中心等机构。在所有乡镇中，都配有科技副镇长或分管科技的副镇长。市委还制定了《关于乡镇党政干部领导科技进步目标责任制》，把每年的具体目标下达到各部门各乡镇，实行考核制度。对有贡献的科技人员，在每两年一次的科技进步奖大会上给予表彰奖励。2003~2004年，共奖励科技人员125名，兑现资金18万元。市政府机构中主要科技管理机构。

（一）科学技术与信息产业局

1996年，儋州市实行公务员制度改革，成立科学技术局。2001年改名为科学技术与信息产业局。截至2006年底，全局正式公务员编制为12人，公勤人员1名。设有办公室、地震股、科技业务股、信息化推进股四个部门。下辖有信息中心（事业单位、人员编制4人），抗震设防中心（事业单位，人员编制为6人），兰洋水氡观测台，西流ZK2深水水位观测井观测站等下属机构。其中地震股负责原地震局的业务，科技业务股负责知识产权管理、科技政策法规、科技成果管理、技术市场管理、农业科技110管理、科技成果推广及科技项目申报等内容。

（二）科学技术协会

科学技术协会正式成立于1960年，1966年后名存实亡。1980年开始恢复，但与科学技术委员会两块牌子一套人马。至1990年才正式独立分离运行，归属为群众团体。科学技术协会主要从事全市范围内的日常科普宣传，科技志愿者的组织等工作。截至2006年底，全市共有正式成立的乡镇科普协会26个，市级专业学会13个，有"中国科学志愿者"队伍300多人，9个农村科技协会。在全市范围内的村委会都建立了农村科普图书室。科学技术协会在全市弘扬科学精神，普及科学知识，传播科学思想和科学方法方面，起到了促进作用。在海南省组织的全省青少年科技创新大赛中，都取得了优异的成绩。2005年，组织了6000多名中小学生参加活动，收集作品300多件，报送180多件，共获56个奖项。其中发明创造一等奖3个，二等奖2

个，三等奖 6 个。科学论文类二等奖 3 个，三等奖 16 个，信息应用类二等奖 1 个，科幻画二等奖 8 幅，三等奖 5 幅。优秀科技实践活动奖 4 个，优秀科技教师奖 1 个，提名奖 3 个。优秀组织奖 1 个。其中市一中两个作品进入了全国比赛，一个获得第二十届全国青少年科技创新大赛实践活动二等奖。2006 年，在全省青少年科技创新大赛上，市科协选送作品 99 件，收集 160 件。共获得 49 个奖项，其中发明创造一等奖 1 个，二等奖 7 个，三等奖 15 个，优秀实践活动二等奖 1 个，三等奖 1 个，优秀少儿科幻画二等奖 1 幅，三等奖 12 幅；优秀科技教师奖 1 个，优秀科技教师提名奖 6 个，优秀组织奖 4 个，获奖总数名列全省前列。科普工作在 2001 年获得全省科普先进集体称号。

（三）科研管理

儋州市科技与信息产业局对接省科技厅、省地震局、省知识产权局、省工信局四个业务部门。市政府对科研采取以政府投资为引导，企业投入为主体、金融投入为支撑的多元化、多形式、多渠道机制。除三项经费外，市财政每年以 100 万元投入企业技改挖潜，设立科技发展基金。重点支持科技成果转化的研究与开发。如 2001～2002 年，市财政落实发展基金为 100 万元和 165 万元。市糖办还从每吨甘蔗中收取 3 元钱投入甘蔗良种推广和稀土喷施的使用，共投入了 1000 多万元。

四 科研体制与管理中存在的问题

（一）科技基础力量不足，高新技术专业人才缺乏

1996～2006 年科研机构个数始终为 7 个，历年从业人员和专业技术人员数量变化不大，由 1996 年的 168 人和 15 人，到 2000 年的 145 人和 32 人，到 2002 年的 126 人和 32 人，到 2004 年的 140 人和 25 人，到 2006 年的 121 人和 14 人。2006 年与 1996 年相比，从业人员减少 47 人，专业技术人员减少 1 人，在从业人员中，专业技术人员所占比重不到 30%，无高级职称人员。六年期间，基础科学研究人员与经济的增长不成比例，与经济的发展要求不相适应。

（二）基础科学研究经费投入不足

儋州市市属科研机构和科技部门，每年得到的三项费用与科技部要求的标准还有距离。科技部要求达到地方财政支出的 1.5%～3%，但儋州市的投入基本上达不到要求。从以下统计数字可以反映这一点。1996 年科技活动经费筹集为 205.7 万元（其中政府资金 32.6 万元，企业资金 146.35 万元，金

融机构贷款13.4万元）。2000年为149.35万元（其中政府资金66.9万元，企业资金53.88万元，金融机构贷款13.4万元），2001年为250.24万元（其中政府资金为84.12万元，企业资金160.9万元），2002~2006年，基本稳定在150万~155万元之间，政府投入保持在65万~73万元之间。科技经费投入的不足使地方的科技进步受到了很大的影响。许多基础产业深加工后劲不足，多年来只能以原材料形式形成产值。自主性超前性强和发明创造领域里的创新项目不多，落后的生产工艺仍在使用。高污染，高能耗的企业仍然无法改造淘汰。

（三）科技发展思路不够明确，协调管理不足

许多部门把科技发展单纯归类于科技部门，乡镇科技副镇长只是挂名开会。对引进项目的科技先进性并不征求科技部门的意见，不进行论证。对"科技是第一生产力"的理解停留在口头上。每到讨论科研投入时，就会以各种理由推托。

以上几个因素，在一定程度上制约了儋州市的经济发展。

第二节 科研队伍建设

实施科教兴市战略，科技人才队伍的建设是关键。根据市委、市政府制定的《关于引进优秀人才和鼓励人才充分发挥作用若干规定》等政策，儋州市采取了"请进来，走出去"的办法，努力发展壮大科技人才队伍。1996年以前，全市国有企业单位及机关团体中（不含热带农业大学，热作研究院及农垦），共有专业技术人员4638人。按学历分为：本科235人，专科856人，中专354人。按职业分为：卫生762人，工程技术29人，农业115人，社会科学5人，中专教师43人，中、小学教师3243人，经济102人，会计审计196人，统计48人，新闻4人，出版6人，工艺美术4人，其他81人。这些人中，有高级职称40人，中级职称890人，初级职称2960人。从统计人口比例上来看，远远达不到国内发达地区的水平。

一 科技队伍结构和素质的变化

1996年以来，随着儋州撤县建市以及洋浦地区的开发，儋州逐步产生了一批中、小型的现代化加工企业，引进了一批先进的农业生产技术。截至2006年，全市已有新落户建立的工业企业56家。如中日合资的"甜竹笋加工厂"，出口罗非鱼切片的"珠联水产品加工厂"，橡胶产业的"诚信橡胶加工厂"、"惠安庄园琼脂加工厂"、"永航不锈钢厂"、"如来木业"、"西部橡胶工业城"等企业。经济的发展带来了科技人员队伍的扩大和素质的提高。至2006年底，全市拥有专业技术人员6972人。其中具有高级职称人员245人，比1996年增加51%，中级职称人员2377人，比1996年增加270%，初级职称人员4350人，比1996年增加145%，总量增加2334人，比1996年增长50.3%。其中，市政府的人才引进战略发挥了一定的作用。2001~2002年，引进副教授职称以上人才16名，在经济建设中发挥了积极的作用。如引进的青岛海洋大学的戴德延教授，在利用近海滩推广高、低位池对虾养殖方面，教授先进技术，使亩产量由原来的100公斤提高至现在的700公斤，为养殖户带来了良好的经济效益。市科技与信息产业局还建立了"863"人工智能化农业信息系统，市科技人才库。把全市1000多名专业科技人员和600多名科技能人纳入该系统，为及时服务广大企业和农民提供了优质快捷的服务平台。

对本地原有科技人才，儋州市采取长、短期培训相结合，由市统一安排到各院校进修，培训再教育。部分科技干部到发达地区挂职锻炼及专业人才到国外考察学习，努力提高原有科技人才的整体素质和水平。如本市甘蔗科学研究所的技术人员，就分别到过古巴、巴西考察学习，回来后为甘蔗良种种植作出了贡献。以2001~2002年为例：共引进副教授以上职称人才16名，选派机关优秀科技干部下乡镇挂职科技副镇长25名，选派58名科技人员到发达地区学习培训，选派38名技术人员出国考察学习。这些措施有力地提高了全市科技人员的素质，使他们在经济建设的第一线发挥了更加积极的作用。

二 科研队伍建设存在的问题

（一）基础学科科研滞后，学科带头人缺乏

儋州市的经济结构，是以传统资源产业为基础，以新兴工业为带头方面的发展模式。在两个方面都表现出不合理的人才结构。传统产业方面，人才偏重于低端学科。如市内最典型的糖、胶、油三个农业支柱产业，科技人员结构基本集中于种植和初加工方面。而后续的深加工方面，则十分缺乏相关研发人员，以至于出现了产干胶不出胶产品，产糖不出糖产品，产花生不出花生油（品牌）产品的现象。在新兴工业方面，网络工程、软件工程、大型建筑工程、热带作物种质基因工程、海洋生物工程、石油能源工程等方面的优秀人才几乎处于空白状态，需要大力改善。

（二）科研方向不明确，科研课题落后

儋州市的经济结构，决定了经济是以农为主，以工带动。但是各个科研单位，研发中心及民间机构中，没有一个统一的方向和目标。每年应该由市政府汇总后统一安排的项目课题，由于经费问题而被搁置。各科研单位只能各行其是。如从1996年开始兴起的沿海滩涂开发，带动了对虾养殖，鲍鱼沉箱养殖等新型养殖业的兴起。但是市水产研究所和相关部门没有几个项目是关于这些方面的开发和研究的。与相应必须配套服务5800亩高位池养殖，12000亩低位池和潮间带养殖业的需要不相称。

（三）组织协调不力，人才队伍不稳定

1996～2006年，儋州市先后引进了多批次科技人才。但是引进的单位多数是政府组织机构，真正流入研究单位的很少。一些医疗单位引进人才后却留不住，过不了两年就倒流到大城市去了。曾在儋州市境内的中国热带农业大学（现已迁往海口），是国内唯一的热带作物人才培养基地，每年为全国输送了大量人才。但近在身边的人才，儋州市却很少能留下来，总体感觉是用不上、留不住、养不起。这也是海南省普遍存在的一个问题。与政府部门普遍重视"引资"而忽视"引知"不无关系，这使经济建设受到一定的影响。

第三节 科研投入和科研成果

1996～2006年，政府部门对科研的投入在逐年增加。儋州市建立了以政府投入为引导，企业投入为主体，金融投入为支撑的多元化，多渠道投入机制，使儋州市的科技事业和科研保持了正常运转。

一 科研投入和效益

市政府把引导性的科技"三项费用"列入每年的年度财政预算，严格执行并接受市人大的监督。对已经确定为市重点项目的科研项目及时拨给经费。2001年、2002年，"三项费用"分别为308万元和365万元，占当年财政本级决算的1.4%和1.45%。2003年、2004年分别为398万元和477万元，占当年财政本级决算的1.10%和1.12%。在支持重点科技项目成果转化过程中建立的科技基金方面：2001年为100万元，2002年为165万元，2003年为170万元，2004年为180万元。支持了市内12家优质企业的研究开发和生产经营活动。其中2003年和2004年期间，分别争取到国家信贷科技资金8000

万元和 8500 万元。逐年增加的科技投入，有力地支撑了儋州市的科技事业的发展。2001～2004 年，儋州市二次通过了科技部年度科技进步考核。以 2004 年为例：科技进步贡献率为 56%，重点行业科技进步贡献率为 65%，完成重大科技计划项目总数 89 项。科技成果转化率为 65%，高新技术产业增加值占全市工业增加值的 9.6%，在信息化工作方面，儋州市 2003～2004 年两年被评为先进单位，全市 2003～2004 年度信息化建设收入为 4583 万元。2004 年，全市星火技术密集区产值 30.60 亿元，占全市生产总值的 48.19%。上缴税收 4862 万元，占全市财政收入的 31.17%，在儋州市建立的国家级农业科技示范园区内，2003～2004 年度实施了科技计划项目 11 项，国家扶持基金 3100 万元。园区的海南热带优质牧草和黑山羊工厂化养殖技术已列入国家成果推广计划。桉树营养液诊断指导施肥技术的转化推广，AP 番荔枝产期调节综合示范技术等 2 个项目列入国家农业科技成果转化资金项目。其他方面，还有中药村的铁皮石斛组培快繁及深加工等科技项目的推广，使企业和广大农民大大增加了收入。

2001 年、2002 年，全市地区生产总值分别为 57.41 亿元和 61.46 亿元，分别比上年度增长 34.9% 和 7.9%，人均地区生产总值分别为 6881 元和 7284 元，同比分别增长 1.8% 和 6.3%。市财政用于科技三项费用分别为 308 万元和 368 万元。占当年本级财政支出的 1.4% 和 1.45%。科技进步对经济增长的贡献率分别为 52% 和 54%。2002 年荣获全省科技进步先进市称号。2003 年和 2004 年，全市地区生产总值分别为 63.59 亿元和 71.50 亿元，相比 2001 年、2002 年度又有较大的增长幅度。其中高新技术产业增加值分别为 6500 万元和 7200 万元。科技进步贡献率分别达到 54% 和 56%。自 1996 年以来，特别是 2001 年以后，新兴的工业企业如橡胶加工、水产加工、水泥改造加工、木材加工、新型钢材等企业创造的产值，逐步成为经济增长的主力。

2005 年、2006 年，全市地区生产总值分别为 64.3 亿元和 71.8 亿元。高新技术产业增加值分别为 6640 万元和 7310 万元，人均地区生产总值为 8587 元和 9237 元。科技进步贡献率分别为 53% 和 55%。

二 科技成果的推广应用

1996～2006 年，儋州市的产业结构产生了巨大的变化。传统的农业产业结构得到了改造升级，各项科学技术的应用带来了效益的增加和经济的发展。

从 2001 年开始，本市实施了科技四大工程，一是科技兴农工程。共引进推广农业新技术 92 项，引进新品种 116 个。二是实施高新科技产业化工程。

对制糖、水泥生产、橡胶生产等三大产业进行技术改造。如全市五家糖厂通过技术引进和改造后，每百吨甘蔗产糖率提高1吨。日榨量从9250吨提高到1万吨，产糖量从9万吨提高到了12.32万吨。酒精产量从5000吨提高到了8100吨。水泥厂通过引进水泥熟料新配方，使每吨水泥生产成本下降了15元。三是实施人才培养和引进工程。四是实施科技人员和致富能人带动工程。1996年以来，全市共推广种植橡胶新品种面积达到81.67万亩。良种覆盖率达到98.5％，年产干胶在4.30万～4.5万吨之间，产值近10亿元。甘蔗良种种植面积为26万亩，总产量在2002年就创造本市历史纪录（140万吨）。在儋州国家农业科技园区内，开发了热糖1号甘蔗新品种，新型有机椰衣栽培基质，迷迭香组培繁殖及深加工，盾叶薯芋丰繁及深加工，四倍体水稻，三倍体鲫、鲤人工孵化育苗及养殖等26个高科技项目。向广大农户推广了中药村铁皮石斛克隆快繁深加工、海南红江蒿提取琼脂等高科技项目以及橡胶、龙眼、荔枝等作物新品种34个。另外，儋州市科技部门还大力推广了水稻灿占25号，Ⅱ优128等优质稻种，推广了"汕油217"花生新品种，推广普及了水稻抛秧新技术。推广了高产甜竹笋种植3万多亩。在海水养殖方面，推广了南美白对虾高产养殖和红江蒿套养技术，沉箱鲍鱼养殖技术等先进生产方式。在畜牧业方面，儋州市2001年引进了瘦肉型"法系大白猪"推广应用。这一系列的高新科技技术的推广应用，以及为了促进科技成果推广应用而于2006年开通的"963110"智能电话和儋州市万宣农村科技网等新举措，为儋州市的经济发展和产业升级提供了坚实的基础。

第十八章　儋州文化和体育

儋州是"中国民间艺术之乡"、"全国诗词之乡"和"中国楹联之乡",1998年被评为海南省文化先进县。由于历届市委、市政府的高度重视和广大人民群众的积极参与,儋州市的文化建设在不断地迈向新的水平,为儋州市的经济、社会发展提供了有力的思想保障和智力支持。而随着经济、社会的发展,儋州市的体育事业也不断取得新的成绩。

第一节　文化事业

一　公共文化设施建设

1996年,儋州市认真贯彻中央"改革、发展、稳定"的方针,统一认识,坚定信心,明确提出创造文化先进市的目标,围绕经济建设服务,促进两个文明建设开展工作,推动了文化事业的发展。2003年,儋州市把公共文化设施建设作为"十项民心工程"之一,纳入财政预算,并从市土地储存中划出38.8亩,投入资金2000万元,建设市图书馆大楼,建筑面积6200平方米。其中图书馆使用面积4200平方米,内设图书阅览室、珍藏室、展览室、学术报告厅、办公室,馆藏图书近十二万册。如今,市文化馆办公设备配备齐全,有打印机、复印机、数码相机、电脑等,以及舞蹈、音乐、书画培训室等。露天活动场所面积6500平方米,有露天舞台、篮球场、排球场以及各种健身设施。市博物馆建筑面积由不足30平方米扩大到650平方米,馆内设有展览厅、仓库、办公室等。

儋州市还投入1500万元,完善了搁置多年的儋州大戏院的建设。一批标志性建筑物的建成和投入使用,使儋州市从根本上改变了文化设施落后的局面,形成了以大型设施为龙头,覆盖各社区和村镇的文化设施网络。全市17个建制镇,镇镇设有文化站、图书室;152个村(居)委会拥有文化室、图书室。各镇政府把文化建设纳入城乡建设总体规划。

二 各项文化事业的发展

随着儋州市经济社会的深入发展，广大群众的文化生活也日益提高和丰富，发轫于广场文化的村镇文化、校园文化、企业文化和社区文化方兴未艾。

一是书画艺术和文学创作不断上档次。儋州市为数众多的书画艺术爱好者们不断提高精品意识，开展经常性的文艺采风活动和创作活动，加强交流、互相切磋、提高技艺。据不完全统计，先后有200多幅书画作品参加省级以上展览，并获得省级以上奖励。文学创作活动在经过了一段沉寂期后，再次显示其潜力和活力，产生了一批省级作协会员和为数众多的市（县）作协会员，有九名作者集结出版了个人小说集、散文集和自由体诗歌集。文学社团在各中学校园显现了蓬勃生机。

二是歌舞开始走出岛外。以儋州调声为底色的舞台精品不断产生，文化影响力、辐射力、竞争力不断提高。1999年，市歌舞团应邀带舞蹈《东坡履屐情》和表演唱《逗歌》两个节目参加中央电视台中南6省市春节晚会演出。由这个团创作的歌舞、表演唱《迎新郎》、《姐妹争妈》，2000年代表海南省去北京参加全国计划生育文艺调演，获得金、银奖；《逗歌》、《金鸡唱来凤凰和》等4个节目先后获得海南省一等奖。一批文艺新人在各种全国性比赛中崭露头角，先后有四名业余歌手分别获得南宁国际民歌艺术节最佳歌手奖、"蒲公英杯"全国艺术新人选拔赛民族唱法金奖、文化部"群星奖"优秀奖和全国企业青年歌手赛铜奖。由民间自发组织的大合唱团，在海南省历届大合唱比赛中也多次获奖。

三是各种类型文艺培训班如雨后春笋。以市文化馆为平台，儋州市舞蹈、钢琴、小提琴、扬琴、电子琴、美术、书法、演讲与口才等培训班，多年来从不间断，参加培训的学员不少于2000人次，培养了数量可观的舞蹈、乐器等文艺人才，其中考获全国小提琴3~5级的不少于30名，考获钢琴、电子琴2~4级近20名，考获古筝1~4级近20名。此外，还有近5000人次参加老年人健身舞、群众歌咏等培训，为提高市民的身体素质和思想素质发挥了积极的作用。

四电视"村村通"工程和电影"2131"工程初见成效。全市近一半电视用户由模拟化转向数字化。近90%的村庄通电视。电影事业绝处逢生，近3年来共在农村放映3000场，观众1000多万人次。

三 文化体制的创新

20世纪90年代下半叶，儋州市的经营性文化事业出现了新情况，新问题。被冷落了几年的市歌舞团东山再起，而曾经辉煌多年的电影放映事业却一蹶不振。儋州市根据不同情况，采取不同的对策，大胆改革体制，转换各种机制。对在文化市场大竞争中淘汰出局的市电影公司，以壮士断臂的勇气，确定"买断工龄、自找出路、精简机构、重整旗鼓"的改制方针，制订改革方案。按照法定程序，完成了职工安置费测算、资产评估和处置部分资产等几项前期工作，把电影放映行业彻底推向市场。对吃惯"大锅饭"的市歌舞团，确定"出人、出戏、出效益"的改革方针，改革用人机制，公开竞选、聘任团的领导班子，并层层签订聘请合同，实行岗位管理，改革分配制度，采取淡化职称，按技能、贡献取酬等办法，调动1/3演职人员的工作积极性和主动性。

通过体制改革和机制改革，提高了文化行业适应市场的能力。市电影公司职工心态平和地走向社会，走向市场。新成立的民营电影公司及属下的农村电影放映队，在极其艰难的条件下，坚持为基层、农村服务，为宣传党的方针政策服务，电影放映由最初年放映100场发展到现在的600多场。市歌舞团全体演职人员树立"团兴我荣，团衰我辱，立足特色，振兴主业"的团队理念，同心协力，积极排练，积极演出，新排演的《捺首调声贺猴年》、《歌乡情》等节目在2004年省文化广场暨首届少数民族文艺调演中获得一等奖。

文化体制创新，就是克服旧体制的弊端，探索建立党委领导、政府管理、行业自律、企事业单位依法运营的文化管理体制和富有活力的文化产品生产经营机制。文化体制改革是"一块坚冰"，会碰到很多困难，但儋州市有了率先实行电影行业体制改革的经验，对文化体制的改革充满信心。2006年，改变了把经营性文化产业混同于公益性文化事业，政府统包统揽的习惯做法，调动各种因素，成功举办了中秋文化周活动。当年9月28日～10月6日在那大举行的文化周活动，盛况空前，共有10项内容：一是开幕式大型文艺晚会；二是巡游表演；三是十市县书法联展；四是诗词楹联竞赛；五是招商活动；六是新潮调声歌舞晚会；七是民歌擂台赛；八是球类比赛；九是中秋夜原生态调声闹中秋；十是闭幕式暨烟花燃放。这次活动，参与人数达3000人，观众达15万人次。除了海口、三亚、琼海、昌江、临高等市县应邀派出代表队前来参演参赛外，巴西国家艺术团也不远万里光临那大，与儋州文艺队同台演出。民歌擂台赛、原生态调声闹中秋、诗词楹联竞赛、书法联展和新潮调声歌舞晚会等代表儋州的传统文化和特色艺术的活动项目，有着广泛的群众基础。社会各界和群众踊跃参与，收到预期的效果。而调声的比赛，则专门做了新的规定，即参赛曲目必须加入新组织创作的《八荣八耻调声歌》和《儋州调声礼仪歌》，表现了该项目在弘扬儋州调声艺术的同时，更要发挥它对树立社会主义荣辱观、塑造礼仪文明的积极作用。

四 文化资源的开发和文物保护

儋州市的文化资源比较丰富，除了儋州调声、儋州山歌外，还有局限于某一区域甚至一镇一村的客家山歌、军歌、黎歌、木偶戏、放天灯、台角、赛龙舟等。

1997～1999年，儋州市连续举办三届"5·18"招商活动并举行大型文艺表演。在此基础上，1999年，儋州市委、市政府把历史悠久、具有广泛群众基础和深厚文化底蕴的儋州调声作为建设先进文化的载体，并提交人民代表大会讨论，统一全市干部群众的思想，连续九年成功举办了儋州市万人调声赛歌会、儋州调声艺术节和儋州中秋节文化周等大型活动。通过这些活动，从较深的层面挖掘传统文化。广大群众表现了浓厚的兴趣和极大的热情。王五镇上一位80多岁的老艺人，一个上午就为深入该镇调查挖掘文化资源的工作人员，一口气演唱了40多首军歌。为了向外界推介光村镇泊潮村独特的赛龙船活动，市电视台、市文化馆工作人员一连10天住在该村，将该村制作龙船的全过程，用摄像机真实生动地记录下来。

在开发文化资源中，儋州市把重心放在儋州调声的挖掘、整理和创新上，出版了调声VCD专辑40多部近百首。同时，把洋浦流传近千年的晒盐工艺列为保护文物的重点对象，多次派出工作人员实地调查、考证晒盐历史和工艺流程。2006～2007年，儋州市分别成功申报儋州调声和洋浦盐田为国家第一、第二批国家级非物质文化遗产保护项目，同时成功申报儋州山歌为海南省级非物质文化遗产保护项目。国家级文物保护单位中和镇东坡书院和省级文物保护单位南丰琼纵司令部旧址等也得到了有效的保护。

第二节 文化产业

一 文化市场的发展

1996年，儋州市文化产业242户，从业人员3872人；2007年文化产业294户，从业人员1286人，年产值62.3万元。

儋州文化市场始终以发展为第一要务。坚持以人为本，重在建设，积极推进体制创新和科技创新，促进文化建设与市场经济的结合，培育有市场竞争力的音像连锁店，繁荣了文化市场，提高了文化产业在全市国民经济发展中的分量。

始终以开放促发展。在扩大对内开放的前提下扩大对外开放，营造宽松的市场环境，吸引和鼓励社会资金参与文化市场建设，民营企业和私营企业占全市文化市场90%以上。

始终以管理促繁荣。加快文化市场法制建设和制度建设，转变政府职能，实行管理创新。综合运用行政、法律、经济等多种管理手段，实现对文化市场的监督与管理，保证文化市场健康有序发展，坚持"一手抓繁荣，一手抓管理"，从法律法规、市场经营规则等方面加强培训经营业主，不断增强它们的政策水平和守法经营意识，提高业务水平。开展经常性的市场检查活动，加强对网吧的整治工作，规范网吧的经营秩序；清理音像制品市场，保护知识产权；严格娱乐场所的管理，防止发生治安事故。先后查处违规经营网吧236家（次），取缔黑网吧26家；收缴违法音像制品28600张；责令16家不符合经营要求的娱乐场所限期整顿；查处6家（次）违规经营的印刷企业，收缴违法印刷品3.6万份，收缴非法报刊1570份（册）。

始终以制度规范行为。以完善市场机制为手段，发挥文化市场本身所具有的内在能力和作用，在政府宏观调控和依法管理的总体框架下，由供求决定价格，从根本上保证广大消费者通过市场实现自己的合法权益。

二 文化产业现状

儋州市文化产业主要由四大板块组成，即娱乐板块、音像板块、网络板块和印刷板块。其中，室内歌舞厅45家，露天舞厅5家，电子游戏店36家；音像店78家；网吧80家；印刷厂14家，复印打字店17家。此外还有书报亭15家，老人活动中心13家，以及演出市场等。以上企业，80%集中在市政府所在地那大镇，15%分布在境内的十大国有农场。全市十六个镇（不含那大镇）中，除了白马井、中和等少数几个镇外，大多数镇的文化产业仍处于萌芽状态。

经过10年的发展，文化产业显示了强劲的市场潜力。网吧、电子游戏在文化市场中占有举足轻重的地位。以2005年为例，全年文化产业总产值1060万元，仅网吧年产值就达385万元，占行业总产值的37.2%。

从市场消费结构看，歌舞娱乐主要以中老年人为主，其次为青年人。网吧、电子游戏则基本上是青少年。

三 文化产业发展中存在的问题

文化产业是一个由创意支撑的产业，也是创新导向的产业。进入21世纪，文化产业巨大的经济潜力已经为世人所认同，其作为一种新的经济形态崛起的势头更加强劲，文化产业在国民经济中占有的份额越来越大。但由于种种原因，儋州市文化市场发展的步伐还显得迟滞。主要表现在：

（1）文化设施缺失严重。原有24家镇级电影院被拍卖，致使电影及文艺团体没有演出场所。

（2）群众文化生活单调。很多乡镇因治安问题，连歌舞厅（包括露天舞厅）都没有，不能满足广大人民群众日益增长的精神文化需求。

（3）由于工业化步伐加快，数字化电视、数字化电影日益普及，以及MP3、MP4不断更新换代，严重地冲击音像市场，许多音像店倒闭关门。农村音像市场呈现滑坡现象。

（4）群众中知识更新意识不够强，读书氛围不够浓，很多书店报刊亭关门或改变经营内容。农村文化室设施简陋，大部分徒有其名。

以上问题，正越来越引起市委、市政府重视，正采取多项措施加以改进。

第三节 特色文化与群众文化

一 特色文化

（一）儋州调声的发展

被人称为南国"信天游"的儋州调声，以其优美动听的旋律和歌舞结合的形式，多少年一直在儋州市大部分村镇传唱。20世纪80年代以来，随着人们观念的改变，儋州调声一度噤声。1999年，儋州市以儋州调声作为对外宣传的重要文化品牌，为儋州调声的苏醒和发展提供了平台。几年来，儋州调声最活跃的那大、新州、大成、木棠、白马井等乡镇，业余调声队如雨后春笋，他们中有农民、渔民，有商人和打工仔，也有干部教师，他们平时该干啥干啥，一有调声活动，便招之即来、来之能"调"。部分乡村调声队开始向文化市场推进，他们下田下海是农民，洗脚上岸是业余歌手，颠覆了千百年来儋州调声不沾"钱"的历史。

经过几年的努力，过去养在深闺无人识的儋州调声从乡野走进城市，走出琼州海峡，走向艺术殿堂。2004~2005年，儋州农民调声队连续参加两届"中国南北民歌擂台赛",5个调声节目获得最佳表演奖、最佳歌手奖和优秀传承奖。南宁国际民歌节以及海南省重大文娱活动场所频频出现儋州调声的身影。中央电视台、中央人民广播电台,以及广东、浙江、新疆、四川、海南等省(自治区)电视台、广播电台纷纷专题介绍儋州调声,儋州调声的旋律传遍大江南北。

儋州调声在发展过程中,过去以善于古调宫、商、羽等多种调式和"学堂民歌"的独特韵致受到人民群众的喜爱,现在又以善于吸收现代歌曲和外国歌曲的变化多端的旋律而满足当代人求新、求奇的期盼。据统计,有关方面搜集到的调声曲调已经达到600多种。与时俱进的创新精神,正是这种调声艺术历久弥新、永唱不衰的主要原因。2002年开始,儋州市政府决定每年的八月十五日定为"中秋调声节"。2006年5月20日,儋州调声经国务院批准列入第一批国家非物质文化遗产名录。

（二）儋州民歌的嬗变

儋州民歌以儋州调声和儋州山歌为主要代表。最早记录儋州民歌的文字,来自苏东坡谪居儋州获赦北归时,途经广州感吟的一句诗:"夷歌与蛮唱,余音犹袅袅"。据此推测,儋州调声和儋州山歌早在南宋末年就已盛行。

但儋州毕竟是"夷"、"蛮"之地,在漫长的封建时代,由于受着文化落后的制约,调声和山歌长期处于一种极其原始的野生状态。直至清代,儋州的进士、举人们开始涉足儋州民歌,创作了大量的作品,使长期处于野生状态的儋州民歌有了文学的韵味,其中的代表人物当推举人张绩,其创作的山歌"叹五更",被视为至今无人逾越的扛鼎之作。据说,当年郭沫若视察儋州,看完张绩的"叹五更",感叹说,儋州山歌不亚于唐诗。儋州山歌从清朝开始到民国时期,由单纯的情歌逐渐向历史述事和人情教化转移,诸如薛仁贵西征、狄青狄龙等历史人物,以及当地各种典型人物的长篇述事歌广泛流传。现在的儋州山歌涉及社会生活的各个方面,并且成为建设两个文明、建设和谐社会的一种重要的群众口头文学。

2006年11月,儋州市山歌手袁丽英、牛玉乾代表海南省赴广州参加"盛世山歌唱和谐——泛珠三角优秀客家山歌邀请赛",分别获得银奖和铜奖。

在形式上,儋州山歌经历了漫长岁月的洗礼和无数实践者的不断探索之后,越来越宽松,越来越易于押韵上口,这是儋州不少平民百姓能出口成歌的主要原因。儋州山歌的变格包括很多方面,而以下几点则较为常见:

一是在吟唱过程中,通过对字音声调的适当处理,解决相关的失律问题。特别是某些"下三连"现象,如"一世人生得几次"、"累凤心烦意又乱",这些情况按通常的发音都不易押韵,这就给山歌的创作造成很大的困难。然而只要稍微调高"得"和"意"的音调，就可以顺畅地放声唱下去。

二是巧妙地运用儋州话口语和字音的不同读法，把它们糅合到同一歌句中，使之完全符合格律的要求。如"一年四季换春秋"中的"四"字，"人才辈出有在书"的"在"字，"影照秋波情义短"中的"照"字等，因为有很多种读法，可入平声，也可入仄声，所以使用起来非常的方便。而以当地军话为源本的"读书音"，可以平仄调换的范围就更大了。

三是不断探索创新，形成儋州山歌的新的发展模式。目前除了每首四句的主体模式之外，还有二句式、六句式、八句式以及长短句式等流行于民间。在唱法方面，也突破了历代流传下来的长调吟诵法和狄青歌调法，出现许多兼容当代歌曲欸声的任意长短、任意句数的唱法。

当然，儋州的歌手们之所以能神速地即席编唱出颇有情调的山歌来，还不能完全把账都算在山歌形式的改进和创新上。由于民歌的广泛传播，世代流传，它的常用句型、精彩词语、表现方法、修辞手段等早已深入人心，家喻户晓，所以歌手们就可以游刃有余地信手拈来，出口成歌。他们在日常交往的时候，是用"歌"来交流的。他们在思考问题的时候，满脑子都是活生生的具体形象，用形象进行思维。一旦需要运用比兴象征或拟人似物的手法时，他们就不用因为思想的柜子里没有"货"而发愁。由此可见，儋州山歌的神奇魅力，还不是主要体现在它的表现形式上，而最突出、最精彩的，却是它的传统，它的意韵，它的像海一样浩瀚的多姿多彩的内容。

（三）诗歌对联长盛不衰

宋哲宗元符元年（公元1098年），大文豪苏东坡被贬谪儋州，在儋人帮助下筑"载酒堂"聚徒讲学，从那时起，儋州吟诗作对的传统就一直薪火相传，绵延不衰。历朝历代出现了很多能诗善对的文人雅士，诗联社团，诗联专集。全市现有诗词学会、诗联学会、乡土文化研究会等多个文艺社团组织，会员300余人，遍布全市城乡。诗词楹联学会会员每年在中华诗词学会会刊、海南省诗词学会会刊、本市会刊，以及全国各地报刊上发表的诗词、楹联作品约千首（副），有25位诗词作者出版了30本个人诗集（包含多人合集）。许多作者的诗歌对联作品，还发表在《儋州文艺》和《儋州市文化馆史》等刊物和出版物中。

二 群众文化

（一）群众文化与民间文艺

儋州市除了连续十年举办"5·18"招商引资会、调声节和中秋文化周等大型群众性文化活动外,还坚持每年举办一场以上大型广场文化活动,以及美术书法展览、摄影艺术展览、乐器表演会、诗词楹联评比会、民歌擂台赛、歌咏赛、演讲赛、文化下乡活动等。参加活动的群众多达80万人次以上。

民间文艺在儋州向来活跃,表现形式各具特色,主要有中和镇的"闹元宵"、海头镇的"抬阁",白马井镇的舞龙、长坡镇的"放天灯"、泊潮村的"赛龙船"和抱舍村的"舞狮"。其中,中和镇的"闹元宵"集儋州民间文艺的大成,白天龙狮同舞,"台角"、"马亭"同转,晚上燃放"梅根",整个场面鼓乐喧天,欢声雷动。

(二) 群众文化的管理

市设文化广电出版体育局,局下设文化馆,乡镇设文化站。文化站主要职责为辅导、指导群众文艺。此外还成立各种文化协会,负责联络文艺人才,协助举办各种文艺活动。儋州市在开展群众性文化活动中,坚持政府引导,不断提高把握先进文化前进方向的能力;坚持凸显地域民间特色,以特色文化推动文化事业;坚持与招商引资相结合,与旅游相结合,推动经济建设;坚持营造宽松的氛围,让群众在浓烈的文化氛围中触摸到时代的脉搏,感受到社会的进步。通过一系列文化娱乐活动,增强了凝聚力,提高了文化素养,转变了观念。

第四节 体育事业

一 儋州市体育事业基本情况

十余年来,儋州市各项体育工作取得了显著成绩。体育事业发展的社会基础进一步充实,群众的体育意识明显增强。全民健身计划顺利实施,群众体育蓬勃开展,经常参加体育锻炼的人数逐年增多。截至2004年底,全市7~70岁的人群中体育人口占到38%,达到海南省各市县靠前的水平。体育场地和设施不断增加,根据第五次全国体育场地普查数据显示,截止到2003年底,全市共有各类体育场地3365个,比1995年增长23%。群众体育组识网络和骨干队伍发展壮大,科学化、规范化水平不断提高。竞技体育实力和在全省的竞争能力不断增强,在一系列省级重要比赛中取得了较好成绩,2004年第二届省运会实现了历史性突破。体育消费日益活跃,体育市场不断发育,体育产业粗具规模。人才队伍建设的力度不断加强,体育对外交往的领域不断扩大，为国民经济和社会发展作出了应有的贡献，同时为新时期体育事业的发展奠定了良好基础。

二 体育机构、设施与经费

（一）体育机构

行政机构有市文化广电出版体育局和市教育局体卫艺办；事业机构有市少年儿童业余训练学校。

群众体育组织有市老年人体育协会、市领先羽毛球、乒乓球俱乐部，市创凯乒乓球俱乐部，市棋牌协会，市围棋协会，市弘亚健身俱乐部和市全民健身领导小组。

（二）体育设施基本情况

全市现有400米田径运动场（含足球场）15个，300米田径场45个，游泳池2个，篮球场760个，排球场469个，乒乓球桌1950张，地掷球场28个，门球场25个，网球场10个，健身路径6条，室内健身室15间，乒乓球室22间，国家级全民健身中心1个（已建有2个面积1400平方米的塑胶篮球场、2个面积530平方米的塑胶排球场，1个面积510平方米的三合土网球场，配套1间100平方米的室内健身室，建有8张室外乒乓球桌，1条健身路径）。占地面积400亩的儋州市体育中心，已建有1间1200平方米的综合训练馆、1个篮球场、1个田径场。2007年被国家体育总局批准1个"雪炭工程"灯光球场已在市体育中心建成。全市142个文明生态村建成五位一体工程（即1个篮球场、1个排球场、1间图书室、1个宣传栏、1间广播室、1个舞台）。

（三）儋州市体育事业经费统计表见表18-1

三 群众体育和竞技体育

儋州市体育事业取得新的突破。群众体育健康发展、全民健身运动不断普及。1996年以来，市中行、市邮政局、那大东风居委会先后被评为全国体育先进单位；市水务局、长坡糖厂、市农行、那大二中、春江糖业有限公司等单位先后被评为海南省体育先进单位；张学言、吴三凡、苏圣旺、张祖权、全乃伟等同志先后被评为全国体育先进个人；吴昌文、李洪涛、赵汉南、谢群峰等同志先后被评为省体育先进个人；那大、王五等镇先后被评为全国"亿万农民健身活动"先进单位；那大中学被省授予篮球传统学校。1996年以来，儋州市成功举办全省首届国土环境资源系统球类比赛、连续两届"全

表 18-1 儋州市体育事业经费统计

单位：万元

年份	经费	备注
1989	88.5	其中,体育事业竞赛费84万元,业余训练费4.5万元。
1993	250	其中,体育事业竞赛费98万元,业余训练费60万元,其他事业费92万元。
1994	222	其中,体育事业竞赛费150万元,业余训练费58万元,其他事业费14万元。
1995	136	其中,体育事业竞赛费77万元,业余训练费59万元。
1996	383	其中,体育事业费88万元,业余训练费113万元,其他41万元。
1997	224	其中,体育事业费69万元,业余训练费823万元,其他事业费46万元。
1998	195	其中,体育事业费70万元,业余训练费64万元,其他费用71万元。
1999	136	其中,体育事业竞赛费68万元,业余训练费68万元。
2000	112	其中,体育事业竞赛费9万元,业余训练费103万元。
2001	493	其中,体育事业竞赛费443万元,业余训练费47万元。
2002	14.9	其中,体育事业竞赛费10.45万元,业余训练费4.45万元。
2003	116.69	其中,体育事业竞赛费18万元,业余训练费3.16万元,体育建设费87万元。
2004	116.62	其中,体育事业竞赛费80.12万元,业余训练费11.5万元,体育建设费25万元。
2005	41	其中,体育事业竞赛费29万元,业余训练费12万元。
2006	114.28	其中,体育事业竞赛费48.38万元,财政补助54.1万元,业余训练费11.8万元。
2007	92	其中,体育事业竞赛费8万元,业余训练费12.8万元,其他体育事业费43.5万元。

省税务杯"乒乓球邀请赛、"那大镇文化节"体育比赛等各种重大的群众体育赛事,连续两年协助海南省举办环海南岛国际公路自行车赛。竞技运动水平也不断提高,在全省各类体育比赛中共获得金牌96枚,刷新8项省级纪录。其中在第二届海南省体育运动会上,获得金牌14枚,银牌3枚,铜牌12枚,金牌总数居全省第五名;2005年参加省少年儿童羽毛球、田径、乒乓球、拳击等比赛中取得6金、2银、10铜的成绩;2006年参加省各项少年锦标赛,获得5金、15银、14铜,田径队获得全省团体总分第三名,这是建省以来,儋州田径代表队参加省少年田径锦标赛取得的最好成绩。2007年彭俊俏参加全国中学生田径赛取得110米栏第三名、300米栏第一名。十年来,儋州市共向海南省输送优秀运动员29人。

第十九章 儋州医疗卫生

第一节 医疗卫生与医疗资源

一 医疗卫生事业发展现状

医疗机构人员方面：2006 年儋州市共有各类医疗卫生机构 389 家，其中医院 17 家（含二级甲医院 2 家、二级乙医院 1 家、中医医院 1 家），卫生院 26 家，企事业医疗所（站）10 家，乡村卫生室 198 家，个体诊所 138 家；2006 年床位 1904 张，比 1996 年 2345 张降低了 18.8%。2006 年全市卫生技术人员 2003 人，比 1996 年 2467 人降低了 18%，2006 年卫生学校 1 所，在校学生 296 人，全市乡村医生 274 人；执业（助理）医师数 812 人。2006 年医师、医士数 865 人，比 1996 年降低了 0.6%。注册护士数 845 人，比 1996 年增加了 14.7%。

卫生服务方面：2006 年全市医院门诊人次数为 123.5 万人次，比 1996 年 54.1 万人次增加了 128.3%；住院病人次数 4.08 万人次，比 1996 年 2.26 万人次增加了 80.5%；2006 年各级各类医院病床使用率平均 41.77%，比 1996 年 44% 降低了 4.7%；2006 年平均每一居民全年总诊疗次数为 1.303 次，与 1996 年 0.72 次相比有很大提高，增长了 58.3%（统计时不包括诊所治疗人数）；2006 年平均每千人口住院人次为 43 次，比 1996 年的 30 人次增加了 43.33%。

随着党和国家日益重视卫生事业发展，不断加大卫生事业投入力度，儋州市也不断加大了对卫生事业的投入，1998~2006 年卫生财政支出（见表 19-1）。

二 主要医疗卫生机构

（一）儋州市第一人民医院

儋州市第一人民医院前身是 1926 年美国基督教会在那大创办的福音医院，

表 19 – 1　1998～2006 年卫生财政支出

年份	财政支出（万元）	其中卫生事业支出（万元）	比例（％）	年份	财政支出（万元）	其中卫生事业支出（万元）	比例（％）
1998	30341	978	3.22	2003	34550	985	2.85
1999	27343	962	3.52	2004	41121	985	2.56
2000	27643	907	3.28	2005	52845	1240	2.34
2001	27754	932	3.36	2006	67056	1478	2.20
2002	29132	1102	3.78				

1952 年属海南人民医院那大分院，1958 年易名儋县第一人民医院，1993 年更名为儋州市第一人民医院，是海南省西部地区二级甲等综合医院。医院占地面积 138 亩，编制床位 300 张。有职工 403 人，其中主任医师 6 人、副主任医师 18 人、中级专业人员 95 人，卫生技术人员占职工人数 81%。医院设 1 个门诊部，10 个临床科室，16 个医技科室，主要医疗设备价值约 2500 万元，现有全身 CT 扫描机、彩色多普勒、电子胃肠镜、全自动生化分析仪等。

医院外科系统已成功开展全胃切除术、心脏修补术、食道和贲门癌根治术、颅内肿瘤摘除术、颅骨成形术、断肢（指）离体再植术、带肌皮瓣移植术；妇科可开展巨大子宫肿瘤和宫颈癌根治术、子宫脱垂曼氏改良术、动脉插管化疗；内儿科系统在急性心肌梗死、颅内出血及各类休克等急危重症疾病的诊疗方面，积累了丰富的临床经验。

进入 21 世纪，医院先后投资 3000 余万元，兴建了外产科大楼（8600 平方米）、内科大楼（3500 平方米）、传染病区（1640 平方米）与工伤医疗康复中心，病房配备了中心吸引、中心吸氧、电视、电话、空调、热水器、卫生间及阳台等现代化设施。院内草坪如茵，绿树婆娑，病房宽畅明亮，温馨舒适，是琼西地区就医条件最好的医院。医院曾先后荣获"全国五一劳动奖状"、"全国残疾人三项康复工作先进单位"、"海南省环境优美十佳医院"、"海南省文明单位"、"海南省社会公认满意医院"等多项殊荣。院长苏林光是主任医师，《中华传染病杂志》编委，"海南省最具社会价值优秀卫生专业技术人才和经营管理人才"。

（二）海南农垦那大医院

海南农垦那大医院创建于 1954 年，至今已有 50 多年的建院史，其前身为儋县垦殖所医疗所，以后历经广东省海南农垦第二医院、广州军区生产建设兵团第五师医院、海南农垦那大医院的建设和发展阶段。医院占地总面积

132亩，建筑总面积67470平方米，其中医疗用房39402平方米，固定资产总额8000多万元，开放床位450张；医院科系较齐全，设有13个临床科室，其中内科7个（消化呼吸科、心血管科、神经科、中西医结合、小儿科、感染科、精神病科等），外科6个（创伤骨外科、普外科、肿瘤胸外科、妇产科、五官科、麻醉科手术室等）；全院有11个医技科室［放射、检验、功能、保健、口腔、药剂、理疗、门诊（两个）、急诊、病理科等］，在职职工630人，医院有主任医师14人，副主任医师42人，中级专业人员135人，有硕士研究生5人，其中1人在读博士学位。在海南省各医学专业委员会中，医院15位专家担任副主委和常委，有15位专家为省高评委专家库成员和医疗事故技术鉴定专家库成员。

医院现拥有0.36T核磁共振（MR）成像系统、飞利浦iu22彩色B超机、美国双排螺旋CT机、美国800型全自动生化分析仪、进口数字X光机及数字化胃肠机、化学发光免疫分析仪、泌尿外科内窥镜、妇产科腹腔镜、电子胃肠镜、干式相机等一大批先进的医疗设备。

医院本着"院有重点、科有特色、人有专长"的思路，高度重视重点学科建设。肿瘤胸外科主任是山东著名三级甲等医院引入的人才，其开展的肿瘤胸外科手术、电化学治疗肿瘤技术在省内甚至国内处于领先水平。其他科室如人工肾治疗技术已有10年历史，前列腺微创治疗技术、妇产科腹腔镜治疗技术、电子胃肠镜下治疗技术、危重症监护病房等都达到了三级医院的水平。此外，比较有优势的项目还有：复杂胸、腹、脑手术，肝部分切除术，肺叶切除术，广泛子宫切除加盆腔淋巴清扫术，微创介入治疗椎间盘突出术，颅脑外科手术。

近年来，全院开展新项目100多项，获海南省科技进步三等奖两个，省卫生厅和农垦总局立项的科研有10多项，近三年有300多篇医学论文在中华系列及省级杂志上发表。医院的服务范围涉及海南省中西部地区的儋州、白沙、昌江、东方、琼中、临高、澄迈七市县，涉及人口近300万。

医院坚持以人为本管理，高度重视职业道德建设，使精神文明建设不断迈上新的台阶。先后被海南省卫生厅授予"文明医院"、"卫生先进单位"称号，被中国医院管理委员会、中国企业文化研究会评为"中国医院文化建设先进单位"，被海南省省委、省政府评为2003~2006年度文明单位。

（三）儋州市妇幼保健院

儋州市妇幼保健院创建于1957年，全院现有职工108人，其中高级职称6人，中级职称6人，专业技术人员占80%以上。全院分为保健部与临床部。

保健部设有：妇女保健科、儿童保健科、婚前保健科、生殖保健科、健康教育科；临床部设有：妇科、产科、内儿科、男科、新生儿科、外科、乳腺科、功能检查科、检验科等科室；拥有30张床位，病房设有卫生间、空调、热水器、电视机、电话、高级自动床、沙发椅、挂钟、鲜花等，具有温馨特色。

现有主要设备：孕产妇接送车、四维彩超、500毫安X光机、母亲胎儿监护仪、新生儿抢救台、婴儿保暖箱、儿童智商筛查仪、儿童听力筛查仪、儿童营养评价仪、儿童斜视弱视诊疗仪、乳腺检查治疗仪、无痛分娩仪、高级综合产床、高级综合手术台、微波治疗仪、波姆光治疗仪、生化分析仪、尿液分析仪、电解质测定仪、血球计算仪、精液分析仪等大批先进仪器。

主要开展的业务：妇女"五期"保健、高危孕妇筛查、生殖健康保健与咨询、妇产科疾病诊治、计划生育有"四术"、接生助产、婚前医学检查、孕妇学校、孕妇氧吧、准妈妈学校、儿童保健：智力筛查、营养评价、新生儿听力筛查、视力筛查、儿科疾病诊治等妇女儿童医疗保健与生殖健康服务项目。

儋州市妇幼保健院遵循"团结奋进、拼搏创新、优质高效、服务奉献"的宗旨，开拓进取，求真务实，先后荣获"爱婴医院"、"全国巾帼文明示范岗"、"省妇幼保健卫生工作先进单位"、"市卫生工作先进单位"、"市青年文明号"、"市科技下乡先进单位"等多项荣誉。

（四）儋州市中医医院

儋州市中医医院是一所以中医为主、中西医并重的综合性医院，也是承办社会医疗保险、城镇居民基本医疗保险和新型农村合作医疗保险（包括洋浦）的定点医疗单位，肩负着全市中医药卫生事业的工作任务。

2004年，建成占地面积20亩、建筑面积4520平方米的门诊综合大楼。同年10月，经省卫生厅批准挂牌儋州市中西医结合医院，形成两套牌子一套人马。全院现有病床80张，卫技人员85人，其中副高2人，中级职称2人，医师12人，助理医师8人，护师14人，护士33人，药师和药士9人和一批毕业于北京中医药大学、广州中医药大学、长春中医药大学、南京中医药大学、成都中医药大学等国医大学的执业医师。

医院设有门诊部、急诊部、医技科和住院部等众多科室。其中：门诊、急诊部设有中、西医内（儿）科、心血管内科、外科、妇产科、肛肠科、针灸理疗科等；医技科设有检验科、B超科、放射科、心电图工作站等；住院部设有外科、内儿科、妇产科、肛肠专科、针灸理疗专科等临床科室。

医院主要医疗业务有：外科能开展胆总管切开取石、T管引流术、单纯胆囊切除术、胃癌、肠癌根治切除术、乳腺癌根治术、胃大部切除术、斜疝高位结扎修补术及创伤性和病理性高难度骨科等手术；内科能开展对各种传染病、肝肾病、心脑血管病、小儿肺炎等多发病、常见病的治疗；妇产科能开展接生、人流术、子宫肌瘤、卵巢囊肿、剖宫产、宫外孕、全宫切除、次宫切除、妇科炎症、红外光治疗宫颈糜烂、臭氧治疗阴道炎、乳腺治疗仪等业务；肛肠专科能开展肛瘘、肛裂、肛周脓肿、痔疮、耻骨直肠肌痉挛（肥大）等治疗；针灸理疗专科能开展腰肌劳损、腰椎间盘突出、骨质增生、韧带拉伤等治疗；医技科通过全自动血细胞分析仪、电解质分析仪、全自动生化分析仪、化学发光仪、B超机、心电图机、X光机等设备能开展三大常规、肝功、生化及各种检查。医院最大的特色是诊疗手段多样化、治疗方法灵活化，能中能西、中西医结合，视病人病情的需要，可以单纯使用中医汤药、也可单独使用西药，还可以用针灸理疗、推拿，或者中西医结合。其中特色专科有中医肝病专科、针灸理疗专科和肛肠专科（肛肠专科属2007年国家重点建设项目之一）。

三　医疗卫生事业发展存在的主要问题

一是卫生事业发展缓慢。农村卫生事业专业技术人才缺乏，设备陈旧，技术水平滞后。卫生院技术力量薄弱，大中专学历的人员所占的比例较低，主要是大中专毕业生下不去或者留不住。2006年，全市26家卫生院，具有大专以上学历的64人，具备中级技术职称14人。其次，卫生院也缺少一批熟业务、善管理的领导人才。

二是卫生资源分布不够合理，缺乏与浪费现象同时存在。乡镇卫生院技术力量、设备、工作用房、床位等基础设施依然不足，而市一级医疗单位病床、设备使用率低，大型设备不能被充分利用。医疗机构主要集中于经济发达的地区，而边远山区仍缺医少药。

三是卫生发展资金不足。财政投入不足是当前制约本市卫生事业发展的瓶颈问题，卫生院的投入绝大部分是依靠自身的投入，而卫生院的收入连发放职工工资都非常困难，难以投入资金加强基础设施和设备建设，造成了乡镇卫生院设施薄弱，急危重抢救设备明显不足，设备日渐老化，很难适应现代医疗技术水平的需要。造成医疗水平难以提高，职工收入难以提高，直接造成卫生院职工工资普遍偏低（大部分卫生院职工工资1000余元，有的甚至六七百元），导致无法引进高素质医疗人才，间接造成卫生院服务质量和能力水平提不上去，业务开展不畅，从而形成"恶性循环"。

四是防病治病任务仍然艰巨。儋州市是各类传染病的高发区、惯发区，经过几十年预防,传染病的报告发病率1999年为102.25例/10万,2004年为144.46例/10万,2005年为184.30例/10万,2006年为193.33例/10万,最近几年的传染病发病率有上升的趋势,说明本市的传染病仍须加大控制力度。霍乱、肝炎、疟疾等传染病时有发生,性传染病的发病率近几年逐年上升,比如梅毒2004年发现25例,2005年发现46例,2006年发现69例,控制碘缺乏病亦未达标。一些新的传染病不断出现,如非典型性肺炎、人间禽流感、甲型H1N1流感等。而本市预防保健三级网络不健全,有些地区预防保健工作被动;全市两个系统管理发展不平衡。

疾病谱显示,损伤和中毒、消化系病、呼吸系病、心脑血管病是本市的主要疾病。

随着本市经济的发展,环境、水源、食品的污染也日益凸显,限于企业本身的实力,粉尘、污水得不到很好的治理,本市还没有建起垃圾、污水处理厂,垃圾处理率低,所以垃圾处理问题亟待解决。

第二节 公共卫生服务建设

一 疾病预防控制和卫生监督工作

2005年为加强疾病预防控制体系和卫生监督体系建设,儋州市建立了疾病预防控制中心和卫生监督所,同时,争取到国债资金200万元,建成市疾控中心办公楼,面积2090平方米。2006年基本消灭丝虫病,并通过国家级验收。建立了新英、白马井两个艾滋病综合防治示范区,有效地预防了艾滋病的蔓延。建成市皮防所业务用房405平方米,加强皮肤性病的监测和治疗工作;实现石马岭医院通水通电和病人住宿区的建设,改善麻风病人的居住和就医环境。进一步加强卫生监督工作,全面落实卫生行政执法责任制,近年来大力开展了对全市食品生产、经营企业、学校、企事业单位食堂、餐饮业进行专项监督和整治工作检查,并对食品、餐饮业的餐具消毒效果进行了抽样检查。按照市政府的统一部署,协同相关部门集中整治了与群众生活息息相关的粮食、肉类、奶制品、豆制品等重点食品,净化了食品生产、销售市场,保证了市场销售优质食品的良好环境。

(一)食物中毒发生情况

1996~2006年,全市累计发生食物中毒19起,67人中毒,死亡6人。其中,集体食堂食物中毒20起,113人中毒;没有发生餐饮单位食物中毒;

细菌性食物中毒3起；植物性中毒、化学性食物中毒各6起。

（二）传染病暴发疫情

1996～2006年，共发生1起传染病重大疫情，发病人数44余人，没有死亡报告，其中，甲类0起，乙类0起，丙类1起44人，其他传染性疾病0起。目前，丙类传染病、其他传染性疾病的发病流行日渐增多。

（三）饮用水污染事件

1996～2006年，生活饮用水水源和二次供水情况不容乐观，目前，全市供水、住宅小区二次供水覆盖率越来越大，一旦受污染，势必引发传染病暴发大流行。

（四）环境灾难与自然灾害后疫情事件

1996～2006年，全市未发生重大环境灾难与自然灾害后的疫情事件，基本上做到了灾后无大疫。但由于儋州市地处热带北缘，属热带季风性气候区，台风频繁；同时，儋州市具有典型的火山喷出物玄武岩地质特征，市内的大部分地区处于火山地带或地震高震烈度区域；此外，由于儋州市大部分区域为江、河、海滩涂地，洪涝灾害时有发生，加上气温、湿度较高，蚊蝇孳生，历来是传染病的高发区，潜藏着较大的灾后疫病流行的威胁，灾后防疫压力很大。

二 妇幼保健工作

坚持"以保健为中心，以生殖健康为目的，保健与临床相结合，面向基层，面向群体和预防为主"的妇幼保健工作方针，牢记全心全意为妇女、儿童服务的宗旨，积极宣传落实《母婴保健法》；坚持以人为本、以病人为中心，以妇幼保健工作为龙头，深入基层指导创建爱婴医院工作、"两个系统"管理和"三网合一"监测工作；积极抓好卫生Ⅸ项目、降消项目和艾滋病母婴垂直传播项目等各项工作的落实；大力加强医疗保健人才队伍的建设，增加服务项目，扩大服务范围，树立良好的医德医风，改善服务环境，不断提高妇幼保健和医疗服务的整体水平。

（一）健康体检、妇女病普查普治及健康教育工作

每年组织保健科、化验室及B超科人员携带B超机、心电监护仪及化验设备等到各镇为广大农村妇女免费进行妇女病普查普治，累计普查人数24037人次，普治人数9851人次。开展健康教育活动，内容包括婚前保健、孕产妇保健和儿童保健知识。印发各种形式多样、针对性强、群众喜闻乐见的健康教育宣传材料，如小册子、录音带、儋州调声VCD光盘、挂图、标语、横幅等，同时利用广播、电视、录像、宣传栏、健康教育处方、宣传画、

黑板报以及新婚学校、准妈妈学校等宣传活动，普及卫生保健知识，增强社区人群健康意识和自我保健的能力，总投入资金约30万元。开展健康教育活动以村为单位覆盖率达100％，知晓率达46％。

（二）人员培训

根据妇幼保健工作计划与安排，儋州市采取了市对镇、镇对村的逐级培训，重点是开展镇、村两级妇幼人员的强化培训活动，提高基层妇幼人员的业务水平。培训内容主要是掌握和更新基本知识，巩固基本操作，强化基本急救知识，规范服务和管理。重点掌握产科出血、妊高症、新生儿窒息复苏、小儿肺炎、小儿腹泻等防治技能、高危儿童的筛查标准，扩大适宜的新技术等为主。并按计划每年选送人员到市级和省级进行进修学习。2006年累计参加长期培训人员有186人/月，短期培训市级有359人/周，镇级有3432人/周。

（三）实施世界银行贷款项目妇幼子项目、降消项目和艾滋病母婴垂直传播等项目工作

以各项目为契机，将各项妇幼保健工作融入其中，从而进一步提高全市妇幼卫生综合服务能力，建立健全三级妇幼保健网络。有效地改善我市基本妇幼卫生的公平性、可及性和可承受性，进一步提高各级妇幼人员的服务水平和管理能力，改善镇、村两级妇幼保健机构的基本设备和设施，扩大了服务范围。有效地降低了孕产妇和儿童的死亡率，降低了新生儿破伤风发病率和营养不良的发生率。有效地控制和减少了艾滋病母婴垂直传播几率。从而提高了广大群众对妇幼卫生服务利用和自我保健能力，保护妇女、儿童的健康，全面推动全市妇幼卫生工作上新台阶，缩小了与经济发达地区的差距。

2006年，经过妇幼保健工作人员的努力，儋州市的妇幼保健工作取得了一定的成效：孕产妇系统管理率达47.75％（1996年为21.5％），0~3岁儿童系统管理率达45.35％（1996年为38.61％），住院分娩率达93.90％（1996年为66.7％），孕产妇死亡率41.40例/10万（1996年为85.08例/10万），5岁以下儿童死亡率14.60‰（1996年为87.28‰），婴儿死亡率10.87‰（1996年为69.02‰）。

第三节　农村卫生工作

一　加强农村卫生基础建设

在资金困难的情况下，市卫生局采取争取上级的支持和自筹资金的办法，

做好卫生院的业务用房建设，仅2005年国债资金和省财资金就支持554.6万元，改造卫生院的业务用房，建成的业务用房面积约10000多平方米，还有一部分正在建设之中。同时，装备了基层卫生院一批X光机、B超机、化验设备、手术设备等，进一步改善了全市农村卫生的落后状况，提高了基层医疗服务能力。

二 抓好卫生支农工作

组织市级医疗单位对口支持基层卫生院，以市级医疗单位雄厚的技术力量，帮助基层单位提高业务水平、管理水平，取得明显成效，受到省卫生厅的好评。

三 加强农村卫生队伍建设

重点抓了卫生院领导层的建设和农村卫生技术人员在职培训工作。对卫生院领导层建设，主要采取从市级医疗单位选派和向社会公开招聘、就地培养的办法，选用了一批管理能力强、业务水平高、政治素质好的卫生院院长，提高了卫生院的管理水平，取得明显的经济效益和社会效益。同时加强在职技术人员的业务培训，每年都举办传染病防治知识培训班，还利用各种项目举办培训班的机会，选派业务人员参加培训。抓好卫生技术人员的学历教育工作，参加省内、外相关院校大学、专科学历学习班，有效地提高农村卫生技术人员的业务水平和工作能力。

四 农村健康教育工作深入开展

2006年，72%的农民掌握了基本的健康知识，基本健康行为形成率乡镇达61%以上，健康教育学校开课率达100%。消除碘缺乏病教育深入群众，群众自觉抵制非典盐的意识逐步提高。

五 转变卫生院的运行机制

实现了卫生院的自主管理，实行卫生事业单位全员聘任制，公开、公平、择优聘任单位负责人，实行任期目标管理制，逐步完善激励机制，基本建立了符合本市卫生事业管理特点的职责分开，政府依法监督，单位自主用人，人员自主择业，科学分类管理，配套措施完善的人事管理制度。建立和完善重岗位、重实绩、重贡献的分配激励机制，实现卫生事业管理的科学化。2006年，那大镇卫生院和木棠镇卫生院完成了人事制度改革试点工作，总结经验，在全市铺开。

第四节　新型农村合作医疗制度

一　基本情况

（1）新农合工作自2006年7月开展实施以来，共开展了三个保障期的报销补偿，即2006~2007年保障期、2007~2008年保障期和2009年保障期。

（2）参合农民逐年增长。2006~2007年保障期参合300923人，参合率55%、2007~2008年保障期参合420128人，参合率76.3%、2009年保障期参合487704人，参合率97.16%。

（3）农民受益率逐年增长：2006~2007年保障期总受益人数26076人次，受益率8.67%。2007~2008年保障期总受益人数109169人次，受益率10.09%。2009年1~4月受益人数54606人次，受益率33.59%。

（4）各保障期资金使用及结余情况。2006~2007年保障期共使用资金1017.43万元，其中共济基金使用975.88万元，资金使用率79.19%，结余256.39万元；家庭账户基金使用41.55万元，结余259.37万元。2007~2008年保障期共使用资金3830.10万元，其中共济基金使用3529.77万元（含二次补偿、回溯补偿819.49万元），使用率76.02%，结余1113.58万元；家庭账户资金使用300.33万元，结余329.866万元。

二　主要做法和经验

（一）政府主导，部门协调，协抓共管

确定政府组织、主导、支持，多部门协调配合协作的工作思路，建立部门联席会议制度，推行目标管理，明确职责，加强组织、协调与配合。各镇党委、政府充分发挥基层党组织的作用，落实工作责任制，实行镇领导干部包村、村党员干部包户的责任到人制度，进村入户开展宣传发动，引导农民积极主动参加合作医疗。各职能部门密切配合，增强工作合力。市卫生部门认真当好市政府的参谋，组织开展合作医疗基线调查、政策研究、方案设计、制度运行及医疗服务监管等工作；财政部门积极落实财政配套资金，将市财政配套补助资金及农村医疗救助资金纳入本年度财政预算，并及时拨付到位；农税部门认真做好农民参合金的收缴工作；民政部门组织调查，摸清农村地区贫困家庭底数，制定《儋州市农村医疗救助实施办法》，扶持特困户、五保户、孤儿、烈属等弱势群体人员参加合作医疗；市合管办作为合管委的事

办机构,具体负责参合农民合作医疗证的核实发放、基金的运营管理和使用、定点医疗机构的监管等;审计、农业、人劳、药监、宣传等部门积极支持,将新型农村合作医疗纳入本部门工作内容。形成了党委领导、政府负责、多部门齐抓共管的工作局面,有力促进了全市新型农村合作医疗工作的开展。

(二)建立机制,加强监管,规范运行

成立了以分管副市长和卫生、财政、民政等部门主要领导组成的新型农村合作医疗管理委员会,各镇、各村(居)委会也相应成立镇级合管委、村级管理小组等基层组织机构,建立健全市、镇、村三级组织管理体制。特别是建立健全了各级经办机构。市合管办核编人员6名、镇合管站2~3名,同时,拨付工作启动经费5万元、通过市政府采购中心进行采购印刷了宣传发动工作资料及表格、为市合管办配备了电脑、打印机、复印机等办公设施,保证日常业务工作的需要。

加强基金监管和规范运行,制定了基金核算、财务监督管理、基金收支公示等制度。并落实基金管理政策,农民缴费及中央、省、市财政的资助资金每年都按时划入专户,进行专户管理,封闭运行。

加强基金审计和监督,主要是成立了有市长和纪检、财政、审计等部门主要领导及人大、政协和参合农民代表参加的市级监督委员会,制定审计制度。同时,主动将有关情况及时报告市人大、政协。

实行基金收支公示制度,每季度将基金收入和使用情况向社会公示;各村(居)委会及定点医疗机构开设公开栏,每月定期公示医疗费用补偿报销情况,接受农民群众的监督。

建立医疗服务监管机制。全省新农合监管会议后,儋州市及时制定出台了"六查六核实"制度,有效地控制了医药费用的不合理增长,为农民确确实实获得受益提供了保障。

三 存在的主要问题

(一)各职能部门协调不够

主要是表现在部门的协调上,没有积极主动把各自在合管办中应履行的职能协调到新农合工作上来,比如:各镇与市合管办之间、与民政之间、与农税之间的协调;市合管办与民政之间、与村委会之间的协调等。采取的对策:要形成市政府联席会议制度,定期召开部门联席会议,及时协调解决存在的问题。

（二）政策宣传不够深入

目前的宣传工作主要靠挂横幅、贴标语和发放《知识问答题》、《给农民朋友的一封信》等形式，虽然收到了一定的效果，但仍不够深入、不够细致。大部分参与操作的基层干部，特别是村小组干部和村委会干部，对新农合补偿的政策、程序、方法了解不透，甚至相当一部分镇干部对新农合补偿政策知之甚少。采取的对策：加强宣传，特别是利用基层村干部的作用，在村干部中组织政策知识培训。

（三）筹资成本过大

目前仍然采用镇干部包村、村干部包点宣传发动，由村干部挨家挨户进行征收的筹资模式，这种模式需要投入大量的人力、物力，难度较大。采取的对策：采用防保人员进村发动，以减少运行成本，但新农合制度作为一项长久的工作，应当尽快探讨一种更为符合实际的筹资模式来降低行政成本。

（四）医药费用增长过快

2006年7月1日~2007年6月30日保障期和2007年7月1日~2008年12月31日保障期，省级定点医疗机构住院次均费用由8915.7元增加到9653.65元，其中省人民医院由9312.10元增加到10642.81元，增幅1330.71元；市级定点医疗机构住院次均费用由3054.17元增加到3857.69元，其中市人民医院由2943.96元增加到3990.49元，增幅1046.53元。镇级住院次均费用也明显增长。采取的对策：加强各定点医疗机构医药费用的监测，每月分析、每季度小结，及时发现问题，及时加以调整。

（五）队伍建设问题

本市参合农民逐年递增，而市合管办仅有8个编制，难以满足近50万参合农民的服务需求。最为严峻的是干部职工的身份待遇问题，同样履行着管理合作医疗的政府职能，市社会保障局已参照公务员管理，而市合管办仍按事业单位执行，存在明显的同工不同酬现象，干部思想难以稳定。

# 第五篇 儋州政治

第二十章 儋州政党和群众团体

第一节 中国共产党儋州市委员会

一 儋州市委的发展状况与基本情况

(一) 党员代表大会情况

1996~2007年，中共儋州市委召开了第八次、第九次、第十次党员代表大会。

1. 儋州市委第八次代表大会情况

中国共产党儋州市第八次代表大会于1998年3月7日在那大镇召开，这次大会的主题是：高举邓小平理论伟大旗帜，深入贯彻落实党的十五大和省第三次党代会精神，进一步动员全市党员干部群众，解放思想，抓住机遇，团结实干，争创一流，加快向中等城市迈进，把一个文明、繁荣、现代化的热带风光新儋州推向21世纪。

市委书记朱选成代表中共儋州市第七届委员会向大会作了报告。报告共分为六部分：一是关于五年来的工作；二是关于跨世纪的目标任务；三是关于新一轮的思想解放和扩大开放；四是关于经济建设；五是关于精神文明建设；六是关于党的建设。

2. 儋州市委第九次代表大会情况

中国共产党儋州市第九次代表大会于2003年3月23日在那大镇召开，这次大会的主题是：高举邓小平理论伟大旗帜，认真实践"三个代表"重要思想，深入贯彻落实党的十六大和省第四次党代会精神，进一步动员全市广大党员干部群众，认清新形势，抓住新机遇，掀起新一轮经济建设高潮，加快建设中等城市步伐，为把儋州构筑成琼西经济文化中心而团结奋斗。

市委书记赵中社代表中共儋州市第八届委员会向大会作了报告。报告共分为六部分：一是过去五年工作的回顾；二是今后一个时期的奋斗目标和总体要求；三是以建设琼西经济中心为目标，增强经济发展的综合竞争力；四是以推进依法治市为核心，加强民主政治建设；五是以建设琼西文化中心为方向，大力弘扬和发展先进文化；六是以加强党的建设为根本，为儋州经济社会发展提供有力保障。

3. 儋州市委第十次代表大会情况

中国共产党儋州市第十次代表大会于2007年1月16日在那大镇召开，市委书记赵中社代表中共儋州市第九届委员会向大会作了报告。报告共分为四部分：一是过去四年工作的回顾；二是未来五年的总体思路和奋斗目标；三是全面推进经济社会又好又快发展；四是全面加强和改进党的建设。

（二）儋州市委机构与基本职能

中共儋州市委工作机构设有市纪委（监察局）、市委办公室、市委组织部、市委宣传部、市委统战部、市委政法委等六家单位，市委派出机构有市直属机关工作委员会和市委党校两家单位。

中共儋州市委的职能有：一是根据党的路线方针政策和中央、省委决定、指示和市党代会作出的决定，讨论并决定全市重大问题；二是选举市委常委和书记、副书记；三是听取和审议市委工作报告；审议市委常委会提出的重要人事问题；四是向市党代表大会负责并报告工作，在必要时有权召开市党代表会议，讨论和决定需要及时解决的重大问题；五是负责审议市纪委、市人大党组、市政协党组以及市政府提出的重要事项；六是负责领导全市的经济建设和精神文明建设；七是向省委负责并报告工作。

（三）中共儋州市委各届党的建设工作

1. 儋州市委第八届委员会主要工作情况

开展"三讲"教育、"三个代表"学教活动。中央和省委对此给予充分肯定；积极开展"三级联创"活动，基层党组织建设整体水平提高，荣获省农村基层组织建设先进市称号，一批乡镇党委和村党支部被评为"六好乡镇党委"、"五好村党支部"，"三级联创"经验被中组部在全国推广；干部人事制度改革不断深化，推进竞争上岗、公开选拔、任前公示、试用期制、干部工作写实制等制度，先后在全市30个市直单位推进中层干部竞争上岗，对市直27个单位的70名副职领导实行全员竞岗；深入开展党风廉政建设和反腐败斗争，党风廉政建设责任制得到落实，领导干部廉洁自律工作不断加强，查办违纪违法案件力度加大，纠正部门和行业不正之风进一步深入，政务、村务、厂务公开工作得到省的肯定。

2. 儋州市委第九届委员会主要工作情况

始终强调"抓班子，带队伍，管大事"，"想清楚，讲明白，抓落实"。积极开展保持共产党员先进性教育活动。扎实推进学习管理理论，实行科学管理，推行目标管理责任制，抓细节，抓落实，控制过程，保证结果，强化岗位应知应会知识学习，各级干部的执行能力明显提高。干部人事制度改革深入推进，公推公选逐步扩大，各级领导班子进一步优化，镇党委换届圆满完成。党管人才工作机制不断完善，干部教育培训不断加强。

以"三级联创"为载体的基层党组织建设有效开展，一批镇党委和村党支部达到了"五个好"目标；城镇社区、新经济组织等领域党建工作得到加强。严格落实党风廉政建设责任制，建立健全教育、制度、监督并重的惩治和预防腐败工作机制和"五位一体"监督体系，领导干部廉洁自律、纠正损害群众利益不正之风、查处违纪违法案件以及农村基层党风廉政建设等重点工作取得明显成效。

3. 儋州市委第十届委员会主要工作情况

党的建设取得新成效。干部人事制度改革进一步深化，公开选拔了一批市直单位、镇党政主要领导后备干部人选和市直单位副科级领导干部及市属四家医疗机构主要领导。圆满完成村级组织换届工作任务，建设了一批村级组织活动场所，是儋州市历年来投入最大、建设数量最多的一年；全面完成规模以上非公有制企业党组织组建任务。创建学习型机关活动扎实推进。深入开展党风廉政建设和反腐败斗争，查处一批违纪案件，各级领导干部廉洁从政意识明显提高。积极支持人大、政协依法履行职责，切实加强对统战、工青妇、国防动员及老干部等工作的领导，进一步凝聚了发展合力。

二 儋州市党的基层组织工作

据儋州市委组织部统计资料，1996年以来，儋州培训农村党员和新型农民17万人次。至2007年，按照中央和省委部署，高质量完成了首批40个村级组织活动场所建设任务。和庆镇美敖村、马井镇南庄村等4个村级活动场所被评为全省"样板工程"，受到省委组织部的表彰。

（一）突出抓好机关、学校、非公有制企业党建工作，进一步扩大党建工作覆盖面

在机关，制定了《关于调整市直机关及企事业单位党组织设置的意见》，撤销了原"九个战线"的党委，改设机关事业单位党组织86个，即局党委2个、局机关党委6个、直属党总支部58个；设企业单位党组织43个。在33

个市政府部门、市政府直属机构、市政府事业单位中设立党组。制定《儋州市直属单位党组重大问题议事规则》，规范和提高党组议事决策水平。以"一创建、两转变、两提高"活动为契机，切实加强机关党员干部的思想政治和作风建设，每年进行一次综合考核，严格奖惩，使机关作风明显好转，工作效率大大提高。在学校，全面启动了"四项建设"（党的建设、精神文明建设、业务建设和法制建设）活动，制定了党建工作具体实施方案，具备条件的学校全部组建了党支部，高中实现了正常发展党员工作。在企业，规模以上企业党支部组建率达100%。帮助指导建立健全党建制度，围绕企业经营活动抓好党建工作。2007年，儋州市有5家非公有制企业成立党组织并进入了全省产值超亿元百强企业行列，其中永航不锈钢厂和中化诚信橡胶有限公司成为超10亿元企业。全市形成了"抓党建、促经济"的良好发展氛围，非公企业党建工作影响力、覆盖面逐年扩大。

（二）开展大规模党员先进性教育活动

从2005年1月18日至2006年7月1日，按照中央和省委的部署，在全市900多个党组织和18000多名党员中全面展开了第一、第二和第三批党员先进性教育活动。结合实际，制定了儋州特色的党员先进性标准，组织千名党员干部进镇驻村开展"五下乡、十进村"活动。结合先进性教育活动，在农村开展"组织找党员，党员找组织"活动，探索建立起流动党员"一库、一站、一卡、一证、一岗"的新模式，进一步改善了流动党员的教育管理，保证流动党员正常参加党的组织生活。经过先进性教育和长效机制建设，先进文化逐渐占领了农村阵地。雅星镇富克村通过先进性教育活动，把原来的祠堂改建成文化活动中心，受到群众的热烈欢迎。中和镇的何宅、许坊两村，在先进性教育活动中转变对立观念，拆掉800米长、2米多高"隔离墙"，建起"连心路"，化解了几十年的历史积怨。这一典型做法多次在中央电视台的《中央新闻联播》中播出，成为建设和谐农村的典范。全市涌现出那大镇力崖村党支部书记黄桂妹等一批全省先进个人。中央检查组对市先进性教育活动给予了"宣传发动好、分类教育好、开展讨论好、活动载体好"的高度评价。

（三）创新干部选拔任用机制

1996年以来，不断深化和拓展干部人事制度改革，全面推行了民主推荐制、任前公示制、试用期制、全委会票决制等改革措施，取得了较好的社会效果。一是坚持实行民主推荐。把民主推荐作为确定考察人选的必经程序，凡拟提拔干部人选一律进行民主推荐。二是坚持实行任前公示制、试用期制和全委会票决制。2003年以来，我们在电视台、政务网络公示拟提拔137人

(2007年54人），有2人因群众反映的问题经市委组织部、市纪委等单位联合核实后，暂缓提拔，有效地维护了群众在干部选拔中的监督权。对拟提拔非选举产生的48名干部实行一年的试用期。

大力推行公开选拔、竞争上岗制度。制定下发《儋州市直属机关中层干部竞争上岗试行办法》。1998年下半年，首先在公、检、法部门推行"绩效评估、竞争上岗、双向选择"的做法，逐步在全市其他部门推开，最后向市直机关部门领导干部中延伸。1998年以来，先后在全市30个单位推行中层干部竞争上岗，对市直27个单位的70名副职领导实行全员竞岗。通过竞岗，使327人走上中层领导岗位，56人走上副职领导岗位，14名落岗人员改为非领导职务。制定《儋州市公开选拔领导干部暂行办法》，对适合向社会公开选拔的单位领导实行公开选拔（聘）。2003年以来，进行了5次规模较大的有46个职位的公开选拔（聘）工作，在全省范围内公开选聘那大中学等4所学校校长、市新闻中心主任、副主任人选；公开选拔团委书记等6个职位人选；率先在全省市县公开选拔10名镇党政主要领导后备干部，并从主要领导后备干部中提拔7名担任市直领导和镇党委书记、镇长。2007年在全省范围内公开选聘市人民医院院长等4个卫生医疗单位主要领导人选，在全市范围内公开选拔10名市直机关、乡镇党政主要领导后备干部和10名市直机关副科级领导干部人选，并提拔使用15名。把公开选拔（聘）范围由全市扩大到全省范围，由个别职位试点发展到多职位选聘，由部门副职拓展到单位一把手，由领导干部拓展到后备领导干部，促使一批优秀人才脱颖而出。在公开选拔干部过程中，做到书面考试看知识，面试答辩看能力，群众测评看民意，组织考察看实绩，并对公开选拔（聘）产生的对象实行一年的试用期，试用期满后经岗位考核称职，再予以委任，增强了公开选拔工作的规范性和科学性。

改革和完善干部考核评价机制。按照科学发展观和正确政绩观要求，结合岗位工作实际，建立完善了党政领导干部岗位综合考核评价体系，进一步量化考评标准，在乡镇突出工作实绩考核，在市直机关突出作风建设考核。经过量化考核，有12名组织领导能力差，与所任职要求不相称，工作打不开局面的乡镇领导干部被免职。

坚持推行干部交流制度。市委制定《关于实行党政领导干部交流制度的规定》和《关于市直机关领导班子调整的意见》，对交流时间、任职年限等都做出明确规定，对任同一职务正职满5年、副职满8年的市直机关领导一律实行交流，加大干部交流力度。2002年在乡镇领导干部调整中，交流81人。2003年，市直机关领导班子正职交流19人，副职交流20人，改任非领导职务和退线的 26 人。在 2007 年市直机关局级领导班子换届工作中，对在市局级机关同一岗位正、副职任职年限已满的进行交流，先后有 43 名领导干部因在同一岗位任职时间较长进行了岗位交流。

（四）创新干部监督工作机制，增强干部队伍自我约束能力

主要从以下几方面加强干部监督工作。一是从宏观上加强干部监督工作。进一步建立完善由组织、纪检监察、审计等部门参加的干部监督联席会议制度。制定下发《市直单位党组重大事项议事规则》，规定各单位班子成员分工、人、财、物的管理等重大事项必须由党组集体讨论决定，加强班子内部监督，提高议事决策水平。二是加强干部选拔任用工作的监督。发挥职能部门的监督职能，主动接受职能部门监督，坚持做到选拔任用干部事前主动征求市纪委和计生等部门的意见。为加强对中层干部选拔任用工作的监督，市委制定下发了《关于派员列席各单位党委（党组）干部任免会议暂行规定》，明确各单位党委（党组）讨论任用干部时，由市委组织部和市纪委派员列席会议，切实加强中层干部任免的监督和指导。2005 年以来，会同市纪委先后 47 次派员与市纪委的同志列席参加市法院、公安局、农税局等 41 个单位党委（党组）讨论干部任免会议，加强任前监督指导，累计纠正 25 名不符合任职资格的任用。三是加强领导干部任期监督。坚持把经济责任审计作为加强对领导干部监督的一个重要环节，充分发挥纪委、组织、审计等各联审成员单位的职能作用，加强对领导干部的经济责任审计监督。2003 年以来，经组织部提请市纪委同意，先后对 19 名党政主要领导干部进行离任经济责任审计，对 2 名在职单位主要领导进行任中经济责任审计。

（五）创新教育培训工作机制，不断提高干部队伍整体素质

认真贯彻《干部教育培训条例》和中央关于"大幅度培训干部"的要求，积极有序开展干部教育培训工作。一是加强领导，形成工作合力。市成立了干部教育培训工作领导小组，下设办公室，切实抓好教育培训工作的检查、指导、监督和协调。市委组织部每年初制定全市干部教育培训工作"一揽子"计划，对培训办班实行集中审批，充分发挥市委党校、镇委党校（两级党校）和石屋农村社区大学等培训阵地优势，使全市培训资源得到有效整合。全市上下形成了市委领头、组织部门牵头、教育培训联席成员单位分工负责，上下联动、齐抓共管的工作格局。二是突出主题，办好主体班次。1996 年以来，根据"缺少什么就培训什么"的原则，有针对性地开展培训。围绕向中等城市迈进和建设琼西经济文化中心，组织举办城市规划、城市经营、文明礼仪、计算机基础知识、WTO 知识培训班，培训各级干部 7400 多

人次；围绕农村产业结构调整和新农村建设，对广大农村干部进行村镇规划、政策法规、民主管理、农业实用技术等知识的培训，培训各级干部28000多人次；围绕提高干部理论素质，举办学习贯彻党的十五大、十六大、十七大、省委第三次、第四次、第五次全会精神培训班，培训干部21000多人次。三是创新形式，注重培训效果。广泛采取"派出去"与"走下去"相结合、聘请专家授课与远程教育培训相结合、集中培训与分散学习相结合等方式开展培训。聘请全国著名"三农"问题专家温铁军教授，以及海南大学、省委党校的教授举办专题讲座，举办"培训下乡"活动25次，培训农村党员干部3500多人次，组织兰洋、白马井等镇实施"村官上大学"工程，发动130多名农村干部到党校、热作两院参加函授教育，多层次、多渠道开展培训。

（六）创新人才工作机制，为干部队伍建设注入新的活力

一是切实加强人才工作的领导。成立了由14个职能部门组成的人才工作协调领导小组，切实加强对全市人才工作的组织领导，市委组织部培训组具体负责市人才工作协调领导小组办公室工作，各镇、各单位都指定一名领导具体负责人才工作，形成了市、镇、村整体联动的人才工作格局。二是建立完善各项人才工作制度。根据全市人才队伍建设现状和工作实际，制定了《儋州市人才工作协调领导小组议事规则》、《儋州市人才工作专门联络员工作制度》等六项规章制度，进一步充实完善了《儋州市"十一五"人才队伍建设规划》、《儋州市关于引进各类人才的若干规定》和《儋州市科技进步奖励办法》等政策规定，推动人才工作走向规范化、制度化。三是切实做好人才的培养和引进工作。2005年以来，报请省委组织部、省人事劳动保障厅参加招录人才工作，先后按程序招录引进2名博士研究生和11名硕士研究生学位以上人才来儋州工作。目前，全市引进的高学历人才中，已有4人被安排到市发改局、建设局、农业局等职能部门和乡镇担任副职领导，3人分别被安排到市旅游局、科技局和那大镇担任主要领导，真正做到事业留人、待遇留人，调动了各类人才工作的积极性、主动性和创造性。

1996年以来，儋州市委先后制定完善了系列干部选拔任用制度。制定了18项工作制度和法规。

（七）儋州党的基层组织及党员队伍分布状况[*]

1. 党员队伍简况

全市共有党有19390名，其中农村党员7677名、社区党员1516名、机

---

[*] 数据截止到2007年12月31日。

关党员 2574 名、其他党员 7623 名。女党员 2442 名，占总数 12.6%；少数民族党员 1570 名，占总数 8.1%；35 岁及以下的党员 4765 名，占总数 24.6%；60 岁及以上的党员 4128 名，占总数 21.3%；大专及以上的党员 5080 名，占总数 26.2%，其中大学专科 3491 名、大学本科 1524 名、研究生 65 名。

2. 党员分布情况

全市 19390 名党员分布如下：

（1）公有经济单位 7956 名。

①公务员 1721 名；

②参照公务员管理的机关工作人员 28 名；

③事业单位管理人员、专业技术人员 4755 名；

④企业管理人员、专业技术人员 723 名；

⑤工人（营业员、服务员）729 名。

（2）非公有经济单位 546 名。

①企业管理人员、专业技术人员 151 名；

②民办非企业单位管理人员、专业技术人员 3 名；

③工人（营业员、服务员）392 名。

另有农牧渔民 8369 名；学生 13 名；离退休人员 2186 名；其他 320 名。

三 党的纪律检查工作

1996~2007 年，儋州市委认真贯彻落实中纪委、省纪委的工作部署，求真务实，真抓实干，党风廉政建设和反腐败工作取得一定成效。

（一）廉政宣传教育

加强《党章》学习宣传，举行《党章》宣讲报告会，开展各级党政主要领导上党课教育活动。开展示范教育。编辑印发《我的廉政格言》，全市 1100 多名副科级以上的党员干部每人撰写一条从政的廉政格言，并收集印成书，相互接受监督。组织全市开展学习省纪检监察系统先进典型林建智先进事迹活动，树立勤政廉政先进典型。开展警示教育。组织党政主要领导共 130 多人参观海南省反腐倡廉教育基地——海口监狱，开展现身说法教育活动，接受警示教育。切实抓好廉政文化建设。以"清正廉洁、永葆先进"为主题，组织全市反腐倡廉演讲比赛；举办反腐倡廉书画文艺活动，组织学校、文艺等社会各界人士创作 10 件廉政公益广告参加中纪委组织的首届反腐倡廉公益广告大赛，其中 4 件获得优秀奖；组织全市传唱廉政歌曲 85 场次，参加传唱的党员干部、学校师生 15000 人次；举办"七一"廉政文艺晚会。通过加强廉政宣传教育，不断增强党员干部廉洁自律意识。

（二）制度建设

重点围绕"事、人、财"方面加强制度建设，进一步规范和制约党员干部的从政行为。出台了《市直单位领导班子重大问题议事规则》等规章制度，规范议事程序，完善了重大事项决策制度。认真落实"收支两条线"规定，推进会计委派工作，全面铺开国库集中收付改革，实行财政资金使用跟踪问效制，强化财政资金运行的监督。深入推进投资体制改革。出台了《关于规范政府投资项目管理的规定》、《政府投资项目公示制度管理办法》、《政府投资项目代建制管理办法》、《政府投资项目法人责任制管理办法》，加强了对政府投资的监督。制定出台《关于加强对建设项目和土地出让监督的实施意见》和《儋州市建设工程招标投标操作程序》，进一步规范了建设工程和土地出让等工作，深入推进源头治腐工作。

（三）办案工作

把办案作为反腐败工作的重中之重来抓，建立健全办案程序和内部办案监督制约机制，规范管理，有效地提高了办案成效，查处了一批违纪违法案件。共立案288宗，结案312宗（含遗留案），查处科级以上干部52人，对1个基层党组织给予改组。给予党政纪处分393人，其中开除党籍94人，行政开除47人，行政撤职14人。依法查处商业贿赂案件，2006年会同工商等部门加强监督检查，抓住易发生商业贿赂的重点环节，突破了一批重点案件，共查处商业贿赂案件5件，涉案金额169万元。

（四）解决损害群众利益的突出问题

以解决群众关心的热点难点问题为重点，积极督促和协调有关部门深入开展纠风专项治理工作。共查处教育乱收费违规收费金额671.5万元，对6名校长给予党纪、政纪处分和组织处理。清理户籍学籍中共注销弄虚作假户籍359人，取消弄虚作假学籍88人。规范医药购销，市级3家医疗机构网上集中采购药品金额1亿多元，降低了药品价格，让群众得到实惠。整顿医疗市场，取缔无证非法行医363家次，没收医疗器械和药品价值56万元。严格执行有关涉农的政策，开展农村税费改革工作，认真清理和规范涉农收费项目，全部取消甘蔗、橡胶等农业特产税，减轻农民负担6325.6万元。认真纠正侵犯职工合法权益问题，多渠道筹措资金700万元，妥善解决原大宝水泥厂558名职工安置问题，制订《儋州市国有粮食企业改制职工安置方案》等7个国有企业改制职工安置方案，较好地维护了企业职工的合法权益。整顿土地市场秩序，严肃查处违规违法乱占耕地、随意圈占和强行征用农民集体土地、变相压低土地补偿费等案件12宗66.5亩,清理撤销三个开发区土地规划面积33180亩。

(五) 党风建设

认真落实党内监督制度。开展"三谈两述"活动,实行纪委负责人同下级党政主要负责人谈话制度、领导干部任前廉政谈话制度、诫勉谈话制度和领导干部述职述廉制度,加强对领导机关和领导干部监督。按照中纪委和省纪委的部署,结合实际,推进专项治理工作。督促486名国家公职人员归还拖欠信用社贷款本息495万元,加大对历年赊账吃喝欠款的清还力度,督促有关单位还款47万多元。2007年开展公务车辆清理,共清理出超编车辆17辆,清退借占用车辆13辆,对不按规定擅自购车4个单位进行通报批评,同时制定《关于进一步规范全市机关事业单位公务车辆定编管理的规定》,规范公务用车定编管理。不断完善《儋州市共产党员、国家机关工作人员婚丧喜庆等重大事项报告制度的暂行规定》,并认真执行,2001年以来,全市党员干部婚丧喜庆等重大事项主动向市纪委报告470宗,严肃查处党员干部违反规定大操大办酒宴收钱敛财行为27起。

(六) 行政监察工作

设立市行政服务监督中心,全市21个窗口单位进驻中心,为企业、群众提供"一条龙"服务,同时启动"一站式"行政审批系统,完善"一个机构对外"的审批制度,实行"网上联合"审批,提高行政办事效率。深入开展行风评议,开办《政风行风热线》栏目,开展投资环境建设监督评议评价活动,改进工作作风。出台《关于儋州市机关工作人员行政过错责任追究暂行办法》、《儋州市加强机关效能建设规定》、《关于处理行政效能投诉暂行办法》等有关规定和办法,在全市行政执法单位推行岗位目标责任制、政务公示制、服务承诺制、首问责任制、办事时限制、效能告诫制、绩效考核制、行政失误和过错责任追究制等8个方面制度,提高服务质量。严格执行四项制度,切实加强对经营性土地使用权出让、建设工程招标投标、国有资产产权交易和政府集中采购情况的监督。2001年以来,监督工程应招标项目141项,工程中标造价5.8亿元;监督,土地出让挂牌拍卖66宗,总面积1815亩,出让总金额7884万多元。监督政府集中采购276批次,节约资金132万元。此外,对国债资金、扶贫资金、社会保障资金进行检查,确保专款专用。

四 党的宣传工作

1996年以来,儋州市委宣传部的宣传工作,按照"高举旗帜、围绕大局、服务人民、改革创新"的总要求,围绕把儋州建设成为海南西部中心城市目标扎实工作,全市宣传思想工作取得较好的成绩。市中心组理论学习经验材料《坚持学用结合,注重成果转化》被中宣部编入《坚持武装头脑指导实践推动工作——十六大以来各级党委中心组新经验新做法选编》一书,向全国推广。

(一) 确定学习主题,拓展学习形式

(1) 围绕学习主题,采取领导讲坛、专家辅导、专题学习、互动式学习、换位思考学习等多种形式组织学习,其中"换位思考"学习得到《人民日报》"人民论坛"的肯定。

(2) 采取集中学习讨论、媒体专栏讨论、邀请专家学者讨论、"走出去"讨论等形式进行大讨论,统一了全市上下的思想,营造了积极向上的氛围。

(3) 儋州市委联合洋浦工委建立儋州洋浦联合学习新机制。一是联合举行中心组学习。洋浦工委和儋州市委中心组先后3次联合学习,把理论学习转化为加快发展的强大动力,在新起点上推动洋浦和儋州又好又快发展。二是联合举办专题报告会。以学习十七大精神为主要内容,结合洋浦和儋州的实际,邀请省财政厅厅长陈海波作《抓住机遇,推动发展,加快向中等城市迈进》报告,市委书记丁尚清结合学习体会作了《解放思想,更新观念,抓住机遇,迎接挑战》报告,进一步增强了各级干部牢固树立儋州与洋浦"互相依托、互相支持、共同发展"的思想,最终把儋州建设成为海南西部中心城市的紧迫感和责任感。三是联合组织外出学习考察。先后组织洋浦和儋州有关领导干部到广东、浙江、山东等先进地区参观考察,学习借鉴发达地区的成功经验。

(二) 把握正确导向,大力宣传儋州

让新闻媒体真正成为及时、准确传播市委、市政府重大决策和工作部署的主渠道,成为引导、化解发展中遇到的热点、难点问题的好平台,成为监督时弊、鞭挞丑恶的活喉舌,成为外界了解儋州的好窗口。市委宣传部发挥市广播电视台、新闻中心和儋州政务网的作用,主动与上级媒体联系,为把儋州建成海南西部中心城市提供强大的舆论宣传保障。

1. 策划头版头条和专版

多次策划在《海南日报》头版头条宣传儋州;2006年,《光明日报》、《中国青年报》第一次头版头条报道儋州;2007年,中央电视台7套军事频道报道儋州武装部组织民兵训练的事迹,儋州军事生活首次上中央电视台军事栏目;《人民日报》专版推出《春华秋实二十载,儋耳大地换新颜》;连续三年在海南人民广播电台的用稿量居全省市县台第一。

2. 改版开辟新栏目

市广播电视和新闻中心根据形势发展的需要进行了改版，新开辟了《平安儋州面对面》、《儋州发展大家谈》、《来自洋浦的报道》等栏目。在全省市县率先举办"镇委书记、局长访谈"电视节目。开通《政风行风热线》舆论监督广播直播栏目，坚持每周轮流邀请政府部门及各行业负责人作客广播直播室与全市听众进行热线交流，现场为群众解答热点、难点问题，架起了政府与群众沟通的桥梁，为监督政风行风，密切党群干群关系，构建和谐社会起到积极的促进作用。

3. 抓住重大节庆活动契机

充分利用中秋文化周，环岛国际公路自行车赛等重要庆典活动，积极主动与中央、省主流媒体联系，让更多的媒体关注儋州，大力宣传儋州深厚的文化底蕴和良好的投资环境。

（三）精神文明建设"出亮点"

把加大精神文明建设力度作为构建充满活力、文明和谐、富有魅力新儋州的关键性工作来抓，创建工作在创新中深入发展。

1. 创建全国文明城市获得新成果

2005 年，有 5 个单位和个人获得全国精神文明创建先进荣誉，是儋州历年来获得全国精神文明荣誉最多的一次；近期，又有中国联通海南公司儋州分公司、市广播电视台、那大镇解放社区、和庆镇美万新村等一大批单位，被推荐申报第二批全国文明村镇、单位和第四批全国创建文明村镇、单位。

2. 文明生态村建设走在全省前列

1998 年 10 月，儋州市率先在全省启动文明生态村建设。2004 年 7 月，儋州市在全市范围内全面铺开文明生态村建设，并提出"沿线连片、辐射连片"的创建文明生态村连片示范区总体实施方案。迄今儋州市创下了全省文明生态村创建工作的多个第一。第一个创建文明生态村连片示范区，那大镇的侨南、石屋文明生态村连片示范区，南丰镇的武教文明生态村连片示范区等已经成为全省的"样板"。第一个实施文明生态村建设"三延伸"，即把创建工作向社会治安问题较多、矛盾纠纷较突出的村庄延伸，改变群众的宗派宗族思想；把创建工作向党群干群关系紧张、工作推不开的村庄延伸，改变党群干群关系；把创建工作向生产生活条件落后的村庄延伸，改变群众的生产生活环境和发展经济的观念。第一个推出把半数以上自然村建成文明生态村的乡镇，那大镇、雅星镇先后率先在全省乡镇中完成文明生态村建设过半任务。第一个创建退场队村庄、征地村庄联创片区，以建设文明生态村作为解决退场队村庄和征地村庄民生问题的重要举措。目前，儋州又继续推进文明生态村"六个联创片区"的建设，即连片联创片区、区域联创片区、老区村庄联创片区、退场村庄联创片区、民族村庄联创片区和征地村庄联创片区，建成了一批具有典型特色的文明生态村。文明生态村的建设给儋州农村生活带来了翻天覆地的变化：村路修通了，村巷村道硬化了，村容村貌变美了；村里有了文化室、篮排球场等娱乐健身设施，村里人也过上了城里人一样的生活；村民用上了沼气，喝上了自来水；沼气建设带动了家庭养殖业的发展，生态经济、庭院经济方兴未艾；村民的观念在改变，外出务工队伍日益壮大；破除陋习，学习文化知识成为村民追求文明进步的新风尚，尊师重教蔚然成风；党群干群关系不断融洽。儋州市文明生态村建设为全省新农村建设创造的新鲜经验，文明生态村"连片创建"的模式更得到中宣部、中央文明办肯定，并在全国推广。

（四）新农村建设"出特点"

按照"生产发展、生活宽裕、乡风文明、村容整洁、管理民主"的要求，坚持因地制宜，突出重点，分类指导，典型示范，整体推进。

1. 创办石屋农村社区大学

与中国人民大学乡村建设中心联合创办儋州市石屋农村社区大学。这是我国第一所农村社区大学，也是我国第一所由当地政府出资参与筹办的社区大学。通过这块阵地，十年来先后举办新农村建设、热带作物栽培等各类农民培训班1000多期，培训农民学员十多万人次。

2. 新农村建设实验区，发挥典型示范作用

与中国人民大学乡村建设中心联手建设新农村建设儋州实验区，抓好那大镇石屋村、木棠镇美龙村等六个新农村建设实验区的经济建设、政治建设、文化建设、社会建设和党的建设，有针对性地开展新农村建设试点工作。做好引"智"工作，引进大学生志愿者指导儋州实验区工作。

（五）文体工作"出活力"

弘扬先进文化是把儋州建成海南西部中心城市的一项重要内容。市委宣传部门想方设法，采取有力措施，做好工作。

开展文化活动，完善文化设施。大力发展儋州特色文化，精心办好一年一度的中秋文化周活动，儋州利用传统节日举办大型文化活动的做法被中央文明委宣传推广；开展"五下乡"、"十进村"活动200多场次；体育工作取得新成效，儋州输送的运动员麦精贤参加第十届全运会获得拳击决赛第三名。

建成图书馆、大戏院等文化设施，农村"五位一体"文化阵地建设成为全省"样板"。

进行文化体制改革，激发内部活力。市新华书店改革工作顺利完成；市电影公司改革增强了活力；公开竞选市歌舞团团长，各方面反映良好。现在，全市文化体制改革已经全面铺开，各项工作正在有条不紊地进行。

五 党的统战工作

（一）统战部基本情况

1976年，"文化大革命"后恢复统战部，工作运转正常。1990年市委统战部内设五个职能组：秘书行政组、党政组、联络组、对台组和宗教组。2001年机构改革，编制7人，设部长1名，副部长2名，3个职能室组，办公室主任1名，台湾工作办公室主任1名、党派工商宗教组组长1名，工勤人员1名。

（二）统战部工作主要职责

（1）宣传贯彻执行党的统一战线工作方针、政策。

（2）研究统一战线理论和工作调研，向市委反映情况，提出统战工作意见和建议。

（3）负责联系各民主党派和无党派人士，通报情况，反映他们的意见和建议。

（4）负责本市党外人士的政治安排。

（5）负责联系并培养本市党外知识分子代表人物。

（6）负责宣传贯彻执行"和平统一、一国两制"的对台工作的方针、政策和"海外三胞"联谊以及海外统战工作。

（7）负责联系指导市工商联、非公有制经济代表人士工作。

（8）负责调查研究全市民族、宗教工作方针、政策，联系少数民族和宗教团体的代表人物。

（9）负责按有关规定管理联系黄埔同学会及有关社团工作。

（10）承办市委和上级业务部门交办的工作，指导全市统一战线工作。

（三）机构设置

根据工作职能，统战部内设3个职能室组。

（1）办公室。负责本单位的行政事务；贯彻落实机关内部规章制度、指导协调各组室工作关系、负责信访接待工作，财务管理按有关规定执行。

（2）台湾工作办公室（台湾事务办公室）。负责对台方针、政策、法规的宣传和贯彻执行,实施涉台事务归口管理。

(3)党派工商宗教组。负责了解联系各民主党派和党外人士的情况,协助市委做好召开民主党派、工商联会议的会务工作;指导各民主党派做好人大、政协会议的议案和提案准备工作;负责全市非公有制经济代表人士的统战工作;负责与民宗部门贯彻落实党的宗教方针政策,依法管理宗教事务,维护社会稳定。

第二节 儋州市各民主党派概况

一 中国民主促进会儋州市委员会(简称民进儋州市委会)

民进儋州市委员会于1985年4月在那大成立。设主委、副主委、专干。创始人谢协中。历届主任委员有:谢协中、黄玉香、王达礼、谢群峰。谢群峰任第五届委员会主委,副主委有谭德章、骆丹虹、羊仁吉三名。民进儋州会员中担任过民进海南省委委员的有谢群峰1人;担任市人大常委的有谢群峰1人;担任市政协常委的有谭德章1人。担任市政协委员的有骆丹虹等8人,担任市政协委派特约监督员的有骆丹虹、朱德华两位。

目前(2008年底)会员总数为78人,其中女会员19人。基层组织5个,即市一中支部(12人,主委谢家胜)、市二中支部(14人,主委李木多)、市师范支部(17人,主委羊全海)、市一小支部(15人,主委林汉)、市机关支部(20人,主委黄少锋)。

2008年,主委、副主委、民主协商会、意见征求会、专题座谈会、情况通报主委及有关会员参加中共儋州市委、市人大、市政府、市政协召开的包括市党代会等各类会议和政治协商活动20多次。

谢群峰主委撰写的提案《关于原那大灯光球场规划启用的建议》等,骆丹虹副主委在市政协八届三次会议上代表我会作的大会发言《构建多元教育体系,预防未成年人违法犯罪》,均受到市委、市政府的高度重视。2008年提案《关于完善儋州市中小学教师招聘制度的提案》、《创建全国文明城市必须重视未成年人思想建设》等均被评为优秀提案。

2008年共向市政协报送社情民意信息10多条;向会省委报送会情民意信息10多条,如《"井盖"不翼而飞》、《物价上涨,市民叫苦》、《青少年入住出租屋亟待整顿》和《逐步取消经营网吧,还青少年一片晴朗的天空》等均被采用。向民进省委申报调研课题(新农村建设及城镇发展)两个,形成调研报告《关于雅星镇社会主义新农村建设的调研报告》、《关注公厕建设,促进城乡发展》等。积极协助民进省委开展《中小学师资队伍建设情况》的调研。

二 中国民主同盟儋州市委员会（简称民盟儋州市委会）

民盟儋州市委员会成立于1990年5月。目前,盟委员会有盟员81人,其中女盟员有13人,设主委、副主委、专干。盟员中有国家级骨干教师1人,省级骨干教师3人,特级教师2人,高级教师28人,中级职称教师52人。市政协副主席1人,担任市人大代表1人,市政协委员10人,特约监督员8人,有20名盟员被推荐为市后备干部人选。民盟儋州市委成为全市最大最具实力的民主党派。

近年来,根据《民盟中央关于加强后备干部队伍建设的意见》,实施"人才兴盟,人才强盟"战略,把发展、培养、选拔和推荐人才作为组织建设的紧迫任务和长期任务。所做的主要工作,一是发展盟员,盟委员会认真贯彻《关于进一步做好民主党派组织发展工作座谈会纪要》和《中国民主同盟组织发展暂行条例》,做好组织发展工作,把"提高质量、优化结构",坚持发展高素质的骨干作为组织发展的重点,以文化教育和科技界为主要界别,拓宽发展视野,适当发展经济、法律、金融等界别的代表人士,改善盟的知识结构和专业结构。几年来,吸收的盟员均是各单位的骨干力量,除学校里的骨干教师外,还积极向机关公务员队伍中吸收新盟员,为盟组织的发展增添新的活力。

二是培养与使用,为了提高盟员的综合素质,盟委加强了对盟员的培训教育工作,推荐盟员参加各种各样的培训班,并举办新盟员学习班和参加省盟举办的骨干盟员、新盟员培训班。在业务上,各支部均对本支部盟员加压,促使他们快速成长。2008年盟员中获得国家级一等奖的有李玉兰、王海丽等,获得省级奖励的有黄海滨、余素金、黄玉玲、孙鸿斐等。盟员中在他所工作的单位担任中层以上领导的有：张洁、王雄、陈泽奇、黄玉玲、许玉山、王海丽等。

三是建立后备干部档案库并进行动态管理。根据《后备干部培养考核制度》的要求,为增强后备干部队伍活力,确保后备干部素质优良,盟委会按照确定的后备干部队伍规模,以动态优化为原则,年度考核为基础,定期调整补充后备干部人选,把经不起考验,没有培养前途的后备干部及时调整出去,对基本素质好、表现突出、群众公认、有发展潜力的干部及时充实到后备干部队伍,保证了后备干部队伍既有足够的数量,又有较高的质量。

三 中国国民党革命委员会儋州市支部委员会（简称民革儋州市支部）

民革儋州支部于 2005 年正式成立，到目前共有党员 93 名（含两院、洋浦、民革临高县筹备小组），男党员 72 名，女党员 21 名，平均年龄 39 岁，均为大专以上学历；其中有 8 名党员为第八届儋州市政协委员（其中 2 名常委）、1 名儋州市人大代表、9 名党员为第八届临高县政协委员（其中 1 名常委），以教师、医生和企业法人及高层管理人员居多。主委：羊东广，系儋州市对外贸易总公司总经理（国企）、儋州市第八届政协常委；副主委：麦方明，系儋州市第二中学退休高级教师；副主委：董定会，系儋州市新太阳广告有限公司总经理、儋州市第八届政协委员、市人民法院监督员。

支部自成立以来，在民革海南省委和中共儋州市委的正确领导下，不断加强全体党员政治理论学习，心系民生。几年来，积极撰写参政议政、反映社情民意的提案达 60 余件。2006 年支部荣获民革"全国参政议政先进集体"荣誉称号。2007 年初，在市委统战部的指导关怀下，筹集 3 万多元人民币，购买 100 多吨水泥捐献给海头、新州、雅星、东成等乡镇用于农村道路改造，为新农村建设出一份力；6 月份，发动全体党员开展"捐赠大皇棕、奉献爱心"活动，先后向市第四中学、和庆中学等 5 所学校捐赠价值达到 20 余万元大皇棕树用于绿化美化校园，为"十年树木，百年树人"和环境保护作出积极贡献；7 月份，发动 34 名党员捐款 6200 元，为一名得重病而无钱医治的市丹阳中学 17 岁女学生送去一份爱心，为推进和谐社会建设作一份贡献。

2008 年，在得知四川汶川 "5·12" 特大地震的第二天，向支部全体党员发出向灾区捐款的号召。一周时间内共有 42 名党员，共捐款 1 万余元，在儋州市各民主党派中率先捐款。

四 中国农工民主党儋州市总支委员会（简称农工党儋州市总支）

农工党儋州市总支于 1989 年 9 月 1 日成立支部，2000 年 7 月 28 日换届成立总支，现有党员 52 人（含退休人员），党员主要以医疗卫生界为主。设有主委、副主委。

近年来，农工党儋州市总支在儋州市委统战部的具体指导下，开展各种各样的凝聚力活动工作，除每年一度的义诊、送药下乡活动以外，2007 年 7 月，由总支班子倡议开展"献爱心助学"活动，此次活动得到了全体党员大力支持，共捐资 10000 元，以鼓励儋州市在高考中取得优异成绩，却因家庭贫困而无法就学的考生。2008年"5·12"汶川地震后，全国各地掀起了捐款救灾的热潮，总支党员也积极响应，慷慨解囊，共捐出了9550元。其外，还多次为白血病患者、孤儿捐助资金和图书。通过各种各样的活动，体现了总支党员与受灾同胞同呼吸，弱体群众相扶持的时代新风，也是社会文明与进步的标志。

五 中国民主建国会儋州市支部委员会（简称民建儋州市支部）

民建海南省委于1997年7月开始在儋州市发展会员，于1998年10月成立了民建儋州小组，于2006年3月成立了民建儋州市支部。设主任、副主任。目前有会员46人，大学专科以上学历41人，占会员总人数的89.1%；中高级职称以上有15名，占会员总数32.6%，企业高级管理人员18人，占会员总人数的39.1%；儋州市政协常委1名、政协委员3名、特邀监督员2名。民建儋州市支部下设三个小组，即那大小组、洋浦小组、移动小组。

支部成立以来，在思想建设、组织建设、领导集体建设、参政议政、社会服务和会务工作中取得了较好的成绩。会务活动每年达到12次以上，活动出席率达到80%以上、活动覆盖率达到95%以上。在参政议政方面，每年向"两会"提交提案10~15件，每年均有1~2件提案被评为优秀提案。在思想建设方面，积极开展"学习年"活动、政治交接学习教育活动、纪念改革开放三十年、建省办经济特区二十周年活动。支部的工作效果得到了中共儋州市委、市政府和社会各界的肯定，为儋州市的经济社会发展作出了应有的贡献。

六 中国致公党儋州市支部委员会（简称致公党儋州市支部）

致公党儋州市支部成立于2005年8月，设有主委、副主委。现有党员20人。主委为陈慧敏（市政协常委，市旅游局副局长），副主委为林永强（市政协委员，市社会经济调查队科员）、朱裕后（市政协委员，市统计局副局长），委员为云唯雄（企业人士）、陈菲（女、教师）。

支部成立以来，不断开展思想宣传工作，提高党员的理论和思想素质以及识别能力，做好参政议政和民主监督。思想宣传工作，根据党派的自身实际情况，紧跟形势，求真务实，与时俱进，开拓创新，讲求实效。认真履行好参政党的职责，成立以来，注意调动党员的积极性，围绕经济建设中心，抓住群众关心的热点难点问题，深入开展专题调研工作，为我市经济发展献计献策。调研论文两篇，建议五个等。

七 台湾民主自治同盟儋州市支部（简称台盟儋州市支部）

台湾民主自治同盟儋州市支部委员会设有主委、副主委。1991年8月成立台盟儋县支部筹备组，组长李琼才、副组长吴琼开，组员蔡丽梅（女）。1992年11月，台盟儋县支部成立，主任委员李琼才、副主任委员吴琼开、委员蔡丽梅（女）。

1995年11月，台盟儋州市支部第二届，主任委员李琼才、副主任委员吴琼开、委员廖明花（女）。1999年11月，台盟儋州市支部第三届，主任委员吴琼开，副主任委员廖明花（女），委员孙晓燕（女）。2001年11月，台盟儋州市支部第四届，主任委员廖明花（女），副主任委员陈仕发（2005年4月增选），委员孙晓燕（女），曾春武。

现有盟员10名，主任委员吴云琥（儋州市国家税务局八一分局局长）、副主任委员陈仕发（儋州市疾病预防控制中心主任）、委员曾春玲（儋州市公路局女工主任）、孙晓燕（儋州市招商局科员）、曾春武（建设银行儋州市支行职员），均为大学本、专科学历。

第三节 群众团体

一 儋州市总工会

1996年以来，儋州市总工会在中共儋州市委的领导和省总工会的支持下，坚持以邓小平理论和"三个代表"重要思想为指导，全面落实科学发展观，认真贯彻全总关于"组织起来、切实维权"的工作方针，围绕中心，服务大局，按照"主动、创新、高效"这一工作要求，充分发挥工会作为党联系职工群众的桥梁和纽带作用，全面履行工会的各项社会职能。

（一）切实维护职工的合法权益，促进儋州职工队伍和社会的稳定

1996年以来，市总工会认真贯彻全总和省总的有关文件精神，不断建立和完善劳动关系协调机制，认真检查督促，开展创建和谐企业活动。一是维护职工的合法权益。历届市总工会领导，经常深入企业，认真倾听职工意见，关心职工疾苦，反映职工呼声，当好职工群众合法权益的第一知情人、第一报告人、第一帮扶人、第一监督人。协调有关部门，为职工和农民工解决拖欠工资等问题。二是积极参与企业的改制工作。在国有企业改制期间，先后参与那大糖厂、市造纸厂、市自来水公司等10多家企业的改制工作，深入调

查研究，及时向市委及有关部门提出建设性的意见和建议，坚持企业的改制方案必须经职工代表大会审议通过，从源头上维护了职工的合法权益，为儋州职工队伍和社会的稳定作出了积极的贡献。三是抓好推行厂（事）务公开工作。1999年，儋州市全面推行厂（事）务公开制度。几年来，市总工会充分发挥市厂务公开协调小组办公室的作用，认真贯彻中央"两办"和省"两办"通知精神，不断深化厂（事）务公开制度，并取得了显著的成效。2003年市侨植农场荣获"全国厂务公开先进单位"称号后，儋州市又于2007年被省厂务公开协调小组评为"海南省推行厂务公开民主管理工作先进单位"，这是继2001年以来儋州市第三次获得这项殊荣。

（二）深入开展送温暖活动，把党和政府的关怀送给困难职工和困难的农民工

1996年以来，在市委、市政府领导的带领下，每年的元旦、春节期间，市总工会领导都会同市人劳保障局和各级工会干部深入困难企业，上门慰问特困职工和困难农民工，深入开展送温暖活动。据统计，几年来，在市政府和社会各界的大力支持下，市总工会共筹集资金97.5万元（其中：政府拨款34.5万元、基层工会筹集29万元、社会各界支持34万元），先后上门慰问特困职工988人（其中农民工29人）；开展"金秋助学"活动，资助379名困难职工子女圆了上学梦（其中：农民工子女98名。大专以上307名，中专阶段60名，初中12名）。帮助20名困难职工子女享受到助学金和奖学金共6万元。同时，积极发动职工参加省总工会职工医疗补充保险和女职工安康互助保险，参保人数逐年增加。发动职工捐款118688.50元，支持四川汶川地震灾区。此外，在市委的重视和省总工会的支持下，儋州市困难职工帮扶中心已于2008年10月13日正式挂牌成立。该中心将为困难职工提供生活救助、就业服务、助学帮扶、法律援助、政策咨询、信访接待等"一站式"服务。

（三）加强工会自身建设，努力提高领导班子的政治素质和业务水平

1996年以来，经省总工会和市委批准，儋州市工会召开了第十一次和第十二次二届职工代表大会。每届职工代表大会的召开，都依法选举产生了新的一届市总工会领导班子，有力地加强了我市工会的政治、组织建设，为指导全市各级工会开展工作打下了坚实的组织基础。此外，市总还切实加强基层工会组织建设，深入指导各基层工会依法进行换届，并按照《中国工会章程》、《工会法》和有关文件的要求，坚持工会主席要按同级的党政班子副职领导担任，把政治文化素质好、工作积极且热心工会工作的干部充实到各级工

会班子中来，不断加强工会的自身建设，提高领导班子的政治素质和业务水平。

（四）加强培训学习，提高工会干部队伍的整体素质

1996年以来，为提高工会干部队伍的整体素质，在市委的重视和省总工会的支持下，市总先后派出领导干部8人次到北京、安徽、湖南、香港、台湾等地考察观光交流学习；有60多人次的工会主席（副主席）、工会干部等先后参加了省总工会举办的工会干部上岗资格培训班学习，并都获得了"合格证书"。在2007年10月，市总工会成功举办一期工会干部上岗资格培训班。这期培训班邀请了省总工会经验丰富的教师为学员授课，学员们先后学习了《工会经济工作》、《工会基础理论》和《工会组织工作》三个专题，还学习了《劳动合同法》、《企业工会工作条例》等法律法规。这次培训班共有108名学员参加学习，经过严格考试，全部获得了"合格证书"。在2008年"五一"国际劳动节期间评选表彰了一批先进基层工会组织、优秀工会主席和优秀女工委主任等；举办全市职工"中国移动杯"篮球邀请赛活动，丰富了职工的文娱生活，提高了工会干部队伍的整体素质。

（五）加强基层工会组织建设，发展壮大工会组织和会员队伍

1996年以来，市总工会切实加强基层工会组织建设，认真贯彻省总工会关于组建工会和发展会员工作目标的有关文件精神，尤其是近几年来，在市委的坚强领导下，坚持以"党建带工建，工建服务党建"，加大对工会的组建工作力度，逐步形成了"党委领导、行政支持、工会运作、各方配合"的组建工作格局。率先在全省组建了市厨师行业工会和白马井渔业工会联合会等农民工工会，并连续三年超额完成省总工会下达给儋州的非公企业年度组建工会工作任务。全市基层工会组织和会员队伍不断发展壮大。截至2008年底，全市基层工会组织发展到387个，与1996年相比增加205个，增长113%；职工35630人，与1996年相比增加15740人，增长79%；其中：女职工11267人，增加4895人，与1996年相比增长77%；会员30024人，增加14737人，与1996年相比增长96%。基层工会涵盖单位387个。2006年度，被海南省总工会评为"海南省工会组建工作优秀单位"。2008年，时任市总工会主席的王乃武同志在海南省工会第五次代表大会上，当选为海南省出席中国工会第十五次全国代表大会代表，首次代表儋州工会参加中国工会全国代表大会，这是儋州工运发展史上的一个里程碑。

二　共青团儋州市委员会

1996年以来，共青团儋州市委在团省委和中共儋州市委的领导下，以邓

小平理论、"三个代表"重要思想和科学发展观为指导，团结带领全市广大团员青年，紧紧围绕全市党政中心工作，不断巩固基础，健全机制，深化品牌，打造亮点，有效地提升了团组织的服务能力，凝聚能力，学习能力和合作能力，积极投身政治文明、物质文明、精神文明和社会文明建设，为推动儋州经济、社会和文化的协调发展作出了积极的贡献。

（一）青少年思想政治和道德教育工作

1996年以来，儋州共青团始终把加强青少年思想政治和道德教育工作放在一切工作的首位。

一是坚持用邓小平理论和"三个代表"重要思想来构筑青少年的精神支柱。重点以党的十五大、十六大和十七大精神，科学发展观的基本内涵和精神实质为内容，通过举办知识竞赛、报告会、座谈会、演讲比赛、培训班以及《八荣八耻》歌咏比赛等多种形式的教育活动，加强团员和青少年的理想信念教育，全面提高全市广大青少年的思想政治素质。二是以深入贯彻落实《公民道德建设实施纲要》，加强了对青少年的世界观、人生观、价值观教育。以特殊节庆日、纪念日为契机，设计开展内容丰富、富于教育意义的"学雷锋"、"缅怀革命先烈"、纪念"五四"和"六一"、"五旗传递"、"建队日"等活动，广泛深入开展"红色之旅"体验教育，积极开展扶弱济困系列"献爱心"活动，在青少年中牢固树立了爱国主义、社会主义和集体主义情感。三是扎实开展团员意识教育。积极发挥各级团校和学生业余党校的宣传教育阵地作用，通过举办各式培训班，加强党团基础知识教育，为党团培养和输送合格血液，打牢党执政的青年群众基础。

（二）实施青年人才工程和文明工程

1996年以来，儋州团委始终以深入实施青年人才工程和青年文明工程为切入点，竭诚为广大青少年健康成长成才服务。

一是积极推进青年岗位能手和青年文明号争创工作，至2007年，全市争创工作得到了新的突破，机关、学校被纳入争创工作范围。各青年文明号集体在工作中严格按照省市要求，扎实开展创建活动，积极推进岗位大练兵、"号户结对"等工作，积极开展"青工岗位技能大比拼"，给创建青年文明号活动增添了新的活力。

二是选树典型，激励青少年健康成长成才。1996年以来，共青团始终坚持发挥先进典型的导向作用，配合团中央、团省委和市各项中心工作任务的开展，通过组织"青年五四"奖章、杰出（优秀）青年企业家、十佳公仆、杰出青年农民、杰出（优秀）青年卫士、杰出青年等评选活动，大力宣传先进典型的先进事迹，为全市青少年营造了你追我赶，共同进步的良好氛围。

三是大力推进农村富余劳动力转移就业工作，通过培训后组织外出务工、直接输出劳力、返乡增值培训后继续外出务工等方式，直接或单位组织青年外出务工。同时，建设青年就业创业培训基地，作为儋州市青年创业就业培训的大后方，为儋州农村经济发展起到了积极的推进作用。

（三）开展法制宣传教育，强化青少年法制观念

1996年以来，团市委联合市有关司法部门，以开展义务宣传、图片展、现身说法、法制讲座、主题班会、高墙内外面对面、建设法律图书室、组织法制文艺节目下乡、法制演讲比赛等方式，在全市深入持久地开展大规模法制宣传教育和预防青少年违法犯罪工作，创造性地把新农村建设和农村民主法制建设结合起来，在全省率先实施"文明法治新农村"创建活动，有效地增强了青少年和广大市民的法律意识，转变了法制观念，提高了法律素质。

（四）开展青年志愿者行动，建设和谐儋州

1996年以来，从加强青年志愿者活动机制建设入手，不断壮大青年志愿者队伍，在各基层志愿者组织先后成立了普法志愿者、禁毒志愿者、文明劝导志愿者、助残志愿者、预防艾滋病宣传志愿者、海防林建设志愿者等队伍。在打击违法犯罪、普法依法治理、禁毒、预防艾滋病、文化宣传、社区服务、策应大型文体活动、支援农业发展、扶弱济困、保护母亲河等领域开展了大量卓有成效的工作。至2007年，全市已拥有青年志愿者组织70个，人员达3.5万人，志愿者行动已经渗透到社会、经济、文化各项事业发展诸多领域，初步形成了志愿服务可持续发展的良好局面。

（五）加强自身建设，夯实基础，创新发展

1996年以来，团市委历经第十届、十一届、十二届、十三届四届委员会。在四届团市委领导班子的共同努力下，我们按照团的十四大、十五大、十六大和团省委第三、第四次代表大会的工作要求，坚持打牢基础，推动创新，积极推进团的自身组织建设。

1. 加强基层团建，打牢基础

1996年以来，全市各基层团组织共集中换届四次，为基层组织选配了一批有能力、有朝气的干部队伍，健全和完善了基层团组织，为市共青团工作注入了新的活力。此外，加强党建带团建、团建促党建工作力度，不断扩大团建工作的领域，先后组建了机关、旅游和工商企业3个团工委，重点推动非公有制经济组织团建工作向前发展。2007年全市共新建基层团组织11个，有效地扩大了团组织的覆盖面，延伸了团工作手臂。至2007年，全市共有基

层团委68个（含3个团工委），直属团（总）支部1263个，专职团干部393人（其中女团干部153人，少数民族团干部8人，党员团干部170人，大学以上学历278人），兼职团委书记、副书记93人（其中女团干部24人，少数民族团干部11人，党员团干部66人，大学以上学历73人），14~35岁青年约有40万人，团员34092人（其中女团员15299人，少数民族团员3076人，在册团员约有3万人，团员、青年比例约为10%）。

2. 紧抓培训教育，提升水平

1996年以来，团市委积极发挥各级团校和业余党校的阵地作用，积极开展团的基础理论、业务知识和各项专题培训工作，大力推进学习型团委建设，积极推选优秀团干部到团中央、省委机关挂职锻炼，组织团干部参加团中央、团省委举办的各类培训班学习，自行组织各类培训班近30期次。2007年，根据团中央、团省委有关团队干部培训的部署，在全市全面深入地开展了"永远跟党走"增强团员意识主题教育活动，有效地强化了团干部的理论素养、业务水平和工作能力，为贯彻落实团的各项工作打下了坚实的基础。

3. 坚持典型示范，推动工作

1996年以来，团市委以开展团内各项评先评优活动为推动团工作发展的切入点，积极选树先进典型，激励后进，一大批基层组织和个人获得全国、全省先进表彰。通过充分发挥榜样的示范带动作用，使广大团员青年学有典型、干有榜样，为推动我市团工作的不断向前发展提供了不竭动力。

4. 建设青年中心，增强活力

为了在新形势下增强基层团组织的生机与活力创新团的工作思路、工作方式和自身建设，2003年以来，团市委从儋州的实际出发，按照"先建设、后完善"的思路，坚持"经营品牌化、运作社会化、服务项目化、管理规范化"的"四化"建设思路，按照"试点先行、全面铺开、全镇联网、规范动作"的步骤，坚持以有利于联系青年、有利于增强内在活力、有利于整合社会资源为基本原则，紧紧围绕青年人才资源开发和青年文化创新，积极推进那大镇城市青年中心建设。至2007年，该青年中心已经在科学技术推广、职业技术培训、开展爱国主义教育、政策理论教育、开展文体健身活动、开展娱乐联谊活动、资源共享联网、社会协调联动服务、推介就业服务和策应社会服务等10个项目开展了大量有益的尝试，为策应社会各项事业建设、丰富青年文化生活、服务青年创业就业、增强共青团组织活力作出了积极的贡献。

（六）履行"全团带队"职责，推动少先队工作发展

1996年以来，团市委积极贯彻落实《关于进一步加强少先队工作的意

见》，加强了与教育局等部门单位的密切配合，坚持"全队抓基层，全队抓落实"，以开展"雏鹰争章"活动为主要载体，先后多次组织和举办少先队仪仗队表演大赛、"红色之旅"体验教育等大量丰富多彩的少先队活动，努力为少年儿童的健康成长搭建舞台。同时，以少先队辅导和少年工作者队伍建设为重点，加大培训工作力度，为市少先队工作培养了一大批合格人才，推动了儋州市少先队事业的健康稳步发展。

三 儋州市妇女联合会

儋州市妇女联合会在中共儋州市委、市政府正确领导和省妇联的直接指导下，坚持以邓小平理论"三个代表"重要思想为指导，认真贯彻学习党的十六大、十七大精神，全面落实科学发展观，围绕中心，促进和谐，充分发挥党和政府联系妇女群众的桥梁和纽带与国家政权的重要社会支柱作用。1990年以来，先后召开了第九次、第十次、第十一次三次代表大会。

（一）经济建设方面

1990年以来，市妇联始终坚持统筹城乡发展第一要务，深入开展"双学双比"、"巾帼建功"、"五好文明家庭"等主体活动，积极实施"女性素质工程"和"科技致富工程"，努力搭建妇女参与经济建设的平台。一是抓好农村妇女的培训。以"妇女科技月"活动为契机，开展科技、文化、卫生、法律"四下乡"活动，举办农业科技、法律知识、卫生医疗等方面的培训和讲座，努力提高广大农村妇女的素质，促进社会主义新农村建设。二是促进城镇妇女建功成才。以"巾帼建功"创建活动为平台，开展"巾帼文明示范岗"的创建活动，引导各个领域的职业女性，努力提高思想品德、职业道德和技能水平，奋发进取，爱岗成才，为我市经济发展建功立业，促进妇女在创业再就业中实现新发展。三是开展文明家庭系列活动。围绕构建和谐儋州，充分发挥在家庭中的工作优势，认真开展家庭美德、家庭平安、家庭教育等"家"字活动，以家庭的和谐推动社会的和谐。开展以"新农村、新生活、新女性"等为主题的各具特色的文明系列创建活动，倡导科学、文明、健康的生活方式，营造良好和谐的氛围。

（二）维护妇女儿童权益方面

认真做好《妇女权益保障法》、《婚姻法》、《未成年人保护法》、《女职工劳动保护规定》、《海南省预防和制止家庭暴力规定》等法律法规的宣传工作，设立法律咨询点，开通法律服务热线，积极开展"三八"维权周活动，坚持面向妇女宣传社会、面向社会宣传妇女，努力营造全社会尊重妇女、维护妇女合法权益的良好氛围。提高广大群众学法用法的法律意识，全方位扩大法律知识宣传覆盖面。完善信访工作机制建设。加大源头参与力度。加强调查研究力度，认真做好来信来访工作，加大维权服务力度，进一步健全妇联信访工作制度，加大对侵害妇女儿童权益案件的督办力度。加大维护社会稳定工作力度。积极参与社会治安综合治理和打拐、禁毒、禁赌等各项专项斗争，对吸毒人员开展帮教活动，发挥妇联干部人大代表和特邀陪审员的作用，协助和敦促有关部门查处一些侵害妇女儿童的重大案件。协调推动妇女儿童发展纲要和规划的贯彻实施。加大男女平等基本国策的宣传力度。

（三）基层组织建设方面

坚持"党建带动妇建，妇建服务党建"，不断加强妇联组织和干部能力建设。拓宽妇联基层组织建设。抓住乡镇和村（居）委会换届选举的契机，建立健全基层妇女组织网络，全市17个镇均配备配齐了妇联主席，272个村（居）委会均成立了妇代会。加强妇女干部队伍建设。以抓培训、抓提高、抓引进、抓交流为重点，拓展培训资源和渠道，通过集中培训、专题讲座、外出学习考察、挂职锻炼和轮岗交流等方式，加大妇女干部教育管理力度，加强妇联干部作风建设，积极培养推荐妇女干部，促进妇女参政议政比例。多次向市委组织部推荐成熟的优秀妇女干部，建议组织部门通过挂职锻炼、部门交流等途径，加大对妇女干部的培养力度，提高妇女干部的参政意识，促进妇女干部的发展。

四 儋州市工商联（总商会）概况

儋州市工商联（总商会）始建于1954年7月，是中国共产党领导的以企业和非公有制经济人士为主体，具有统战性、经济性、民间性的人民团体的商会组织，是党委、政府联系非公经济人士的桥梁和纽带，是政府管理非公有制经济的助手。儋州市工商联（总商会）实行两块牌子一套人马的组织模式。工商联（总商会）领导班子，设有主席、专职副主席、副主席、秘书长。工商联成立中共党组，设有书记及成员。

截至2008年上半年，在儋州注册的民营企业4089户，注册资本2042073万元；个体工商户14971户，注册资本33633万元；解决就业人员142300人。外资及港、澳、台122户。2008年上半年全市非公有制经济完成总产值336452万元，占全市78%；工业总产值162149万元，占全市81%。2008年上半年，地方税收收入95658万元，其中来源于非公有制经济税收6924万元，占全市地税的72.4%；国税收入9687万元，其中来源于非公经济税收入 5483 万元，占全市国税的 56%。

市商会目前有 5 个基层组织，其中乡镇商会 2 个，行业协会 3 个。现拥有会员企业 860 多家。

五　其他群众团体

儋州市归国华侨联合会（简称儋州市侨联），主要职责是维护侨益，服务于广大归侨、侨眷及海外华侨、港澳台同胞，它是联系和联谊海外华侨、港澳台同胞以及全市归侨、侨眷的桥梁和纽带！它以《中华全国归国华侨联合会章程》作为活动和工作的准则。儋州市现有归侨侨眷 68133 人，其中：归侨 3843 人，侨眷 64290 人，海外华侨港澳台同胞 75498 人。目前市侨联支部有党员 9 名，组建民间社团两个：市华侨河婆互助会、市印尼归国华侨联谊会，目前会员有 800 多人。儋州市侨联自成立以来，始终紧紧围绕儋州市委、市政府的中心工作开展各项业务，积极为全市社会经济发展参政议政，建言献策，在工作中不断加强自身组织建设，在提高服务水平、工作效率方面狠下工夫，特别是维权方面，在省市五侨部门的共同努力下，重点突破解决历史遗留涉侨大案 5 宗。原华侨戏院产权问题，久拖 39 年，经过市七届侨联的艰苦努力，在市华侨维权协调领导小组的领导下，于 2005 年终于比较圆满地得到解决。儋州市侨联利用拍卖华侨戏院资产分配所得款 312 万元购置原市检察院房产，成立了儋州新侨兴实业有限公司。2007 年 10 月 28 日，市侨联隆重举办儋州华侨创业百年庆典暨新侨兴实业有限公司揭牌大会，大会邀请来自新加坡、马来西亚、澳大利亚等 7 个国家以及中国的香港地区的海外华侨 21 人，省市有关部门领导以及老归侨代表近 400 多人参加了庆典活动。原华侨南辰农场华侨归侨种植橡胶补偿问题、侨植一队职工失地失业问题、东成华侨组土地纠纷问题、两院老归侨阮金灵土地房产问题等维权案件正在积极解决和协调中。受理来信来访群众 500 多人次，大批涉侨个案得到解决，有效地维护广大归侨、侨眷的合法权利和利益。近年来，市侨联支部充分发挥自身优势，以乡情、亲情、友情及血缘等为纽带，不断扩大与海外的联系和联谊，采取走出去，请进来的办法，多次邀请新加坡、马来西亚等国海外乡团 100 多人次到儋州市观光考察，为扩大和提升儋州市在海外的影响力、知名度，为儋州市招商引资工作发挥了积极的作用。

儋州市无党派人士联谊会，成立于 2006 年 12 月 15 日，是海南省第一个无党派人士的政治组织。现有成员 48 人，设有会长、副会长、秘书长。联谊会成立以来，在儋州市委统战部的有力领导下，努力加强自身建设，积极参政议政与民主监督，结合实际，自觉服务社会。成立两年多来，作了一些实实在在的工作。

一是参政议政方面。认真履行各项职责，不管是中共儋州市委、市政府，还是统战部组织的各项学习或听政议政活动，从未缺席，而且积极建言献策，认真组织完成市委统战部布置的各项调研活动。主要的有四次，分别就我市新农村合作医疗中存在的问题及对策；儋州市甘蔗产业化；儋州市花生产业化，以及儋州市实施《促进就业法》过程中存在的问题，作深入的调研，完成的报告得到了市政协、市统战部的肯定。除此之外，本界别的人大代表、政协委员，认真履行职责，积极撰写议案、提案，反映社情民意，2007年联谊会被市政协评为"先进活动界别"。其余个人奖项，也有8个人次获奖。二是服务社会方面。从自身的特点出发，结合儋州市的实际情况，以农民工的就业，农业实用技术培训作为突破口，展开服务农村的工作。2008年，曾在中和镇七里乡，进行农业技术培训，并赠送3000多元人民币的农药及农村实用技术资料200多份，并打算把它当作定点联系单位予以支持。在汶川大地震中，会员踊跃捐款达人民币17000多元，还以联谊会的名义捐款人民币1000元。

此外还有儋州市统一战线联席会议，其成员单位包括：市民族宗教事务局、市工商联（总商会）、市侨联、市台湾事务办公室、市外事侨务办公室。

第二十一章 儋州市人民代表大会和政协

第一节 儋州市人民代表大会制度

1996～2007年，儋州市人民代表大会召开了第十届、第十一届、第十二届、第十三届共四届人民代表大会。1996年以来，儋州市人民代表大会依照《宪法》、《地方组织法》和《监督法》赋予的决定权、监督权和人事任免权等各项职权，在儋州市监督工作、代表工作和常委会自身建设等方面迈出了新的步伐。

儋州市人民代表大会常务委员会，是在人代会闭会期间行使职权的地方权力机关。2007年，常委会设主任1人、副主任4人、委员22人，常委会下设办公室、法制工作委员会、财政经济工作委员会、教科文卫工作委员会、选举任免联络工作室等办事机构。与1996年委员12人相比，增加了10人；办事机构增加了选举任免联络工作室。

一 法律监督和工作监督

法律监督和工作监督是儋州市人大常委会的一项经常性工作。1996年以来，常委会以《监督法》等有关法律法规为依据，不断改进监督方式，规范监督行为，综合运用多种方式开展监督工作，在各项监督工作中切实改进作风，增强监督工作的针对性，监督力度得到进一步加强，监督实效更加明显。

（一）组织开展执法检查

把开展执法检查作为执法监督的重点，各工作委员会受常委会委托，分别组织对一批法律、法规贯彻实施情况进行检查。从2003年起，常委会围绕市委中心工作和经济发展中的突出问题，先后对《城市规划法》、《森林法》等多个法律法规进行执法检查。在开展各项执法中，坚持突出重点，深入现场，依法办事，注重实效。对执法检查发现的问题，提出具体整改意见，责成有关部门进行整改，并跟踪督办，同时充分发挥群众监督和舆论监督的作用，使执法检查取得明显成效。2007年，常委会结合省环保世纪行活动，对《森林法》和《海南省林地管理条例》进行了一次较大规模的执法检查。对全市划定天然林保护区和25度以上坡地封山育林区保护管理情况，包括在不同自然地带的典型森林生态地区珍贵动植物繁殖的林区、天然热带雨林区及对天然林和封山育林区毁林种植行为的查处情况进行检查。历时四个月的执法检查，检查组多次深入现场，对存在的问题提出具体整改意见，督促有关部门采取了一系列整改措施，加大对天然林的保护力度，效果十分显著。

（二）围绕经济社会发展中的重大问题开展监督

人大常委会依据有关法律规定，安排讨论重大事项的议题，听取和审议一些重要工作的情况报告。常委会讨论、决定全市国民经济、社会发展、财政预决算、重大建设项目、城市规划等重大事项走上了程序化和民主化的轨道。1996年以来，听取了关于儋州市本级年度财政决算和预算执行情况报告、关于儋州市年度预算执行和其他财政收支情况的审计报告等政府报告。为配合审议，常委会开展了大量的调查研究活动，使审议的针对性得到加强，采用审议意见等形式向市政府等报告单位反馈常委会组成人员的意见和建议，有效地开展了工作监督。

（三）深入开展依法治市

为了进一步推进依法治市，儋州市依法治市办公室联合各有关部门，根据《海南省依法治省近期工作建议》的工作要求，重点开展了规范行政执法责任试点工作。通过明确执法依据，规范执法主体；分解法定职责，落实执法责任；健全配套制度，强化监督机制；严格过错追究，增强责任意识；加强队伍培训，提高人员素质，促进了执法依据的健全、行政执法体系的建立、行政机关作风的转变和执法队伍的规范建设，使试点单位的依法行政水平和办事效率有明显提高，加强了社会主义民主与法制建设，提高了全社会的法制化水平，为推进依法治市打下了坚实的基础。

二 代表工作

（一）建立代表活动小组，组织代表开展活动

2003年以来，为了做好闭会期间的代表活动工作，充分发挥代表的作用，根据代表法，结合全市实际，常委会制订了代表活动工作方案，将291名市人大代表划分为32个代表活动小组，制定了有关工作制度，并经常检查指导各代表活动小组开展活动，采取多种形式引导代表开展学法用法、联系

选民、组织视察等活动，激发代表的荣誉感、责任感，增强代表履行职责的积极性。经常组织代表参加市人大和"一府两院"的有关座谈会和听证会，为代表订阅《海南人大》、《中国人大》等刊物，邀请代表参加调研、执法检查、视察、评议等活动，进一步拓宽代表知情知政的渠道。

（二）加强学习培训，提高代表素质

为了提高代表素质，增强代表的履职能力，常委会不仅邀请市人大代表列席每次人大常委会，而且有计划地举办各种学习培训班，对市人大代表进行轮训，主要学习《如何做好新时期的人大工作》、《如何履行代表职责》、《人民代表大会制度基本理论》及《人大代表的法律地位和法定职责》等内容，并组织代表进行讨论，取得了良好的效果。

（三）开展常委会组成人员下访代表活动

为了进一步加强与代表联系，常委会建立了下访代表工作制度，每年定期组织常委会组成人员和有关部门负责人，分别深入基层，通过召开座谈会等形式，开展下访人大代表活动。广泛听取各级人大代表对常委会和"一府两院"及其职能部门的意见和建议，力争把矛盾化解在基层，减少人大代表和群众的上访。每次下访工作结束后，都及时将代表提出的各类意见和建议归类整理，反馈给有关部门并督促解决。对代表反映强烈的问题，派员实地调查，想方设法给予解决，为代表和群众排忧解难。

（四）规范代表议案与建议、批评和意见的办理方式，提高办理实效

多年来，为了做好议案和建议的办理工作，常委会在每次代表大会后及时组织人员对代表的议案和建议进行分类整理，并召开交办会，把代表的议案和建议交给承办单位办理，同时积极跟踪督办。对涉及热点难点问题的代表建议加大力度重点督办，对承办单位办理工作进行视察和检查。为了提高办理工作的质量，还召开了"对话会"，组织提议案和建议的部分代表和承办单位的领导面对面进行对话，听取代表对办理工作的意见和建议。对一些办复工作进展缓慢，办复质量不高的部门提出批评，并限期办复。由于加大督办力度，代表提出的一些问题得到较好解决。

（五）认真做好人民群众来信来访工作

对人大代表和人民群众来信来访反映的情况，常委会信访室按照"分级负责，归口办理"的原则，区别情况及时转交有关单位处理并限期回报处理结果。同时加强督办工作，做到件件有着落，事事有回音。对一些重要信件由常委会领导亲自批示，组织有关人员深入调查，加强督办，想方设法给予解决。通过处理来信来访问题，督促司法机关和执法部门查处和纠正一些违

法违纪案件，解决了一些群众反映强烈的热点难点问题，维护了社会的稳定，密切了常委会同代表与人民群众的联系。

三 常委会自身建设

人大常委会着眼于新形势下人大工作发展的需要，按照"政治坚定、业务精通、务实高效、作风过硬、团结协作、勤政廉政"的要求，全面加强人大常委会及其机关的思想作风、组织制度和工作制度建设，推进人大工作的制度化、规范化、程序化，常委会及其机关人员的整体素质和履行职责能力得到提高，常委会的整体功能得到了更好的发挥。一是加强理论学习、业务学习和思想教育工作。认真组织常委会组成人员和机关工作人员学习邓小平理论、"三个代表"重要思想，学习中央、省和市委的有关文件，学习有关法律法规和业务知识，联系民主法制建设和人大工作实际，围绕加强党的执政能力、提高自身履行职责能力等专题进行深入的学习讨论。进一步加强对机关干部进行政治理论、业务知识的培训和增强创新意识、创新能力的教育。通过学习教育，不断提高常委会组成人员和机关工作人员的理论水平和业务水平，队伍的整体素质有了明显的提高，机关工作出现了崭新的局面。二是加强对干部的培训。积极派员参加各类培训班和各种考察交流活动，加强与兄弟市县人大的交流。通过培训、交流，拓宽了视野，学到了许多好的工作经验，促进了我市人大工作的开展。三是健全组织建设。以优化素质结构和年龄结构、提高专职化程度为重点加强常委会组织建设，实现了新一届常委会组成人员的结构更加合理，常委会职数明显增加，为人大工作迈上新台阶提供了组织保障。积极改善机关工作人员的办公条件，努力提高信息化建设水平，常委会机关整体服务质量和工作水平有了新的提高。四是进一步加强制度建设。2007年，常委会制定和修订了《市人大常委会人事任免规定》、《市人大常委会机关学习制度》等24个工作制度和内部管理制度，使机关工作有章可循，职责明确，逐步走向规范化、制度化、程序化。

第二节 儋州市政治协商制度

一 1997~2003年基本情况

中国人民政治协商会议儋州市第六届委员会自六届一次会议以来，已经走过了五年的历程。六届市政协委员会在中共儋州市委的领导下，在省政协的指导下，以邓小平理论和"三个代表"重要思想为指导，高举爱国主义、社会主义两面旗帜，牢牢把握团结和民主两大主题，围绕中心，服务大局，切实履行政治协商、民主监督、参政议政职能，充分发挥全体政协委员和各族各界人士的作用。运用政协各种会议，认真履行政治协商职能。加强对儋州市有关改革开放、经济建设和社会发展中的重大问题和群众关心的热点问题的讨论与协商，提出了200多条意见和建议。

（一）开好每年的政协例会，开好常委会议和主席会议

一年一度的政协例会是政协最重要、范围最广的一次参政议政会议。五年多来，共提交大会发言材料45篇。这些发言注重全局性、超前性、针对性和可操作性，既反映了市情，又反映了市政协各个界别的意愿；五年中，共召开了21次常委会议和25次主席会议。主席会议能做到议大事，常委会议做到专题化，围绕中心、服务大局。

（二）开好听证会和情况通报会

建立健全反映社情民意工作机制，规定各个专委会每个季度分别召开一次有各界别各阶层代表人士参加的意见听取会，以此来了解社情民意，征求各界人士对党委政府和政协工作的意见，五年来，共召开20多次反映社情民意的座谈会，将收集到的意见和建议整理形成民意简报，送有关领导和部门参阅。此外，坚持每年召开两次情况通报会，请市委市政府有关领导到会通报市经济和社会发展情况，为委员知情出力创造条件，促进了政协政治协商、民主监督和参政议政的规范化和制度化。

（三）逐步推进民主监督工作

1. 重视发挥提案的监督作用

五年中，六届市政协共收到集体和个人提案204件，立案办理76件。许多提案对党的方针政策的贯彻落实情况，国家机关及其工作人员履行职能情况和社会热点问题提出了意见和建议。如市政协常委会《关于重视华侨影剧院产权遗留问题的建议案》，市政府高度重视，把该建议案办复列入议事日程，在两次市政府常务会议上加以研究，提出具体的解决原则和方案，并指定一名副市长专门负责这项工作；民盟儋州市委的《富民为本勤政务实》的提案，引起了儋州市委、市政府的高度重视，市委主要领导在一次有全市的市直机关领导和乡镇主要领导参加的会议上，宣读了该提案的全文，并采纳提案的有关建议。市政协提案与法制委员会还采取选择重点提案和重点承办单位、公开办理提案、召开提案办复协商座谈会、追踪督办提案等形式办理

提案，增强了民主监督的实效。如针对海南金丰农业有限公司排放猪粪便污水，严重污染南丰镇部分农田及群众居住区环境的问题，张少荣委员提出了急需整治的提案。市政协办公室先后两次组织有关人员前往实地调查，通过召开当地政府领导和公司负责人及群众代表座谈会，将了解到的情况整理形成新的提案送交市国土环境资源局承办，市国土环境资源局经组织有关人员调查核实，根据环保的有关规定，责令金丰农业有限公司限期整改。该公司在限定的时间内投入7万多元建起了两个氧化池处理污水，环境污染问题得到了较好的解决，当地群众相当满意。

2. 注意收集、反映社情民意

六届市政协把反映社情民意作为加强民主监督的一项重要内容，充分利用政协的各种会议、提案、委员视察调研、专题座谈会等渠道，收集社会各界群众的意见和建议，整理后及时报送中共儋州市委和市政府，为其了解民意，体察民情，集中民智发挥了积极的作用。如《关于暂停建材街搬迁的情况反映》、《建议拆除人民大道护栏》等意见得到了市委、市政府的重视和采纳。

3. 派出委员积极开展民主监督工作

应有关部门的邀请，常委会先后派出15名政协委员作为特邀监督员积极参加"一府两院"、城建监察、税收征管、公安执法、司法公正等监督活动和党风巡视活动，对推动"一府两院"依法行政、公正司法、勤政廉政起到了积极的作用，民主监督的作用得到了较好的发挥。

（四）抓住重点课题深入调研视察

六届市政协按照"议大事、抓重点、求实效"的工作要求，认真选准课题，组织政协委员及有关人士积极开展专题调研和视察考察活动，五年中共进行了19项专题调研，5次视察考察活动，同时配合省政协进行14项社会调查，发放并收回社会调查问卷600多份，形成调研、视察报告38篇，为党政部门工作提供了决策参考。其中，与省政协共同视察形成的《关于海南松涛水库工业电网不应移交的建议》呈送省委省政府作为重要的决策参考。《关于我市外来企业投资服务情况的调查》提出了要为投资者随时提供各种优质服务的建议，得到了市委、市政府和有关部门的高度重视。《关于我市司法执法情况的调查》对市行政执法机关和经济管理部门的执法情况进行了全面的了解，提出了要加大执法监督力度，定期实行开门整顿，坚持岗位轮换制度和完善电话举报制度的建议被有关部门采纳。《关于我市北门洋排洪河道堵塞问题的调查》等18个调查报告，市委、市政府主要领导亲自作出批示，给予较高的评价。

（五）做好提案的审查立案和办理工作

一是主动地征集提案。每年例会前，提案与法制委员会为了征集提案，都致各民主党派、各人民团体，政协各组成单位和每位政协委员一封信，要求他们为会议准备提案。结合各种会议、委员视察、专题调查，以及大会发言等形式征集提案。二是做好提案审查和交办前的处理工作。按照提案工作程序办事，对文字表达不准确，建议意见不完善或不符合一事一案等规范化要求的提案，约请提案人面商，及时修改补充，完善提高。三是分管提案的政协领导及时召开提案审查会议审查提案、确定承办单位，并与市委办、市人大办，市政府办联合召开交办会，对所需交办的提案及时转交有关单位办理。四是主动与各承办单位联系与配合，进行追踪检查督促，共同办理好提案，做到件件有着落，宗宗有回音。五年中，共征集提案204件，经审查立案处理176件，其余28件作为委员意见和来信转交给市委、市政府有关领导或有关单位处理。提案中的许多建议和意见被市委市政府或有关部门采纳，不少提案经承办单位办理后产生了较好的经济效益和社会效益。

（六）努力促进大团结、大联合

六届市政协把握团结与民主两大主题，发挥政协联系面广的优势，广泛联系各族各界人士，凝聚各方面的智慧和力量，围绕大目标，努力促进大团结、大联合，巩固和发展了爱国统一战线。

1. 坚持与各民主党派、总商会和各人民团体保持密切联系

五年中，一是通过专访、座谈，听取他们的意见和要求，并及时向党政有关部门反映；二是积极支持、鼓励党派团体及其成员在政协会议上发表意见，提出提案，参与各项重大问题的协商与监督；三是对共同关心的问题联合进行调研与视察。任届内共同完成15个课题的调研任务，较好地坚持和完善了中国共产党领导的多党合作和政治协商制度，促进了大团结、大联合。

2. 积极开展招商引资工作

统战部门加大对台联络工作力度，广泛开展招商引资工作。市总商会积极组织非公有制经济人士赴内地经济比较发达的地区和省内的文昌、琼海等地参观学习考察，通过学习考察，达到了沟通思想，交流情况，增进友谊，以商引商，招商引资的目的，为儋州的经济发展注入了新的生机和活力。据统计，五年来，共接待来儋考察、洽谈项目的团体组织80多个，客商600多人次，洽谈项目39个，共签订意向合同35个，合同投资额6.46亿元人民币和1117.8万美元，这些项目部分已投入生产，发挥了较好的经济效益，为我市的经济发展作出了积极的贡献。

（七）认真做好文史资料的征集、编辑出版工作

文史资料的征集、编辑出版工作是政协的一项重要工作。六届市政协注重政协文史资料"存史、资政、团结、育人"的作用，以积极、认真负责的态度抓好《儋州文史》资料的征集、编辑、出版、发行工作。共编辑出版《儋州文史》三辑（即第十至第十二辑），挖掘、征集、整理文稿75篇，诗文55首，约50万字，照片53幅。第十辑《儋州文史——水利专辑》反映我市新中国成立后水利建设情况；第十一辑《剑花》反映符志行同志不怕牺牲、艰苦创业、勤政廉政，为共产主义理想戎马一生的可歌可泣事迹；第十二辑《儋州文史》主要反映土地改革情况；第十三辑《儋州文史》以综合内容为主。

二　2003~2007年基本情况

政协儋州市第七届委员会，在中共儋州市委的领导和省政协的指导下，坚持以邓小平理论和"三个代表"重要思想为指导，牢牢把握团结与民主两大主题，树立和落实科学发展观，把促进又好又快发展作为履行职能的第一要务，紧密围绕市委市政府的中心工作，认真履行政协章程赋予的职能，较好地完成了七届一次会议以来提出的各项任务，为儋州经济建设、政治建设、文化建设和社会建设作出了积极的贡献。

（一）认真搞好政治协商

切实开好政协全体会议。紧紧围绕市政府的工作报告及其他有关报告进行协商讨论，提出意见和建议，并就儋州市改革、发展、稳定的重大问题进行大会发言。四年中，共提交大会发言材料73篇。

认真开好常委会议和主席会议。四年中，常委会按照主席会议议大事、常委会议专题化的要求，先后召开了15次常委会议和24次主席会议，就儋州经济、政治、文化和社会等方面的问题进行协商讨论，提出了许多具有重要参考价值的意见和建议报送市委市政府作决策参考。

组织开好各种专题协商会议。四年中，常委会围绕市委市政府中心工作，先后组织召开了我市台资企业、那大城区主导产业、"十一五"规划等专题协商会议，就儋州市经济和社会发展过程中的重大问题以及社会各界广泛关注的热点难点问题进行协商讨论，提出了为市委市政府及有关部门决策参考的建议和意见。

（二）积极推进民主监督

常委会遵循政协章程的规定，积极推进民主监督工作。

努力抓好提案工作。一是主动征集提案；二是广泛征集提案；三是及时审查提案；四是开好提案交办会；五是抓好提案督办。四年共征集到提案186件，审查立案174件，并案5件，其余7件作为委员来信交有关单位处理。通过提案发挥监督作用收到了较好的效果。民进儋州市委《关于进一步深化中小学人事制度改革的建议》等重点提案，引起了市委市政府的高度重视，有关部门积极办理，提案所提出的问题得到了较好的解决。

与此同时，主动为驻儋省四届政协委员知情明政、建言献策提供信息和情况，四年中，驻儋省政协委员利用市政协调研成果共形成省政协提案14件，立案14件，是历届驻儋省政协委员参加政协例会提交提案最多的一届。

通过担任特约监督员开展民主监督。应有关部门的邀请，常委会先后选派了28名委员担任"一府两院"的特约监督员，特约监督员认真履行职责，切实开展民主监督工作，对推动"一府两院"依法行政、公正司法、文明执法发挥了积极的作用。

（三）深入开展参政议政

四年来，常委会先后就民族地区饮水情况、农村疾病预防控制网络情况、那大"老人委"住宅小区环境脏乱差情况、封山育林区内农民土地承包经营权情况、农技和良种良苗推广普及情况、黄泥沟国有土地确权与收地工作情况、西部地区农民生产生活用水情况、城市规划建设管理工作情况、民营企业生产经营情况、社会治安综合治理工作情况、甘蔗恢复性生产情况等课题开展了专题调研，形成了《关于我市民族地区农村饮水难问题的调查报告》等12项调研报告报送市委市政府作为决策参考；与此同时，认真组织各界别委员就我市非公有制工业企业生产经营情况、海洋资源开发利用情况、旅游资源开发利用情况、社会主义新农村建设情况开展专项视察活动，形成了《关于视察我市特钢冶炼厂等四家非公有制工业企业情况的报告》等4个专项视察报告报送市委市政府，为市委、市政府决策提供了重要的参考依据。同时，积极配合省政协有关专委会开展了"关于我省国有农场与周边农村土地纠纷问题的调查"等11项专题调查，相关报告报送省政协，较好地完成了省政协交给的协作调研任务。

（四）努力促进团结合作

一是通过座谈会、委员接待日、走访委员等形式，广泛听取各民主党派、团体和社会各界人士的意见和要求，及时向党政有关部门反映；二是支持和鼓励党派、团体及其成员在政协的各种会议上发表意见，提出提案，参与重大问题的协商讨论与监督；三是对共同关心的问题联合进行调研视察，向党政有关部门建言献策。通过以上工作，充分发挥了各党派、团体和社会各界人士的作用，促进了大团结大联合。

（五）切实加强自身建设

政协儋州常委会始终把政协自身建设作为一项经常性工作来抓。

着力加强政协履职制度化建设。四年来，常委会先后制定了政协儋州市委员会全体会议工作规则、常务委员会工作规则、专门委员会通则、主席会议工作规则等八个方面的制度化规定，使政协工作制度化、规范化、程序化建设稳步推进。

积极开展政协联谊工作。常委会重视抓好政协联谊工作。四年中，共接待全国各地政协来儋考察交流65批669人次；先后组织委员到各地政协、学习交流4批73人次，交流和联谊，为进一步做好政协工作起到了很好的促进作用。

第二十二章 儋州市人民政府、人民检察院、人民法院

第一节 儋州市人民政府

1997年以来，儋州市人民政府认真贯彻落实党的路线、方针和决定，紧紧围绕儋州市不同时期的经济社会发展战略，进一步加快和完善社会主义市场经济建设，推进经济结构调整，稳妥推进各项改革，理顺体制关系；大力整顿市场经济秩序，规范市场行为；加强建设和管理，优化发展环境。10年来，儋州市先后跨入全国城市环境综合整治优秀城市、全国卫生城市、全国非物质文化遗产保护城市等行列。

一 深化体制改革，建设公共服务型政府

1997年以来，儋州市政府按照完善社会主义市场经济体制的根本要求，以行政审批制度改革为核心，加大行政体制改革力度：一是按照职权法规定的原则，全面清理地方行政法规，废止某些政府规章，取消一些行政审批事项，简化了行政审批程序；二是按照简化办事程序、提高办事效率和服务质量的要求，政府口的职能部门抽出业务骨干组建一站式的"儋州市行政服务中心"，公安、国税、地税等各个窗口单位也陆续组建了一站式的行政服务中心。

在加大行政体制改革的同时，儋州市又在政府职能部门进行了行政效能的综合监督和考核，通过查摆问题，督促整改，政府职能部门行政效能建设取得了新的进展，在执行政令、依法行政、主动服务、行政管理、办事效率等方面有了很大的改进和提高。

二 健全市场经济体制，促进国民经济快速健康增长

1997年以来，儋州市委、市政府坚持以科学发展观为统领，认真贯彻省

委提出的"南北带动,两翼推进,发展周边,扶持中间"的区域发展战略,2007年确立了"以工业为主导,带动第一、第三产业发展,推动城市化进程"的经济发展思路,牢固树立"依托洋浦,服务洋浦,发展儋州"的思想,紧紧围绕海南西部中心城市的奋斗目标,加快发展,全力推进儋州经济社会发展。2007年,实现全市生产总值771598万元,比1997年增长148.1%,年均增长9.5%。其中,第一产业增加值414821万元,比1997年增长146.7%,年均增长9.4%。第二产业增加值137362万元,比1997年增长185.8%,年均增长11.1%,其中,工业增加值101919万元,比1997年增长192.8%,年均增长11.3%。第三产业增加值219415万元,比1997年增长146.0%,年均增长9.4%。其中工业总产值402644万元,比1997年增长170.2%,年均增长10.4%;农业总产值590609万元,比1997年增长139.4%,年均增长9.1%;全社会固定资产投资187500万元,比1997年增长340.0%,年均增长15.9%;社会消费品零售总额179963万元,比1997年增长212.9%,年均增长12.1%;城镇居民人均可支配收入9529万元,比1997年增长96.4%,年均增长7.0%;农民人均纯收入4021元,比1997年增长99.9%,年均增长7.2%;地方财政收入27340万元,比1997年增长49.8%,年均增长4.1%。

三 加强科教文卫工作,推进社会事业全面发展

2002年,儋州市实施"科教兴市"教育战略,制定发展高新技术产业计划,推进了科技进步。加强学校建设,制定了《中共儋州市委、儋州市人民政府关于教育改革与发展的决定》、《中共儋州市委、儋州市人民政府关于推进教育又好又快发展的实施意见》,多渠道加大教育投入;进一步整合学校资源,调整学校布局,2007年以来,新建市第五中学和市中等职业技术学校,改造、扩建、维修一批中小学,建立了一批希望学校;深化教育体制改革,推进教育教学改革,强化特色教育,"两基"达标成果得到巩固和提高,素质教育成效显著。

近年来,儋州市委、市政府又将文化建设纳入经济和社会发展规划,特别是2003年以来,将建设文化大市、建设琼西文化中心的目标写进了党代会报告和政府工作报告,有力地促进了文化事业繁荣发展。公共文化设施进一步完善,相继建成了图书馆、儋州大戏院、充实文化中心、体育中心等一批文化项目。组织实施文化下乡活动,丰富和满足了人民群众的文化生活。繁荣文艺作品创作,挖掘、整理出版儋州民歌VCD专辑40多本,出版诗词集

30本，成功推介了海上游龙、排子鼓等民间艺术，《逗歌》等一批文艺节目参加中央电视台春晚。广泛开展群众性文体活动，先后举办了三届"5·18"招商活动，三届广场文化活动，九届包括万人调声赛歌会、调声艺术节和中秋节文化周等活动。2006年儋州调声被列入"国家级非物质文化遗产保护项目"。文化市场管理日趋规范，文化产业不断发展壮大。竞技体育取得新的突破，2004年以来，在省和国家各种赛事中，共获得金牌96枚，刷新8项省纪录。农村卫生基础建设也得到进一步加强，农村卫生队伍培训工作有序进行，极大地提高了农村卫生的整体服务能力。新型农村合作医疗工作正不断普及和推广，有效缓解农民看病难问题。组建了疾控中心和卫生监督所，预防保健工作得到进一步加强；实施"以病人为中心"的医疗管理年活动，加强医疗质量管理，不断健全了医疗救治、疾病控制、卫生监督、疫情报告等体系建设，进一步加快社区卫生服务的发展。卫生创建活动效果显著。1999年在第四次全国卫生城市评比活动中，获全国卫生先进城市称号；2003年在开展爱国卫生运动抗击"非典"活动中获得全省（市县级）第一名；2005年在夏秋季全省爱国卫生活动检查中，取得（市县级）第二名；2007年省卫生城市和省灭鼠先进城区复查顺利通过验收，得到省检查组的好评；2003~2007年，共有11个单位（大院）获得"海南省卫生先进单位"称号，14个村被评为省级卫生村。农村改水改厕工作力度加强，2003~2007年农村改水（自来水）受益人数达7701人；改厕共完成卫生户厕3787户，两项工作超额完成省下达的任务。除"四害"活动富有成效，完善除"四害"设施，发动群众清除四害滋生地，每年开展两次以上除"四害"活动，有效地控制"四害"密度。不断加强计划生育工作，坚持抓基层打基础，加大对重点镇、农场计生工作的督导力度，促进工作平衡发展，较好地完成了计生各项任务；进一步深化婚育新风进万家活动和"关爱女孩行动"，转变群众婚育观念，弘扬先进的生育文化，以人的全面发展推行计划生育利益导向和落实优质服务，全市涌现出一批计划生育先进单位和计生模范户、少生快富户；不断加大对出生人口性别比偏高问题和流动人口管理服务的整治力度，基本形成了全社会综合治理人口问题的工作格局，为儋州经济社会协调发展、建设西部中心城市营造了良好的人口环境。

2002年以来，儋州市精神文明建设稳步发展，每年组织举行一次《公民道德建设实施纲要》宣传活动，开展"红色之旅"、"缅怀革命先烈"等爱国主义教育，积极筹备资金建设"海南渡海作战第一个登陆点（马井镇）纪念碑"和"黄金容烈士纪念碑"；开展"讲文明，我先行"活动在全省推广；

"万名未成年人思想道德宣教员"的做法被中央文明委推广;"百米小楷书法作品献奥运"先后在市、省展出,省政府把此项活动作为海南省献奥运的一项内容举行了新闻发布会,并将作品送往北京奥组委展馆珍藏,在全国产生了积极影响;开展"用书画装扮办公环境"活动,受到省委分管领导的肯定,并向全省推广。不断加大全国文明城市创建的力度,那大镇、那大镇石屋村和庆镇美万新村、儋州地税局等单位,分别被评为全国文明村镇、全国创建文明村镇工作先进村镇和全国精神文明建设工作先进单位。创下了全省文明生态村创建工作的多个第一:第一个创建文明生态村连片示范区,第一个实施文明生态村建设"三延伸",第一个推出把半数以上自然村建成文明生态村的乡镇。文明生态村"连片创建"的模式更得到中宣部、中央文明办肯定,并在全国推广经验。目前,全市已建成文明生态村(包括共青号生态文明村)599个,占全市自然村总数的38.7%。

从政府工作的角度来看,目前儋州市尚存在一些问题:一是影响发展的体制性障碍依然存在,体制创新有待深化,政府职能有待转变,发展环境有待优化;二是经济底子薄,城乡差距大,经济结构矛盾突出,交通、基础设施较差,工业水平不高,综合实力和竞争能力不强;三是市民整体素质有待提高,公务员和干部综合素质有待提升,作风有待转变等。针对这些问题,儋州市政府从以下几方面加以改进:提出的建议一是加大行政体制改革和优化力度,彻底改革不合理的干部人事制度,加强行政监察力度,创新服务型政府理念;二是大力推进重点项目建设,发展新型工业,提升工业主导作用,增强儋州市经济综合实力;三是加强对市民移风易俗的宣传教育,强化干部执政为民、爱岗敬业的意识,切实转变工作作风,推动服务性、效能型、廉政型政府的建设。

第二节　儋州市人民检察院

一　机构和队伍发展状况

经国务院批准1993年3月6日撤销儋县,设立儋州市(县级),3月18日成立儋州市人民检察院。1999年之前,儋州市人民检察院内设机构有:办公室、人事股、纪检组、刑事检察一股、刑事检察二股、经济检察股、法纪检察股、监所检察股、控告申诉检察股、民事行政检察股、税务检察室(1989年设,1998年撤)、粮食检察室(1991年设,1998年撤)、烟草检察室（1995年设，1998年撤）。1999年在市编委、市委组织部、市政治委和市人大常委会的支持和帮助下，检察院进行内设机构"室"改"科"工作，2001年完成了机构改革工作，根据市编制委员会的批复，设立一个室二个局七个科，内设科局室为副科级机构，设立了检察委员会专职委员。内设机构有：办公室（含司法警察大队）、政工科、纪检组（与政工科合署办公，2007年改名为党组纪检组）、侦查监督科、公诉科、反贪污贿赂局、法纪科（2003年更名为反渎职侵权局）、控告申诉检察科、监所检察科、民事行政检察科、职务犯罪预防科。2006年增设监察科、技术装备财务科。

目前，儋州市检察院人员编制93名，现编人员85名（女性18名），比1996年增加了18人。检察员39名，助理检察员6名，司法警察7名；干部平均年龄42岁。具有本科以上学历的64名，占儋州市检察院行政编制总数的68.8%，具有法律专业大学本科以上文凭的有52名，占干部总数61.1%，与1996年具有大专以上学历的有39人相比，整体文化程度有了较明显提高。

二　检察工作开展情况

（一）依法打击各种刑事犯罪，化解社会矛盾，维护社会和谐稳定

1996年以来，儋州市人民检察院以维护社会稳定作为首要任务，坚持"严打"方针，依法严厉打击各种严重危害社会治安和严重破坏市场经济秩序的刑事犯罪活动。共受理公安机关提请逮捕案件2678件4663人，经审查批准逮捕2443件4123人，受理移送审查起诉案件2752件4285人，经审查提起公诉2138件3091人，移送海南分院起诉285件625人。对106件重大、疑难案件适时介入，加强与公安机关、审判机关的联系和配合，坚持召开联席会议，引导公安机关收集和固定证据，增强打击合力。2006年，集中警力优先办理省院挂牌督办的以许为家、郑明瑶、林福年和韦桂进为首的四起恶势力犯罪案件，依法从重从快，保持对严重刑事犯罪打击的高压态势。

同时，儋州市人民检察院积极参加市委统一部署的打黑除恶、禁毒、打击"两抢一盗"等专项斗争和"严打"整治斗争，派出工作组分别进驻三都、白马井、木棠、新州等镇和八一、西培、西庆、西华等国有农场，依法妥善处理了多起突发性事件和群体性事件，积极排查调处矛盾纠纷，认真落实检察环节综合治理措施，为社会稳定作出了积极努力。加强了控告申诉检察工作，认真落实首办责任制和检察长下访制度，坚持开展举报宣传周活动，共妥善处理群众来信来访2562件（次）。

从2005年始，儋州市人民检察院认真贯彻宽严相济刑事政策，对主观恶

意小、犯罪情节轻微、坦白交代罪行、积极退赃的未成年人、初犯、偶犯和过失犯，贯彻"教育、感化、挽救"方针，对得到受害人谅解的犯罪涉嫌人作出不批准逮捕决定4人和不起诉决定9人，较好地化解了社会矛盾，促进了社会和谐。

（二）查办和预防职务犯罪，推进党风廉政建设和反腐败斗争

1996年以来，儋州市人民检察院认真落实中央、省委、市委党风廉政建设和反腐败斗争的总体部署和省检察院关于加大办案力度的总体要求，坚持"立得准、诉得出、判得下"的质量标准，加强职务犯罪侦查工作，共受理职务犯罪案件线索173件，立案侦查127件161人，通过办案为国家和集体挽回直接经济损失2100多万元。依法查办发生在党政机关、行政机关、司法机关的职务犯罪案件，立案查处了原市退伍安置办副主任唐中胄、雅星镇武装部原部长符明海等人受贿案，市法院执行庭原庭长陈忠友挪用执行款案，市公安局刑警颜伟雄等人刑讯逼供致人死亡案，对促进当地反腐败斗争深入开展起到了积极作用。集中力量侦查贪污挪用下岗工人安置费、土地征用补偿款、克扣工人工资、收受贿赂哄抬医药价格等涉及"民生"职务犯罪案件，查办了原市商贸公司经理谢遥为贪污挪用下岗工人安置费17万元案、八一金川农场十三队原队长符壮团克扣工人工资2.2万元案、国营西联农场医院院长颜冰受贿25万元案等，维护了群众合法权益。

积极开展预防职务犯罪工作。一是拓展预防网络，先后以共建文明单位、共促预防工作、联席会议的方式，与全市30个单位建立预防职务犯罪工作责任制，使预防工作在拓展网络中得到发展。二是拓展系统预防，先后在金融、工商、税务、经贸、国土资源、粮食、电业等行业开展专项治理活动，帮助农业发展银行和粮食收购等企业建章立制，堵塞漏洞，维护了粮食收购资金的封闭运行。三是拓展预防方式，结合办案给发案单位发检察建议，对全市干部进行现身说法警示教育，到重点领域、重点行业、重点单位进行法治教育，对农垦各单位开展预防职务犯罪工作进行考评，编印《警示录》和《预防职务犯罪读本》，结合建设社会主义新农村的要求，将预防工作下移到农村，有针对性地开展预防"村官"犯罪工作。2002年7月，最高人民检察确定该院为全国100个预防职务犯罪工作联系单位。

（三）强化诉讼监督，维护司法公正

1996年以来，儋州市人民检察院强化诉讼监督，全面加强立案监督、侦查活动监督、审判监督和刑罚执行监督工作，积极开展打黑除恶立案监督、集中清理纠正超期羁押、控告申诉积压案件和对无罪判决进行检查等专项行

动，依法追究犯罪，加强人权的司法保障，促进公正司法，维护社会公平正义。

立案监督和侦查活动监督工作。重点解决有案不立、有罪不究、以罚代刑等打击不力的问题，以及行政执法中群众反映强烈的执法不公、执法不严、以罚代刑的问题，依法监督在诉讼活动中违反程序办案、侵犯人权的问题。仅2002年，通过了解公安机关刑事案件发破案情况，要求公安机关说明不立案理由143件，公安机关接受监督，主动立案135件。此项工作得到了省检察院的充分肯定。

刑事审判监督、民事审判和行政诉讼监督工作。刑事审判监督重点监督纠正重罪轻判、轻罪重判、有罪判无罪以及违反法定程序、侵犯诉讼权利和超审限等问题；民事审判和行政诉讼监督重点监督纠正因行政干预或地方保护主义、审判人员贪赃枉法或徇私舞弊、严重违反法定程序导致裁判不公的案件以及民事行政裁判执行中的违法问题，平等保护诉讼当事人的合法权益。2002年，配合海南分院成功抗诉了那大王桐村委会与金粮公司合同纠纷案，使王桐村委会避免了152万元的经济损失，维护了农村集体合法利益。

刑罚执行和监管活动监督工作。重点监督纠正减刑、假释和保外就医等暂予监外执行活动中的违法问题，严肃查办司法人员滥用职权、玩忽职守、贪赃枉法、徇私舞弊等职务犯罪案件。继续抓好防止和纠正超期羁押工作，依法维护在押人员的合法权益。2003年，建立暂予监外执行人员档案，定期考察执行情况，不断完善预防超期羁押制度，共向公安机关发出纠正违法通知书52份，纠正98人，首次实现"零超期"。

三 积极加强检察机关自身建设

（一）开展创建学习型机关活动，着力提高队伍的整体素质和执法水平

儋州市人民检察院重视学习，为了提高队伍的整体素质，1999年开展了全员大培训活动，从干警中选拔教员，提倡人人都可以是教员，人人必须是学员，全院形成了"学习是做好工作的前提，在工作中学习，在学习中工作"的良好学习氛围，同时采取"请进来，走出去"的办法，请专家和学者到院内对干警进行培训，鼓励干警出外参加各种业务培训，高学历教育、计算机等级培训、全国统一司法考试各项指标都名列全省基层检察前茅。由于长期的要求和坚持，使干警们主动学习的积极性显著增强，促进了队伍整体素质和执法水平的进一步提高。

（二）加强管理，规范干警的执法行为

儋州市人民检察院对干警始终严格要求、严格管理、严格监督，建立健全内部监督制约机制，每年检察长与副检察长、副检察长与分管部门负责人分别签订党风廉政建设责任书，对队伍实行分级管理，监督各部门、每一位干警执行执法办案纪律、工作纪律情况；制定诫勉谈话制度、请示报告制度、考勤制度；加强规范化建设，设立业务监督管理中心，修改完善了整套执法办案流程，细化质量考评标准，规范干警的执法行为。自 1996 年以来，无无罪判决案件、无重大安全事故、无重大违纪违法行为。曾荣获海南省文明单位，全省检察机关"五好检察院"、"人民满意检察院"，全国检察机关"人民满意检察院"等荣誉，从 2000 年起连续八年被评为全国检察机关宣传工作先进单位。2004 年反贪污贿赂局被省检察院荣获一等功。涌现出"全国优秀青少年维权岗"、全国检察机关纪检监察工作先进单位、"文明接待室"等先进集体，全国"十杰检察官"提名获得者钟捷兴、全省"人民满意干警"潘华源、全省优秀公诉人张武等一大批先进典型。

（三）改变检察院办公环境

1996 年，市委市政府启用新的办公大楼后，决定将原政府第三办公楼（那大镇东风路 189 号）调整为检察办公大楼，当年 11 月，检察院从胜利路一栋二层仅为 192 平方米的办公楼搬入总面积为 1600 平方米，有办公室 20 间，会议室、档案室、装备室、打字室等配套设施比较齐全的检察办公大楼，基本改变了检察机关办公条件困难的状况。2002 年，为了适应新时期检察工作的要求，开始筹建检察综合大楼，2007 年 5 月 22 日，经过 5 年的努力，检察综合大楼建成并投入使用。大楼建设占地 1110 平方米，8 层框架结构，总建筑面积 7331 平方米，集办公、办案和技术用房为一体，具有办公功能、办案功能、技侦功能、学习功能、文体功能，它的投入使用，不仅大大改善了办公环境，也标志着检察院在积极推进检察队伍、业务和信息化"三位一体"的机制建设上取得了新的成绩，在科技强检上取得了新的突破，为全面履行检察职能提供更加可靠的保障。

目前，儋州市检察院的工作发展仍然不够平衡，有的工作没有取得明显效果，队伍的整体素质还不完全适应新形势新任务的要求，离党和人民群众的要求还有不少的差距。针对存在的问题，儋州市从以下几个方面加以改进：一是以开展大学习大讨论和深入学习贯彻科学发展观活动为契机，深化"强化法律监督，维护公平正义"主题教育和社会主义法制理念教育，进一步统一执法思想、更新执法观念，提高执法公信力；二是狠抓执法作风和执法纪

律，切实转变执法作风，严肃查处违法违纪行为，保持检察队伍的纯洁性；三是认真抓好信息化建设和应用工作，全面推进业务、队伍和信息化"三位一体"机制建设，提高执法规范化水平。

第三节 儋州市人民法院

一 机构与队伍发展情况

1997年12月，经儋州市编制委员会批准，法院内设机构实行改革，设立院办公室、政工室、法警队、司法技术室、立案庭、审判监督庭、民事审判第一庭、民事审判第二庭、经济审判庭、刑事审判庭、执行庭、行政审判庭。1999年撤销原有的农场法庭，对人民法庭进行整合，保留了东成、白马井、雅星3个中心人民法庭。

2001年，经市编委办批准，儋州法院进行了新一轮的机构改革，共内设机构11个：办公室、政工科、立案庭、刑事审判庭、民事审判第一庭、民事审判第二庭、行政审判庭、审判监督庭、执行庭、研究室、监察室；下设机构4个：司法警察大队、东成人民法庭、白马井人民法庭、雅星人民法庭，机构设置进一步完善。

儋州法院现有编数111个，实有干警103人。具有大专以上学历90人，占87.38%，其中大学本科学历67人（12人有学士学位），占65.05%；在读法学硕士研究生3人。64人拥有法官资格，已通过国家法律资格考试的有4人，法官全具有本科学历及以上，法官的平均年龄42岁，基本上实现了法官的高学历和年轻化。

二 审判与执行工作

（一）刑事审判

1996年以来，刑事审判认真贯彻"宽严相济"刑事政策，依法惩处各类刑事犯罪，全力维护地方的社会安定和人民群众生命财产安全。2007年，共受理刑事案件266件392人，审结264件390人，结案率为99.25%。审结的案件中，判决发生法律效力255件379人，其中，判处5年以上有期徒刑的52人，依法惩处了一批严重刑事犯罪分子。在刑事审判工作中，重点打击各类危害社会治安、人民群众生命财产安全和破坏经济秩序的刑事犯罪。对一度猖獗的"两抢一盗"犯罪案件，开展专项整治斗争，从重从快审结此类案件88件135人，全部予以刑事处罚。依法惩处贪污、受贿、挪用公款等职务犯罪，全年共审结此类案件9件12人，其中判处最高有期徒刑12年，推进了反腐败斗争的深入开展。针对不同时期案件特点，集中力量，依法审结了涉及"并场队"、"袭警"案件以及盗窃、破坏电力设施、电信通信设施、利用互联网实施诈骗等一批严重影响我市社会治安稳定的刑事犯罪案件。还审结了涉及未成年人犯罪案件43件68人。在审理涉及未成年人犯罪案件当中，坚持"宽严相济"的刑事审判理念和挽救教育方针，积极探索和完善未成年人犯罪案件的审判方法和机制，通过庭审感化教育，庭前、庭后延伸的方式，促使他们认真悔罪，改过自新。对已作出判决的未成年犯，回访帮教，促使他们走向社会后，遵纪守法，不再犯罪。

对办案中发现的一些单位存在管理和制度方面的问题，及时提出司法建议，堵塞漏洞，促进其加强管理，有效地预防和减少犯罪。

（二）民商审判

人民法院的民商事工作以服务经济发展，平等保护各类当事人合法权益为宗旨，及时调处社会纠纷，化解人民内部矛盾，努力营造一个安定和睦、公平有序、诚实信用、充满活力的社会环境，为儋州的经济建设提供了应有的司法保障和良好的司法服务。

随着经济体制改革的深入开展，经济交往日益增多，各种类型案件应时代的变迁而产生。原来的民事审判机构已经不能适应形势发展的需要，加之我国加入WTO，为了与国际接轨，大民事审判格局应运而生。1997年儋州法院在老民庭基础上建立了现在的民一庭，在过去经济庭的基础上建立了民二庭，经济审判从此更名为民商事审判。儋州法院的民商事审判活动也随着民事审判改革的深入而深入，通过开展民商事审判，维护大量平等民事主体的合法权益，特别是在《合同法》实施后，运用法律调整契约关系维护交易安全，稳定市场秩序。

2007年，坚持贯彻"能调则调，当判则判，调判结合，案结事了"民事审判指导方针，共受理婚姻家庭、民间借贷、损害赔偿、劳动争议、建筑工程合同以及容易引起群体械斗和群体上访事件发生的土地、山林、滩涂权属纠纷、农业承包等与群众利益、经济发展密切相关的各类民商事案件1003件，审结942件，结案率为93.92%，解决诉讼标的额3318.9万元，消除了大量不安定因素，促进了社会和谐。一是加大巡回办案力度，就地调处纠纷，积极配合全省"法律进乡村"工程工作，深入农村、农场，采取巡回办案、就地开庭等方式对农民、农场职工进行法制教育，开展法律宣传。二是加大适用简易程序审理案件力度,适用简易程序审理的民商事案件比例为79.54%;基层人民法庭受理的案件适用简易程序审理的比例则达到了86.69%,平均结案周期缩短到20日左右。简易程序的大量适用,有效地缩短了办案周期,提高了办案效率。三是努力提高民商事案件调解率,院党组根据最高人民法院《关于进一步发挥诉讼调解在构建社会主义和谐社会中积极作用的若干意见》的文件精神,研究制定了《儋州市人民法院关于加强诉讼案件调解工作的方案》,从加强调解工作的措施、提高调解能力、量化调解指标等方面作出规定,有力地指导、规范了诉讼调解工作。并结合实际,通过合理调配人员、推广先进经验、加强检查监督等措施,有力推动了诉讼调解工作。在审结的941件民商事案件中,除法定不能调解的以外,共调解461件,案件调解率达54.8%。

1996~2007年,儋州法院的各类民商事案件8600余件,调解案件4100余件,对于保护合法财产,维护男女平等、婚姻自由的婚姻家庭制度,推动改革开放和社会主义市场经济的发展,发挥了重要作用。

(三)行政审判

1991年儋州法院设立行政审判庭。行政审判是改革开放后产生的新的审判领域,是我国民主法治建设的重要成果。"民告官"是对我国几千年封建主义行政体制的颠覆,也是对长期以来以政府为公权主体的挑战。十多年来,儋州法院行政审判工作从无到有,从小到大,从行政被告人的强烈抵触到积极配合法院应诉,经历了不平凡的发展历程,见证了民主与法治的进程。

2007年,共受理行政案件52件,同比上升了73.3%,已全部审结,结案率100%。在行政审判工作中,坚持依靠市委、市人大的支持,妥善审理了一批矛盾集中、较易激化的涉及土地权属纠纷不服政府处理决定、不服行政机关发证行为等行政纠纷案件,促进了依法行政。还积极探索和加大行政案件协调解决的力度,在行政案件审理中引入和解机制,及时有效化解行政争议,增进行政相对人和行政机关之间的相互理解和信任,共和解解决行政案件8件,有效地促进了官民和谐。

1996~2007年,儋州法院共审结240余件行政案件,审查非诉行政执行案件180余件,通过审判和提出司法建议,依法规范行政机关具体行政行为,对保护公民、法人及其他组织的合法权益,促进行政机关依法行政,具有重要意义。

(四)执行工作

加大执行力度,努力解决执行难的问题。深入贯彻党中央[1999]11号和中央政法委［2005］52号《关于切实解决人民法院执行难问题的通知》的文件精神，继续深入开展"规范执行行为，促进执行公正"专项整改活动，推动执行工作不断向前发展，最大限度地实现债权人的合法权益。1996年以来，儋州法院多次组织开展集中清理执行积案活动，创新执行工作方法，建立健全执行工作长效机制，使有条件可以执行的案件及时得到执行；建立法院执行案件信息管理系统，推进执行联动威慑机制建设；将执行工作纳入社会治安综合治理目标考核范围，初步形成了党委领导、人大监督、政府参与、政协支持、各界配合、法院主办的综合解决执行难的工作格局；2007年，设立了执行司法救济金专门账户，对在执行案件中因被执行人确无或暂时确无履行法定义务能力，既无经济来源，生活又极度困难，且需要进行救助的申请执行人（自然人）进行救助，司法救济金制度的设立，有效地缓解一些社会矛盾，促进社会稳定，为构建和谐儋州起到了积极的推动作用。

2007年，共受理执行案件330件，执结281件，结案率达85.15%，是近十年来执行工作最好的一年，执行工作逐步进入动态良性循环。

三 自身建设工作

自1996年以来，儋州法院正确把握队伍建设方向和职能作用定位，既突出法官职业特点，又充分考虑当地的实际现状，开展法官职业化建设，并把法官职业化建设作为人民法院固本强基、自我完善、夯实基础的重要途径，确保法官队伍思想上始终清醒、政治上始终坚定、作风上始终务实。通过近十年的努力，遵循"以人为本"的价值理念，按照"审判管理为中心，其他管理为保障"的基本原则，儋州法院对各项管理工作进行了整体系统设计，加强制度建设，目前已经建成了队伍管理、审判管理、司法政务管理三大类制度管理体系。队伍管理实行党组领导下的政工监察具体负责制、审判管理实行审判委员会领导下的立案庭具体负责制、行政管理实行院长办公会领导下的办公室负责制。这三大块管理工作的管理体系既相互独立、又相辅相成，有机统一，使法院队伍逐步实现以制度规范审判工作，以制度规范其他工作秩序的局面。

（一）构建以人为本队伍管理制度，发挥每个人的最大潜能

儋州法院积极探索在新的形势下对干警进行人性化管理的机制，处处体现以人为中心，尊重人的劳动，用"激励"手段调动每个人的积极性，搭建有利于每个人施展才能的平台。一是强化干警纪律作风教育和工作责任心教育，2006年出台了《关于干警八小时以外业余活动的指导性意见》，正确引导和规范干警业余生活，促进良好工作和生活作风，培养健康的生活情趣。又针对形势发展，结合实际，摸索和逐步推行对干警实行"人性化"管理方法，出台了《对干警进行人性化管理的实施意见》，完善相关管理措施。二是加大对现有人员培训、教育工作力度，提高人员素质，适时推行竞争上岗、建立优胜劣汰的用人机制，合理配置人力资源，充分调动现有人员工作的积极性和主动性。三是量才适用，对人员进行分类管理，将现有工作人员分为审判法官、执行法官、书记员、司法警察、司法行政管理人员五个序列，按照不同岗位明确岗位职责，按照目标管理责任考评办法对各类人员进行效能考核。四是院领导带头发挥"四个模范"作用。抓队伍先抓班子，把班子建设作为队伍建设前提，要求院党组成员成为团结协作的模范、公正司法的模范、廉洁自律的模范、勤政为民的模范。五是建立"五评一考"机制，即党风廉政目标责任制考评、业务目标考评、作风纪律查评、社会公众讲评、法官民主测评，适时组织业务知识考试，力求党风廉政建设和职业道德建设水平的不断提升。六是开展"六个一"活动，要求每位法官一年开好一个观摩庭、制作一份优秀法律文书、编写一个好案例、发表一篇好文章和考出一个好成绩、提出一个好建议。切实提高业务素质，增强司法执行能力。

（二）注重审判管理制度的建立，确保各项审判工作公正高效进行

一是建立案件调解的激励机制。2004年初制定了《关于调解案件的奖罚办法》，规定各类案件的调解指标，并根据各庭、各审判员完成任务指标情况，实行奖优罚劣，并在审判实践中不断完善，这一规定的实施，极大地推动了案件调解工作的向前发展，取得了较好的成效。自2004年以来，民事案件的调解率达到了50%以上，尤其是基层人民法庭的案件调解工作尤为突出，三个法庭案件的调解率达到了70%以上。

二是院领导带头办案。2005年初，制定了相关规定，规定院里所有适用普通程序审理的案件，一律由院长、副院长、其他审判委员会委员、庭长担任审判长，并规定了各人的办案数量指标。这一规定的出台落实，对确保案件的质量起到很好的作用。

三是继续推行公开审判。除继续加大案件开庭前公告以及有关公开听证等制度的落实外，2003年，出台相关规定，大力推行当庭宣判，目前，判决结案的案件当庭宣判率基本保持在60%左右。当庭宣判制度的进一步完善，大大提高案件审判的透明度，达到了以公开促公正的效果。

四是建立和完善案件审判流程监督管理。2004年制定出台了《案件审判流程管理规则》，审判流程管理分立案、送达、预审、排期、结案、归档等

六个环节，由立案庭对各类案件审判进行流程跟踪，统一协调管理，杜绝案件超审限情况，同时加大局域网建设，自行建立了案件管理查询数据库，案件从立案就录入数据库，案件审理的各个阶段，都能从网上查询，便于对案件审理实时进行监督，由原来的静态管理转变为动态管理，便于及时发现并纠正问题，督促案件及时审理和执行，确保案件审理和执行的效率。

五是坚持院长办信访制度。院领导通过信访渠道，及时发现案件审理或执行中的问题并及时纠正处理，确保案件得到公正及时的审理和执行。2006年出台了《信访工作处理办法》，对信访工作进行流程管理，明确责任，各司其职，实行首访责任制度、院长接待听证制度、判后释明制度，继续坚持法官下访的好做法，对信访件的登记、归类、督办由立案庭负责，并实行一个口对外，由立案庭统一负责信访件的答复工作，切实做到"来访必答，来信必复"。

（三）构建以检查制度为特色的司法政务管理制度，督促保障各项措施的落实

为了确保各项制度落到实处，采取以定期检查和不定期抽查制度为特色的司法政务管理制度，为配合检查抽查制度的实施，保障政令畅通、制度落实，实行院长办公会领导下的办公室负责制，负责全院各项后勤工作的保障和落实。建立值班、车辆管理、考勤、印章管理、档案保密管理、财务后勤管理等制度，规范办公秩序、环境秩序、生活秩序；从推进智能化办公入手，推进办公自动化进程；从强化值班管理和应急管理入手，确保信息渠道畅通；搞好后勤保障服务工作；加强内外协调，自觉接受党委领导和人大监督，加强与领导机关、监督机关和相关机关的沟通协调，为法院工作创造良好的外部环境。以定期检查和不定期抽查制度为特色的司法政务管理制度，使得全院事事有人管，物尽其用，人尽其才，初步形成了行为规范、和谐有序、高效廉洁、内在互动、整体推进的法院发展新态势。

洋浦部分

第一篇　洋浦经济

第一章　洋浦经济开发区发展概况与发展优势

第一节　洋浦发展状况

洋浦经济开发区自1992年3月批准设立以来，经历了风风雨雨，由于种种原因，开发区的功能定位一直不够清晰，产业方向不够明确，发展规划多次调整，土地开发成本过高，基础设施不完善，因而一直未能得到全面开发。近几年由于开发思路逐步明晰，发展方向基本明确，工作走向正轨，开发速度明显加快。现在，区内在建和投产工业项目近30个。2007年，该区实现GDP 74.2亿元，工业总产值417.4亿元，港口吞吐量2351万吨（见表1-1）。区内浆纸、油气化工、电力等主导产业的雏形初步形成，经济正呈加速发展态势。

表1-1　2007年洋浦经济开发区主要经济社会指标

项目	指标	项目	指标
年底总人口（人）	46121	港口吞吐量（万吨）	2351
地区生产总值（亿元）	74.2	全口径财政收入（亿元）	73.03
工业总产值（亿元）	417.4	地方财政收入（亿元）	8.61
社会固定资产投资（亿元）	29.75	财政支出	8.76
招商引资（亿元）	52.00	城乡居民储蓄年末存款余额（亿元）	10.22
进出口总额（亿美元）	43.29	人均储蓄余额（元）	22159.10

资料来源：洋浦经济开发区管理局提供。

目前区内投资上亿元的项目有：一是由印度尼西亚金光集团投资建设的100万吨木浆项目，占地6000亩，总投资额102亿元人民币，建设两条世界上规模最大、技术最先进的单一制浆生产线，采用先进的生产工艺和高标准的环保措施，污染治理达到或优于国家一级排放标准。2005年销售收入30亿元，税收1.5亿元。2006年完成技改，将产能提高到132万吨。二是由中国石化（SINOPEC）海南炼油化工有限公司投资建设的800万吨炼油项目，占地3750亩，总投资额116亿元人民币。于2006年9月全面建成投产。年销售收入250亿元，工业增加值43亿元，税收22亿元。三是中国海洋石油总公司（CNOOC）控股的洋浦发电厂，经过技术改造，总装机容量达到44万千瓦，年发电量16亿~18亿度，额定效率提高50%，达到当前国际先进水平。四是由海口农工贸（罗牛山）股份有限公司控股建设的面粉加工厂，总投资额8.6亿元，年加工小麦50万吨。首期已投资1.3亿元，年加工小麦10万吨。五是中国石化（SINOPEC）海南炼油化工有限公司与上海嘉盛企业集团投资的8万吨苯乙烯项目于2006年11月建成投产。此外，金华海物流仓储、5万吨粮食储备库项目正在建设之中；300万吨混合燃料、18万吨特种油品基础油项目等一批石化产业链项目即将开工建设。海南椰岛股份有限公司投资的变性淀粉加工、丰华精密机械有限公司投资的精密机械加工、香港导峰制衣厂有限公司投资的大型服装厂等一批较大型项目运行正常。金光纸业（中国）投资有限公司投资建设的160万吨造纸项目全面施工。此外正在积极推进的项目还有：10万吨聚苯乙烯，300万吨LNG，100万吨乙烯，1000万立方米石油储备、海洋工程船修造等。

第二节 洋浦经济开发区的发展优势

洋浦经济开发区作为海南省的国家级开发区，具有建设大型临海资源型工业基地的诸多优势，具体表现在以下几方面。

一 优越的区位优势

洋浦地处海南西部工业走廊中间地带，紧连华南、西南，是通向东南亚的要冲，紧靠环球洲际航线，地理位置优越，具备大陆通往东盟各国乃至太平洋诸国要道的上佳区位条件。与泛珠三角其他港口相比，洋浦港与印度尼西亚、文莱等东盟著名石油、天然气生产出口大国隔海相望；距中东产油区海上航程最短，是我国经马六甲海峡进口原油的最近和最理想的靠岸点。

二 独特的政策优势

洋浦经济开发区是中国唯一享受保税区政策的国家级经济开发区。为了促进洋浦开发，国务院在产业、金融、土地、投资、税收、通关等方面赋予洋浦全国独有的特区、开发区、保税区、优惠政策。并且区内批准设立了开放层次更高、功能更齐全、政策更优惠的保税港区，政策优势十分突出。经国务院批准，洋浦土地开发模式由外商主导开发转变为政府主导开发，为加快完善洋浦投资环境创造了条件。

三　丰富的资源优势

洋浦半岛附近资源丰富。有储量相当丰富的石油天然气资源及海洋资源，距洋浦 200～300 公里的南海莺歌海盆地，现已探明天然气储存总量约 6000 亿立方米，2005 年洋浦周边地区天然气生产能力达到 60 亿立方米，2010 年将达到 187 亿立方米，2015 年将达到 257 亿立方米。整个南海的石油地质储量大致在 230 亿～300 亿吨之间，约占中国总资源量的 1/3，是世界四大海洋油气聚集中心之一，被称为"第二个波斯湾"。南海也是中国可燃冰储量最丰富的地区，初步勘测结果表明，仅南海北部的可燃冰储量就已达到我国陆上石油总量的一半左右，在西沙海槽已初步圈出可燃冰分布面积为 5242 平方公里，其资源量估计达 4.1 万亿立方米。按成矿条件推测，整个南海的可燃冰的资源量相当于我国常规油气资源量的一半。洋浦是最有条件利用近海石油天然气资源发展石油天然气工业的区域之一。这里还有丰富的盐和钛矿资源，开发石化工业、盐化工、钛工业前景广阔。在洋浦邻近地区，还有储量可观的褐煤、油页岩、优质石英砂、石矿等，石英砂资源，储量就达 8300 万吨。具备提供能源和发展建材工业的理想条件。

四　港口优势

洋浦半岛是海南最大的半岛，面积有 350 多平方公里，海岸线曲折，长约 150 公里，港湾深阔，深水岸线 70 多公里，风平浪静，不聚泥沙，具备亚洲地区少有的大型深水港口建设条件，被专家视作"中国少有、世界难得"的天然良港。可建 1 万～30 万吨码头泊位 100 多个。洋浦湾内平均水深 11 米，最深处达 24.6 米。3 万吨级船舶可不受潮水影响自由进出。洋浦具有海南岛最好的深水良港和发展大型临海工业的条件。现已建成 30 万吨原油码头在内的 1 万～30 万吨码头泊位 14 个，形成了多功能的港口群。

五　适宜开发的土地优势

洋浦半岛腹地纵深开阔，人口稀疏，土地贫瘠，基本不宜农耕，岩石基底却适合工业开发。开发区规划的69平方公里土地基本上为荒地，有广阔的建设用地发展空间；洋浦半岛地势平坦，由"湛江群"黏土、砂质垆姆、玄武岩和石英砂构成的地质，标高适当，基岩裸露，地基稳固，具有较高的建筑承载力。适宜发展大型工业，是理想的工业用地。

六　充足的水源保障

洋浦开发区靠近海南省最大的水库——松涛水库。松涛水库至洋浦的输水工程已经建成。此外，洋浦周边还有春江水库等，可扩容至上亿立方米作为补充水资源，充裕的淡水资源为洋浦开发区生产及生活的长远发展提供了充分保障。

七　较大的环境容量

洋浦半岛三面环海，又地处海南岛主导风向（东东北、东东南）的末端，各种工业污染易于控制与处理，环境代价低，环境保护的投资成本小，对海南热带农业资源和旅游资源的开发影响轻微，对周边地区及海南全岛环境的影响较小，宜于集中发展工业。

八　产业优势

开发区已建成800万吨炼油、100万吨木浆、86万千瓦电厂及8万吨苯乙烯等项目；正在建设160万吨文化用纸、20万吨卫生纸等项目。即将开工建设的项目有10万吨聚苯乙烯、18万吨基础油等；正在推进的项目有300万吨LNG、1000万立方石油商业储备、100万吨乙烯、150万吨烯烃、60万吨PX、90万吨PTA、30万吨乙醇、30万吨醋酸。目前，以浆纸及纸制品，油气化工，石油储备，港口物流等为主导的产业框架体系基本形成，发展潜力巨大。油气化工产业是形成原油储备中转基地的可靠产业依托，随着800万吨的炼油项目投产，一大批设计生产规模在我国位居前列的后续化工项目陆续落户洋浦，洋浦有望成为南中国最大的油气化工加工、交易和集散的基地。

九　政治优势

洋浦经济开发区是邓小平同志批示决策的，几代国家领导人对洋浦开发建设十分关心和重视。尽管1996年之后因为种种原因，洋浦的开发从高潮陷入了低谷，但洋浦渴望腾飞的梦想并无丝毫改变，中央高层领导对于洋浦的关注和支持也没有丝毫改变，胡锦涛、江泽民、温家宝、朱镕基、吴仪、李克强等国家领导人都曾经到过洋浦考察和指导工作，并在洋浦发展的关键问题上给予了最大支持。2008年4月，国家主席胡锦涛在到洋浦考察工作时更是对洋浦这些年来的发展给予了高度肯定，并对洋浦未来的发展寄予了更高的期望。他殷切期望洋浦一定要抓住推进泛北部湾区域经济合作和设立洋浦保税港区带来的重大机遇，继续拼搏进取，努力把洋浦港建设得更好。要大力拓展对内对外开放的广度和深度，以洋浦经济开发区为龙头，努力打造面向东南亚的航运枢纽、物流中心和出口加工基地。

对于洋浦这个"特区中的特区"的发展，海南省委省政府更是倾注了心血。现任海南省委书记卫留成、省长罗保铭曾多次前往洋浦调研并现场办公。卫留成指出，洋浦是天然深水良港，不仅能辐射华南还可以辐射东南亚地区，最重要的是它位处国际主航道，具有建设保税港区的先天优势。对此，省委省政府还将进一步加大对洋浦的投入，积极推进洋浦的基础设施建设，让它真正成为海南经济建设的龙头，成为海南最开放的地区。罗保铭则在多个场合强调，洋浦是特区中的"特区"，是海南发展的"重中之重"，几代中央领导人对洋浦发展都非常关切。近几年来，洋浦重现生机和活力，中央和省里对洋浦发展寄予厚望。洋浦要抓住机遇，乘势而上，实现邓小平建设好洋浦的夙愿。

第二章 洋浦开发区产业发展规划

第一节 洋浦经济开发区发展思路的演变轨迹

一 洋浦经济开发区发展思路的演变

（一）最初以外商成片开发为主

1989年，海南省委、省政府将洋浦规划为港口工业城市，改革开放总设计师邓小平同志亲自批示，1992年3月，国务院批准洋浦设立国家级经济开发区。1993年3月海南省人民政府正式批准洋浦经济开发区总体规划，拉开了洋浦开发建设的序幕。洋浦的开发最初以外商成片开发为主。洋浦开发区从一开始就同时享有特区、保税区、开发区、高新技术园区各项优惠政策，被称为我国"改革开放的试验田"。1994年以后，由于受东南亚金融危机及国内多方面因素的影响，洋浦经济开发区吸引国内外大财团投资的计划受阻，在较长的一段时间里，洋浦经济开发区招商引资工作没有取得大的进展，区内显得十分冷清。洋浦的开发建设从高潮陷入了低谷甚至曾一度陷入停止发展的边缘，洋浦开发随之进入长达十年的"冬眠"状态。

（二）2005年开发转为政府主导

洋浦由于远离商品消费市场、产业配套落后的自身劣势，加上过去开发定位不当，曾错过了一些发展机会。十几年来，尽管洋浦一度沉寂低迷，但海南省并没有放弃对它的开发。2002年以后海南省政府总结了洋浦前10年发展过程中的经验教训，及时调整发展思路，由原来"外商成片开发"向"政府主导开发"转变。"主权"掌握在政府手中，由政府控股，招商引资的主动权也从长期由境外公司掌控变成开发区自己说了算。根据海南省委、省政府关于"一省两地"和"南北带动、两翼推进、发展周边、扶持中间"的经济发展战略，洋浦的地位举足轻重，承担着海南第二产业发展的重任，洋浦将发展成为海南省重要的新兴工业基地。政府主导下的"洋浦"充分利用洋浦临近国际航道、拥有可容纳30万吨级货轮的近岸深港以及靠近南海油气资源的优势和洋浦各种优惠政策进行招商引资，积极推进依靠大企业和大项目的带动来促进洋浦发展的战略，使沉寂多年的洋浦重新焕发了生机活力。引进的大项目相继上马，社会经济的发展呈现出令人惊喜的好局面。凭借优越的港口、市政基础设施和土地资源条件，近年来，一批资源、能源加工型和具有较强区域辐射带动作用的大型龙头工业项目纷纷落户洋浦，逐渐形成了造纸和石化工业等优势产业。洋浦发展到今天，开发途径本身的力量在发生变化，开发区内的社会事物和公共事务变得越来越复杂，重要性也更加突出，比如涉及居民的各种利益，涉及企业与企业之间的利益协调，如果仍然由外资控股的开发企业来主导开发，在协调公共事务方面就缺乏一根有力的"杠杆"，通过政府主导，利用各种政策资源、经济资源协调方方面面的关系，系统地解决问题对于目前的洋浦显得非常迫切。

（三）目标由工业区向综合性城市区域发展

规划专家对洋浦的区域发展阶段演变进行了预测，认为按照工业化带动城市化的一般规律，洋浦将经历一个由工业区向综合性城市区域发展演变的过程，具体分为3个阶段：2004~2010年为工业启动阶段，发展重点是创造一切条件引进大型工业；2011~2015年为全面发展阶段，形成优势产业，基本完成从自身单纯的工业区带动周边区域向港口工业城市的演变；2016~2020年为成型阶段，洋浦最终发展成为以外向型工业和出口加工工业为主体的滨海港口城市。

二 洋浦开发区产业结构调整取得的成效

（一）基础设施不断改善

开发模式转变，实行政府控股，等于为洋浦经济开发区安装了新的引擎。如今的洋浦：区内主干道路四通八达；从松涛水库铺设54公里管道，建成了日供25万吨的供水工程，并建成了日处理5万吨的自来水厂；年供气16亿立方米的天然气输气管道已经开通，并为电厂、浆纸厂等项目供气；20平方公里长的排水、排污地下主管网框架已基本形成，大型项目排污系统已建成并投入使用；区内电厂总装机容量达86万千瓦。

（二）大项目带动大发展

2005年3月28日，金海浆纸厂100万吨木浆项目正式投产，打破了洋浦多年来的沉寂。4月26日，洋浦炼油化工产业链的第一个项目——海南实华嘉盛化工有限公司8万吨/年催化干气制苯乙烯项目举行了开工奠基仪式。业内人士分析，项目投产后年销售收入可达10亿元。

（三）经济总量不断加大

2004~2006年的三年间，洋浦地区生产总值从19亿多元人民币一跃达到74亿元人民币，而进出口贸易总额则由原来的4.7亿美元增长为40多亿美元。

第二节 洋浦经济开发区产业发展规划

一 洋浦经济开发区发展的机遇

随着中国与东盟"10+1"自由贸易区（CAFTA）进程的推进，南海油气资源开发速度加快以及洋浦保税港区的设立，洋浦迎来了历史性的发展机遇。

（一）从国际环境看洋浦经济开发区发展的机遇

一是世界经济复苏和结构调整的步伐加快与国际直接投资的流动进一步加速。世界经济将进入新一轮黄金发展周期，国际直接投资新一轮高峰将来临。以跨国投资为主导的新一轮国际产业结构调整，更多表现出高科技含量、高附加值的制造及研发环节转移和服务外包的新趋势。洋浦应当抓住这一机遇加强引进外资工作。

二是中国与东盟区域经济一体化的趋势进一步加强。2004年中国与东盟已签署货物贸易协议及争端解决机制协议，2005年开始全面启动降税进程，双方大部分产品的关税将于2010年降到零，中国—东盟"10+1"自由贸易区2010年将全面建成。洋浦与东盟国家隔海相望，属于经济地理学上所谓的"一日区"，这为洋浦发展与东盟的贸易和物流提供了便利条件。

（二）从国内环境看洋浦经济开发区发展的机遇

一是我国加入WTO结束过渡期，对外开放的限制措施将大部分被取消，外商在服务贸易等领域的投资将大幅增长。通过创建与国际接轨的投资环境，吸引更多国际跨国公司投资洋浦。

二是泛珠三角区域合作向纵深发展，将在能源、交通、基础设施、产业与投资、商务与贸易、旅游等10个领域进行合作，将为洋浦开辟广阔的市场腹地。

三是我国已经进入工业化发展的中级阶段，对油气化工、浆纸等能源、原材料产品需求巨大。由于受土地、交通、水资源、环境容量等因素影响，珠三角、长三角和环渤海湾地区发展大规模能源、资源型加工产业受到一定限制，为洋浦承接优势产业、发展新型临海工业提供了千载难逢的机遇。

四是区内已建设100万吨木浆、800万吨炼油、燃气电厂等大型龙头项目，为洋浦发展油气及油气化工、林浆纸一体化产业集群创造了现实机遇。

五是经国务院批准，洋浦土地开发模式已由外商主导开发转变为政府主导开发，为完善洋浦投资环境提供了重要机遇。

六是国家把南海油气开发作为重要发展战略，也为洋浦发展油气及油气化工提供了历史机遇。

二 洋浦经济开发区的发展战略

贯彻科学发展观，发挥洋浦比较优势，找准目前与未来制约我国经济发展的"瓶颈"和国际经济走势，确定"两步走"发展战略。

第一步，利用国际、国内两种资源，大力发展能源、资源型加工工业，把洋浦建设成为我国重要的进口替代加工基地和区域性保税物流中心。

第二步，进一步延伸产业链，打造若干产业集群，发展高新技术产业，开拓国际市场，最终把洋浦经济开发区建设成为我国重要的出口加工基地和面向东南亚、连接环北部湾、背靠华南腹地的国际航运中心与国际物流中心。

三 洋浦经济开发区的产业定位

在中国当前全方位改革开放的格局下，洋浦经济开发区原来所享有的政策优势已经弱化，根据中央领导关于海南"进一步深化改革，扩大开放，带动海南发展，构建具有海南特色的经济结构和更具活力的体制机制"的指示精神，洋浦作为特区中的特区，其在海南改革开放中的特殊作用和地位得到新一届省委省政府的高度重视，并作出了一系列重大决策，洋浦开发区确立新的发展定位。

洋浦经济开发区的产业定位为：具有一定国际竞争优势的石油化工基地、石油商业储备基地、林浆纸一体化产业基地，面向东南亚、连接北部湾、背靠华南腹地区域性物流与航运中心的枢纽港。

（一）油气化工基地：包括炼油与石化、天然气发电、天然气化工、南海石油勘探开发支持基地

石油化工产业拥有丰富的产业链条和多层次的产品延伸，产品附加值和市场前景广阔，因此，洋浦工业区可以借助石油、天然气的发展大力发展石油化工业，利用空间距离短和规模聚集效应，形成以炼油为龙头、以精细化工为重点的多层次，具有产业延伸效应的，轻、重工业共同发展的化工基地。

南海勘探开发支持基地。根据国家南海发展战略，利用洋浦已有的产业基础和区位港口优势，争取把洋浦作为国家南海油气勘探开发支持基地，在这里生产开发南海所需要的海上钻井平台及其相应的配套机械、海底油气管道支架等，同时把洋浦作为南海开发所需各类机构设备的备品备件的存储基地。

洋浦天然气加工利用基地。2008年2月29日，海南洋浦天然气加工利用基地项目陆域形成工程开工。该项目是在洋浦神头角海域通过填海造陆，形成600亩的项目用地。工程包括护岸工程、港池航道工程、陆域填造配套码头和设施预留等四部分，2009年建成。该项目是海南省2008年的重点建设项目之一。项目由中海石油海南天然气有限公司投资建设，工程总投资1.6亿元。

（二）石油储备基地：包括石油商业储备、国家战略石油储备、石油中转交易

站在国家战略高度，从有利于推动我国参与国际石油资源利用合作，缓解我国经济快速增长与能源供应瓶颈的矛盾的角度出发，充分发挥洋浦区位、港口、政策及产业等综合优势，将洋浦建设成为中国南方重要的石油商业储备和战略储备基地。

进口液化天然气项目。筹建中的海南进口液化天然气项目可以满足海南省工业和城镇居民对天然气清洁能源不断增长的需求，对我省能源供应的稳定、能源结构的调整以及生态省建设都具有重大意义。

石油商业储备基地建设。2008年7月6日，国家开发投资公司的下属子公司国投交通公司与荷兰皇家孚宝集团在洋浦签约，共同建设原油码头及商业石油储备基地。此项目投资总额高达70亿元，计划建设拥有2个30万吨级、2个10万吨级、2个5万吨级泊位的公用原油及成品油码头和500万立方米规模的商业性质石油储备罐区。项目建成后主要是把中东的石油运到洋浦储藏，并供应中国及东南亚市场，洋浦将成为我国首个石油商业储备重要基地。此投资标志着海南省谋划已久的商业石油储备基地项目进入实质性实施阶段，同时，洋浦将成为全国拥有30万吨级原油码头最多的临港工业基地。

（三）浆纸一体化产业基地

以现有100万吨木浆、160万吨造纸为基础，进一步扩大生产规模，延伸产业链，形成拥有200万吨浆、200万吨纸、200万吨纸制品以及印刷包装业的产业群。

（四）区域性国际物流中心和航运中心

以保税港区为核心，将洋浦港逐步发展成为面向东南亚、连接北部湾、背靠华南腹地，以油气、化工品、浆纸为主的大宗液散货及集装箱运输的中转基地和南海油气资源开发支撑基地（见图2-1）；具有运输组织、保税仓储、国际采购、中转交易、临港工业、现代物流、通信信息、综合服务、国防安全和加工贸易等多功能、现代化、综合性的区域性国际枢纽港。

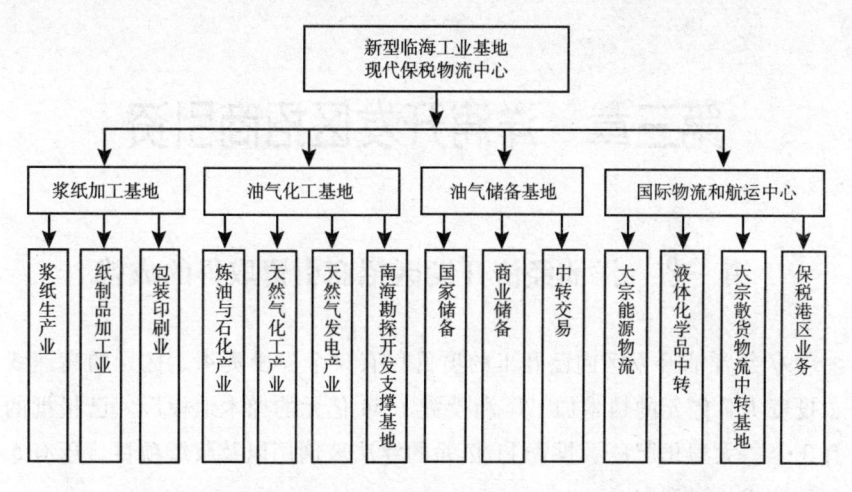

图 2-1 洋浦开发区总体发展和产业定位、产业布局示意图

四 产业发展方向

按照海南省委、省政府确定的"一港三基地"产业发展总体定位，并以此为基础，结合保税港区建设带来的新的发展机遇，洋浦管理局提出了未来产业扩展延伸方向，详见图 2-2。

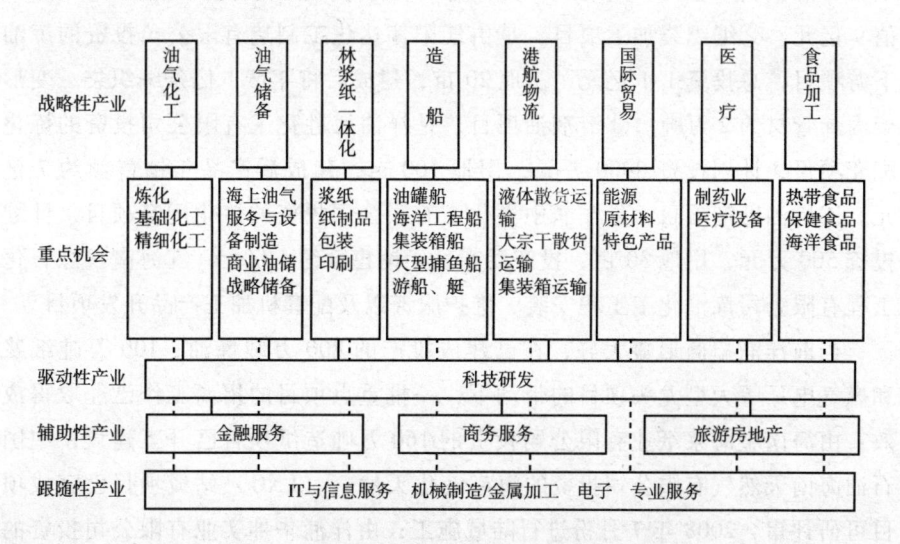

图 2-2 洋浦开发区未来产业扩展延伸方向图

第三章 洋浦开发区招商引资

第一节 洋浦经济开发区招商引资取得的成就

1997年洋浦开发区内已开工的项目只有3个：投资4.5亿元的高速线材厂、投资1.7亿元的精米加工厂和投资1.54亿元的橡木地板厂。已报批的项目有3个：大型化肥厂、投资11亿元的浮法玻璃厂以及浆纸项目。还有5个项目已达成投资意向。

2003年开发区投产项目已达近30个，在建项目近30个，洽谈项目近30个。

此后，开发区围绕石化产业展开的招商工作取得很大进展。2006年11月，先后引进的几个相关配套项目，总投资近5亿元。这几个项目包括：①润滑油基础油项目，是由海南汉地阳光石油化工有限公司投资的炼化下游项目，总投资3亿元，用地150亩，建成后将年产润滑油基础油18万吨，产值9亿元。②编织袋加工项目，是由辽阳伟达化工制造有限公司投资的炼油下游项目，总投资1.1亿元，占地20亩，建成后将年产1亿条编织袋、变形聚丙烯管材约2万吨。③溶剂油项目，是洋浦海胜化工有限公司投资的炼化配套项目，计划投资8000万元，用地100亩，建成后产品年销售额约7亿元。④炼油助剂项目，是洋浦中溢化工有限公司投资的炼化配套项目，计划投资500万元，用地30亩，投产后产品年销售额约5亿元。⑤海南长炼石化工程有限公司炼油化工工程安装、维护服务以及配套机加工产品开发项目。

当前洋浦招商形势大好，在已建成投产的800万吨炼油、100万吨纸浆和燃气电厂等大型龙头项目的带动下，一批重点项目的招商工作已经取得成效：由海南金海浆纸业有限公司投资的160万吨造纸项目已开工建设；中国石油海南天然气有限公司投资的海南液化天然气（LNG）站线项目已完成项目可研评审，2008年7月份进行陆域施工；由洋浦华坤实业有限公司投资的PTA项目已经备案核准，并取得了海南炼化PX项目原料供应的承诺。这些大项目的逐步推进，标志着洋浦招商引资工作正逐步转向产业链招商。

此外，已签订投资协议选址及开展前期准备的主要项目有：投资56亿元的300万吨液化天然气项目，开始实施填海工程；投资30亿元的60万吨PX项目，已上报国家发改委进入核准程序；投资400亿元的100万吨乙烯项目，已获国家发改委批准开展前期准备工作，省政府与中石化签订了投资合作协议。

第二节 洋浦招商工作的主要做法及成功经验

一 创新招商工作环境

洋浦的招商引资面临着各地争项目、争投资者、争人才、争资金的竞争态势，要求洋浦招商必须以创新的思维和工作方法来推进招商引资。在招商的切入点上，为了解决3万多居民的生活问题，洋浦招商局推出了洋浦新都工业园、洋浦台湾工业村、洋浦科技城，把容易起步，吸纳劳动力转移的企业先引进来，这是从洋浦的实际情况考虑的；在招商的战略上，实行"三结合三为主"，大小结合、以大为主，内外结合、以外为主，长短结合、以长为主；在招商的内容上，一方面引进工业项目，一方面引进属地的注册企业；在招商的手段上，把握洋浦的优势所在，把握投资者的心理需求，把握项目的可行程度，实行小分队招商、以商招商、盘活存量资产招商、各级领导招商；在招商的机构上，成立了招商局，在北京、上海、广州等地设立了9个招商联络处。通过创新招商工作环境，对外开放的领域更宽了，层次更深了，力度更大了。

二 发掘优惠政策环境

洋浦远离城市，市场狭小，如果没有优惠政策，企业进不来，留不住，长不大。国务院给了洋浦享受保税区政策的优惠，尤其是省政府1999年出台了发布洋浦优惠政策的54号文件，含金量很高。优惠政策是稀缺要素，难得的资源，关键在于操作和运用。在贯彻落实优惠政策的过程中，洋浦经济开发区少数部门单位对政策重视不够，研究得不深不透，少数干部对优惠政策似懂非懂，优惠政策变成一张废纸，实现不了企业与开发区的双赢。为此，在充分发掘运用洋浦的优惠政策上，洋浦经济开发区对全区的干部职工举办了一个星期的培训班，学习讨论优惠政策；每年都鼓励、表彰、奖励先进企业和纳税大户。大力推行"六个经营",即无费经营、低社会成本经营、区内保税经营、商贸企业属地经营、发展基金补偿经营、闲置房产5年免租经营。由于在用好政策方面做了一定的工作,到2003年,洋浦新增注册企业近2000家,其中包括中国石油管道总公司、中国海运集团、中国远洋航运集团、中国电力总公司等一批国字号企业。特别是年加工800万吨的炼油项目,很大程度上都是看中了洋浦的优惠政策。

三 营造生态建设环境

洋浦开发起了大早,赶了晚集,后发优势是生态环境。因此,开发区把建好生态环境作为重要的任务来抓。一是设立专门机构,与"两院"合作成立了生态建设办公室,组建了园林局和城市管理办公室,各办事处相应设置了城建科,全区有20多名专职人员抓生态环境建设。二是按建设生态型、花园式开发区的要求全面进行规划,两院特抽调出4名教授专家具体负责设计规划,建设关口的迎宾广场、2000亩地的椰林花园、海滨浴场、西海岸风景带、千年古盐田等景点,同时要求进区的企业绿化不能少于占地面积的40%,做到区中有园,区中有景。本着绿化"多品种、多景点、多厚度",美化"四季葱绿、鲜花盛开",净化"门前实行三包、家庭实行袋装垃圾、街道实行全日制18小时保洁、全区实行教育领先以罚为主"的做法进行建设。2000~2004年,全区成功种植了16万株树,铺草皮130万平方米,建设绿篱40公里,初步创出洋浦的生态品牌。三是加强对生态环境管理的力度,购置了6部洒水车、4部垃圾车,开办了3期学制2年的园艺大专班,培养近百人生态管理专业人员,组织近300人的专业管理队伍,专门从事绿化建设管理。

四 完善基础设施

洋浦的基础设施得到中央和省的高度关注和支持,已经投入68亿元进行高标准的基础设施建设,供气、供水、供电、道路、港口等基础及配套设施日渐完善。为了加快洋浦经济开发区建设,省委、省政府对洋浦的开发主体实施两次重组,2007年实现了政府主导开发的重大转变,并设立省属国有企业——洋浦控股公司,承担洋浦经济开发区基础设施和配套项目的建设。该公司在省委、省政府的支持下融资100亿元,将在未来3~5年内,加快保税港区的基础设施建设及招商经营工作。除了省里投资,开发商也投入了一定的资金。经过多年的努力,现在基础设施建设与配套有了很大的改善。投资

7.9亿元的洋浦港二期3个3.5万吨级的泊位已交付使用；31平方公里的土地已平整完；54公里长的供水工程即将通水；30公里长的出口路已通车；日供水5万吨的自来水厂已经开工；区内7.9公里的天然气管道已经供气；投资15亿元的电厂油改气和余热发电工程正在进行；区内水泥道路达150公里；投资2亿元开通了6000门程控电话和1650条中继线。洋浦已经具备了大开发、大开放、大发展的良好条件。

五 改进投资服务环境

如今招商引资已到了投资者挑政府的时候了。哪个地方政府开明，服务良好，企业就往哪里走，资金就往哪里流。特别是在洋浦基础设施有待进一步完善的情况下，更要注重服务。在改进投资服务环境中，洋浦推出了四项工作制度：项目首谈负责制，重要项目信息报告制，一把手重大项目工作推进制，项目全程服务督察制。提高办事效率，对企业的注册登记、办理证件、兑现政策等方面做到能宽则宽，能免则免，能快则快；为企业排忧解难，对企业的用水、电力增容、排污、道路配套、产品销售、通关、检验检疫等方面做到有求必应；搞好大项目跟踪服务，成立协调领导小组，为保证浆纸项目顺利建设，在3个多月时间内搬迁了400多户，派出一部110警车，20多名干警维持建设工地的社会治安，坚决制止和处理少数人强买强卖、强行要工、干扰正常施工的行为，协调码头建设、造纸立项、征地用地、引水上游总干渠和东干渠改造加固。通过全民动员、全力以赴、全面推进，营造亲商、安商、富商的良好氛围。加强干部队伍建设，增强服务的自觉性，工委提出了弘扬改革者，支持创业者，鼓励开拓者，鞭挞空谈者，惩治腐败者，让肯干事、会干事、干成事的人有地位，受到普遍尊重，这为改善投资服务环境打下了坚实的组织基础。

六 创新招商机制

洋浦创立了中介招商的政策，通过委托或者与中介机构合作等方式，让专业的中介机构招商，洋浦支付其服务费用。2007年12月，中国石化协会组织了14家包括5家世界500强的企业前来洋浦考察和洽谈项目合作。2008年3月，香港印刷商业协会组织香港印刷企业20多家来洋浦考察印刷包装工业园。此外，洋浦还通过以商引商方式，即通过像金海浆纸、海南炼化这样的区内大企业，提供信息介绍其产业相关的下游企业，帮助政府将这些企业引进来。

第三节 洋浦经济开发区优惠政策

一 生产性企业投资优惠政策

(1) 投资开发区的生产性企业,适用15%的所得税率;从获利年度起,第1~2年免征企业所得税,第3~5年减半征收企业所得税。

(2) 对投资开发区的生产性企业,从开发区产业发展基金中给予一定额度的基金扶持,主要用于该企业内部的基本建设、技术开发、职工培训或扩大再生产的投入。

①对投资在30亿元以上的龙头项目、具有国际先进水平的高新技术项目和招收区内劳动力1000人以上的劳动密集型项目,享受如下优惠政策:自投产之日起五年内,按其实际缴纳的增值税地方留成(25%)部分和城建税、教育附加的全额给予基金扶持;从获利年度起,第3~10年内,按其缴纳企业所得税地方留成的全额给予基金扶持。

②对投资在10亿~30亿元的龙头项目、具有国内先进水平的高新技术项目和招收区内劳动力500~1000人的劳动密集型项目,享受如下优惠政策:自投产之日起五年内,按其实际缴纳的增值税地方留成(25%)部分的80%和城建税、教育附加的全额给予基金扶持;从获利年度起,第3~10年内,按其缴纳企业所得税地方留成的80%给予基金扶持。

③投资在3亿~10亿元人民币的龙头项目,享受如下优惠政策:自投产之日起五年内,按其实际缴纳的增值税地方留成(25%)部分的60%和城建税、教育附加的全额给予基金扶持;从获利年度起,第3~10年内,按其缴纳企业所得税地方留成的60%给予基金扶持。

④对符合国家产业政策,属于开发区主导产业和相关的配套产业类的项目,按其投资额大小,30亿元以上、10亿~30亿元、3亿~10亿元、3亿元以下的,经开发区管理局审核认定,自投产之日起4年内,分别按其缴纳的增值税地方留成(25%)部分的70%、60%、50%、40%和城建税、教育附加的全额给予基金扶持。从其获利年度起,第3~8年内,分别按其缴纳的企业所得税地方留成部分的80%、60%、50%、40%,给予基金扶持。

⑤对符合国家产业政策的其他项目,按其投资额大小,10亿元以上、3亿~10亿元、3亿元以下的,经管理局审核认定,自投产之日起3年内,分别按其缴纳的增值税地方留成(25%)部分的50%、40%、30%和城建税、

教育附加的全额给予基金扶持；从其获利年度起，第 3~5 年内，分别按其缴纳的企业所得税地方留成部分的 50%、40%、30%，给予基金扶持。

（3）对龙头项目、高新技术项目和劳动密集型项目给予一定比例的地价补贴。对投资在 30 亿元人民币以上的龙头项目、具有国际先进水平的高新技术项目的生产装置用地地价给予 50% 的补贴；对投资在 10 亿~30 亿元人民币的龙头项目、具有国内先进水平的高新技术项目的生产装置用地和开发区基础设施项目用地地价给予 30% 的补贴；对投资在 3 亿~10 亿元人民币的龙头项目的生产装置用地地价给予 10% 的补贴；上述地价的补贴从该项目提供地方财政可用收入起，按其提供的可用收入的 20% 逐年补贴，补足为止；对招收区内劳动力达到 1000 人以上的劳动密集型项目，购买土地的，实行生产装置用地地价给予 50% 的补贴优惠；租用土地的，合同期满后可根据承租方的要求续签合同，也可由管理局按原建设成本价折旧后的价值收购地上建筑物。

（4）对投资开发区的交通运输、物流企业和生产性企业，从投产之日起 5 年内，按所缴纳营业税的 50%，给予基金扶持。

（5）关于生产性企业进出口优惠政策：开发区内企业进口自用的生产、管理设备和合理数量自用的办公用品，免领进口许可证，免征关税和进口环节调节税；开发区内企业进口为生产出口产品所需要的原料、零配件，以及仓储货物和转口货物，予以保税；开发区内企业生产的产品出口免征出口关税。

二 服务业投资发展优惠政策

对区内第一家固定资产投资在 3000 万元以上经营商场的企业，固定资产投资在 5000 万元以上经营酒店的企业，固定资产投资在 5000 万元以上经营休闲、康体、娱乐业的企业，固定资产投资在 1 亿元以上经营宾馆的企业，自开业之日起 3 年内，分别按其缴纳的企业所得税地方留成部分、营业税、城建税及教育附加的 50%，给予基金扶持。对以上企业的项目用地地价给予 30% 的补贴，从该项目提供地方财政可用收入起，按其提供地方财政可用收入的 20% 逐年补贴，补足为止。

三 基础设施建设投资优惠政策

（1）对投资建设开发区基础设施的企业，经营期限在 15 年以上的，从获利年度起，第 1~5 年，免征企业所得税；第 6~10 年，减半征收企业所得税；投资建设开发区污水处理、垃圾处理和固体废弃物处理的企业，除享受上述优惠外，第 6～10 年内，按其缴纳企业所得税地方留成部分的 80%，给予基金扶持。自投产之日起 5 年内，按其缴纳的增值税地方留成（25%）部分的 80%，给予基金扶持。

（2）对第一家投资额在 1 亿元以上建设标准厂房和保税仓库的企业，第 1～5 年内，按其缴纳的营业税、城建税、教育附加、企业所得税地方留成部分的全额给予基金扶持；第 6～10 年内，按其缴纳的营业税、城建税、教育附加、企业所得税地方留成部分的 50% 给予基金扶持。5 年内，对投资总额的 70% 实行贴息。

四 金融政策

（1）开发区内企业经国家有关部门批准可向银行买卖外汇；区内保税和免税货物以外币计价结算，其他货物既可以外币计价结算，也可以人民币计价结算；外汇收入可以保留现汇，可以存入金融机构，也可以卖给区内指定的银行；经批准允许在区内外汇指定银行开设外汇账户。

（2）在区内从事出口加工贸易的企业，不实行银行保证金台账制度。

五 其他优惠政策

（1）开发区内工业企业生产设施建设和污水处理、垃圾处理、固体废弃物处理项目，免收报建费。

（2）对投资 3000 万元以上，在开发区内建设医院、学校等公益事业的项目，项目用地地价给予 50% 的补贴。

第四章 洋浦工业发展

第一节 洋浦工业经济发展现状及特点

随着海南省委、省政府"大企业进入，大项目带动"战略的实施，洋浦经济开发区充分利用自身优势，加快发展新型临海工业，迅速成为海南工业的重要发展极。

一 成为海南工业经济发展的"火车头"

2007年，洋浦的工业产值417.4亿元，与2006年相比增长184%，占全省40%，比2004年增长了35.5倍，洋浦用海南不足千分之一的陆地面积，创造了全省40%的工业总产值（见表4-1）。国内生产总值实现74亿元，开始位居海口、三亚之后。其中，海南炼化加工795.6万吨原油，完成工业总产值335.9亿元，比上年增长3倍，占规模以上工业总产值的80.5%；金海浆纸产浆118.2万吨，完成工业总产值62.4亿元，比上年增长22.6%，占规模以上工业总产值的14.9%。2007年洋浦规模以上工业产销率99.4%，比上年提高了3.8个百分点。规模以上工业完成增加值57.5亿元。1999~2007年，洋浦增幅连续9年都在两位数以上；其中2001~2007年，7年增幅始终位居全省各市县之首，最高达年增68.1%。成为名副其实的海南工业经济"火车头"。

表4-1 洋浦工业产值情况

单位：万元

年　份	2003	2004	2005	2006	2007
工业总产值	80611	114290	432883	1468401	4174486

资料来源：洋浦经济开发区。

二 新兴产业集群形成

形成油气化工为主导的产业。洋浦最大的主导产业集群为油气综合开发产业，具体包含炼油与石化产业，天然气发电产业，南海油气勘探开发支持基地，国际石油储存交易基地（包括商业储备、国家储备、石油易货）。在省委、省政府领导的亲自督促、跟踪服务下，目前，建成投产的项目有800万吨炼油、天然气发电和年输送容量达16亿立方米的海南东方市八所镇至洋浦天然气管道，成为洋浦发展工业的奠基性行业。

成为我国重要的资源加工基地。资源加工产业集群，具体包含浆纸与纸品产业、粮油食品加工业、高级玻璃制造业与特色出口加工业。目前，建成投产的项目有100万吨木浆、50万吨面粉加工厂，正在建设的项目有160万吨造纸、30万吨卫生纸项目。

800万吨炼油、100万吨纸浆、160万吨造纸、燃气电厂等大型龙头项目，是洋浦产业集群发展的坚实基础。

三 产业链不断延伸

2005年5月，洋浦炼油化工产业链中的首个下游产业项目——年产8万吨苯乙烯项目开工，该项目由海南实华嘉盛化工有限公司兴建，总投资3.05亿元，2006年6月与炼油项目同步建成，这是石油产业链延伸的开始。

2008年4月经国家发改委批复同意，海南省政府与中国石油化工股份有限总公司签订被称为海南工业的"一号项目"——100万吨乙烯项目的合作框架协议，项目落户洋浦经济开发区。项目预计投资超过300亿元，计划于2010年投资建设，预计2013年建成投产。2010年再兴建乙烯100万吨、PTA 60万吨、聚丙烯50万吨、苯乙烯28万吨等项目。乙烯是石油化工产业集群体系上的一个非常重要的节点，乙烯项目一旦建成，洋浦800万吨炼油厂就不再是一个"厂"的概念，它将会作为一个母体，通过乙烯衍生出一个长长的产业链，包括塑料制品、高级纺织原料、橡胶等产品，其衍生的产业链将带来至少2000多亿元的投资，整个产业链形成后，年产值可高达3000多亿元，是目前海南省年工业产值的3倍。这个项目的启动，意味着洋浦作为我国南部重要能源化工基地的战略地位得到确立。除了带动化工产业发展，乙烯项目还将促进航运业、物流业及其他配套产业的发展。

四 一批中小工业项目陆续竣工投产

2001年底前整个洋浦已投产的中小工业项目仅7个，到2007年中小工业项目竣工投产的中小工业项目有 20 多个。它们是椰风集团海马贡酒厂、新大岛镶木地板厂、格林柯尔制冷剂厂、深蓝食品有限公司海产品加工项目、日中天制药有限公司、伊人科技有限公司等。在洋浦经济开发区注册的企业截至 2003 年已经达到 1113 家。洋浦深圳科技工业园、温州民营工业园和洋浦科技城已全面启动。

第二节　洋浦工业快速发展的原因

一是海南省的石油加工与石油化工主要布局在洋浦经济开发区。海南省要把洋浦建成石油化工一体化产业基地，还要建设天然气发电产业、南海勘探开发支持基地、国际石油储备交易基地。

二是洋浦经济开发区的体制和政策优势，对国内外大企业参与油气化工产业建设发展也深具吸引力。国务院于 2007 年 9 月批准设立洋浦保税港区，政策优势也将进一步凸显。洋浦保税港区更加享受保税区、出口加工区等特殊开放区域的所有相关的优惠政策和功能，是我国迄今保税层次最高、政策最优惠、功能最齐全、手续最为简便、区位优势最明显的海关特殊监管区域。

三是中国经济的健康快速发展，对石油天然气、浆纸等能源、原材料产品的巨大需求，为洋浦发展油气化工、林浆纸一体化和石油储备为主导的新型临海工业开创美好前景。洋浦发展三大产业集群的基本出发点就是找准制约我国经济发展"瓶颈"，利用国内外资源加工生产国内紧缺的能源、原材料产品，以此替代进口，把洋浦发展成为资源进口替代基地。

四是洋浦经济开发区以园区化模式发展能源产业。建设油气化工产业园区，既可以实现规模化、集约化发展，迅速延伸产业链，形成产业集群，又可以统一建设油气管道，降低企业投入成本，还可以集中处理污水废气，防止污染环境，因此，园区化是当今国内外油气化工产业发展的趋势。洋浦发展油气化工产业，借鉴了上海石化产业园区、新加坡裕廊工业区的成功经验，首先强调的就是高起点进行园区建设，实行大企业进入、大项目带动的发展策略。2002 年，洋浦经济开发区以园区化模式发展能源产业，到 2008 年，中石化、中石油、中海油中国三大石油巨头，都已在洋浦建有大型油气化工产业项目，总投资超过 300 亿元。德国赢创集团、法国液化空气公司、荷兰 DSM 公司、挪威奥得费尔公司等著名跨国公司，也都已登陆洋浦，开发建设油气化工项目，以优化在中国的生产布局。

五是政府职能的转变。洋浦开发区努力打造"精干、高效、清廉、诚信"的服务型政府，为投资者提供一门受理、窗口互动的一站式的优质服务；拥有完整的口岸通关、两级司法及周到的金融服务，为企业投资开辟了绿色通道。特别是近年来，该区牢固树立"项目是开发区生命线"的发展理念，利用珠洽会、海洽会等平台，加强区域合作，加大招商引资力度和项目的落实，一批较大项目相继在区内外生根开花。

六是洋浦开发区明确的产业定位。"一港三基地"。面向东南亚、连接北部湾、背靠华南腹地的区域性物流和航运中心，石油化工基地、石油商业储备基地、林浆纸一体化产业基地，为洋浦的发展明确了方向；经国务院批准，洋浦开发模式由外商主导开发转变为政府主导开发，为洋浦的发展起到推动作用。

第五章 洋浦港口贸易发展

第一节 洋浦港口贸易发展现状

洋浦港是国家一类对外开放口岸。有海南炼化的两个专用码头和金海浆纸专用码头。国投洋浦港现有6个泊位，其中一期工程拥有2个2万吨级多用途深水泊位和一个3000吨级工作船泊位，二期工程续建2个3.5万吨级多用途泊位和1个3.5万吨级集装箱专用泊位。

一 海南炼化专用码头

2007年海南炼化30万吨级原油码头、10万吨级成品油码头完成货物吞吐量1533万吨，同比增长275.5%。

主要货种有原油834万吨（其中外贸进港745万吨）；成品油654万吨（其中外贸出港65万吨），主要货种有汽油、柴油、航煤、聚丙烯等；液化气、天然气及制品45万吨。

其中外贸主要是原油进口，来源于中东阿曼、阿联酋；成品油主要是内贸，运往广东、广西、海南等地。

二 金海浆纸专用码头

2007年金海浆纸专用码头完成货物吞吐量395.29万吨，同比增长115.5%；主要货种为木片120万吨、原木113万吨、浆成品和长纤浆114万吨。其中外贸量139.82万吨（主要为木片及原木），同比增长61.52%。

其中进港的木片和原木，主要来自越南、印度尼西亚，内贸货物主要来自广东、广西；出港的浆成品，主要运往上海、天津、广东和山东等地；长纤浆主要出口到瑞典、加拿大、美国，内贸则主要运往广东。

三 国投洋浦港码头

国投洋浦港有限公司于1997年6月20日正式成立。主要从事码头、其他港口设施、货物装卸、驳运、仓储、港口拖轮等的经营。截至 2007 年底，公司资产总值为 11.4 亿元人民币，在册员工 700 多人。现有泊位 8 个，最大泊位为 5 万吨级，设计年通过能力为 760 万吨/年，实际吞吐能力将超过 1000 万吨。库场面积 54.6 万平方米。港机百余台，拖轮 2 艘。

第二节 洋浦港口贸易发展的特点

近年来，随着洋浦开发区经济的快速发展，洋浦港航物流产业迅猛发展并呈现出新的特点。

一 港口吞吐量呈快速增长态势

洋浦港口自 1990 年正式投入营运后，因受货源不足影响，一直未能充分发挥其应有的经济效益，连年亏损。2000 年以前，洋浦港年货物吞吐量一直在 50 万吨左右徘徊。2003 年，随着金海浆纸等特大型工业项目的开工建设，带来了物流的增长，洋浦港当年货物吞吐量上升到了 110 万吨。2004 年，这一数字又翻了一番，达到 217 万吨，洋浦港首次扭亏为盈。1990～2001 年该港集装箱吞吐量总量仅为 1690 个标箱，2007 年上半年，洋浦港集装箱吞吐量已达 10474 个标箱，半年的时间首次突破万箱大关，创建港 12 年以来的历史新高。2007 年港口吞吐量完成 2356 万吨，同比增长 132%；外贸吞吐量完成 1109 万吨，同比增长 126.8%；集装箱量及其重量分别为 11.43 万标箱、120.59 万吨，同比分别增长 37.7%、31%；洋浦港占全省港口吞吐量的比重为 32.14%，同比提高了 13.49 个百分点，拉动全省港口吞吐量增长 24.6 个百分点。洋浦港连续 4 年港口吞吐量、集装箱量成倍增长，已成为海南第一大货运港。

二 进出洋浦港的货物种类不断增多

2007 年洋浦港主要货种有：液体散货（原油、成品油、液化气、天然气及制品）、干散货（煤炭及制品、白糖、金属矿石）、件杂货（木材）、集装箱以及大型投资企业的进口设备等。

三 集装箱国内航线以广州航线为主，国际航线以东南亚为主

从主要的集装箱航线来看，珠三角经济快速发展，广州航线集装箱吞吐量占了 81.9%，装箱的货物有纸、浆包、白糖、聚丙烯等货物。虽然有定期的香港航线，但进出香港的货物不多，都是驳船。

由于洋浦港毗连东南亚，目前国投洋浦港国际航线吞吐量主要有东南亚的菲律宾、越南，占到国际航线的 90.6%，主要的货物有煤炭、金属矿石，国际航线比较集中。另外，还从澳大利亚航线进口工业盐。

第三节 洋浦港口贸易快速发展的原因

一 洋浦开发的拉动

洋浦港吞吐量的快速增长，得益于海南省"大企业进入，大项目带动"发展战略在洋浦经济开发区的成功实施。洋浦港腹地内自然资源丰富，条件好。2005 年洋浦开发区工业升温促进了港口物流的快速发展。随着金海浆纸、中国石油海南炼化、儋州永航不锈钢等项目开工及建设，航运需求日益增大，大量木片、原木、机械设备、集装箱等货物通过洋浦港进入开发区，部分造纸用浆品、规格木等货物通过集装箱装箱经洋浦港运往各地，使洋浦港货物吞吐量成倍增长。

二 洋浦独特的港口资源优势

洋浦港第一、第二期工程已建成 2 个 2 万吨级、3 个 3.5 万吨级泊位和 1 个 3000 吨级工作船泊位，仓库、堆场总面积达 31 万平方米，吞吐设计能力为货物 220 万吨、集装箱 20 万 TEU（标准箱）。该港拥有先进的港机设备近 200 台，扩大了港口吞吐能力。

三 企业的改革创新

拉动洋浦港生产成倍增长的另一个因素是该港狠抓生产管理，全面运行计算机管理系统，改进干散货装卸工艺，增加门机、装载机等设备，积极推动绩效管理，使装卸效率不断提高。

（一）加强生产管理

为缩短船舶在港时间，提高货船装卸速度，该港加强现场生产管理，增添作业设备，改进干散货装卸工艺。金海浆纸厂大量原木、切片、煤炭等干散货陆续进港，为提高卸船速度，该港通过改进装卸工艺和作业流程，增加 3 台门机及其他辅助设备，采用门机、抓斗至堆再至人力装筐，原木卸船平均每个工班效率从 100 吨提高到 300 吨，最高达 588 吨。国投洋浦港有限公司还强化港口生产现场管理。公司领导每天到生产现场检查指导，解决船舶装卸过程中的各种问题。2005年该港船舶平均每装卸千吨在港时间由1997年的0.63天减至0.31天，下降了42%。装卸工人劳动生产率从1997年的639.8吨/人增加到882.8吨/人，同比增长38%。全员劳动生产率同比增长136.5%。

（二）提高服务质量

为了加快港口生产信息的传递，提高服务速度，洋浦港在2004年6月投入500多万元建立起计算机管理OA办公自动化系统、设备管理系统、财务系统和人力资源系统，实现了生产管理的信息化、自动化、流程化。与此同时港口还与中国网通合作建立港口通信工程，该通信系统共有1300对主干线，交换机组先进的综合接入系统，使港口通信设施提高了一个档次。服务质量的提升，赢得广大船东、货主的依赖，到港船舶与日俱增。

（三）强化内部绩效管理

为实现扭亏为盈目标，面对冗员严重、生产效率低、管理不规范的状况，港口强化绩效管理。先后进行了3次人事改革。1997年定编数1020个，1998年减为804个，2003年减为593个。公司实行全员劳动合同制，通过设立岗位，转变员工就业观念，妥善解决了员工出路问题。实行员工绩效管理，绩效考核的内容包括工作任务目标（工作的完成情况）和能力目标，评估人按工作的繁简度、任务完成情况以及所付出的努力给被评估人打分，评估结果分为优、良、中、较差、差五个等级，评估人工资与绩效考核结果挂钩。由于责任明确，员工的积极性更强。装卸工人的装卸工时效率从1997年的9.8吨增加到2005年的51.7吨。现代企业经营机制及管理体制建立和完善，增强企业的凝聚力和向心力，提高企业生产管理水平，降低生产成本。使企业的生产管理水平显著提高，每吞吐吨综合成本几年来下降了30%，2004年职工年平均收入比1997年增长50%以上，营业收入是1997年的3.3倍，摘掉了连年亏损的帽子。

（四）重视制度建设

有制度才有规范，有规范才有良好的服务，货主满意才有效益。洋浦港的管理制度原来比较零乱，不完整不严密，经常给公司造成大的损失。洋浦港自从公司制度委员会成立后，已经制定、修订和完善了40多项制度，涉及财务、采购、人事等11个大项。完善的制度让员工树立了牢固的制度观念，员工每做一件事，首先考虑的是是否有相关制度规定。严格的制度建设给洋浦港带来了变化，管理成本一降再降，1997~2005年每千吨吞吐量装卸成本减少了169.2%。洋浦港已与国内各大港口和世界20多个国家和地区通航，并开通了洋浦至香港、洋浦至黄浦、洋浦至北方各大港口三条集装箱定期班轮航线。

第六章　洋浦财政与金融

第一节　洋浦开发区财政经济的发展

一　财政经济的运行情况

十年来，洋浦财政走过了一条曲折的道路。从最初的一穷二白到2007年全口径财政收入70亿元，从"保吃饭、保运转"到"成片投入基础设施建设、保民生、促和谐"，财政状况发生了翻天覆地的变化。现今的洋浦财政收入连年跨越性增长；同时支出结构进一步优化，重点支出得到了保障；区内"一港三基地"的产业发展模式显露雏形，抵御宏观经济风险能力不断增强，有效地促进了地方经济和各项事业的持续、健康、快速发展。

（一）财政收入持续快速增长

1993年管理局建立伊始，省政府对洋浦财政视同市县的财政体制进行单列管理，体制上"地方财政收入全额留存"，开发区设立区一级财政、区一级预算。开发区在经历了长达14年的经济结构和产业发展规划的调整后，地区生产总值由1994年的4.29亿元增长到2007年的74.1亿元，工业总产值由1994年的0.6亿元增长到2007年的417.4亿元。在经济快速增长的带动下，财政收入也保持了快速增长的势头，地方财政收入由884万元增加到8.61亿元，增加了8.52亿元，增长96倍。尤其步入2000年以来，无论在增幅还是在增量上都连创历史新高，财政收入由2000年的8838万元增长至2007年的8.61亿元，年均增长33%，实现了跨越性的增长。

（二）财政收入受税种结构变化的影响

财政收入中各项税收主要包括：增值税、营业税、企业所得税、个人所得税、城市维护建设税、房产税、印花税等。各项税基及税种结构变化对洋浦财政收入有着举足轻重的影响。作为一个外向型经济开发区，洋浦受宏观经济环境影响很大，财政政策实施得当，税收征管加强，各项税收将大幅攀升，反之税收将下降。在1993~2000年期间，洋浦财政发展受国家宏观经济调控、亚洲金融危机的影响较深，地方财政收入始终在1亿元以下徘徊。其中，1994~1997年，洋浦财政没有完成一般预算收入任务，主要受两方面因素的影响。其一，分税制财政体制，由于省核定的增值税返还基数是根据1993年的增值税实际数为基础，核定时未发展地考虑开发区增值税增长较快的实际情况，基数定得过低，仅104万元。而1997年开发区实际征收并上交的增值税为3255万元，按规定返还仅1049万元。其二，洋浦土地开发有限公司自开发区成立以来，累计欠缴营业税、印花税近8000万元。

近年来，尤其是2007年增值税收入34561万元（见表6-1），首次超越营业税，占地方财政收入40%，洋浦"大企业进入、大项目带动"的政策效应开始彰显。2007年营业税收入29110万元，主要来源于交通运输业和建筑安装业，这与洋浦越来越多工业企业入区投资、大规模的基础设施建设和政府发挥港口优势从而密集发展物流企业和港航产业的思路是一致的。企业所得税和个人所得税的大幅增加也符合开发区政府发展的政策导向。2006年，国家免除了外商投资企业缴交的城建税和教育费附加，因此两类附加的收入出现了小幅的波动。

（三）税收政策优惠

为了引导和鼓励本地工业企业的发展，洋浦财政自开发区成立之初就制定了财政扶持政策，对企业缴纳增值税地方留存部分给予一定比例的扶持，用于企业安排生产经营支出。在海南省洋浦经济开发区优惠政策（琼府[1999]54号）颁布实施后，财政局就此制定了具体的实施细则，财政扶持扩展到了营业税、企业所得税和个人所得税等方面。凭借着优惠政策的实施，管理局扩大了招商引资宣传的力度，并适时出台了《招商引资个人佣金奖励管理实施办法》，促使了越来越多的企业入区投资。

（四）税收等同于财政收入

洋浦土地使用权在洋浦土地开发建设控股有限公司手中，同其他市县相比，政府规费收入中长期以来没有土地出租、出让收入这一部分；而农业五税的缴交基本可以忽略不计。因此，非税收入主要由政府行政性收费和罚没收入组成。这是造成税收在财政收入中"一枝独秀"的主要原因。

表6-1 1993~2007年洋浦各类财政收入分项统计

单位：万元

年度 收入项目	1993	1998	1999	2000	2001	2004	2005	2006	2007	累计
一、地方一般预算收入	884	4664	6804	8838	17451	30158	49134	58820	85804	313919
（一）税收收入	881	4221	5272	7981	16271	28271	45944	55177	82607	293868
1. 增值税	—	1348	1659	2989	3828	9572	14335	19812	34561	100626
2. 营业税	845	1812	1277	2560	4237	10006	19459	22177	29110	115416
3. 企业所得税	10	713	1665	1115	6107	3478	5192	5521	9680	37320
4. 个人所得税	1	194	142	168	587	1189	1405	1743	2965	10335
5. 城市维护建设税	2	39	462	1025	1191	3368	4310	3736	4299	22142
6. 房产税	—	—	—	61	—	—	71	844	325	1320
7. 印花税	9	91	56	51	312	563	1117	1164	1470	6005
8. 其他税收收入	14	24	11	12	9	95	55	180	197	704
（二）非税收入	3	443	1532	857	1180	1887	3190	3643	3197	20051
1. 专项收入（教育费附加）	3	18	195	442	507	1442	1848	1601	1840	9493
2. 行政性收费收入	—	285	399	276	515	167	387	509	—	2986
3. 罚没收入	—	7	409	68	22	243	849	250	—	2815
4. 其他收入	—	133	529	71	136	35	106	1283	1357	4757
二、转移性收入	13	7635	2003	11347	9215	3211	3645	6006	94664	150167
（一）上级补助收入	13	7310	1663	10802	8545	2689	3036	5314	97813	152718
1. 税收返还收入	—	1286	1566	2763	3544	2220	2372	2626	3319	27044
2. 其他财力性转移支付收入	—	—	5	9	11	36	—	—	4494	4570
3. 专项补助收入	13	11	25	30	105	433	307	1163	90000	92500
4. 国债转贷收入	—	6013	67	8000	4885	—	357	1525	—	28604
（二）上年结余收入	—	130	340	545	670	522	609	692	-3149	-3146
（三）调入资金	—	195	—	—	—	—	—	—	—	595
收入总计	897	12299	8807	20185	26666	33369	52779	64826	180468	464086

说明：本表中农税收入为与海南省统计口径一致将列入非税收入中的其他收入，农税收入含农业特产税、牧业税、农业税、耕地占用税和契税。

二 财政支出的特点

(一) 财政支出结构不断优化

从地方一般预算支出整体情况看,1993~2006 年累计支出 25.3 亿元,其中其他支出 11.4 亿元,占比 45.1%;基本建设支出 3.6 亿元,占比 14.2%;政策性补贴支出 2.2 亿元,占比 8.6%;行政管理费支出 1.9 亿元,占比 7.5%;教育支出 1.7 亿元,占比 6.7%;公检法司支出 1.3 亿元,占比 5.2%。

1. 从洋浦财政支出累计数的权重中,可以看到洋浦财政支出的主要特点,其他支出占据了约半壁江山

2000~2007 年,年均分别投入了 5833 万元、12692 万元、12342 万元、11514 万元、13944 万元、24993 万元、26213 万元、52347 万元,分别占当年度财政收入的 51%、60%、57%、55%、43%、48%、42%、59%。其他支出主要由支持中小企业发展专项资金支出组成。巩固和推进开发区企业发展,是保障开发区财政收入的主要举措,这项支出政策也将在今后较长一段时间内继续推行。

2. 基本建设支出投入的力度总体上呈不断加大的趋势

2000~2006 年,分别投入了 2332 万元、4227 万元、4018 万元、2695 万元、1300 万元、9500 万元、10000 万元,占当年度财政收入 20%、20%、19%、13%、4%、18%、16%。洋浦土地平整、道路修建等基础设施建设主要由土地发展有限公司承担,当其无力在基础设施建设上追加投资时,管理局抽调自有资金参与建设,并逐年增加投入规模。

3. 政策性补贴支出逐步递增

主要包括搬迁居民的补偿和安置支出。2004~2006 年,分别投入 7789 万元、3200 万元、10542 万元,占当年财政支出的 24%、6%、17%。为了满足区内工业企业布局和经济建设规划发展的要求,管理局协调当地居民进行搬迁安置,随着 2007 年洋浦保税港区的获批,搬迁安置支出还将大幅度增加。

4. 行政管理费支出比重逐年递减,并趋于稳定的趋势

管理局在"一穷二白"基础上组建,1993~1997 年由于建设临时办公、生活用房等原因,行政管理费居高不下(最高 59%,最低 31%),1998 年后开始精简开支,裁并冗余人员,行政管理费大幅下降,从 2004 年开始,每年支出约占全年开支的 5%。

5. 教育支出投入力度不断加大

尽管在支出数据比较上，2001～2006年教育支出稳定占全年财政支出的6%左右，但考虑到应属教育支出的基础设施建设、就业培训和行政管理费在当时统计口径中并未列入其中，实际上洋浦教育支出的投入是不断加大的。从2005年起，洋浦率先在全省实施了九年义务制免费教育，并大力发展职业教育，进行失耕失渔居民的就业技能培训。在基础设施建设上，投资上亿元建设洋浦中学和职业技术学校。洋浦义务教育阶段学生约1万人，生均经费2000元，在全省居前列。

（二）从1998年开始，洋浦财政逐渐实现了"收支平衡，略有结余"

在开发区成立最初4年，由于分税制体制和企业拖欠税款等原因，一般预算收入不能按期完成。1993～1997年财政支出主要目的是维持机构日常运转和人员经费支出上，受制于有限的财力，1997年安排建设性支出预算2954万元因收入欠佳仅支出217万元。从1998年开始，财政支出赤字开始逐步减少，当年财政滚存实际结余赤字为4130万元，在内部消化部分财政支出赤字的基础上，从有限的财力中仍安排基本建设支出和农业综合开发支出1298万元，若剔除当年度财政扶持支出1576万元，基本建设支出和农业综合开发支出占当年实际可用财力的30%，标志着洋浦财政已从"吃饭型"财政向"建设型"财政过渡。1998年以后，洋浦财政实现了"收支平衡，略有结余"，2006年比上年结余为－3149万元，是因为当年新的财政体制出台后，省级财政从洋浦财政上划走了5000万元，导致财政出现赤字。

（三）构建"和谐型财政"初现成效

2004年以来，洋浦财政除了继续加大在扶持企业支出和基建支出等传统投入项目上的投入，支出的重点逐渐地转移到搬迁和民生工程的支出上，财政支出结构不断得到优化，"和谐型"财政的框架初步确立。

三 财政经济运行情况变化的原因

纵观洋浦财政10年来运行情况，财政收入稳定增长，逐渐实现了财政收支平衡并略有结余。洋浦财政经济情况变化的原因主要有以下几方面。

（一）财政收入

1. 每年财政局都及早草拟并以管理局名义下达国、地税税收任务

紧接着与税务部门签订税收任务责任书，出台具体奖励措施，做到约束与激励并举，充分调动税务部门积极性；同时与税务部门一起分析局势利弊，不遗余力挖掘潜力加强税源拓展和各税种征收。

2. 做好开发区重点企业的税源调查

在与洋浦国税局、地税局保持密切联系，掌握重点企业税收收入进度的基础上，财政局指派专人采用抽查和重点跟踪的方式到企业进行现场调研，多次与企业负责人直接交流，实时了解企业生产经营动态；撰写了洋浦重点企业税源情况表及说明分析材料，做到"知己知彼"，为准确预测企业提供的财政收入做好第一手资料搜集，也为督促区内财源的"应收尽收"做好了前期铺垫工作。

3. 对招商引资中介人和单位继续推行奖励政策

以2007年为例，根据实行组织收入的激励政策，拨付给个人佣金和单位补助资金合计124万元，促进了个人和单位招商引资工作的积极性，增加税收收入9153万元，增加地方可用收入1839万元。

4. 及时对纳税企业兑现优惠政策，促进洋浦商贸企业税收大幅度增长

在兑现优惠政策过程中，突出一个"快"字，在审核严格、手续完善的基础上，随到随办；提前安排资金，保证及时兑现，获得企业的好评。同时，严格按照《洋浦经济开发区优惠政策》（浦局［2005］15号）的要求，在适用政策上严格把关。

（二）财政支出

（1）制定了规范、周密的财政拨款和审批办法。

管理局先后出台了《洋浦经济开发区财政拨款和审批管理暂行办法》、《洋浦经济开发区搬迁安置资金拨款审批管理暂行办法》、《洋浦经济开发区基建资金拨款审批管理暂行办法》，30万元以上资金支付均由工委会讨论决定，30万元以下根据预算，由局领导分级审批。对基建、搬迁资金、社保、教育、合作医疗、民生工程项目等资金均实行专户管理，统一实行财政集中支付，在省审计厅、财政厅、纪检等部门的专项检查中均取得好评。

（2）从2005年起对区内各行政事业单位统一实行财务集中管理，实行工资统发，并积极准备实行国库集中支付管理改革。

（3）从2006年起对管理局局属国有企业实行财务集中管理。

（4）进一步加强了对扶持资金的规范管理。因执行洋浦地区优惠政策，对企业的扶持资金每年约占地方财政支出的50%，加强扶持资金支出管理，同时要对企业及时进行资金扶持，搞好服务，是洋浦财政的一项非常重要的工作，意义重大。洋浦财政局制定专门的管理制度，实行专户管理，双重审核，局长审签，做到拨付及时，程序严密，不出问题。

四 财政经济运行面临的问题

（一）尽管税收收入增幅很大，但税源结构的改变使得财政可用收入的增长幅度不大

以2007年1~10月的收入为例，在税收收入、地方财政收入均大幅度增长的情况下，财政可用收入仅完成32221万元，完成年度预算33819万元的95.3%，仅增长15.2%。原因主要有两个方面：一是国税收入的增长主要来源于炼油厂和浆纸厂，而炼油厂的增值税只有5%是可用收入，炼油厂的消费税（72071万元）和浆纸厂的增值税（39921万元）没有可用收入；二是1~10月地税收入的增长主要是交通运输业的营业税大幅度增长，弥补了建筑安装营业税的大幅度下降，但是建筑安装营业税全部是可用收入，而交通运输业的营业税只有50%的可用收入。

（二）财政可用收入的份额还太小

2007年1~10月，洋浦全口径财政收入590448万元，其中，税收收入588366万元，非税收入2082万元。税收收入中有519227万元为中央级收入，上解中央后，洋浦的地方财政收入为71221万元。扣除对企业的扶持39000万元，洋浦财政的可用收入为32221万元，占洋浦全口径财政收入的5.5%，占洋浦地方财政收入的45.2%。

（三）两大项目对洋浦财政可用收入的贡献还很少

2007年1~10月，炼油厂缴纳税收120869万元（增值税48700万元，个人所得税98万元，消费税72071万元），扣除中央级收入108655万元和对企业扶持返还9779万元后，炼油厂对洋浦财政可用收入的贡献为2435万元，仅占炼油厂缴纳税收的2%；浆纸厂缴纳税收41589万元（增值税39921万元，个人所得税1051万元，其他税收616万元），扣除中央级收入30571万元和对企业扶持返还10492万元后，浆纸厂对洋浦财政可用收入的贡献为526万元，仅占浆纸厂缴纳税收1.3%；两大项目合计对洋浦财政可用收入的贡献合计为2961万元，占洋浦财政可用收入32221万元的9.2%。

（四）省财政新的预算管理体制对洋浦收入的影响很大

2007年11月16日，新的财政体制调整方案经省委财经领导小组会议讨论通过。在新体制下，省与市县共享收入包括增值税、营业税、个人所得税、土地增值税和契税等6项税收。省与洋浦分享比例分别为：海南省分享35%，洋浦分享65%。

第二节　洋浦开发区金融发展情况

金融是现代经济的核心。做好金融工作，是实现地方经济又好又快发展的关键，也是地方政府的重要职责。1998～2008年，银行体系进行垂直化管理体制改革，政企分开力度加大，针对上述金融体制改革的特点，洋浦管理局坚持有所为、有所不为的原则，遵循金融业自身发展的规律，找准工作的着力点。

一　2000年以来政府工作措施

2000年洋浦管理局针对当时区内四大商业银行不良资产率高居不下，业务规模小，地方经济发展形势不明朗、人心涣散等不利因素，确立了地方政府参与金融改革的几点重要措施："积极扶持地方金融机构发展，减少开发区政府向金融机构具体业务干涉力度，加强基础设施建设，加大招商引资力度，改善投融资环境。"

首先，针对2000年人行撤销了在洋浦的分支机构的决策，管理局优先选择业务规模相对较大的工商银行行使代理国库职能，将国库资金存入工行，接着将财政专户资金进行分行管理，比如将基建资金，公积金专户资金存入建设银行，而由中行管理日常业务往来资金，农行管理社保专户资金，壮大了各家银行的资产规模，增加了银行间资金的流动性；其次以政府信誉为担保，积极向省财政厅和国家开发银行争取基础设施建设、搬迁安置等支出规模较大的资金贷款，减轻区内各国有银行资金贷款压力；再次鼓励银行根据资金供求情况通过市场化的存款利率吸纳剩余资金，并通过市场化贷款利率配置资源；最后严厉打击各类非法集资、融资案件，消除现有的风险隐患，对历史遗留的有可能随时爆发的风险案件，采取有力的措施，加以化解，确保区内金融秩序的稳定。上述措施卓有成效地推动了开发区金融体系改革，促进了区内经济的高速发展。

二　洋浦经济开发区金融业务的现状及出现的问题

截至2006年12月，全区四家银行各项存款267495万元，区内金融机构本外币对公存款总额165256万元（工行84298万元，占比51%；建行33308万元，占比20%）。储蓄存款总额102239万元（工行44594万元，占比44%；建行19854万元，占比19%），贷款总额650425万元（工行400828万元，占比 62%；建行 240372 万元，占比 37%）。目前开发区开展金融业务的难点包括以下几方面。

（一）全区金融企业存款总量小、增长慢

截至 2006 年底全区四家银行各项存款 26.7 亿元，比年初增加 2.02 亿元。其中对公存款 16.5 亿元，比年初增加 0.3662 亿元；个人存款 10.2 亿元，比年初增加 16527 万元。几家银行存款合计不及海口一个分理处多。这与快速发展的洋浦经济是不相符的。这里面有经济基础薄弱的原因，但也有观念方面的问题。

（二）贷款投放难度大，中、小企业贷款增长缓慢

大型企业贷款竞争异常激烈，不仅岛内金融机构参与竞争，岛外许多金融机构也将触角伸入到区内大型企业。

目前，各家银行正在规范其放贷政策，准入的门槛越来越高，对信用等级、抵（质）押物要求越来越规范，而洋浦经济开发区的中、小企业大多数管理不规范，有的根本没报表，有的报表不齐全，很难达到最起码的信用准入标准，另外，企业的抵（质）押品也满足不了要求。目前区内企业大多数中、小企业，连一般信贷业务都很难推广，更谈不上金融创新。

（三）金融创新产品在开发区推广难度大

企业银行、个人网上银行、基金定投、电话银行、网上交费等方式认知度低，推广难度大。

（四）银行经营成本压力增大

随着银行改革的深入，对成本核算越来越严格，启用经济资本进行管理，以经济增加值和经济资本回报率，作为银行业绩考核的重要依据。但鉴于区内的实际情况，如金融总量少，经营成本高、管理代价大，加上大企业进驻后收入对比悬殊，员工管理成本不断加大。

（五）金融服务和政策不配套

洋浦经济开发区内没有人民银行，押运现钞要到 60 公里外儋州市，陡增营运风险及成本。区内没有外汇管理局，使得区内企业要到儋州市开设外汇账户，要到海口市办理外汇核销手续，给企业造成极大的不便。

第二篇 洋浦城建、社会与文化

第七章 洋浦城区建设

洋浦经济开发区是全国独有的同时享受特区、开发区、保税区、保税港区优惠政策的国家级开发区。几代中央领导人对洋浦都十分关心和重视。经国务院批准，洋浦土地开发模式由外商主导开发转变为政府主导开发，为加快完善洋浦投资环境创造了良好条件。2007年9月24日国务院又批准在开发区内设立海南洋浦保税港区，进一步扩大了开发区的对外开放程度。相继编制了《洋浦经济开发区炼油化工产业发展规划》、《天然气化工产业发展规划》、《商业性原油储备投资机会研究》三个专业规划。在此基础上，综合洋浦的资源优势和现有产业基础，确定了洋浦经济开发区的产业定位和产业发展总体设想以及洋浦开发区产业发展规划目标、规划备选项目。

第一节 总体规划

一 抓住机遇，勇于创新

洋浦目前面临着三大发展机遇：一是南海油气资源开发速度加快；二是中国与东盟建立"10+1"自由贸易区进程的推进；三是洋浦保税港区的设立。洋浦正努力抓住这一难得的机遇，勇于创新，走一条新的发展道路，为海南经济的跨越式发展，为国家开发南海作出贡献。

二 发挥比较优势，明确发展战略

贯彻科学发展观，发挥洋浦比较优势，找准目前与未来制约我国经济发展的"瓶颈"和国际经济走势，确定"两步走"发展战略：第一步，利用国际、国内两种资源，大力发展能源、资源型加工工业，把洋浦建设成为我国

重要的进口替代加工基地和区域性保税物流中心；第二步，进一步延伸产业链，打造若干产业集群，发展高新技术产业，开拓国际市场，最终把洋浦经济开发区建设成为我国重要的出口加工基地和面向东南亚、连接环北部湾、背靠华南腹地的国际航运中心与国际物流中心、交易中心。

三 突出产业重点，夯实发展基础

面向国内外市场，立足海南和洋浦经济开发区的区位优势、资源优势和产业基础，从发展特色经济、完善现有优势产业和拓展产业链出发，依托良好的临海深水良港和发展腹地，夯实产业发展基础。其产业发展以石油化工和浆纸一体化为主，重点发展包括炼油/芳烃、乙烯、天然气化工及石化下游产品加工和纸浆、造纸、纸制品加工产业，同时发展以石油、天然气等大宗能源和煤炭、矿石等大宗原材料为主的物流和中转业务，建立国际交易平台，同时发展集装箱业务。

四 抓龙头促开发，全面协调发展

以大型工业项目为龙头，延长产业链，形成产业规模，带动开发区全面开发；搭建有利于产业发展的政策和公共服务平台，建设和完善基础设施和服务设施；实行产业集中布局，推行洁净生产，促进产业上下游延伸，相互配套，发展循环经济；协调港口、产业区与生活区在土地、岸线利用方面的关系，实现港区协调发展。

第二节 开发区基础设施建设

一 开发区自然状况

洋浦经济开发区是中国改革开放总设计师邓小平同志亲自批示，国务院于1992年3月批准成立的国家级开发区，也是中国目前唯一享受保税区政策的国家级开发区。开发区现有面积31平方公里，规划面积69平方公里。区内现有常住人口约4万人。

地理位置：洋浦经济开发区位于海南省儋州市西北部的洋浦半岛，东经109°11′，北纬19°43′，距离海口市130公里，海口美兰机场145公里，距离三亚凤凰机场280公里。洋浦半岛北临琼州海峡，西对北部湾，处于新加坡—香港—上海—大阪国际海运主航线的中间位置。

气候条件：洋浦属热带岛屿季风气候，常年主导风向为东风和东北风，6级以上大风率仅为0.06%，各种工业污染易于控制与处理，环境代价低，投资成本低。区内年均气温24.7℃，降雨量约为1100毫米，相对湿度介于82%（夏季）与26%（冬季）之间，气候温和、湿润。

地质地貌：洋浦地区地处临高隆起带，属于雷琼凹陷的一部分，由于火山熔岩流动到海岸地带，后受长期风化侵蚀，岸线表现为犬牙交错状，并显现陡崖。开发区由海拔100米以下的台地和阶地平原组成，呈现西北稍高、东南稍低、平坦开阔的地形。地质基础由"湛江群"黏土、砂质土壤、玄武岩和石英砂构成，具有较高的建筑承载力。

经国家地震局鉴定，洋浦半岛的地震基本烈度为7度。

洋浦半岛基本不宜农耕，荒地多而人口少。开发区规划的69平方公里土地基本上为荒地，有广阔的建设用地发展空间；洋浦半岛地势平坦，标高适当，基岩裸露，地基稳固，承载力高，建筑成本低，适宜发展大型工业，是理想的工业用地。

二 开发区基础设施建设

（一）交通

洋浦距省会城市海口130公里，由高速公路连接，仅一个多小时车程。粤海铁路支线"十一五"期间将通到洋浦，洋浦至海口美兰国际机场145公里。

（二）港口

洋浦港于1987年由交通部投资兴建，位于洋浦湾北岸中部的西浦村与白沙村之间，是天然深水避风良港，其中有海南唯一的标准化集装箱专用码头，自该港可达海口、湛江、广州、香港以及我国其他一些沿海港口，国际航线可达河内、海防、大阪、新加坡等。洋浦港第一、第二期工程已建成1个3.5万吨级标准化集装箱专用泊位、3个2万吨级通用泊位、1个2万吨级散货泊位、1个3千吨级工作船泊位；目前在建3个2万吨级散货泊位。同时开发区内企业也相应建成了一些专用码头，其中海南炼化企业已建成1个30万吨级原油泊位、1个10万吨级成品油泊位、3个5千吨级成品油泊位。金海浆纸企业已建成1个5万吨、1个2万吨级木片泊位，1个3.5万吨、1个2万吨、3个5千吨级通用泊位。

1993年洋浦港口货物吞吐量51万吨，此后数年一直在100万吨以下徘徊，直至2003年港口吞吐量突破百万关，达到114万吨。2005年货物吞吐量达到432万吨，2006年港口吞吐量突破千万吨，达到1016万吨，比上年增长135%。2007年吞吐量将达3000万吨。洋浦港为天然避风良港，已建和在建泊位21个，年吞吐能力达4200万吨。洋浦港的大港口格局已经形成。

（三）公路

洋浦经济开发区经过10年多的开发建设，现已平整土地20平方公里，建设区内道路43公里。区外对外交通主要为洋浦至莱村公路，此条公路按一级公路标准设计、二级公路标准施工，全长26公里，并接西线高速公路，使洋浦与海口和岛内其他城市的联系更加紧密。

（四）铁路

粤海铁路西线已经建成通车，根据铁路部门规划，还预留了经洋浦火车渡轮至广西钦州的"桂海通道"以及那大至洋浦的铁路支线，预计2007年底建成，届时开发区物资进出除海运外可通过铁路与国内联运。

（五）邮电通信

开发区已建设了一套现代化的总体通信网络。区内开通了1650条中继线、6000门程控电话、3000部小灵通，移动通信和公用数字数据网络全部开通。目前海口至洋浦光缆已经接通，25000门程控电话扩容工程已经开通。开发区已建立邮政局，开办了国内、国际函件、汇兑、特快专递等业务。

洋浦开发区基础设施建设共投入资金60多亿元。实现了"供水、供电、供天然气、排水、排污、道路、通信、土地平整"等"七通一平"，建成了年供气16亿立方米的天然气输气管道，区内主干道路网、排水排污地下管网、大型项目污水处理厂，开通了程控电话、移动通信、互联网等。

（六）供水

洋浦经济开发区排水系统采用雨污分流制，清洁雨水采用明渠，在东、南、西三个方位直接排海，全区约20平方公里排水、排污地下主管网已基本形成。

从松涛水库至洋浦的引水工程已经建成，可保证洋浦开发区内25万吨/日的工业和生活用水，同时还有日供水量3万吨的地下水供应系统作为应急供水系统。此外，松涛水库作为海南省第一大水库，位于南渡江上游，总库容为33.45亿立方米，向开发区最大供水规模可达到45万~50万立方米/日。不仅可以保证洋浦未来发展的供水需求，还可以保证外围发展的需要。

（七）排水

工业和生活污水经处理达标后排放。规划建设一座日处理25×10^4吨的污水处理厂（分两期建设），污水处理级别为二级，处理达标后通过一个污水总排放口集中排海，按国家环境总局环发（1998）135号文件批准的方案，在神尖角断面10米等深线和15米等深线之间的范围内排海。

（八）供电

洋浦经济开发区已建成44.4万千瓦的燃气电厂和42万千瓦的企业自备电厂，以及三级配电系统；洋浦电网与海南省电网以2回220千伏线路联网。目前因工业负荷尚小，电厂为单循环发电，装机容量为45万千瓦，电厂最终规模为135万千瓦，可以承担开发区较大的工业负荷。

第三节 开发区项目建设

洋浦经济开发区自1992年3月批准设立以来，经历了风风雨雨，由于种种原因，开发区的功能定位一直不够清晰，产业方向不够明确，发展规划多次调整，土地开发成本过高，基础设施不完善，因而一直未能得到全面开发。近几年开发思路逐步明晰，发展方向基本明确，工作走向正轨，开发速度明显加快。现在，区内在建和投产工业项目30多个，浆纸、油气化工、电力等主导产业初步形成，经济正加速发展。2007年，实现GDP74.2亿元，比上年增长60.0%；工业总产值417.4亿元，增长184.3%；工业增加值55.1亿元，增长108.8%；税收总额69.7亿元（含海关代征税），增长162.9%；地方财政一般预算收入8.58亿元，增长45.9%；固定资产投资30.75亿元；港口吞吐量2351万吨，增长131.5%。

一 区内主要大型项目

一是由印度尼西亚金光集团投资建设的100万吨木浆项目，占地6000亩，总投资额102亿元人民币，建成目前世界上规模最大、技术最先进的单一制浆生产线，采用先进的生产工艺和高标准的环保措施，污染治理达到或优于国家一级排放标准。2006年完成技改，产能提高到132万吨。2007年销售收入57亿元，税收4.9亿元。

二是由中国石化（SINOPEC）海南炼油化工有限公司投资建设的800万吨炼油项目，占地3750亩，总投资额116亿元人民币，于2006年9月全面建成投产。2007年销售收入297亿元，税收18亿元（不含海关代征税）。

三是中国海洋石油总公司（CNOOC）控股的洋浦发电厂，经过技术改造，总装机容量达到44万千瓦，年发电量16亿~18亿度，额定效率提高

50%，达到当前国际先进水平。

四是由海口农工贸（罗牛山）股份有限公司控股建设的面粉加工厂，总投资额8.6亿元人民币，年加工小麦50万吨。首期已投资1.3亿元，年加工小麦10万吨。

五是中国石化（SINOPEC）海南炼油化工有限公司与上海嘉盛企业集团投资建设的8万吨苯乙烯项目，总投资额3.9亿元人民币，于2006年11月建成投产。

六是金光纸业（中国）投资有限公司投资建设的160万吨造纸项目，于2005年12月20日获得国家发展和改革委员会核准，2007年3月29日开工建设。

七是5万吨粮食储备库、23万吨润滑油基础油项目正在建设之中；12万吨聚苯乙烯、5万吨双氧水等一批石化产业链项目即将开工建设。

目前已定址洋浦，正在积极推进的项目有：60万吨PX，90万吨PTA，150万吨烯烃，300万吨LNG，100万吨乙烯，1000万立方米石油储备、液体化学品码头及100万立方米液体化学品储藏基地等项目。

二 基地建设规模

由于洋浦经济开发区优越的区位优势和建港条件，大型原油储库选址洋浦经济开发区是比较合适的。

据中长期发展的需要，石油储备基地规模为：建设一座库容为1000万立方米的大型原油储库，油库同时具备原油接卸中转和原油储备两种功能。油库50%的库容用于原油商业中转，可以实现原油中转量4000万吨/年；50%的库容用于原油储备。

油库配套建设一个30万吨级原油接卸泊位，用于大型油轮原油的接卸入库，其每年的接卸能力约为2000万吨。原油装船外输时，可以根据受油方距离的远近以及其接卸码头的实际能力为本油库配套建设多个2万~10万吨级的原油泊位，使其总的装船能力不少于4000万吨/年。

油库储罐可采用浮顶储罐，由于浮顶与油面之间几乎不存在气体空间，因而可极大降低原油的蒸发损耗，减少油气对大气的污染，减少发生火灾的危险性。10万立方米浮顶储罐是目前国内应用最为广泛的大容积储罐。单罐容积大，可以节约基本建设投资、提高投资回报率，技术成熟可靠。

原油出库：原油出库可以考虑两个途径，一是利用本油库拟建的多个2万~10万吨级的原油泊位，通过海运外输出库；另外，可与中石化合作，通过管输的形式，将库内原油输送至中石化海南炼油厂，为其提供所需原油资源。

第四节 区域功能总体布局

一 功能分区和总体布局

（一）指导思想和原则

（1）符合开发区城市总体规划。

（2）布局规划要体现一流规划水平，坚持总体规划、分期实施、滚动发展、与时俱进的原则。

（3）产业发展区的配套工程、项目产业链规划要相互协调一致，在工期上和布局上充分衔接。

（4）规划要体现产品项目一体化、公用及辅助设施一体化、物流传输一体化、环境保护一体化、管理服务一体化。

（5）项目区片规划按照产业链关系进行布局。有上下游物料关系的项目要坚持运输路线径直短捷、互不干扰原则。

（6）充分考虑各区片的地域、交通特点和周边环境。

（7）区片功能分区明确，项目布局、安全设防、周边环境满足劳动安全卫生距离要求。

（8）严格执行国家或当地有关政策法规。

（二）总体布局

根据人口规模和造纸、石化工业及保税港区的用地要求，确定规划期内建设用地为69平方公里（其中关内31平方公里，关外预留38平方公里）。规划区范围：东到新英湾，南到洋浦湾，西到北部湾，北至峨蔓、雷得港附近。

根据工业和港口运输的要求重新安排空间布局结构，形成"两廊、四带、四区、一中心"布局结构。

两条综合走廊：即工业大道市政防护绿化走廊和疏港大道环境绿化走廊。工业大道市政防护绿化走廊现有220千伏高压线路和天然气输气管线，沿线土地将作为开发区大型工业的公用管线走廊而予以控制；疏港大道环境绿化走廊既是居住区与工业区的绿色隔离空间，也是铁路及其他新增基础设施管线的预留空间。

四个功能区：即以石化和浆纸为龙头的西部重化工业区，以造纸、石化产品后续加工及一般加工工业为主的中部加工工业园区，以航运中转、储存分装配送为主的南部仓储物流区和沿新英湾滨海环境优越地区展开、以居民安置、企事业机关人员居住和配套公共服务设施为主的东部生活服务区。

四条扩展带：即依托北部湾岸线和两条快速干道沿洋浦半岛并列向北扩展的四条产业和功能地带，由西向东分别为工业港口扩展带，重化工业扩展带，第一、第二类工业扩展带和东部生活服务区扩展带。

一个中心：即布置在东部生活服务区中心地带的开发区公共服务中心，根据开发区的发展，适当布局商贸、文化、服务业。

二 保税港区规划

（一）选址范围

洋浦保税港区规划面积9.2063平方公里，四至范围是：东至园区路，西至北部湾岸线干冲区段及工业大道，南至洋浦湾岸线，北至洋浦三路。

（二）区域功能

海南洋浦保税港区主要规划为4大基本功能区：港口作业区、仓储物流中转区、出口加工区、研发加工制造区。

（三）主要业务

开展保税仓储、对外贸易，包括转口贸易；开展国际采购、分销、配送、中转；开展研发、加工、制造等业务。建成环北部湾地区面向东南亚最为开放的航运中心和石油、天然气、化工原料、浆纸、纸制品、公共货物保税仓储、中转交易的物流中心以及化工下游产品出口加工基地。

（1）洋浦港的集装箱吞吐量将快速增长，其中外贸主要是出口欧美的纸张，进口澳洲等地的纸浆和进出东南亚、香港等地的杂货及转口货物，预计2010年达35万吨。

（2）大宗散货业务。洋浦港可发展大宗散货运输，形成海南省西部综合物流基地及环北部湾地区大宗散货的中转基地，成为我国内外贸集装箱运输的干线港和中国面向东盟自由贸易区的国际货运枢纽港。

（四）发展目标

近期，通过建设洋浦保税港区，发挥区位优势，整合区域功能，与国际著名港口合作，吸引国际国内大型物流企业，开展能源、原材料等大宗货物的国际中转、仓储、加工业务，与国际一流化学品储运企业合作，建设公用化学品码头和面向东南亚及我国南部地区的化学品集散地。

远期，随着保税港区开发建设的逐步推进，将保税港区范围扩大到整个洋浦半岛，将洋浦建成我国最南部面向东南亚的国际航运和物流中心。

三 服务业规划

为适应建设大型临港工业基地和国际物流和航运中心的需要，以科学发展观为统领，坚持"市场引导、政府推动、企业为主、社会参与"的原则，大力发展现代金融、商品展示、中介服务、设计策划、技术研发、商贸服务等服务业，满足主导产业发展的需求，形成工业生产与服务业良性互动的经济发展模式。

（一）规划目标

第一步：近期（2010年前），发展为主导产业服务的配套产业，逐步实现服务业与主导产业同步协调发展，为开发区内企业搭建起较完善的金融、商品、商贸、物流产业平台。

第二步：远期（2015年前），形成完善的商品采购、仓储、展示、交易、配送、物流及产品加工等综合性的服务业，建成海南及环北部湾地区的行业型服务业集聚区。

（二）主要措施

1. 发展与主导产业相关的配套工业

以现有的基础设施和公用工程为基础，优先发展为工业企业提供水、电、蒸汽、工业气体等公用工程的产业；发展石油化工产品、精细化工产品、仪器仪表等设备和部件制造业；发展水污染治理成套设备、资源综合利用等制造业；配合工业企业发展需要，积极发展设备安装及检维修业。目前，每天供水能力为5万吨的第二自来水厂已进入设计阶段，装机容量为60万千瓦的热电联产项目已开始开展前期工作，国际跨国工业气体生产企业也将进驻洋浦。

2. 扶持发展与主导产业相关的研发和培训业

以企业技术研发中心、职业技术学校等为主要载体，通过政策引导、机制创新，吸引国内外研发和培训机构到开发区开展各类研发和技术培训业务，为开发区的可持续发展提供技术和人才保障，促进区内企业健康发展，同时解决区内部分居民就业问题。目前，开发区第一所职业技术学校已进入筹建阶段，江苏宜净水处理剂研发中心也计划迁到洋浦。

3. 加快发展商品进出口贸易和商品展示业

通过建设保税港区，发展商品进出口贸易和免税商品展示业。依托区内大中型工业项目的进出口需求扩大对外贸易。引进各类消费品和生产资料销售连锁企业，发展连锁店铺，提高连锁企业销售总额占批发零售贸易总额的比例。发展第三方物流龙头企业。

远期以建设华南地区最大的化工品集散地和化工产品展示中心为目标，加快推进洋浦化工品交易市场和保税物流中心建设，形成以化工原料和产品交易为主，相关产品展示、技术检测、专利交易、运输集装、咨询服务为辅，具有较强集散功能的大规模、强辐射的大型专业化工交易市场。逐步构建与石油化工及其延伸产业链衔接紧密的化工危险品储运管理中心和化工产品储运管理中心，拓展化工领域的工程、管件物流业，适时搭建物流业电子商务平台、交易平台。

4. 拓展金融保险业

加强与金融保险机构的合作，拓展金融保险业务，为开发区投资者提供便捷的金融保险服务，为将洋浦建设成为具有一定国际竞争优势的"一港三基地"提供资金保障。激活民间资本，做大做强担保平台，引导民间资本参与担保公司运作，解决困扰中小企业发展的资金"瓶颈"问题。

5. 发展传统商贸服务业和特色旅游业

洋浦现有人口4万人左右，考虑到工业发展初期引进的多为大型工业项目，工人数量比一般劳动密集型企业大大减少，后续配套项目和劳动密集型企业将在发展后期才会逐步进入，而且未来区内的部分企业高级管理人员和工程技术人员及其家属可能落户海口，开发区人口预测为近中期（2015年前）常住人口规模约为7万人（含暂住人口2万人左右），远期（2016~2020年）常住人口13万人（含暂住人口5万人）。

商贸业发展目标：到2010年，初步形成布局合理、结构优化、功能齐备、设施完善、现代化水平较高的与开发区人口规模、人口结构相匹配的传统商贸业。加强市场和网点建设，建设大中型综合超市1~2座和一定数量的高、中档专卖店，配套批发、零售、餐饮、文化娱乐、金融、旅游服务、图书报刊和邮电等商业网点，发展各类商品交易市场（包括集贸市场），远期向区外延伸，辐射带动儋州商贸服务业发展。

发展特色旅游业。通过兴办特色旅游、工业观光项目，使洋浦成为海南环岛旅游的一个观光点，借旅游聚人气，宣传洋浦。建设东部滨海体育公园；开发千年古盐田等独特景点，纳入海南西线旅游；探索开发现代工业观光旅游；报批旅游饭店5个以上，三星级以上酒店3个，五星级酒店1个。

四　港口物流业规划

（一）基本思路

洋浦开发区位于马六甲海峡—中国香港—中国上海—大阪航道上，是最繁忙的国际国内海航线的中心位置，是从马六甲海峡至中国的最近靠岸港口，同时又是天然深水良港。利用洋浦开发区的区位和港口优势，发展现代物流业，建立现代港口物流产业，是发展洋浦的一个现实选择。基于洋浦发展的总体设想，洋浦港口物流产业的发展主要包括以下几方面：第一，发展以石油、天然气等大宗能源为主的储备、转港、易货业务；第二，发展以化工原料、化工产品为主的液体化学品储运、中转、交易业务；第三，发展以煤炭、矿石、木材、橡胶等大宗原材料为主的散货中转、交易业务；第四，发展保税港区业务，同时发展集装箱业务。

（二）发展目标

第一步：在近期内（2010年前），以已有的30万吨级原油码头为基础，建设20万吨级散货码头和10万吨级集装箱码头，港口年吞吐量达到5000万吨，把洋浦经济开发区建设成为我国重要的进口替代加工基地和区域性保税物流中心。

第二步：在远期内（2015年前），实现货物大船运入，小船驳往华南和环北部湾地区的内海和内河港口，在华南和环北部湾地区形成洋浦的喂给港，港口吞吐量达到10000万吨，最终把洋浦经济开发区建设成为我国重要的出口加工基地和面向东南亚、连接环北部湾、背靠华南腹地的国际航运中心与国际物流中心。

第五节　生态环境保护和安全生产措施

一　指导思想

坚持环境建设、安全建设、经济建设、城市建设同步规划、同步实施、同步发展的方针，促进开发区环境、经济、社会等方面的协调、持续发展，使开发区持久地保持良好的环境质量和投资环境。

二　规划原则

坚持全面规划、合理布局、突出重点、兼顾一般的原则，保障环境与经济协调发展。坚持"三不前提"原则，即：不污染环境，不破坏资源，不搞低水平重复建设。

坚持以提高经济效益、社会效益、环境效益为核心的原则，遵循经济规律和生态规律，使有限的资金发挥最大的效益。

坚持实事求是、因地制宜的原则，从实际出发，力求规划合理、科学、实用、可操作。

坚持防消结合的原则，结合实际，对开发区内消防安全重点单位进行重点布控，开发区内其他单位及辅助设施实行全面防范。

三 污染治理措施

（一）"废气"治理措施

化工园区内各企业自行处理工业"废气"，必须做到达标排放，达标率应为百分之百。同时，化工园区内企业原则上不单独建设供热锅炉，而由统一建设的供热系统集中供热，以提高热效率，减少污染物排放量。

（二）"废水"治理措施

优先引进发展用水少、污染轻、效益好的，高层次、高起点新技术工业项目，积极推行环境友好的清洁生产工艺。同时，化工园区集中建设污水处理场，各企业产生的废水需经预处理合格后，统一排放至污水处理场进行处理；排水系统实行雨污分流，防止生活污水和废水进入雨水系统，在污染较为严重的界区，初期雨水也应进行治理。此外，严格环境管理，全部污水预处理场正常运行，对区内企业排放废水实行浓度和总量双重控制。

（三）"废渣"治理措施

建立管理控制系统，管理原则体现"减量化、资源化、无害化"。管理过程严格执行《中华人民共和国固体废物污染环境防治法》等有关法规。建立集中处置设施，根据固体废弃物的特性分别采取焚烧、固化、稳定化、安全填埋等措施；同时，开展综合利用，变废为宝。

四 安全生产措施

（一）落实企业本质安全防范措施

严格执行安全生产许可制度，坚持安全生产"三同时"，即建设项目的安全设施，必须与主体工程同时设计、同时施工、同时投入生产和使用。引进的建设项目，要求其职业安全卫生设施工程必须符合国家规定的标准，对于大型石化企业还应配备独立完整的消防设施。

（二）应急救援措施

建立健全应急处理体系。适应现代大工业发展的需要，建设具有信息收集传输、安全监控、事故灾害预警、调度指挥处理等功能的应急处理体系和装备设施，在排水口、化工和浆纸产业区域布局监测点，对发生或即将发生的事故灾难、自然灾害、突发公共卫生或社会安全事件，做到快速反应和有效处置，包括防火、防爆、防污染、防泄漏、防传染等，有效避免事故灾害发生，最大限度地减少事故损失。

第八章 洋浦社会基本状况

第一节 自然环境概况

一 地理位置与地形地貌

洋浦经济开发区位于海南省儋州市西北部的洋浦半岛，东经109°11′，北纬19°43′，三面环海，海岸线长度为24公里。洋浦湾约350多平方公里，150公里的海岸线，深水近岸、陆地平缓、纵深开阔，其中开发区现占地面积31平方公里，规划面积69平方公里，土地面积为海南土地面积的0.09%，规划面积为0.2%。开发区西部为北部湾海域，北面约12公里外为琼州海峡，南部为天然深水港的洋浦港口，距海口市130公里，东南距儋州约60公里。

洋浦经济开发区地处海南岛穹隆构造的边缘，介于雷州半岛至海南岛北部自流水盆地的南沿地带，属台地地貌，地面起伏不大，海拔大都为10～20米。洋浦半岛地势呈中部高，南北低的形态，最高点德义岭标高99.67米，区内基本上以3‰～25‰的缓坡向南及向东北两面延伸，平坦开阔。开发区西、南、东三面环海，岸线曲折，分布有大小20多个海湾，北部与陆地相连，并有莲花山、德义岭两个火山锥，锥顶为馒头状；洋浦湾和新英湾北岸为基岩侵蚀海岸，基岩裸露、潮滩窄、坡度大。

二 气候与气象

洋浦经济开发区地处低纬度，太阳辐射强，气温较高，属于热带季风气候，年平均气温24.7℃，极端最高气温38.5℃，极端最低气温7.3℃；年日照时数2072小时；由于受季风影响，该地区干湿季节分明，年内5～10月为雨季，降雨量占全年的84%，11月至翌年4月为旱季；年平均降雨量1240毫米，年平均蒸发量1973.1毫米；年平均相对湿度为82%，最小相对湿度为26%。

该地区常年主导风向为东北偏东风，风频22.3%，次主导风向为东北风，风频为18.2%，年平均风速3.6米/秒；每年10月至翌年4月盛行东北风，6～8月盛行西南风，5月和9月为季风转换期。易受台风影响，平均每年影响该地区的弱台风2次，中级台风1～2次，强台风0.25次，台风来临时最大风力可达12级以上。

三 土壤与地质

开发区内成土母质有两种，即火山灰母质和玄武岩母质，其中火山灰母质属第四纪母质，土壤发育较浅，砖红壤发育不明显；该区土壤具有富铝化特征；土壤主要有砖红壤和水稻土两种土类，各土类又可分成不同的亚类和土属，此外区域内还分布有第四纪海相沉积所形成的滨海砂土、滨海盐土。

区内地层出露较为单一，台地基底地层为"湛江组"砂黏土构造，其上覆盖厚度不等的玄武岩，建筑承载力较高。洋浦鼻及西部沿海主要为全新统滨海堆积，火山锥四周出露更新世早期气孔状玄武岩、凝灰岩，呈浅黄—灰黄色层状结构，区内南部则出露上更新世晚期橄榄玄武岩斑状结构，具有较高的建筑承载力。在区内北东向主要向分布有三条断裂构造，其中主要发育有干冲—木棠断裂，在开发区外西北角尚有积涌—福山断裂，属全新世晚期正断层，该断层对开发区不会构成直接影响，干冲—木棠断裂为正断层，系隐状的深层古断裂，经判定该断层对开发区场地稳定性一般不会产生影响。根据国家地震局公布的资料，洋浦开发区地震基本烈度为7度。

四 海洋水文与陆地水系

洋浦海区的潮汐类型为正规日潮，平均涨潮历时12.2小时，落潮历时9.6小时；最高高潮位（洋浦海基准面）4.06米（1976年），最低低潮位0.24米（1967年），平均潮位1.91米，最大潮差3.60米，平均潮差1.80米；该海区的潮流性质为不正规半日潮流和不正规日潮流，整个海域涨落潮时存在差异，低潮时洋浦以西开阔海域已经转流，开始涨潮，但以东海域仍处于落潮阶段；新英湾口附近最大流速40厘米/秒，其他海域流速较小；涨潮中间时，开阔海域潮流速度加大，方向由南向西北，洋浦以东海域，海水涌向新英湾，高潮时流速较小，落潮中间时流速加大，开阔海域方向由北向南，新英湾海水流向外海；在新英湾口内外两侧各存在一个逆时针余流涡，在小铲附近也有余流涡，最大余流速度10厘米/秒；洋浦海域水温27℃～27.5℃，盐度在32.5‰左右。

洋浦经济开发区三面环海，北面与陆域相连，附近无大河流通过，属地下水贫水区，区内埋藏有两种类型地下水，即上（浅）部潜水和下（深）部承压水，上（浅）部潜水含水层为近代海滩、泻湖砂层及玄武岩风化残积、冲积黏土层和玄武岩底部砂砾层，埋藏深度50米以上，出水量少，水的动态随季节变化，水质差，污染程度严重，不能作为生活和工业用水。下（深）部承压水层为第四系早期的湛江组地层，主要为中粗砂和砾砂组成，总厚度达60~70米，该地下水属重碳酸—钠钙镁型，基本符合生活饮用水标准，水量较多，预测最大可开采量近8万立方米/天。

五　陆域与近岸海域生态环境

该地区地处热带，气温较高，土地较贫瘠保水力差，植被较稀疏，而仙人掌耐旱植物随处丛生。洋浦开发区经过多年的开发、建设，原有的陆域植被多已被清除，除人口集中区有部分绿地和行道树外，待建设的地块内多为杂草所覆盖。另由于区内尚有少数村庄目前未搬迁，故还存在少量的农田。

洋浦近岸海域有主要海洋生物559种，隶属于66目，181科，295属，多属于印度—马来西亚区系常见的热带暖水种类，具有种群数量小、密度较低，生长期长、生长速度快、资源更新能力强，多地方性种群、季节变化不明显等主要区系特征；群落结构由浮游生物（浮游植物、浮游动物）、潮间带生物、底栖动物、游泳动物组成；浮游动物平均生物量为29毫克/立方米，潮间带生物量267.34克/立方米，底栖动物平均生物量21.74克/立方米，游泳动物平均生物量6.95千克/小时；海域中初级生产力变化范围为38.8~405毫克/平方米·天。

洋浦经济开发区相邻的新英湾是一个溺谷型半封闭内湾，除湾口附近水深较大外，其余80%左右的岸边为沙泥质浅滩，在新英湾西北部的南湖水内湾分布有面积约1.33平方公里的红树林，另外，在干冲西部也有少量红树林存在。

六　油气资源

南海油气资源极为丰富，有"第二波斯湾"之称。据初步估计，其中海南省管辖海域可采天然气总储量达4万亿立方米，石油达20亿吨。已探明和正在勘探的近海整装气田离洋浦的直线距离一般都不超过200公里。洋浦是最有条件利用近海石油天然气资源发展石油天然气工业的区域之一。

第二节 行政建制与发展规划

一 行政建制

开发区所在的洋浦半岛地区由干冲镇、三都镇和峨蔓镇三镇组成。其中洋浦开发区建设用地包括干冲镇全部辖区和三都镇部分辖区，面积共计31平方公里，2007年5月省政府批复了修编的《洋浦开发区总体规划》，将洋浦开发区规划用地面积扩大至69平方公里。1992年洋浦开发区管理局作为海南省政府行政派出机构对开发区进行管理。

二 发展规划

（一）规划理念

1993年3月洋浦经济开发区的设立，拉开了洋浦开发建设的序幕。按照体现产业空间、自然生态和人居环境完美统一协调的理念进行布局规划，在保障产业空间布局结构的合理性的同时，注重开发区建设与生态环境相协调，合理布局开发区各项功能的用地，特别是安排好工业用地、物流运输、市政配套设施用地，做好生活设施和开发区环境的用地规划。经过10多年的发展，洋浦的开发建设条件日臻完善，重大项目引进、基础设施和环境建设卓有成效，大型临港工业基地的总体构架初步形成。

近几年来，洋浦的经济社会呈现出高速增长的态势，原有总体规划已无法适应这一发展的需求，洋浦管理局经请示省政府及时组织开展了洋浦总体规划的修编工作。2008年，以建立洋浦保税港区为导向，海南省委省政府进一步明确提出，"洋浦是海南经济特区中的特区，洋浦的发展是全省经济发展的重中之重。要充分发挥洋浦的区位和港口资源优势，依托洋浦的产业基础，努力把洋浦建设成为具有一定国际竞争优势的石油化工基地、石油商业储备基地、林浆纸一体化产业基地，成为面向东南亚、连接北部湾、背靠华南腹地的区域性物流和航运中心"。总体规划修编工作根据新时期赋予洋浦发展新的使命，适时地作出调整，不断地得到充实和完善。

整个总体规划修编工作经历了以下几个阶段。

2000年12月经海南省政府批准，洋浦经济开发区管理局开始组织开展总体规划修编工作，委托中国城市规划设计研究院海南分院承担修编任务。

2004年9月规划修编初步成果通过专家评审会审查。2004年12月通过了海南省城乡规划委员会第二次会议的审议。

2006年5月省长办公会议对洋浦总体规划修编工作作出重要指示，总体规划修编工作结合这一指示精神和省规委会会议的审议意见对总体规划进行修改。2006年9月修改后上报的总体规划成果经海南省政府常务会审议原则通过。

2007年4月，根据省政府常务会议的意见和要求，在完成洋浦产业发展规划、洋浦工业布局规划、洋浦保税港区方案设计、洋浦总体规划环境影响评价、安全评价等专题研究的基础上，对总体规划相关内容作进一步调整，形成最终成果。

（二）总体布局

将炼油、乙烯化工项目安排在关内，炼化中下游化工产业安排在关外。在空间布局上，将重污染、易燃、易爆的三类工业控制在工业大道以西，南部为港口物流园区，而将生活服务区集中安排在疏港大道以东，使之与工业大道以西的三类工业的安全距离保持在2400～3700米，以满足环保安全要求。工业大道和疏港大道之间用地则安排轻微污染、无污染的加工业，诸如纸品的后加工企业，合成材料的各类物理后加工企业，作为东部生活服务区与西部三类工业区的缓冲带。

（三）空间结构

在总体布局能够适应各类工业、交通运输、生活居住等功能平衡、协调发展的基础上，同时兼顾保护环境和安全风险的要求，由此所形成的开发区空间结构特征可概括为"两廊、四带、四区、一中心"。

1. 两条综合走廊

即工业大道市政防护绿化走廊和疏港大道环境绿化走廊。工业大道市政防护绿化走廊现有220千伏高压线路和天然气输气管线，沿线土地将作为开发区大型工业的公用管线走廊而予以控制；疏港大道环境绿化走廊既是居住区与工业区的绿色隔离空间，也是铁路及其他新增基础设施管线的预留空间。

2. 四个功能区

即以石化和浆纸为龙头的西部重化工业区，以造纸、石化产品后续加工及一般加工工业为主的中部加工工业园区，以航运中转、储存分装配送为主的南部仓储物流区，和沿新英湾滨海环境优越地区展开，以居民安置、企事业机关人员居住和配套公共服务设施为主的东部生活服务区。

3. 四条扩展带

即依托北部湾岸线和两条快速干道沿洋浦半岛并列向北扩展的四条产业和功能地带，由西向东分别为工业港口扩展带，重化工业扩展带，第一、第二类工业扩展带和东部生活服务区扩展带。

（四）土地利用现状与规划

2007年洋浦经济开发区的建设用地面积1767.52公顷，占开发区内土地面积的57.02%。其中，居住用地为180.2公顷，公共服务设施用地为91.5公顷，工业用地为1050.1公顷，仓储、市政设施、交通、村庄等其他用地为445.72公顷（见表8-1）。

表8-1　2007年洋浦经济开发区现状建设用地情况

单位：公顷，%

用地名称	用地面积	占已建用地比例	占规划用地比例
居住用地	180.2	10.20	5.81
公共服务设施用地	91.5	5.18	2.95
其中:行政办公用地	51.4	—	—
商业金融用地	40.1	—	—
工业用地	1050.1	59.41	33.88
仓储用地	18.6	1.05	0.6
市政设施用地	39.83	2.25	1.29
对外交通用地	72.8	4.12	2.35
道路广场用地	110.2	6.23	3.55
特殊用地	13.39	0.76	0.43
村庄占地	190.9	10.80	6.16
现状建设用地面积	1767.52	100.00	57.02
其他未建设用地	1332.48	—	42.98
合　计	3100	—	—

资料来源：洋浦经济开发区管理局提供。

洋浦经济开发区在2004~2020年总体规划中，对6900公顷土地进行了整体规划。居住用地为643.08公顷，占建设用地的9.32%；公共服务设施用地为391.18公顷，占5.67%；工业用地为3605.94公顷，占52.26%；仓储、市政设施、交通、道路广场、绿地等特殊用地为2259.52公顷，占32.75%（见表8-2）。

表 8-2 洋浦经济开发区规划区建设用地汇总

单位：公顷，%

用地名称	用地面积	占建设用地
居住用地	643.08	9.32
公共服务设施用地	391.18	5.67
其中:办公用地	47.5	—
商业金融用地	97.18	—
体育用地	217.1	—
医疗卫生用地	10.9	—
科研用地	18.5	—
工业用地	3605.94	52.26
其中:一类工业用地	288.85	—
二类工业用地	446.82	—
三类工业用地	2870.27	—
仓储用地	432.63	6.27
市政设施用地	110.4	1.6
对外交通用地	383.44	5.56
其中:铁路线路用地	14.4	—
港口用地	369.04	—
道路广场用地	637.53	9.24
绿地	682.41	9.89
其中:公共绿地	98.19	—
防护绿地	584.22	—
特殊用地	13.11	0.19
规划建设用地总面积	6899.72	100

资料来源：洋浦经济开发区管理局提供。

第三节 人口与计划生育

一 人口数量的变化

洋浦经济开发于1992年3月批准成立。1992年末，全区总人口为2.83万人；2000年第五次全国人口普查时，全区总人口为3.88万人。2008年末全区总人口为5.18万人，其中流动人口0.8万人，与1992年相比，总人口增长了83.04%。虽然人口进入稳定低生育，但由于人口增长的惯性作用，按照目前总和生育率1.8%预测，洋浦人口仍将以年均约650人自然增长。

1993年以来，洋浦经济开发区人口发展状况主要特点有：一是人口总量大幅度增长，主要是人口自然增长和净人口迁入的结果。二是人口的自然增长基本得到合理控制，增长趋缓，2005年以来，全区人口自然增长率都低于12.7‰。三是流动人口所占比重逐年加大，2008年洋浦流动人口占总人口15.44%。

二 人口结构的变化

（一）年龄结构的变化

2008年末，全区总人口5.18万人中，0~14岁的人口为16265人，占总人口的31.40%；15~59岁的人口为32313人，占总人口的62.38%；60岁及以上的人口为3196人，占总人口的6.17%。与1993年相比，0~14岁占总人口的比例下降了12.95个百分点，15~59岁人口的比例上升了9.31个百分点，60岁及以上人口的比例上升了3.61个百分点（见表8-3）。上述数据表明，一是洋浦劳动年龄人口比重大，年龄结构呈现成年型状态。与1993年相比，呈现成年型状态逐步增强的趋势，丰富劳动力资源将为洋浦经济发展提供强大的人力资源。二是洋浦的老龄化趋势未来会趋向严重。据预测，到2015年，60岁以上老年人口将达6000人，占总人口比重11.5%。人口老龄化必将带来一些新的矛盾和压力，须加快老龄人社会服务体系方面的建设。

表8-3 1993年、2000年、2008年洋浦经济开发区人口结构变化情况

单位：人，%

项　　目	人口数			占总人口比例		
	1993年	2000年	2008年	1993年	2000年	2008年
少年儿童人口（0~14岁）	14211	13389	16265	44.37	34.55	31.42
劳动适龄人口（15~59岁）	16997	23651	32313	53.07	61.03	62.41
老年人口（60岁及以上）	821	1713	3196	2.56	4.42	6.17
总人口	32029	38753	51774	—	—	—

资料来源：洋浦经济开发区管理局提供。

（二）性别结构的变化

2008年，洋浦总人口中男性为30546人，占59%，女性人口21228人，占41%，性别比为143.89。与2000年性别比110.63相比，上升33.26比例

点，这与洋浦经济开发区流动人口中男性人口居多，以及出生人口性别比偏高相关。

三　计划生育情况

1995年以来，洋浦经济开发区贯彻"控制人口数量、提高人口素质"的有关方针政策和《海南省计划生育条例》，人口与计划生育工作以实现稳定低生育为目标，强化目标管理责任制，加强基层计生基础建设，大力开展创建计生先进居委会活动，切实抓好流动人口等特殊人群的管理和服务工作，取得显著的成绩。2008年，人口自然增长率12.7‰，比上年提高4.4个千分点，比海南省下达考核指标低了0.8个千分点，计划生育率95.8%，比海南省下达考核指标上升了4.8个百分点，出生人口性别比135。

目前，洋浦经济开发区人口与计划生育工作的目标任务发生了重大变化，由过去控制人口过快增长转向稳定低生育水平。在努力提高人口素质的同时，加强人口结构改善，促进人口合理分布，使人口与经济社会相适应、相协调。由过去依靠行政手段抓计划生育，向与经济社会发展紧密结合，采取综合治理措施解决人口问题转变，由以往社会制约为主，向建立依法管理、利益导向、优质服务、综合治理的机制转变。存在的主要问题：一是出生婴儿性别比仍然保持较高；二是流动人口已婚育龄家庭的生育、节育底子尚未完全摸清和登记；三是个别居委会计生人员配备尚未真正落实到位，影响计划生育工作的顺利开展。

第四节　基础设施建设

自开发以来，洋浦开发区基础设施建设共投入资金60多亿元。基本实现了"供水、供电、供天然气、排水、排污、道路、通信、土地平整"等"七通一平"，建成了年供气16亿立方米的天然气输气管道、50公里长区内主干道路网、排水排污地下管网、大型项目污水处理厂，开通了程控电话、移动通信、互联网等。

一　交通运输条件

（一）港口

洋浦港于1987年由交通部投资兴建，位于洋浦湾北岸中部的西浦村与白沙村之间，是天然深水避风良港，其中有海南唯一的标准化集装箱专用码头，该港可达海口、湛江、广州、香港以及我国其他一些沿海港口，国际航线可达河内海防、日本大阪、新加坡等。洋浦港一、二期工程已建成1个3.5万吨级标准化集装箱专用泊位、3个2万吨级通用泊位、1个2万吨级散货泊位、1个3千吨级工作船泊位；目前在建3个2万吨级散货泊位。同时开发区内企业也相应建成了一些专用码头，其中海南炼化企业已建成1个30万吨级原油泊位、1个10万吨级成品油泊位、3个5千吨级成品油泊位。金海浆纸企业已建成1个5万吨、1个2万吨级木片泊位，1个3.5万吨、1个2万吨、3个5千吨级通用泊位。

1993年洋浦港口货物吞吐量51万吨，此后数年一直在100万吨以下徘徊，直至2003年港口吞吐量突破百万关，达到114万吨。2005年货物吞吐量达到432万吨，大港口格局初步形成，2006年港口吞吐量突破千万吨，达到1016万吨，2007年港口吞吐量2351万吨，比上年增长了1.31倍。

（二）公路与铁路

洋浦经济开发区经过10年多的开发建设，现已平整土地20平方公里，建设区内道路43公里。区外对外交通主要为洋浦至莱村公路，此条公路按一级公路标准设计、二级公路标准施工，全长26公里，并接西线高速公路使洋浦与海口和岛内其他城市的联系更加紧密。

粤海铁路西线已经建成通车，根据铁路部门规划，还预留了经洋浦火车渡轮至广西钦州的"桂海通道"以及那大至洋浦的铁路支线，预计2007年底建成，届时开发区物资进出除海运外可通过铁路与国内联运。

二 供电、水、气条件

洋浦经济开发区已建成一座现代化的发电厂，建成44.4万千瓦的燃气电厂和42万千瓦的企业自备电厂，以及三级配电系统；洋浦电网与海南省电网以2回220千伏线路联网。该电厂因工业负荷太小，现为单循环发电，目前装机容量为45万千瓦，电厂最终规模为135万千瓦，可以承担开发区较大的工业负荷。

洋浦已建成一期日供水能力25万吨的供水工程，日供水5万吨的自来水厂。松涛水库是海南省第一大水库，位于南渡江上游，总库容为33.45亿立方米，为洋浦的供水水源，可向开发区最大供水规模达到45万~50万立方米/日。不仅可以保证洋浦未来发展的供水需求，还可以保证外围发展的需要。同时开发区已完成了年供气16亿立方米的天然气输气管道的建设。

三 排水条件

洋浦经济开发区排水系统采用雨污分流制，清洁雨水采用明渠，在东、南、西三个方位直接排海，全区约20平方公里排水、排污地下主管网已基本形成。

工业和生活污水经处理达标后排放。规划建设一座日处理 25×104 吨的污水处理厂（分二期建设），污水处理级别为二级，处理达标后通过一个污水总排放口集中排海，按国家环境总局环发（1998）135号文件批准的方案，在神尖角断面10米等深线和15米等深线之间的范围内排海。

四 邮电通信

开发区已建设了一套现代化的总体通信网络。区内开通了1650条中继线、6000门程控电话、3000部小灵通，移动通信和公用数字数据网络全部开通。目前海口至洋浦光缆已经接通，25000门程控电话扩容工程已经开通。开发区已建立邮政局，开办了国内、国际函件、汇兑、特快专递等业务。

第九章 洋浦社会秩序与劳动就业

第一节 社会秩序

1993年以来，洋浦经济开发区社会秩序总体平稳。随着建设步伐加快，经济发展水平不断提高，社会治安的不安定因素逐渐增多，各种刑事案件、经济案件和治安案件也相应增加，扰乱了社会秩序，危害社会安定。坚持"打防结合、预防为主"，狠抓社会治安综合治理各项措施的落实，紧扣维护社会政治稳定主旋律，加强社会秩序综合治理工作，是洋浦经济开发区今后继续常抓不懈的一项主要工作。

一 社会秩序的基本状况

（一）刑事案件

随着区内经济的发展，流动人口的增多，刑事案件数呈上升态势。2004年以前，刑事案件发生率较少，其中1996~2004年期间，年度立案数46~72起，2004~2007年度立案数均220起以上，刑事案件进入高发期。1993~2008年7月，洋浦经济开发区发生刑事案件共1984起。其中，命案8起，占刑事案件总数的0.4%；盗窃案1419起，占71.52%；伤害案142起，占7.16%；诈骗案57起，占2.87%；两抢案128起，占6.45%；经济案件50起，占2.52%；贩毒案35起，占1.76%（见表9-1）。

刑事案件主要以"两抢一盗"案件和伤害案件居多，占刑事案件总数八成以上。盗窃案件发案时间多为夜晚或凌晨，摩托车盗窃案、入室盗窃案是高发案件。入室盗窃案件中，主要的入室手段为撬门、技术开锁和爬窗，此类犯罪分子对周围地形比较熟悉，作案目标主要以皮包、衣服袋子内现金、手机、手提电脑等可携带财物为主，作案人数为2人或者2人以上。盗窃摩托车和电动自行车案件中，作案时间大多是选择白天，除了用技术开锁外，最主要的原因是车主防范意识不强，没有采取更多的防盗措施。抢劫案件主

表 9-1 1993~2008 年 7 月洋浦经济开发区刑事案件立案统计

单位：起

年份\项目	命案	盗窃	伤害	诈骗	两抢	经济案件	贩毒	其他	总数
1993	—	56	12	2	8	2	1	11	92
1994	1	75	19	6	17	2	3	18	141
1995	—	53	14	5	13	3	1	12	101
1996	—	54	3	6	4	1	—	7	75
1997	1	45	2	3	1	—	1	4	57
1998	—	48	3	2	3	14	—	2	72
1999	1	33	2	1	5	3	2	3	50
2000	—	48	6	4	6	3	2	3	72
2001	1	17	3	3	6	5	6	5	46
2002	—	41	11	2	4	1	6	7	72
2003	—	38	4	3	4	2	5	4	60
2004	—	212	11	2	18	1	1	8	253
2005	—	188	15	3	5	3	1	12	227
2006	2	234	20	4	11	3	1	10	285
2007	—	183	12	3	7	5	3	21	234
2008（半年）	2	94	5	8	16	2	2	18	147
合计	8	1419	142	57	128	50	35	145	1984

资料来源：洋浦经济开发区管理局提供。

要针对工地上的设施，如电缆、电瓶、钢管等物品进行抢劫，作案人数为 4~7 人不等，作案工具为砍刀、铁棍等。

"两抢一盗"案件作案成员多为外来人口，并且团伙作案居多，以中青年无业人口居多。伤害案件的作案成员多为本地青年，由于本地青年整体文化素质不高，一旦发生口角就很容易引起伤害案件。

从 1993 年至 2008 年 7 月止，洋浦经济开发区共破刑事案件 1169 起，破案率为 58.92%。其中，破命案 5 起，破案率为 62.5%；破盗窃案 799 起，破案率为 56.31%；破伤害案 110 起，破案率为 77.46%；破诈骗案 28 起，破案率为 49.12%；破两抢案 53 起，破案率为 41.41%；破经济案件 33 起，破案率为 66%；破贩毒案 19 起，破案率为 54.29%（见表 9-2）。两抢案和诈骗案的破案率均低于 50%，这与两抢案和诈骗案作案特点相关，其犯罪特征常为组织同伙、选择对象精确，实施作案预谋缜密，流动作案性强。

表 9-2　1993~2008 年 7 月洋浦经济开发区刑事案件破案统计

单位：起

年份＼项目	命案	盗窃	伤害	诈骗	两抢	经济案件	贩毒	其他	总数
1993	—	26	9	1	2	1	1	9	49
1994	—	32	15	2	6	1	1	11	68
1995	—	31	8	1	5	1	1	9	56
1996	—	44	3	3	4	1	—	5	60
1997	—	25	3	2	—	—	1	4	35
1998	—	38	3	2	2	9	—	—	54
1999	—	24	2	1	4	3	2	3	39
2000	—	29	2	1	2	1	1	3	39
2001	1	12	3	—	3	3	2	5	29
2002	—	27	8	—	2	1	2	5	45
2003	—	20	4	2	1	2	3	4	36
2004	—	55	10	1	—	1	1	6	74
2005	—	118	9	1	2	1	1	10	142
2006	2	120	17	1	7	2	1	8	158
2007	—	147	8	1	4	5	1	14	180
2008（半年）	2	51	6	9	9	1	1	26	105
合计	5	799	110	28	53	33	19	122	1169

资料来源：洋浦经济开发区管理局提供。

（二）民商事案件

洋浦经济开发区人民法院于 1994 年 8 月 19 日挂牌成立，截至 2008 年 7 月，共受理民事经济案件 1620 件，审结 1577 件，未结 43 件（2008 年新收案件）。其中，民事案件 1301 件，经济案件 319 件（经济案件统计至 1999 年止，2000 年后民事经济案件未再区分，均为民事案件）。案件类型具体为：房屋租赁纠纷、房屋买卖纠纷、婚姻纠纷、债务纠纷、信用证纠纷、损害赔偿纠纷、股票纠纷、债券纠纷、房屋拆迁纠纷、借贷纠纷、联营合同纠纷、建设工程承包合同纠纷、运输合同纠纷、合作开发纠纷、汽车买卖纠纷、承揽合同纠纷、设计合同纠纷、仓储合同纠纷、土地使用权纠纷、房屋产权纠纷、购销纠纷、买卖合同纠纷、技术纠纷、合伙纠纷、财产权纠纷、股权转让纠纷、财产损害纠纷、票据纠纷、不正当竞争纠纷、股权纠纷、继承纠纷、扶养纠纷、婚约财产纠纷、劳动争议纠纷、劳务纠纷、人身权纠纷、督促程序纠纷、特别程序纠纷及其他纠纷。其中以传统类型的案件占多数，最多数量的案件类型为借款、借贷等债务纠纷，计 452 件，占总受理案件数比例的 27.9%；其他依次为买卖合同纠纷案件 177 件，占 10.93%；房地产纠纷案件 151 件，占 9.32%；建设工程承包合同纠纷案件143件，占8.83%；婚姻纠纷案件141件，占8.7%；房屋租赁合同纠纷案件110件，占6.79%；人身权纠纷案件78件，占4.81%；劳动争议纠纷案件45件，占2.78%。在处理上，已审结的1572件案件中，判决结案833件，调解结案303件，撤诉293件，裁定结案51件，其他处理97件（见表9-3）。

表9-3　1994~2008年洋浦经济开发区受理民商案件情况

单位：件，%

项目　民商事案件类型	受理案件数	占总受理案件数比例
借款、借贷等债务纠纷案件	452	27.90
买卖合同纠纷案件	177	10.93
房地产纠纷案件	151	9.32
建设工程承包合同纠纷案件	143	8.83
婚姻纠纷案件	141	8.70
房屋租赁合同纠纷案件	110	6.79
人身权纠纷案件	78	4.81
劳动争议纠纷案件	45	2.78
其他类型案件	323	19.94

资料来源：洋浦经济开发区管理局提供。

从以上统计及审理情况看，洋浦经济开发区的民事法律关系的基本特点：一是民事经济纠纷较少。每年平均收案为116件，对于一级基层法院收案而言是不算多的，但洋浦经济开发区所辖人口较少，民事交往不够活跃，因而相对来说这一数字又是正常的。二是体现开发特点。洋浦经济开发区属于在农村地区开辟的开发区，既有原居农民，又有来自全国各地的"淘金者"，因而在起步阶段显得法律关系纷杂，全部1620件案件涉及近40种案由，既有传统的债务、婚姻、买卖合同纠纷等案件，又有信用证、股票债券股份转让、票据、不正当竞争纠纷等新类型案件。而较多的建设工程承包合同纠纷和土地使用权纠纷则反映出开发建设的特征。三是亟待培育诚实守信的民事交往环境。从统计情况看，最多数量的案件类型为借款、借贷债务纠纷，为全部案件的四分之一强，基本都是借钱不还，反映出开发区一部分人诚信意识缺乏，如此状况不利于开发区民事交往的安全和社会和谐稳定。四是开发区居民婚姻家庭问题需引起重视。十多年间离婚纠纷呈逐年上升趋势，特别是近三年，离婚案件每年均近20件，这在区区5万人且欠发达的开发区是一个不小的数目。五是人民群众的维权意识在增强。案件总的说来呈上升态势，且有关财产权、人身权及劳动权纠纷案件占有一定比例,这说明随着经济和社会的发展人民群众通过法律维护自身权益的意识在增强。

(三) 社会治安案件

1993年以来,洋浦经济开发区社会治安形势总体情况比较平稳,主要以殴打他人、偷窃、吸食毒品、赌博和扰乱公共秩序为主,主要原因为:一是当地群众法律意识淡薄,不善于使用法律进行自我保护;二是当地群众防盗防窃意识不强;三是流动人口逐年增多,给社会治安综合治理带来压力;四是治安防控体系存在薄弱环节,有待加强;五是周边地区毒品违法活动向区内进行渗透的形势较严重;六是基层派出所警力严重不足,导致治安盲点。

1993~2008年7月,洋浦经济开发区共发生社会治安案件3146起,查处2847起,查处率为90.50%。1994年、1995年为案件高发期,立案数分别为470起、350起,1996~2001年案件明显下降,立案数在50~110起之间,2004~2006年案件呈逐步上升趋势,立案数均在350起以上,2007年案件明显回落,仅159起(见表9-4)。

表9-4 1993~2008年洋浦经济开发区治安案件立案和处理情况

单位:起,%

年份	立案数	处理情况	
		查处案件数	占立案数比例
1993	209	183	87.56
1994	470	461	98.09
1995	350	336	96.00
1996	107	103	96.26
1997	75	67	89.33
1998	74	63	85.14
1999	50	39	78.00
2000	58	55	94.83
2001	100	94	94.00
2002	179	141	78.77
2003	106	86	81.13
2004	377	303	80.37
2005	350	336	96.00
2006	383	344	89.82
2007	159	147	92.45
2008(半年)	99	89	89.90
合计	3146	2847	90.50

资料来源:洋浦经济开发区管理局提供。

近年来，治安案件按案件种类发案的特点有：一是赌博或为他人提供赌博条件在 1994~1995 年为案件高发期，2005~2007 年案件明显回落。其中 1993~1995 年共开展了 11 次大规模查禁赌博专项行动，捣毁赌场 35 处，查处涉赌人员 137 人。二是殴打他人和卖淫嫖娼在 1993~1995 年为案件高发期，2004~2007 年案件明显回落。其中 2007 年殴打他人 48 起，卖淫嫖娼 2 起。三是吸食毒品、偷窃、扰乱公共场所秩序、违反互联网管理在 2003~2006 年为案件高发期。其中 2006 年偷窃 164 起、吸食毒品 14 起、违反互联网管理 8 起、扰乱公共场所秩序 6 起。2007 年案件明显回落。

（四）交通事故

1995~2008 年 7 月，洋浦经济开发区发生道路交通事故 1201 起，死亡 35 人，受伤 486 人，直接经济损失 136.37 万元（见表 9-5）。随着公安交通管理部门对路面的管理力度的进一步加强，交通事故各项指标逐年下降，2003 年以前洋浦经济开发区经济发展较慢，交通事故发生率较为平稳，2004~2005 年在开发区基础建设的高潮阶段也是交通事故的高发期。影响交通安全的主要原因：一是区内道路整体通行条件差，混行道路多，是造成事故多发的主要原因。但随着社会经济的发展，存在问题也得到逐年改善。二是公共汽车数量少，居民出行主要交通工具是摩托车，加上交通安全意识淡薄，侥幸心理重，经常出现违反交通安全规则驾驶情况。三是办理车辆驾驶证较难，无证驾驶情况严重。洋浦交警支队尚未具备各类驾驶证办理资格，居民申请办理驾驶证有一定的难度，加上流动人口多，外来人口在本地区无法办理驾驶证照。

近年来，洋浦经济开发区交通事故发生的特点有以下几方面。

1. 事故人员特点

一是无牌无证车上路肇事现象大量存在，共肇事 526 起，占事故总数 43.8%，死亡 23 人，占死亡人数的 65.71%。这些车辆的驾驶员交通安全意识极为淡薄，在路上想停车就停车，不择路段，违法转弯，想掉头就掉头，视超速超载为平常。二是从事运输行业及个体人员是主要的肇事群体，共肇事 577 起，死亡 11 人，分别占肇事总数和死亡人数的 48.04%、31.43%。

2. 事故车辆特点

一是摩托车是最主要的肇事车辆，涉及摩托车的交通事故有 856 起，死亡 21 人，分别占事故总数和死亡人数的 71.27%、60%。二是各种运输车辆带"病"上路，共 385 起，占事故总数的 32.06%。在开发区内行驶的各种客运、货运车辆中，绝大多数车辆都或多或少的存在故障，潜伏的交通安全

表 9–5 1995~2008 年洋浦经济开发区交通事故情况

年度 \ 项目	事故数	一般以上事故数	死亡人数	受伤人数	直接经济损失（元）
1995	125	73	5	53	650000
1996	95	35	2	26	230000
1997	50	10	1	15	50560
1998	76	15	2	21	20250
1999	52	10	3	21	13643
2000	26	6	2	42	76235
2001	25	4	—	20	20300
2002	23	5	3	4	12000
2003	75	9	5	35	26700
2004	208	30	5	16	78110
2005	167	—	3	79	92940
2006	121	—	2	69	10027
2007	93	—	2	48	56250
2008（半年）	65	—	—	37	26650
合计	1201	197	35	486	1363665

资料来源：洋浦经济开发区管理局提供。

隐患巨大。三是肇事车辆未参加机动车第三者责任保险车辆占多数，共 975 起，死亡 12 人，分别占事故总数和死亡人数的 81.18%、34.29%。

3. 事故道路特点

一是在平直道路上事故频繁，共肇事 1180 起，死亡 28 人，分别占事故总数和死亡人数的 98.25%、80%。二是从道路交通控制方式类别来看，在仅有标志标线控制的道路事故多发，共肇事 705 起，死亡 31 人，分别占事故总数和死亡人数的 58.7%、88.57%。三是农村公路和城市主干路事故严重。尽管近年来洋浦经济开发区公路建设取得了明显改善，但由于历史形成的缘故，农村二、三级公路标准低，安全设施严重不足造成交通事故隐患。

（五）食物中毒事故

2004 年至今，开发区共发生 3 起食物中毒事件。一是误食野果中毒 1 起。2006 年 7 月 25 日上午，洋浦干冲区海勤居委会新村 7 名学生到野外采摘"麻风果"食用后，下午 3 时许，5 名学生出现恶心、呕吐症状。经医院及时治疗，7 名儿童全部治愈。本次中毒的 7 名儿童都是干冲二小学生，最大的年龄为 10 岁，最小的为 6 岁。二是食堂食物中毒 2 起。2007 年 6 月 29 日，洋浦金海浆纸有限公司第一餐厅和第二餐厅有 77 名员工出现食物中毒事件，经海南省疾控中心检验，这起事件为沙门氏菌引起的食物中毒。经医院及时救治，中毒员工全部治愈。经调查，引起中毒原因主要是食堂布局不合理导致交叉污染所致。根据食品卫生法的有关规定，社会局责令该餐厅停业整改，并进行罚款处理。2008 年 4 月 18 日，沧州渤海石化工程有限公司海南分公司饭堂发生 4 名员工中毒事件。经调查了解，本次事件是由于食物加工过程被污染引起的。经干冲医院及时救治，当天所有患者全部治愈。根据食品卫生法有关规定，社会局责令该公司进行整改并进行罚款处理。

（六）生产事故

2005~2008 年，洋浦经济开发区共发生安全生产事故 11 起，造成人员死亡 15 人。其中 2005 年安全生产事故 3 起，死亡 4 人；2006 年安全生产事故 2 起，死亡 2 人；2007 年安全生产事故 4 起，死亡 7 人；2008 年安全生产事故 2 起，死亡 2 人。

发生安全生产事故总的特点，是集中发生在大企业的承包商。事故发生在承包商的原因有：一是承包商与业主之间安全责任不明确。业主对承包商的安全生产条件（相应作业资质）审查不严格，对作业项目的安全监管意识比较淡薄，有的建设项目承包商与业主之间没有项目合同，或者相互之间没有签订安全责任书，或者没有制定相应的安全技术方案、应急预案。二是承包商数量多、流动性强、监管难度大。2007 年底安监局开展了主要针对承包商的中小企业安全管理人员培训，对全区的承包商企业作了粗略统计，全区常驻四大企业的承包商企业共 83 家，其中金海浆纸有 47 家，海南炼化有 24 家，还有一些未统计在内的从事短期维修、设备安装的承包商。三是承包商企业从事的项目危险性比一般企业高。开发区最大的两大企业自身人员主要从事核心业务工作（比如中控室），危险性较小。而现场作业项目（比如设备维检修、浆包搬运等）一般承包给协力企业（承包商），作业危险性相对较高。四是承包商企业内作业人员多为临时工，流动性强，劳动素质低，作业条件差。事故直接原因多为作业人员自身安全意识淡薄、违章操作、违反劳动纪律等。五是承包商在安全技能教育培训、劳动防护用品等方面的安全投入不足。六是行业主管部门和综合监管部门的责任不明确，安全生产监督管理不到位。

二 社会秩序中的治安建设情况

洋浦社会治安综合治理工作始终围绕服务经济、服务社会这一中心。自开发区成立以来，未发生过在海南省、全国有影响的重特大刑事案件、重特大治安事件、特大火灾和安全生产事故，未发生重大群体性事件。随着洋浦开发建设不断深入，综治工作也不断创新，并取得了一定成果。2006年洋浦经济开发区被评为海南省2005~2006年度社会治安综合治理先进地区。

（一）成立机构

洋浦经济开发区成立社会治安综合治理委员会，下设办公室。同时新英湾、干冲、新都三个办事处成立综治办，负责辖区内综治工作。2005年，成立了"综治委预防青少年违法犯罪工作领导小组"和"综治委刑释解教人员安置帮教工作协调小组"。形成了洋浦经济开发区管理局、办事处、居委会"三级联防"、"三级调解"组织，进一步完善了社会治安综合治理防控体系。

（二）建章立制

1993年以来，洋浦经济开发区先后出台了《洋浦经济开发区社会治安防控体系建设实施方案》、《中共洋浦工委、洋浦管理局关于深入开展平安建设的实施意见》、《洋浦经济开发区基层组织维护社会稳定奖励暂行办法》、《社会治安综合治理领导责任查究制度》、《社会治安综合治理领导责任制度》、《社会治安综合治理目标管理责任制度》、《矛盾纠纷排查调处工作制度》、《社会治安综合治理督查督办制度》、《社会治安综合治理一票否决权制度》、《治安形势分析制度》、《综治委成员单位联系点制度》、《综治委成员单位述职评议的若干规定》、《综治委五部门联席会议制度》、《综治干部教育培训制度》、《公共安全感调查制度》等一系列规章制度，有力地保障了综治工作全面开展。

（三）专项基金与联防队伍

洋浦经济开发区管理局每年拨专款30万元用于对基层综治工作优秀单位和个人进行奖励，另外每年对年度综治工作先进单位和个人进行表彰。成立了100人组成的治安联防队伍，按照新英湾、干冲、新都三个办事处分为三个大队，作为公安局各派出所的治安防控补充力量。工作业务受公安机关指导，使联防队伍的作用得到充分发挥。

第二节 劳动就业

一 劳动力资源数量、素质和结构的变化情况

洋浦经济开发区自成立以来，劳动力资源数量、素质和结构发生明显改

善。据 1994 年调查统计，开发区成立之初，区内适龄劳动力为 14483 人，劳动力文化程度、素质偏低，文盲及半文盲占 37.6%，初中小学文化程度占 51.1%，高中及高中以上文化程度占 11.3%，其中大中专文化程度以上仅占 2.47%。截至 2007 年底，经过十多年洋浦开发建设的生活、工作和学习、培训提高，在开发区劳动力总人数的 20532 人中，劳动力文化素质和结构呈现明显变化。1995~1996 年连续两年开展扫盲工作，开发区内适龄劳动力基本消灭文盲和半文盲状态。许多文盲或半文盲经过组织扫盲、学习和培训已达到小学文化程度，初中小学文化程度适龄劳动力 12114 人，占劳动力总数的 59%；高中及高中以上文化程度人数达到 21%，其中大学本科以上文化程度达到 4.5%。

二 劳动力就业的变化

开发区成立初期，由于土地被征用，许多居民面临转产转业和就业容量小、岗位少的现实。据 1994 年统计资料显示，洋浦经济开发区适龄劳动力相对稳定就业人数仅为 5838 人，劳动力就业率为 41%，就业形式和结构主要为海洋捕捞和种植业，并有许多隐性失业状态的适龄劳动力。随着洋浦开发进程的加快和洋浦管理局对居民就业的重视，通过相关职能部门的精心组织培训和就业观念教育、引导，洋浦居民的就业途径、形式和结构发生明显变化，劳动力就业率逐年提高。尤其近几年大工业、大项目进驻开发区后，许多适龄劳动力通过培训和学习，掌握了劳动技能，提高了就业素质，被大企业、机关、事业单位吸收就业，就业率稳步提高。截至 2007 年底，稳定就业的适龄劳动力已达 15605 人，占适龄劳动力总数的 76%。与 1994 年相比，适龄劳动力稳定就业人数增加了 9767 人，除自主创业、自谋职业的隐形就业人数未统计外，年均增长 13%。劳动力就业途径、形式和结构也呈相对稳定和行业多样化，主要形式和结构为建筑工人、企业员工、机关事业单位工作人员、海洋捕捞、养殖业、零售服务业和个体工商户等。

三 开发区富余劳动力转移的途径和方式

洋浦经济开发区富余劳动力转移主要集中于建筑业、加工业和服务业，简单体力劳动成为转移主要途径。由于绝大部分劳动力素质偏低、技能单一，因而从事劳动技能低、劳动强度大、危险性高的行业的富余劳动力占到了转移劳动力总数的 76% 以上。开发区成立之初，由于企业少，且技能要求高，岗位不足，长期从事种植业和海洋捕捞业的农民、渔民文化水平不高，且没有经过系统的现代工业生产各种技能的培训,劳动就业素质低,导致失业人数不断增多。据1994年调查统计,除5838个适龄劳动力从事原来的种植业和海洋捕捞业外,其余的适龄劳动力几乎处于失业或半失业状态。1995～1997年为安置劳动力就业,洋浦管理局每年都通过劳务输出的方式,向广东的深圳、东莞等地的劳动密集型企业转移区内青年劳动力,达400多人次,组织劳务输出,转移劳动力就业,暂缓了当时的就业压力,也为居民增加了经济收入。但总体上来说,劳动力在转移方式上还存在一定的盲目性,有组织转移的劳动力比重不高,自发性转移一直是劳动力转移最主要的方式。加之当时洋浦劳动力市场还不完善,中介组织不多也不够健全,加上组织引导工作不到位,区内劳动力转移就业缺乏足够的就业指导、就业服务和便捷可靠的信息渠道,导致盲目性很大,劳动力转移的形式比较单一,通过政府部门、单位及中介机构组织输出的比重小,经过亲朋好友介绍或自主转移的外出务工人员占有很大比例。特别是在区内实现就业的富余劳动力,大多是自发的、分散转移,由组织转移的人所占比例不高。从业结构单一,层次低。

从全区外出务工人员所从事行业看,从业结构简单,就业面狭窄,且层次较低,外出务工人员多集中在以手工操作为主,技能较低的劳动密集型行业,工作量大,工作条件差,劳动报酬低。劳动力素质较低,制约了转移领域。开发区农村劳动力素质普遍低是制约转移数量和转移层次的重要因素。1998年,随着开发建设形势的好转,以及洋浦管理局对民生工程的重视与构建和谐洋浦、稳定社会的需要,根据洋浦发展实际,不断调整产业结构,培养、发展服务业,引进短、平、快的加工密集型企业,并加强区内基础设施建设和市政建设、城市建设美化工程,从而产生了许多符合大多数居民就业的岗位。到2004年,洋浦劳动力就业形势不断好转,许多失业适龄劳动力在区内不断得到消化和转移,而且转移劳动力经过培训,逐步转向高层次就业,部分转移人员走上了管理阶层、技术岗位。还有一部分经过多年的实践积累拓宽了视野,增多了知识,有了一定资金,便利用自身的有利条件自主经营自主创业,尽管这部分人员数量较少,但对促进洋浦劳动力转移就业起到带动作用。尤其2005年开始,随着区内产业规划再次调整和大工业、大项目的建成投产,劳动力文化素质、劳动技能和创业素质不断提高,就业率年年攀升。主要从几个方面实现就业和转移:一是通过加强基础性培训、引导性培训、岗前培训、创业培训和职业技能培训,以及就业观念教育,转移了大批初中以上文化程度的适龄劳动力到区内大中型企业就业;二是通过创业促进就业的有效引导工作,解决相当部分居民的就业;三是通过出台就业扶持政策和各种优惠政策，鼓励居民创业，以创业带动就业，解决了部分由于文化素质、劳动技能相对较低的适龄劳动力的就业问题；四是通过加强与企业等用人单位，特别是大企业的协作、合作，争取了更多更好的就业机会和就业岗位。

四 劳动力市场与就业中介组织的情况

洋浦劳动力市场的发育经过了近十年的发展，目前已基本成形，功能与运作机制初步配套，并在为区内企业、机关事业单位的用人选人与各地人才交流方面有效地发挥作用。洋浦经济开发区人才交流中心于1994年成立，是开发区管理局的劳动就业管理部门，也是全区唯一由政府主导的劳动就业管理组织，具体负责区内职业介绍、信息交流、人才测评、档案管理和职业技能培训与鉴定。洋浦开发之初的1994年，主要是由乡镇农村向城市化转型，劳动力市场发育程度比较低，或者根本没有劳动力市场，而且区内企业较少，劳动力就业和人才交流等方面工作主要由政府通过人才交流中心组织，其他社会性的劳动就业中介组织完全不存在，也没有运作的市场。

近几年，尤其2000年后，大企业、大项目的进驻和流动人口的增多，企业选人用人、各地人才入区活动频繁，职业介绍、劳务合作、劳务输出和劳动技能培训等业务的开展，使劳动力就业市场不断得到培育和壮大，劳动就业管理职能不断得到完善和加强，民间的劳动就业中介组织也由无到有。截至2007年底，完全由民间成立的劳动就业中介组织就达到8家。由政府主导、基层社区成立的劳动就业中介组织达到15家，它们在劳动主管部门的指导下，建立健全了劳动就业三级服务体系，为区内企业用人和劳动者就业提供了较为方便的交流平台和就业咨询服务。2000～2007年的7年间，洋浦开发建设的步伐加快，劳动就业中介组织也得到健康有序的发展，从原来由政府主导成立的1家发展到现在的24家，为洋浦的人才交流和富余劳动力的转移就业和其他就业服务创造了良好的条件。洋浦开发区是国家级开发区，自成立开发区起一直实行比较开放的就业政策，企业选人用人和劳动者就业都是通过平等竞争机制实现。但由于现存政策、制度等方面和企业利润最大化的原因，许多农村劳动力在签订劳动合同、落实劳动标准、保护劳动权益等方面，都存在着诸多的社会歧视和利益侵害。比如平等就业和选择职业的权利、取得合理劳动报酬的权利、休息休假的权利、获得劳动安全卫生保护的权利、接受职业技能培训的权利、享受社会保险和福利的权利、提请劳动争议处理的权利以及法律规定的其他劳动权利等，都存在着体制性障碍和政策性歧视。

五 农民工的基本状况及变化

农民工问题由于缺乏相应的制度认同、制度供应和城市主流经济文化的接纳，以及存在社会歧视性政策，必然会形成与城市主流生活格格不入的"另类"，成为社会转型和体制转轨期的社会弱势群体。作为特殊时期里市场经济和传统制度结合产生的畸形产物，农民工的合法劳动权利处于无法律屏障保护状态就成为一种常态，政府对农民工的态度也是只"接纳贡献"而"排斥参与"，从一定程度上也影响着整个社会对农民工的认同和接纳。现有的法律体系在面对农民工劳动权利保护的问题上，表现出明显的缺位、滞后和乏力，反映出现有法律已经不能适应新形势的需要。无论是从保护劳动者合法权利和基本人权，还是维护社会稳定有序、促进经济社会良性健康发展方面来说，都应建立健全有效的保护机制。洋浦开发区的开发建设虽然时间不长，但基础设施建设和建筑业规模大，吸引了众多来自全国各地的农村劳动力参与开发建设，农民工的劳动条件、生存状况、经济和人身权益保障等方面也同样存在许多问题，其中拖欠工资问题最为突出，前清后欠现象仍较普遍存在。

2006年共受理各种劳动纠纷案件120起，涉及人员1282人，涉案金额578万元，其中工资纠纷101起，占劳动纠纷案件的84.17%；2007年全年共受理各种劳动纠纷案件245起，涉及人员1583人，涉案金额467万元，其中工资纠纷案件211起，占劳动纠纷案件的86.12%；2008年上半年共受理各种劳动纠纷案件143起，涉及人员1499人，涉案金额772万元。从2006～2008年上半年，洋浦劳动纠纷案件呈逐年上升趋势，幅度很大，这是劳动保障监察部门加大管理和处罚力度，加强《劳动法》和《劳动合同法》宣传，使劳动者提高法律意识的结果，也有企业知法违法或对农民工经济、人身权益漠视的原因。当前，农民工受到的不公平待遇主要有：一是工资低，居住条件差；二是企业拖欠工资严重；三是工作极不稳定，流动性较大；四是维护自身权益难。这些情况说明农民工社会保障权利不完整，诸如失业、工伤、疾病、养老以及生育健康等机制有待完善。

六 下岗人员情况

洋浦经济开发区城镇下岗人员主要有结构性失业和周期性失业两种，一是部分行政、企事业单位压缩、调整编制而导致下岗失业；二是由于开发区就业市场容量小，总需求不足而引起的下岗失业。据统计，1996年洋浦经济开发区失业登记人数 26 人，其中高中以下文化程度 12 人，占失业人数的 46.15%；2006 年失业登记人数为 178 人，失业人员大多是在企业中从事以体力为主的工作，其中高中以上文化程度 156 人，占失业登记人数的 87.64%；2007 年失业登记人数为 235 人，失业人员类型与 2006 年基本相似，其中高中以下文化程度 201 人，占失业登记人数的 85.53%。从近年来失业保险基金的收缴、使用情况来看，主要存在的问题是用人单位没有给予足够的重视，尤其中小型企业表现得更为突出。

第十章 洋浦教育

第一节 教育结构

一 教育结构现状

洋浦经济开发区，地处海南岛西北部，在建立开发区前，这里交通不便，信息闭塞，经济十分落后，文化生活极度匮乏。1993年，洋浦经济开发区建立之初，全区有近4万人口，但只有10所小学和1所初级中学。小学在校生2800人，教职工100人左右；初中在校生500人左右，教职工40人。幼儿教育还处于起步阶段，教育结构很单一。

洋浦开发区政府和人民认识到，要想将洋浦从分散、贫穷、闭塞、落后的乡村，发展成为现代化的经济特区，必须大力开发人力资源，优先、超常发展教育，改革结构单一、层次少、管理落后的教育，多出人才，出好人才。经过10余年的努力，到2007年，教育有了长足进展。全区共有完全中学1所，九年一贯制学校1所（民办），完全小学10所，民办幼儿园11所，新建职业技术学校1所。全区中小学在校生13435人，其中小学8037人，初中在校生4182人，普通高中生1216人。中小学在职教职工665人，其中中学244人，正式教职工219人；小学421人，正式教职工298人。民办学校在校生人数120人，教职工16人。全区在园幼儿1271人，教职工91人。职业技术学校（职教中心）在校生480人，教职工20人。此外，成人教育不断发展，各办事处相继办班开展就业培训，先后培训1000多人次。

目前，全区教育结构整体上呈现出形式多样、类型丰富的特点，从幼儿教育到高中教育，从基础教育到职业教育，从公办学校到民办教育，从全日制教育到成人教育，全区教育体系不断完善。

教育管理体制结构方面，洋浦有自身的特色。洋浦经济开发区社会局下设教育科技管理办公室，负责管理全区所有教育类工作，包括审核（批）办学、科技项目并监管实施；组织开展科教机构评估、督导、考核等项工作，负责开发区教育工作的宏观指导、监督和管理。组织开展教学研究、职称评审、招生考试、师资培训、人事档案、学校常规管理、学籍管理、考核聘任、两基教育、勤工俭学、电化教学、计财基建、教育统计等工作。1993年开发区建立之初，只设立1名教育主管，后来，随着全区教育规模的不断扩大，目前共有3~4名教育管理人员（包括1名社会发展局分管教育的副局长）。教育管理体制是一种扁平结构，其优点是机构精简，便于统筹安排教育工作，工作效率高。但也有不足之处，就是随着教育规模的不断扩大和教育形势的不断发展，学校常规管理、学籍管理、教育科研、招生考试、考核聘任、教育统计等方面的管理越来越要求专业化，这就给教育管理带来较大的压力。

现在，洋浦的教育在省内外都有一定的影响，2005年，洋浦中学第一届高考，就有1名学生考取北京大学，每年都有50%以上的高三毕业生考取重点本科院校；教师在课堂教学大赛中，多次获得全国一等奖，新课程改革取得骄人的成绩，研究性学习、校本课程、校本研训形成品牌。

二 教育结构存在的问题和发展趋势

教育层次结构方面，基础教育各阶段发展不够平衡，成人教育有待加强。在基础教育各阶段中，因为九年制义务教育的普及，中小学教育规模相对较大，幼儿教育和成人教育相对薄弱。

教育类型结构方面，全日制教育相对发达，成人教育、社区教育等教育类型需要进一步加强。成人教育课程设置还不够丰富，教学形式较为单一，还不能完全满足开发区对人才的需求。

办学形式结构相对单一，公立学校规模较大，民办教育办学规模相对较小。民办教育主要集中在幼儿教育层次，人数在300人以上的只有两三所。1所民办九年一贯制学校，人数只在300人左右。

随着洋浦经济的快速发展，社会对高质量的教育需求越来越高，对不同教育种类的需求也越来越多。教育层次和教育类型结构方面，将形成层次多样、形式多元的方向发展。

随着洋浦保税港区的建设发展，学校布局将有很大的变化。首先，进一步强化中学教育，拟在三年内，将洋浦中学办成省级示范学校，逐步普及高中教育。其次，小学将进行较大的调整组合。目前11所小学除扩建3所小学外，另外8所小学将搬迁新址，整合为5~6所新校，统一按一类学校标准建设，使小学教育上一个新台阶。成人教育要进一步发展壮大。继续扩大洋浦技工学校招生规模，计划3~5年内，学生人数达到4000人，在课程设置方面，要与开发区经济发展相适应，充实或新设一批专业，形成化工、机电一体化、化工、制浆与造纸、现代物流、机械操作与维护、电工与焊工、财会、酒店服务与管理等较为完善的课程体系，培育良好的校内外实习基地，在招生、就业等方面要有大的突破。继续发展社区教育，加大资金投入，完善教学体系，使之成为人们终生学习的理想场所。民办教育方面，将建设一所标准化的中心幼儿园，运用国际上先进的管理模式，在人才引进、课程设置以及教学方式上都将有新的突破。规范另外3~4所幼儿园的教学与管理，形成示范园，辐射全区。

第二节 义务教育和基础教育

一 义务教育

洋浦经济开发区建立之初的1993年，小学适龄儿童入学率和初中少年入学率分别为92.4%和40%，青壮年文盲率高达30%。义务教育各项指标均大大低于海南省的相应平均值。开发区第一次统一出题组织小学毕业统考，语文成绩合格率9.3%，平均成绩37.7分；数学成绩合格率42.3%，平均成绩53.5分。

2004年8月23日，洋浦管理局下发了《洋浦经济开发区被征用土地居民子女免费接受九年义务教育管理暂行办法》的通知，决定从当年9月1日起，在全区实行义务教育免费制度。义务教育免费的发放对象和使用范围，主要用于解决义务教育阶段学生书款、杂费，其补助标准是：小学一、二年级，每学期150元/人，小学三至六年级，每学期195元/人，初一至初三年级，每学期286元/人。各学校设立专门账户，实行独立核算，保证专款专用。开发区建立了三项制度，对免费金进行监督，即公示制度、检查制度和报告制度。2004年，小学毕业生升学率为98.55%，初中阶段学龄人口入学率96.78%，初中毕业生升学率达到66.18%。

2006年，全区各校狠抓"普九"落实不放松，一手抓发动学生入学，另一手抓在校学生的巩固工作。一是调查摸底，深入家访。各学校对有辍学苗头的学生进行分类排队，组织教师逐个上门家访。二是加大宣传和执法力度，督促家长及监护人自觉送子女入学。全区各学校利用假期组织教师出墙报，书写宣传标语，使义务教育各项政策深入人心，增强了群众送子女入学的自觉性。三是下发了《洋浦经济开发区关于加强对我区义务教育管理体制督查工作的通知》，进一步规范办学行为，促进办学质量的提高。四是加强中小学生学籍管理工作。根据省教育厅关于学籍管理的有关规定及《关于规范我区学校学籍管理的规定》，对全区中小学学籍管理作出具体要求：小学阶段在本区范围内转学，由学生向原就读学校申请并填写转学申请书，经转出和接收学校提出意见后报科教办审核批准。初中阶段转学需由学生向就读学校申请并填写省统一印制的《海南省普通中小学转学联系表》，就读学校作出转出意见，再由转入学校作同意接收意见，报社会局审核批准方可转学。高中阶段原则上不同意转学。五是继续推行《洋浦经济开发区被征用土地居民子女免费接受九年义务教育管理暂行办法》政策，只要符合条件，学费、杂费一并免除，凭免费卡即可报名入学。确保每一个义务教育阶段的适龄儿童、少年都能入校学习，决不让一个学生因家庭贫困而失学。

二 基础教育

2005年洋浦中学学生首次参加高考以来，高考上线率和重点大学录取率一步一个台阶，有学生考取了北京大学、南开大学、国防科技大学等全国重点高校，目前已为各级各类高校输送了360多位大学生。2008年高考成绩跃上新台阶，共有58人上一本，为我区历届最好成绩；本专科上线总人数为251人，占考生总人数95.1%。2008年中考满分达22人，中考综合成绩稳居全省各市县之首，已多年蝉联全省第一。

（一）新课程改革成效显著

各校严格按照国家新课程标准，开足开齐课程，选修课程、校本课程、综合实践活动课程形成体系。洋浦中学的校本课程、洋浦第一小学的美术教学、干冲一小的乐队表演，都形成了自己的特色。2007年，在海南省教育厅8月至10月组织的面向全国的新课程开放周活动中，洋浦中学课改宣传设置专栏参展，获得省一等奖。本区课改取得了令人瞩目的成绩，在省内外产生了一定的影响，多次接待省外教育考察团体到本区进行课改实验考察交流。

洋浦中学课改在省内外有较高的知名度，校本课程、研究性学习、校本研训形成品牌。许多小学教育也形成特色，洋浦小学、干冲小学在全省都有一定的知名度。2007年上半年，洋浦中学被评为省安全文明生态学校，荣获省课改先进单位，朱金龙、梁胜娟荣获省课改先进个人，教研工作获省网络教研先进单位二等奖。近年来，有30多位教师在国家级、省级课堂教学竞赛中获得一、二等奖，关键、汪秀萍等100多位教师教学论文获得国家级、省级一、二、三等奖；在省中学生英语、物理、数学等奥赛中共有10多位学生获得一、二、三等奖。陈光校长等3人三次应邀在有关省市新课程改革培训班讲课，受到好评。洋浦中学先后接待国家教育司专家及省内外其他考察交流团体六次。目前，学校承担国家级课题2个，省级课题4个，都已产生一定的成果，在省内外有一定影响。

（二）管理创新

一是教委办、各学校重新建立和完善了集管理、教育、教研于一体的一整套规章制度，全区教育工作有章可循，有序开展。二是进一步完善学校管理委员会、校务会、教职工代表大会三会制度。完善学校内部管理机制，规范学校管理行为，体现依法治校、科学治校、民主治校的办学要求，推进学校管理工作的科学化、制度化、规范化。三是推行学校办学经费总额包干管理办法，在进一步完善学校评估考核办法，构建适合区内教育发展要求的科学评估体系的基础上，对学校进行定期评估考核，确定学校等级类别和办学经费，形成竞争激励机制，激发办学活力，增强质量意识，提高办学效益和质量。四是规范了各学校的编制和用人限额，各学校辞退了大量临时人员，减轻了学校包袱，提高了教师队伍的整体素质。规范学校岗位设置，全面推行教师聘任制。2007年，对各校校长通过聘用选拔的方式进行了调整，2008年，又实行中层干部竞岗聘用，使一批年富力强、德才兼备、富有创新精神的年轻教师走上了领导岗位，充实了教育管理队伍，给教育增添了新的活力，激发了学校教职工的工作热情。

（三）强化德育工作

把德育当做学校工作的首要任务。一是2007年，在各校开展向郭力华、李尚丽学习的活动。洋浦中学学生李尚丽被评为省十佳志愿者，还被评为海南省助人为乐道德模范。她的感人事迹被多家媒体网络宣传报道，并被编入2007年海南省中考政治试卷，产生了强烈的影响。二是组织全区中小学生"八荣八耻"征文比赛活动，全区共有500多篇征文参加区级评比。三是组织各学校评选和谐少年、十佳少年、优秀辅导员、星星火炬奖章等并推荐送省参评。2008年5月，四川汶川地震发生后，全区师生心系灾区献爱心，积极响应开发区发出的"众志成城，募捐赈灾"的倡议，捐款总额近30万元。四是加强普法教育，全面实施"法律进学校"工程，同时，对学生进行交通安全、卫生安全、防毒禁毒的宣传教育，初步形成了从小学到中学渐进、科学、合理的法制教育体系，建立健全了学校、家庭、社会"三结合"的青少年学生法制教育网络。

（四）开展灵活多样的教学教研活动

教研活动是学校教育发展的动力。2007年主要工作：一是组织全区300多名教师分语文、数学、英语科目进行了以教材分析为主题的教研活动；组织全区各小学进行教学质量分析，集中100多名教师分语文、数学科目进行了研讨。二是举行了全区小学英语教学观摩及研讨会，观摩研讨了4堂精彩的优质课；组织全区小学语文教师举行了教科书美文诵读筛选比赛；组织有关教师参加了省英语优质课观摩评比活动。三是分别组织20多名、50多名小学数学教师到省参加听课观摩等教研活动，组织教师参加省特级教师及小学省级学科带头人教学研讨和观摩活动。四是组织教师参加省政治、英语、体育、美术等教学案例、论文评选活动以及教育厅举办的第十四届多媒体教育软件评选活动，多位老师获奖。全区教师196篇文章（占全省1/3，省给指标15篇）参加省教育学会2007年度论文评比，其中有二十多篇论文获一、二、三等奖。五是组织全区各学校总结基础教育课程改革情况，并形成了全区总结材料，向省厅推荐报送了先进评选材料。六是组织洋浦中学和洋浦第一小学参加省校本课程展评活动。中学获省一等奖，第一小学获三等奖，科教办获优秀组织二等奖。

特色办学成效显著。在新课程改革中，正确引导学校实施新课程，开齐所有课程，开足课时。全区11所中小学都建立了电脑教室，开设开齐了信息技术课、英语课和综合实践活动课，涌现出了一些特色学校，如新都小学的英语教学、干冲小学的信息技术教学、洋浦小学的美术教学、第一小学的校本课程、东浦小学的舞蹈以及体育教学、洋浦中学的校本课程以及研究性学习等等，形成了学校品牌。

教师专业成长熠熠生辉，各校教研活动得到强化，教研活动丰富多彩。教师们积极撰写教学案例、课堂实录、教学反思、教学论文。各校充分利用网站和教育博客，积极推进网络教研。洋浦中学、洋浦第一小学、干冲小学全校教师人人都有自己的博客网页，教师参与之多、之广、之深，前所未有！以问题研究和解决为特征的校本教研和培训制度日趋健全。教师专业成长快，教学教研成果丰硕，2007年，全区教师获得全国赛课、论文一等奖的有13人次，获得省级以上奖励的有196人次。

学生素质全面提升，学生乐学、活学、活用，素质全面提高，取得了骄人成绩。大量学生在全省舞蹈、书画、管乐、钢琴、歌唱、电脑绘画、小论文及各种学科竞赛评比中获奖。2007年，学生在省级以上各种竞赛中获奖达285人次。

（五）质量评估工作机制健全

坚持以教育教学为中心，扎实推进素质教育，全面提高教育质量。制订了《洋浦经济开发区 2006～2007 学年度中小学校绩效评估定等实施方案》，加大了对各学校教学质量考核的力度，加强了对学校教育常规管理和质量监控，进一步完善健全了对学校常规管理和教学质量的综合评估办法，形成了正确的政策导向、质量导向和舆论导向，并促使全区各学校结合实际，本着切实可行、科学合理的原则，进一步完善了《教学常规制度》、《教学质量考核制度》、《课堂教学评估标准》、《备课、上课、作业批改检查制度》、《教职工考勤制度》等各项教育教学工作制度，有力地促进了全区中小学教育教学的规范化管理和教学质量的全面提高。

学校体育、卫生和艺术教育工作不仅是学校教育教学的重要内容和途径，同时也是校园文化建设的重要抓手。2008 年 4 月 29 日，开发区正式启动"全国亿万学生阳光体育运动"，这一由教育部、国家体育总局、共青团中央共同发起的活动，旨在全面推进素质教育，提高青少年健康素质，要求各级各类学校不得以任何理由挤占体育课时，并配合体育课教学，保证学生平均每个学习日有 1 小时体育锻炼时间，让学生放松身体感受运动的快乐。

（六）学籍管理科学规范

全区建立了学生电子学籍管理系统，在海南是除海口以外第一个全面建立电子学籍管理系统的地区，使教育管理更规范高效。在封堵高考移民方面，维护了本省广大学生的合法利益，对中小学学籍进行了清理，全面彻查近三年已经办结的学籍转入、转出及借读审批材料，普查普通高中学生在校就读情况，清理学籍审批和管理制度不健全的问题，清理学籍材料未建或建档不规范的问题，同时还建立了完善的学生电子档案管理系统。

（七）开展校园文化建设

校园文化是一种群体文化，是学校发展进程中创造的物质财富和精神财富的总和。校园文化一旦形成，就会产生巨大的力量，它能净化学生心灵，陶冶学生情操，提升个人品位。本区十分注重校园文化建设，充分发挥好它的育人功能。一是加强"环境文化"建设，通过美化自然环境，优化人际环境，净化学生的心理环境，形成和谐的育人环境。二是进行道德性文化建设，进行学生习惯养成教育，以"文明学校"建设为中心内容，深入持久地开展"文明班级"、"文明宿舍"、"文明科室"、"教书育人标兵"等评选活动，开展让学生自己设计制作喜欢的名言警句，举行"唱响'八荣八耻'建设和谐校园"歌咏比赛等活动，从而创设"美化、净化、优化"的育人环境。再者，通过课余文化建设，加强社团文化活动，引导学生自我管理、自我服务、自我教育、自我完善。努力形成学校以育人为本的校风，教师以敬业为乐的教风，学生以成才为志的学风，促进教育和谐发展。

第三节 教师队伍建设和教育资源配置

一 教师队伍建设

2007年，全区公立学校有中小学教职工编制676人，实有教职工665人（中学244人，正式教职工219人；小学421人，正式教职工298人）。民办学校教职工16人，职业技术学校（职教中心）正式教职工18人，幼儿教职工91人。中小学任课教师学历达标率为100%，具有研究生学历9人，国家级骨干教师2人，省级骨干教师7人。

2007年，开发区管理局进行了严格有序的教师招聘工作。5月份，在全国5所师范院校进行了招聘应届毕业生的工作，招聘了23人，其中有6名研究生。7月，面向区内招聘22名小学教师的工作，并分配到校上岗。8月初，又面向全国进行中学在职教师招聘工作。

2008年，完成了到5所师范大学设点招聘39名应届毕业生的工作以及面向省内外招聘41位在职高中教师的工作。招聘工作程序合理，体现了公平、公正、公开的原则。

开发区通过规范学校管理、完善绩效考评制度、加强校本研训制度等措施，形成教师健康成长的良性环境，使我区教师队伍整体力量不断得到增强。

组织完成了全区学校2006~2007学年度绩效工资补差工作，全区共拨补差工资160多万元，提高了教师待遇，提升了学校类别，缩小了学校差距，促进了学校均衡发展。

二 教育资源配置

教育投资的主体是靠上级财政投入，而财政投入主要是用来支付公办教师的工资和补贴，民师和代课教师的工资主要是靠从学生收取的少量统筹费支付。

（一）努力改善办学条件

改善办学条件是提高教育教学质量的保障。开发区2007年共投入163万元，进一步改善中小学的办学条件：

一是以实施农村中小学现代远程教育工程为契机，投入42万元，增配功能教室24间，增加计算机40多台，彩电22台，卫星接收系统11套。全区学校全部建有计算机教室，中小学信息技术课开课率达100%。建立和完善全区教育资源网络平台，开通教育电子公文系统，初步实现全区教育系统网络互联互通，现代教育技术应用水平和教育物资装备水平得到很大提高。

二是投入33万元为中小学添置3000套课桌椅；投入65万元对洋浦小学、新英湾小学、唐屋小学、公堂小学、东浦小学等进行校舍维修；投入50万元为洋浦中学新建简易教室16间，解决学生数量增加的问题。

三是投入14万多元给8所小学购置了复印机7台、速印机6台；投入9万元给第一小学购置了电脑等设备，改善了办学条件。

（二）实行农村中小学现代远程教育工程

开发区认真开展农远教育工程建设，制作农远标语，对各学校进行防雷检测整改。组织区内学校技术骨干对全区各学校的农远工程卫星接收系统进行转星调整工作，以全省第一的优异成绩顺利通过省级验收，并获得高度评价。验收组一致认为，本区远教工作领导重视，组织严密，资料十分齐全，设施配套好，教师培训和教学应用出色，运转维护有力，是全省实施项目市县中最好的单位之一。

（三）推进民生助学工作

为了让开发区居民共享开发建设的成果，促进洋浦社会和谐发展，协助管理局推行民生工程。一是实行义务教育全免费，全年共投入5695161元对13319名学生实行免费教育。二是推出洋浦经济开发区"大学生助学工程"，对在全日制普通高等院校就读的区内在校大学生（本科生、专科生）提供学费资助，帮助其完成学业。1991年户口登记及1992年房屋登记在册的洋浦开发区居民（不含区内财政供养行政、事业单位工作人员）的子女，且高考成绩达到省考试局当年公布的录取分数线，具有录取通知书和录取院校学籍证明的应届、往届在校大学生均可享受。助学金发放标准为本科生：2500元/每学年；专科生：1500元/每学年。每学年的第一学期初发放，每学年发放一次。本年共为235名往届和176名应届大学生分别发放助学金527500元和372000元。

这一工程的实施，对提高居民整体素质，推动开发区经济社会的健康发展，为国家培养更多的人才，都具有重大的意义。人们纷纷称赞此项工程是党和政府为区内大学生排忧解难，帮助他们成才的希望工程；是落实科学发展观、构建和谐洋浦、真心实意为人民谋利益的民生工程。

第十一章 洋浦医疗卫生、社会保障与文化事业

第一节 医疗卫生机构及管理

一 医疗卫生机构的资源构成及变化

与洋浦开发区成立时相比，医疗机构有了长足的发展。与 1992 年以前全区只有 16 名医务人员的干冲卫生院相比，开发区的医疗卫生机构增加了 28 倍，医务人员增加 5.93 倍，平均每 800 人拥有 1 张床位。

洋浦现有各类卫生事业机构 28 个，其中医院 2 个、妇幼保健所 1 个、社区卫生服务中心 1 个、疾病预防控制机构（卫生监督所）1 个，诊所 5 家，卫生室 18 个，2007 年洋浦医院动工兴建，预计 2009 年 10 月开始运营。

目前开发区医疗机构配置人员 95 人，其中高级职称 1 人，中级职称 9 人，初级职称 43 人，医务工作人员 42 人。

现在开发区较上规范的医疗机构是中心医院和干冲医院，分别拥有 30 张病床。内设外科、内科、内儿科、门诊部、放射科、妇产科、检验科、功能科（B 超、心电图）、中西药房、留医部、预防保健科等科室。

根据功能配套设置，目前中心医院和干冲医院各有 B 超机 1 台、心电图 1 台，X 光机 1 部；近年来随着医疗业务的增加，干冲医院购置了脑血流图 1 台，心电监护仪 1 台，麻醉机 1 台，半自动生化仪 1 台，全自动血常规机 1 台。2005 年洋浦管理局拨款购买了救护车 1 辆，为医疗救护提供了条件。

二 医疗卫生管理现状及问题

（一）医疗卫生机构的管理

洋浦开发区成立后，为了加强医疗卫生机构的业务质量，进一步提高社

会效益和经济效益，1994年卫生医疗机构实行人员聘用的管理模式，除对干冲卫生院原有经儋县人民政府分配的工作人员给予承认外，并给予了中心医院和妇幼保健所编制；从1995年开始，洋浦医疗机构实行了岗位人员聘用制度，聘用了具有高中级职称的医务人员到医疗卫生机构工作，优化了人员设置结构，增强了医务人员的业务素质，提高了医疗机构管理职能。在经济管理上，彻底打破大锅饭的思想，实行"面向市场，自负盈亏，各尽所能，按劳分配"的管理办法，推行工资和效率挂钩，打破了平均分配的原则，消除了工作中的懒散现象；此外财政每月还拨给干冲医院和中心医院固定的购置设备经费，减轻医疗机构经济负担。

（二）民间医疗机构的管理

加强民间医疗机构和人员的管理是洋浦社会发展局的一项重要工作，为了促进民间医疗机构的合理布局，提高医务人员的诊疗水平，社会发展局采取"总量控制，结构调整，优胜汰劣，竞聘上岗"的办法，聘用了具有大中专医学院校毕业以及具有同等职称的医务人员进入民间医疗机构开展工作，增强了民间医疗机构的结构体系，促使卫生资源得到合理地利用。

从医疗卫生机构管理体制总体情况看，这种管理模式对医疗机构的社会效益和经济效益起了促进作用，但也存在一些弊端是即使医疗机构完全走向企业化，失去了原本的事业单位公共服务的功能，对患者产生负面影响，同时也导致医疗卫生机构内部产生一系列问题。

三 公共卫生管理

（一）疾病种类趋势及其管理

洋浦是个传染病高发区，1980年和1985年曾经发生两次登革热，发病人数近5000多人。此外霍乱、结核病等传染病曾有发生和流行。洋浦开发区成立后，管理局和卫生行政部门极其重视传染病的监测和控制工作，1992年成立了由防疫机构、医疗机构和各村庄卫生室承担的医疗三级监测网络，对传染病进行监测；此外，海南省疾病预防控制中心还会同洋浦社会发展局在洋浦干冲区各行政村和新英湾五山居委会设立了登革热监测和控制点，对登革热进行定时监测和控制，同时还多次组织开展结核病的普查工作，对涂痰性结核病给予了免费治疗。从1986年到现在二十几年没有登革热和霍乱等传染病发生，肺结核病也逐渐减少。

根据流行病学趋势分析，尽管在登革热、霍乱、结核病等控制工作中取得了较大的成绩，可是随着洋浦开发走向深入，各地人员往来频繁，艾滋病、乙肝、麻疹等传染病呈现上升的势头，输入性登革热的隐患仍然存在，2006年丙类传染病发生1起200多人，同年，洋浦疾控中心会同省疾病预防控制中心对洋浦地区200名群众乙肝普查时，显示乙肝发病率达20%以上。

（二）食品中毒事件情况

2007~2008年，共发生食物中毒事件3起，中毒人数89人，没有人员死亡。其中单位集体食堂细菌性食物中毒事件1起，中毒人数为77人；工地食堂细菌性食物中毒事件1起，中毒人数为5人；学生误食麻风果中毒事件1起，中毒人数为7人。

（三）饮水卫生情况

2000年以来，洋浦村村都通了自来水，洋浦卫生监督所加强对自来水厂二次供水监督，并限期对二次供水厂进行消毒，目前没有发现传染病的发生。

（四）环境卫生情况

自2001年以来，基本实现了村村改水改厕和路面硬化的目标，目前洋浦开发区卫生环境良好，1992~2007年开发区没有发生重大环境灾害和自然灾害后的疫情。

为及时、有效地预警和应对公共卫生突发事件，洋浦开发区管理局结合海南省突发公共卫生实际情况，制定了《洋浦开发区突发公共卫生事件应急预案》，对突发公共卫生事件性质、危害程度、涉及范围等因素，划分突发公共卫生事件等级预警，指导和规范各类突发公共卫生事件的应急准备和应急处理工作，有效预防、及时控制和最大限度地减少突发公共卫生事件的危害，保障公众身心健康与生命安全，维护正常的社会秩序。

四 药物生产、经营、管理的现状和问题

洋浦目前有日中天制药厂1家药品生产企业，主要生产头孢克肟和麝香追风膏等，该厂生产以来严格执行药品生产操作规程以及《药品生产质量管理规范》的有关规定取得了GMP认证资格。为了进一步加强药品质量管理，2007年洋浦食品药品监督管理局选派2名驻厂监督员对该厂进行定期监督，促使其药品质量管理有了进一步的提高，目前没有发现该药厂生产的药品有不良反应报告。

2007年洋浦有药品批发企业70家，零售药店14家。70家药品批发企业都是两头在外的企业，在药品经营企业管理上，采取日常监督和专项监督相结合的管理办法,加强对药品经营企业的管理,强化企业的经营诚信理念,进一步完善了企业管理体系。2004年洋浦药品零售企业全部通过GMP认证,70家药品批发企业在药品GMP认证跟踪检查中基本合格,2002～2007年没有销售假药现象发生。

开发区没有药品检验机构,为应对假劣药品事件的发生,几年来洋浦食品药品监督管理部门联合有关药品检验机构,开展资源共享,多次会同儋州药品检验部门,对开发区的药品质量做了抽样检验,了解药品的质量情况;此外还请求海南省食品药品监督总队派出药品快速检测车到洋浦对药品质量进行检测。

五 城乡居民健康状况和妇、幼、老人保健工作的现状和问题

随着洋浦合作医疗的建立,居民医疗有了切实的保障,健康水平得到根本性的改善。洋浦居民参保的方法是,每年每人交付参保基金10元,可享受门诊50%补偿,留医补偿分为三级,一级医院起付70元,补偿70%,二级医院起付300元,补偿40%,三级医院起付500元,补偿40%,特殊病种补偿60%。据统计,开发区目前合作医疗参保人数34508人,参保率达到99.93%,城乡居民参保人数1044人,参保率98.96%,2008年合作医疗共交付医疗基金34万多元,解决了居民生病没钱治疗这一重要问题。现在洋浦老龄人口占总人口6.28%,居民人均寿命得到了延长。

为了加强母婴保健工作管理体系,1995年洋浦成立了妇幼保健所,并确立了开发区母婴保健机构,实行两个系统的管理。几年来洋浦社会发展局组织妇幼保健所每年开展两次以上妇女健康教育活动,教会妇女青春期、育龄期的有关保健知识等,提高妇女自我保健能力;同时妇幼保健所还经常开展对0～6岁儿童健康检查,了解儿童的发育情况,从2003年以来,孕产妇检查2133人,儿童系统管理4295人,两个系统管理覆盖率达91.67%。

第二节 人口和社会保障

一 人口数量变化

1992年全区总人口为2.74万人。2000年全区总人口为3.4万人。2007年末,全区人口总数为4.4万人(其中流动人口0.8万人)。虽然洋浦经济开

发区已经进入稳定低生育，但由于人口增长的惯性作用，按照目前总和生育率1.8%预测，今后几年洋浦人口仍将以年均约500人的速度增长（不包括流动人口和迁入人口）。

1992年以来，洋浦经济开发区人口发展有如下几个特点：一是人口总量大幅度增长，主要是人口自然增长和净人口迁入的结果。二是人口的自然增长基本得到合理控制，增长趋缓，2005年以来，全区人口自然增长率在11‰以下。三是流动人口所占比重较大，2007年洋浦流动人口占总人口的18%。

二 计划生育情况

1995年以来，洋浦经济开发区贯彻"控制人口数量、提高人口素质"的有关方针政策和《海南省计划生育条例》，推行计划生育目标管理制度。特别是2007年，全区人口与计划生育工作以实现稳定低生育为目标，强化目标管理责任制，加强基层计生基础建设，大力开展创建计生先进居委会活动，切实抓好流动人口等特殊人群的管理和服务工作，取得显著的成绩。2007年，人口自然增长率9.4‰，比上年降低0.8个千分点，比海南省下达考核指标低了0.03个千分点，计划生育率90.3%，比海南省下达考核指标低了0.2个百分点。

目前，洋浦经济开发区人口与计划生育工作的目标任务发生了重大变化，由过去控制人口过快增长转向稳定低生育水平。提高人口素质，同时重视改善人口结构，促进人口合理分布，使人口与经济社会相适应。由过去依靠行政手段抓计划生育，向与经济社会发展紧密结合，采取综合治理措施解决人口问题转变，由以往社会制约为主，向建立依法管理、利益导向、优质服务、综合治理的机制转变。

存在的主要问题：一是出生婴儿性别比仍然保持较高；二是流动人口已婚育龄家庭的生育、节育底子尚未完全摸清和登记；三是个别居委会计生人员配备尚未真正落实到位，影响工作的顺利开展。

三 人口结构

（一）人口年龄结构

在2007年末对于全区41808人的统计中，0~14岁的人口为9149人，占21.9%；15~59岁的人口为30092人，占72%；60岁及以上的人口为2567人，占6.1%（其中，65岁及以上的人口为1958人，占4.7%）。与2000年相比，0~14岁人口的比重下降了17.1个百分点，60岁及以上人口的比重上升了1.1个百分点（其中，65岁及以上人口比重上升了1.5个百分点）。上述数据表明：当前洋浦人口社会抚养比较低，劳动年龄人口比重大，劳动力资源丰富，为洋浦经济发展提供了强大的动力。

（二）人口性别结构

2007年末对洋浦43473人的性别统计中，男性为23949人，占55%，女性人口19524人，占44.9%，总人口性别比为122.6左右。比1995年降低了0.4个百分点。洋浦的性别结构逐步趋向合理，与洋浦贯彻执行《人口与计划生育法》、《关于禁止非医学需要的胎儿性别鉴定和选择性别的人工终止妊娠的规定》等法律法规，综合治理出生人口性别比偏高，开展"关爱女孩行动"、倡导男女平等有关。

（三）老龄化问题

2007年，60岁以上老年人口比重达6.1%，根据国家标准，已经进入老龄化社会。据预测，到2015年，60岁老年人口将达0.8万，占总人口比重12%，80岁以上老人达0.2万。目前洋浦还是青壮年占的比例高，但洋浦的老龄化趋势未来会趋向严重。人口老龄化必将带来一些新的矛盾和压力，在建立养老、医疗等社会保障制度方面和满足老年人群需求的为老龄人社会服务体系方面，应逐步加大工作力度，加快社会资源合理配置，增加为老龄人服务设施，健全为老龄人服务网络。

四 区内居民生活状况

自1992年海南建立洋浦经济开发区以来，区内居民生活水平得到了明显的提高。至今，本区人均GDP已突破50000元大关，居民人均收入约达3000多元，从低收入跨入中等收入水平。

近年来，在洋浦大企业进入，大项目带动下，随着保税港区的建立，不断地转变经济增长方式，居民由原先以渔业为主的单一作业转为多种综合作业方式。推荐就业者、自谋职业者、进厂务工者一年比一年多，同时，还涌现出一批又一批的自主创业者，带动了许多居民就业，缓解了社会就业压力，使居民生活水平得到了较大的改善。近几年来，本区就业人数约达2000人，占适龄劳力30%左右，就业人数比10年前要高出一倍。

社会各项公共服务设施及街道商业建设进一步地完善。自来水、电视、电话、道路等通达家家户户，街道环境绿化整洁优美，随处可见高楼拔地而起，彻底地改变了本区多年来的老旧落后的面貌，如今，居民在家有精彩的电视节目观赏，出门有摩托车、风彩车等方便的交通工具。在干冲主商业街道上，随处可见娱乐厅、文化服务场所、餐饮店以及各式各样的商店，到处都是车水马龙，人来人往，一派繁荣和谐的景象。

五 社会保障与社会救助

（一）社会保障

1. 五保户的供养方式

实行以分散居家供养方式，严格执行五保户供养政策。1992～2007年，本区共有13人五保户供养对象，14年来共发放保障金218400元，2007年将五保户纳入低保系列，一年来共发放保障金24960元，提高了五保户供养质量，确保五保对象人均供养水平达到省政府规定的1200元以上的要求。同时通过多种渠道，为五保户提供基本的医疗服务，加大农村医疗救助力度，免费为五保对象参加当地新型农村合作医疗，帮助其享受到相应的医疗费用报销待遇，并将患大病的五保户纳入医疗救助范围。

2. 城乡最低生活保障基本情况

本区最低生活保障工作从2005年开始，最低生活保障金标准为每人每月不能超过160元，同时每户每月不能超过500元。评审方式：首先个人申请—居民小组初审，然后，实行"三级一线联审"办法（即办事处包点干部、居委会干部、会同居民小组干部一起调查联审）；入户调查，会议联审并进行公示—上报办事处，办事处审核并公示—上报社会发展局审批。经费来源：洋浦管理局财政核定和划拨，社会发展局和办事处负责管理和发放，确保最低生活保障金安全、及时准确发放。3年来，本区有1893户，5925人次进入最低生活保障，发放最低生活保障金590.6万元。

（二）社会救助

1. 城乡残疾人基本情况和问题

本区残疾人数共有236人，其中一级残疾20人、二级残疾39人；三级残疾79人、四级残疾27人；无等级残疾71人。对残疾对象实行了动态和分类管理。一、二级残疾为重型残疾，三、四级残疾为轻型残疾；重型残疾人一律纳入低保对象，家庭生活特别困难的，再争取民政救助资金，近3年来共为169人解决民政救助资金近20万元。

2. 城乡贫困人口的基本情况和问题

本区贫困人口的划分主要以失耕失渔为标准。全区没有固定的经济收入，没有高档家电（具），没有个人存款等贫困人口共有14200人，从2005年开始，实行失耕失渔大米补助，3年共计发放大米1102万斤，帮助贫困家庭子女上大学965人，发放助学金24.6万元。

3. 优抚安置基本情况

本区优抚安置对象分四类，第一类为复员军人，共有10人；第二类为烈属，共有3人；第三类为伤残军人，共有1人；第四类为参加过抗日战争的老同志，共有1人。为优抚安置对象，按时按标准发放优待金和抚恤金定补金，从1992年至今，复员军人共发放18.3万元，烈属抚恤金共发放7.5万元，伤残军人共发放3.5万元；2002年开始发放参加过抗日战争老同志定补金1.1万元。

第三节 文化建设

一 电视"村村通"工程

2006年洋浦经济开发区已通电20户以上自然村（居民小组）"盲村"共63个，采用无线覆盖接收电视方式的有29个自然村，剩余的34个自然村采用有线联网覆盖的电视接收方式。至2007年11月，本区已基本完成20户以上自然村"村村通"工程建设任务。

随着国务院对本区保税港区的批复，本区目前正处于大开发和大搬迁时期，今后一段时间内多数居委会和居民小组都将按照开发区搬迁整体方案进行搬迁，本局将根据新出现的"盲村"情况，在已完成原有"村村通"建设任务的基础上，继续完成搬迁村的"村村通"建设任务。

二 电影电视播出安全防范工作

（一）加强本区电视节目规范管理工作

做好春节和"五一"期间广播电视安全播出防范工作，保证本区电视节目无违例播出现象的发生。完成本区广播电视播出机构节目的检查清理情况报告和广播电视"村村通"建设情况报告等并上报省文体厅。2007年，接受省文体厅、安全厅等8家单位组成的联合检查组对本区接收境外卫星电视节目的检查，进一步规范节日期间接收境外卫星电视节目的秩序。

（二）规范音像制品、出版物和网吧的管理

联合公安部门开展专项查处文化部公布的带有反动、淫秽、假冒、违禁音像制品、出版物和盗版软件行动。

（三）加强网吧监管整治

本区目前合法登记的网吧有 18 家，分布在干冲区的有 10 家，新英区的有 8 家。按照琼文化［2005］59 号文件的规定，本区网吧的总数已经超出设置规定。

2008 年，对 17 家通过专项整改的网吧网络经营许可证进行年审，有效地规范了开发区网吧的经营秩序。同时，会同公安、工商部门定期或不定期的开展对网吧的巡查，以确保网吧的规范经营。

第三篇 洋浦政治

第十二章 洋浦党政和群众团体

第一节 中共洋浦经济开发区工作委员会

1993年以来，中国共产党海南省洋浦经济开发区工作委员会（简称中共洋浦工委）认真贯彻落实中共中央和海南省委的路线、方针、政策和决定，高举邓小平理论伟大旗帜，认真践行"三个代表"重要思想，全面落实科学发展观和构建和谐社会的治国方略，解放思想，深化改革，扩大开放，开拓进取，扎实工作，经济社会发展各项工作取得了显著的成就。

一 中共洋浦经济开发区工作委员会发展情况与基本工作

（一）机构与基本职能

1993年5月，中共洋浦经济开发区工作委员会经中共海南省委员会批准设立，当时设书记1名，委员2名。经过15年的调整变化，目前，设工委书记1名，副工委书记2名（其中1名兼任洋浦管理局局长、1名兼任洋浦纪工委书记），委员5名；中共洋浦工委的工作机构设有工委办公室（管理局办公室）、工委组织部（人事劳动保障局）、纪工委办公室（监察局）、工委政法委。

（二）促进经济与社会发展的基本工作

1993年以来，中共洋浦工委以党的基本路线为指导，围绕建设社会主义市场经济体制，加大开发区基础设施建设和居民搬迁安置的力度，大力开展招商引资工作，实现洋浦经济开发区的经济快速、健康发展。同时，全面发展社会各项事业，下大力气改善民生，实施20多项民生工程；文化、教育、卫生事业有了新发展；社会治安综合治理得到加强，推进了洋浦社会稳定和谐。

中共洋浦工委始终以发展为主题，以经济建设为中心，深化体制改革和机制创新，使洋浦经济快速、健康发展，成为海南省经济发展的最快增长极，经济地位日显突出。近几年，随着100吨纸浆、800万吨炼油等大项目的建成投产，洋浦实施"大企业进入，大项目带动，高科技支撑"的发展战略已初见成效，经济和社会发展取得显著成果。2007年9月24日，洋浦保税港区获得了国务院批准设立。洋浦保税港区申办成功，是海南对外开放的重大突破，是洋浦发展史上新的里程碑，大大提升了洋浦乃至海南对外开放的层次和水平，提高了洋浦乃至海南在国内国际的影响力和竞争力。特别是2008年4月，胡锦涛总书记视察洋浦时作重要批示："以洋浦经济开发区为龙头，努力打造面向东南亚航运枢纽、物流中心和出口加工基地。"李克强副总理视察洋浦时指出，"抓住洋浦经济开发区、保税港区等关键节点，突出其核心功能和辐射功能，不断更新、创新，努力形成对外开放新格局"。洋浦工委、管理局根据中央和国务院领导的指示精神，确立"一港四基地"的战略定位：以保税港区为核心的具有国际航运和物流中心承载能力的枢纽港，建设石油化工产业基地、石油及天然气储备基地、制浆造纸及印刷包装一体化产业基地、修造船及海洋工程制造基地。

二 组织工作和纪律检查工作

（一）组织建设工作

1993年以来，中共洋浦工委的组织工作，紧紧围绕洋浦工委确定的发展目标和中心工作，认真贯彻落实党的路线、方针、政策，按照邓小平理论、"三个代表"重要思想和科学发展观的要求，以与时俱进的精神加强党的建设，提高党组织的战斗力，加强领导班子建设，深化干部选拔任用制度，不断提高组织建设和党员队伍建设。

（1）加强各级领导班子的建设，配齐了各级班子，成立了二级局办党组，完善和制定工委、管理局及二级局办党组、行政班子的会议制度与议事规则，坚持和严格执行民主集中制，充分发挥各级班子及其成员的主动性和创造性，切实加强各级班子的团结合作和分工负责，大大增强了全区的整体合力和各级班子的决策能力、执行能力。

（2）根据《党政领导干部选拔任用工作条例》和《党政机关竞争上岗工作暂行规定》等有关规定，为了把德才兼备的人才选拔到领导岗位，洋浦工委建立和完善科学的干部选拔和任用机制，通过公开选拔、竞争上岗和民主推荐等方式，把一批群众公认的"想干事、能干事、干成事"的优秀干部选拔任用到各级领导岗位，以正确的用人导向调动了各级干部的工作积极性，形成了勤奋向上、热情高涨的工作局面。

（3）深化人事制度改革，建立健全充满活力的激励淘汰机制。实行目标管理责任制和绩效考核，将年度工作任务分解为具体工作目标，明确主办和协办单位的任务、完成时限和工作标准，每半年考核一次，考核结果与绩效工资、年度评优奖励挂钩，极大地促进了各项工作的落实。制定并实施了工作人员职务和岗位调整暂行办法，疏通了干部"能上能下、能进能出"的渠道。制定实施了推荐社区基层干部到区办事处和企事业单位任职暂行办法，给那些政治上靠得住、工作上有本事、作风上过得硬、人民群众信得过的基层干部提供舞台。

（4）大力推进党性学习教育。开展"三讲"教育活动。按照中央的统一部署和省委的统一安排，认真扎实地对全区1500名党员开展了保持共产党员先进性教育活动。对党委和各支部进行换届选举，加强了组织建设，开展一系列"先进性见行动"活动，各级党组织为群众办好事、办实事。建立了一系列长效机制，使党员普遍受到了教育，素质进一步提高，各级党组织的凝聚力、战斗力和创造力得到增强。

（二）党的纪律检查工作

1. 机构设置情况

2005年初，成立了洋浦经济开发区纪工委、监察局。之后相继在公安局和3个办事处设立纪检组，并配齐配强了18个基层居委会党支部纪检委员。

2. 工作开展情况

（1）领导高度重视，全面落实责任制。工委每年年初都召开全区性党风廉政建设专门会议，对反腐倡廉工作进行专门部署，层层签订责任状，建立责任体系，实行党政"一把手"负总责、分管领导包块负责的领导干部"一岗双责"制。工委、管理局把党风廉政建设作为开发区整体工作的重要内容，一同研究，一同部署，一同检查，一同考核，并把考核结果纳入年度整体工作绩效考评内容和干部提拔使用的重要标准，实行一票否决、领导问责。

（2）深化改革创新，推进源头治理。在干部任用方面，严格执行《党政领导选拔任用工作条例》，干部任用全部采用竞争上岗、公开选拔的方式进行，纪工委进行全过程监督；在财务管理方面，于2005年初成立了会计中心，对所属55个财政预算单位全部实行财务集中管理。制定了财政拨款和审批管理办法、基建项目和搬迁安置资金拨付审批办法。制定了《政府采购管理暂行办法》，实行多部门联合监督制约，切实加强了对政府采购活动的规范运作和管理。对5家局属国有企业实行会计委派和财务集中核算，强化对国企负责人从政行为的监督；在工程建设方面，先后出台了《政府投资项目管理暂行办法》、《工程招投标管理暂行办法》、《工程项目变更管理办法》等配套制度措施，建立了工程建设廉政保证书制度和工程建设监察机关备案制度，建立了工程项目审计制度，初步形成了全方位的工程综合监管体系；在土地出让、国有资产处置方面全部实行"招、拍、挂"。机关、企事业、基层组织全面推进政务公开、事务公开和局务公开，实行阳光作业，接受群众和社会监督。

（3）加强制度建设，规范行政行为。自2005年开发区开展"制度建设年"活动以来，全区自上而下制定和完善规章制度260多项。工委、管理局制定出台了《贯彻〈实施纲要〉加强惩防体系建设的实施意见》、《工程招投标管理暂行办法》、《政府采购管理暂行办法》、《党政领导干部问责暂行办法》、《基层党风廉政建设若干规定》、《领导班子重大问题议事规则》等文件规定65项。逐步形成了按制度办事，用制度管人的良性工作机制，有效规范了行政行为。

（4）加强教育监督，完善约束机制。一是坚持民主集中制和重大事项议事规则。在局属二级单位全部设立了党组，建立健全了领导班子重大问题议事规则。二是严格落实"三谈两述"制度。不完全统计，纪检监察部门成立三年来，先后对新提拔任用的干部进行廉政谈话90余次，对有苗头倾向性问题的党员干部进行提醒谈话、诫勉谈话110余人次，做到了关口前移，防微杜渐。三是认真开展廉政巡查。对管理局每年投入4000多万元实施的民生工程，以及干部竞争上岗、教师招聘、工程招标、政府采购、资产拍卖等活动，纪检监察部门都派人进行全程跟踪监督，发现问题及时纠正处理，限期整改。四是加大审计监督力度。对9家国企遗留问题进行了清产核资审计，对部分二级局、事业单位及原来的9个对外联络处，以及9名离任处级领导干部进行了审计和依法整改，对违纪干部进行了处理。对4个重要基建项目进行了审计，共核减造价1452万元。

（5）严肃查处案件，解决突出问题。对长期以来群众反映强烈的土地款问题进行了全面清查纠正。2005年，在财力十分紧张的情况下，将开发区成立10多年来政府拖欠群众的土地补偿款868万元，一次性全部还给群众。并责成纪检监察部门对建区以来行政机关、国家公职人员挪（借）用、侵占群众土地款问题进行专项清理，将清理出来的款项203万元也全部偿还给群众。有16名基层党员干部退还私分集体土地款16.6万元，11名党员干部退还乱发补贴2.4万元，30多名党员干部偿还长期拖欠公款9万多元。3年来共查处违纪案件7起，给予8人党纪政纪处分，对14名党员干部进行了组织处理。

三 党的宣传工作

近几年来，洋浦的宣传工作始终服务于洋浦的开发建设，真实、及时传播党委和政府的声音，宣传洋浦经济快速发展、国家批准设立洋浦保税港区的大好形势，宣传保税港区建设的深远意义，积极引导和教育广大干部群众支持、配合保税港区的建设；积极主动地向国内外推介洋浦的各项优势条件，树立洋浦作为中国"面向东南亚的航运枢纽、物流中心和出口加工基地"的开放形象，推动招商引资。

（一）教育引导干部群众支持、配合并积极投身于洋浦开发建设的热潮中

随着"大企业进入，大项目带动"战略的实施，经济的迅猛发展把洋浦带入了社会转型时期。为缓解十几年开而不发积累的诸多问题矛盾，洋浦工委管理局几年来充分发挥电视台等宣传舆论阵地的积极作用，通过排演山歌剧，举办调声大奖赛、举办居民春节大联欢等各种群众喜闻乐见的文体活动，营造支持开发建设的社会氛围，弘扬"包容、创新、勤奋、共赢"的先进文化理念，引导群众遵纪守法，诚信明礼，树立正确的荣辱观，促进洋浦社会的和谐转型。

（二）服务开发建设，推动招商引资

近几年来，洋浦切实加大对外宣传的力度，2005~2007年，每年接待媒体记者多达500多人次，多次在《欧洲时报》、《香港大公报》、《文汇报》、《南华早报》、澳门《濠江日报》、凤凰卫视和中央电视台、《人民日报》、《经济日报》、东方卫视、广东卫视、湖南卫视、旅游卫视等媒体刊播大篇幅、有深度的新闻报道，同时利用举办招商会、参加经贸活动、节庆活动的各种机会积极向国内外推介洋浦的区位、港口、政策等诸多优势。频率高和讲求广度、深度的宣传，扩大了洋浦的影响，使作为海南对外开放"桥头堡"的洋浦再度成为备受瞩目的焦点，为洋浦的招商引资创造了良好的外围环境。

第二节 洋浦民主党派

洋浦经济开发区现有民革、民盟、民进等三个民主党派。近几年，各民主党派紧紧围绕洋浦开发和建设的中心工作，充分发挥自身的优势，积极履行参政党的职能，积极建言献策。为洋浦的招商引资、扶贫济困等方面做了不少有益的工作。

一 中国国民党革命委员会洋浦经济开发区支部委员会

民革洋浦支部成立于2006年12月，成立时党员10人，现有党员21人，分布在政府机关、企事业单位、个体经营等多个部门和行业。近两年来，在中共洋浦工委和民革海南省委的关怀和支持下，民革洋浦支部的队伍建设、组织建设发展较快。

民革洋浦支部积极参政议政，通过举办各种活动加强行业间的互相联系，深入调查研究，积极撰写提案，为洋浦的开发建设献计献策。民革洋浦支部的党员积极开展祖国和平统一和海外联谊活动，为祖国早日和平统一作出贡献。

二 中国民主同盟洋浦经济开发区支部委员会

民盟洋浦支部成立于2002年11月，到2008年盟员总人数达到32人，与成立时的9人相比，增长3.5倍。首任主委被选为海南省政协委员，第二任主委被选为民盟海南省委员。洋浦民盟支部自成立以来共有3件集体和个人提案被有关部门采纳。

洋浦民盟支部的盟员主要是文教界的知识分子，他们为洋浦教育事业作出了很大贡献。同时，民盟洋浦支部还利用自筹到的经费，每年资助两名品学兼优的洋浦学生完成高中学业，获得社会各界一致好评。

三 中国民主促进会洋浦支部委员会

民进洋浦支部成立于2003年2月，目前共有会员9人。民进洋浦支部认真贯彻民进中央关于在全会开展以"坚持走中国特色政治发展道路"为主题的政治学习的总体要求，加强学习和自身建设，积极履行参政党职能。

民进洋浦支部的会员分布在洋浦机关、学校、企业，他们围绕洋浦开发建设的中心工作。努力开展招商引资，取得较大的成绩，受到洋浦工委、管理局的嘉奖。积极加入扶贫的队伍，到群众中了解情况，开展慰问孤寡老人及困难户活动，为他们捐款捐物，帮助他们解决实际困难。

第三节 群众团体

1993以来，在中共洋浦工委的领导下，各群众组织坚决贯彻落实党的路线、方针和政策，不断加强自身建设，团结广大群众，为洋浦经济开发区的经济社会发展作出了积极贡献。

一 洋浦经济开发区工会

自1995年洋浦经济开发区工会组建以来，积极创造条件开展工会工作，加快工会组建步伐，维护职工的合法权益，为困难职工提供方便快捷的服务，开展精神文明建设活动，为洋浦经济社会发展作出自己的贡献。

（一）加强工会自身建设

洋浦经济开发区工会认真贯彻《海南省实施〈中华人民共和国工会法〉若干规定》，针对不同组织形态、经营方式的企事业特点，采取先易后难和先大后小的原则，强力促进企事业单位组建工会。目前，洋浦经济开发区基层工会总数达97家，会员达8079人。

加强工会干部的教育培训和能力建设，推进新任工会主席的上岗资格培训、非公企业工会干部培训和财务、经审工作培训班，进一步提高工会干部队伍的整体素质和工作水平。

创办工会会员基地，服务职工，为职工办好事、办实事。筹备创立区工会网站，为职工提供舆论阵地，提高工会组织的凝聚力。

（二）加大维权工作力度

区工会认真贯彻全总、省总工会的有关精神，利用《工伤保险条例》宣传活动，印发宣传材料向行人发放，悬挂标语，公开叫响有困难找工会的口号。

在工委、管理局的重视支持下，区工会和经济发展局联合开展洋浦和谐企业创建活动，制定了和谐企业的标准和评比要求，在全区企业中普遍开展。创建和谐企业，有效地维护了职工的合法权益，区工会维权职能也得到很好的发挥。

在区工会促使下，多家单位与全体员工签订劳动合同。部分化工粉尘类企业在工会成立后改善了职工劳动条件和劳动报酬，劳动安全和劳动卫生也得到很好的加强。

关注农民工，维护农民工的合法权益。和人事劳动保障局联合组织开展农民工工资发放检查，发展农民工881人加入了工会组织。

（三）送温暖活动

建立健全困难职工档案，并定期进行更新。积极开展春节困难职工送温暖活动，为困难职工送去工会组织的温暖，让困难职工亲身感受工会组织对职工的关怀。每年升学期间开展金秋助学活动，为困难职工子弟提供资助。

2008年9月，洋浦经济开发区工会组织成立困难职工帮扶中心。协助工委、管理局，筹集资金，协调各方，解决困难职工、受灾职工、下岗失业人员和农民工等弱势群体在劳动就业、收入分配、社会保障等方面遇到的困难和问题。重点做好对零就业家庭、单亲职工家庭、患重大疾病或子女上学的困难职工家庭的帮扶工作。

（四）精神文明建设

认真组织全区"五一劳动奖状"和"五一劳动奖章"的评选表彰活动，对先进集体和模范个人进行表彰，并组织劳模和先进职工外出参观学习，彰显先进个人的荣耀。

开展"安康杯"竞赛，开发区成立以工委副书记李恩杰为主任的活动领导机构，制定了活动方案，全区有5000人参加竞赛活动。提高了职工团结协作能力和业务水平。

每年组织不同主题的"五一"长跑活动，展现了洋浦职工的精神风貌，促进了全民健身的发展。

每月举办工会会员专场电影，工会会员凭借会员证可以免费观看一场电影。

创立洋浦文学艺术协会，并成功出版了我区第一本文学艺术刊物《洋浦湾》，活跃洋浦职工文学艺术创作，繁荣了洋浦经济开发区的文化。

二 共青团洋浦经济开发区工作委员会

1995年9月6日，洋浦经济开发区成立共青团洋浦经济开发区工作委员会（简称洋浦团工委）。洋浦团工委在洋浦工委和团省委的领导下，紧紧围绕洋浦开发建设的中心工作，认真践行"三个代表"重要思想，努力落实科学发展观，艰苦奋斗、开拓创新、与时俱进、扎实工作，引导广大青年树立坚持党的基本理论和基本路线不动摇的信念，树立正确的世界观、人生观和价值观，自觉地把个人奋斗融入实现祖国社会主义现代化和中华民族伟大复兴的共同奋斗之中。积极引导青年按照党的要求，努力做到"四个统一"勤奋学习，艰苦创业，勇于创新，甘于奉献。始终以青年的健康成长为己任，充分发挥团支部、团干部的骨干作用，深入了解青年中的新思想、新动态，充分调动了广大团员青年的积极性和创造性，增强青年团员的荣誉感、责任感、使命感，团结带领广大团员青年积极投身洋浦开发区经济建设和机制体制创新，在我区青少年思想政治工作、居民搬迁安置、保税港区建设、突发事件、社会捐助等方面作出了应有的贡献。

由于洋浦开发区的实际情况，共青团员的人数较少，共青团工作的开展随着洋浦开发建设力度的加大而有所突破。2007年，洋浦开发区共青团组织共有基层团委7个，团支部119个，全区团员2204人，分别比1995年增长了16.6%、350%、486.5%。全区基层团委7个，无专职团干部，兼职团干部配备31人，其中女团干12人，占实际配备人数的38.7%，党员团干23人，占74.2%；大学以上学历的团干22人，占71%。

（一）青少年思想政治工作

1995年以来，共青团洋浦开发区工作委员会要求各级团组织从政治的高度，结合近代史党史团史教育、基本国情区情教育、党的基本路线教育和基本纲领教育，通过座谈会、报告会、学习会、宣讲会、广播、墙报等形式，组织带领广大青年深入学习领会"三个代表"重要思想的实质。在学习中，结合十大杰出青年志愿者、十大杰出青年评选活动和增强团员意识、社会主义荣辱观等活动对团员青年进行主题教育活动。

以学习《公民道德建设实施纲要》为重点，配合社会发展局、政法委进一步加强青少年道德建设。组织青年志愿者开展"我为洋浦作贡献"和"服务孤寡老人"等活动；在学校团队组织中开展"遵守社会公德，争做文明学生"、"18岁成人仪式"等活动，弘扬社会公德和新风正气，有效地促进了精神文明建设。同时，积极开展"社会主义荣辱观学习"、"热爱洋浦主题教育活动"、"增强团员意识主题教育活动"、"迎奥运，树新风"、"青少年奥运贺卡传递"、"抗震救灾捐助"等活动，加强了青少年的热爱祖国、热爱家乡、关心他人、互助友爱和奉献意识等教育。

（二）紧紧围绕工委管理局中心工作，做好品牌工作

深化青年文明号创建活动和青年岗位能手活动，大力推进"号手"联动，以青年文明号信用实践档案为纽带，以自主信用实践活动为重点，加大联动力度，丰富联动内涵，加强了青年文明号的职业道德和信用示范建设，使"号手"联动真正成为弘扬"诚实守信、互利双赢"的社会新风。

积极开展"洋浦经济开发区十大杰出青年"、"洋浦经济开发区杰出青年志愿者"、"洋浦经济开发区青年创业致富带头人"、"洋浦经济开发区就业技能比武活动"等评选活动，树立了优秀青年和优秀青年致富带头人的典型。

积极围绕开发区建设开展了"宣传洋浦管理局民心工程，支持开发区建设"、"保税港区政策宣传"等活动，成立"洋浦开发区搬迁安置青年志愿者小分队"、"环保志愿者小分队"。

（三）提高青少年服务意识和服务水平

1995年以来，为进一步增强青少年服务工作，针对洋浦开发区的实际，与就业局、政法办、社会发展局等单位联合开展了实施"青年就业和再就业工程"，引导青年转变就业观念，树立创业信心，开展"洋浦开发区就业招聘会"等方式，为广大青年提供就业岗位。近两年来，共召开专题招聘会12场，实现了1080名青年再就业。围绕贯彻《未成年人保护法》和《预防未成年人犯罪法》，建立了洋浦经济开发区预防青少年犯罪协会，加强对青少年的法制教育，强化其法制意识，优化了青少年成长的社会环境。青年社团数量逐渐增多，青年志愿者协会、洋浦电视台学生记者站等一系列社团，进一步延伸了洋浦团工委服务青年的手臂，增强了团组织对青年的凝聚力。

（四）自身建设不断加强，团员发展标准不断提高，团员数量迅猛增长

（1）根据洋浦开发区具体实际，积极探索多种建团形式，进一步加强团的基层组织建设。

在学校，加强了学校的共青团组织建设，特别是民办学校共青团建设和管理，搞好团队衔接工作；在非公经济组织中，采取独立建团、联合建团、挂靠建团等方式，进行了探索与实践；在企业，积极创新企业团的组织设置、活动方式和运行机制；在社区居委会，针对洋浦开发区建区后共青团工作的新特点，积极探索城镇一体化团建模式。

（2）加强对团干部的教育培训工作，多层次、多渠道组织实施团干培训。

（3）不断严肃基层团委团员发展的环节，提高团员发展的门槛，确保团员质量。逐步形成了更加完善的团员发展模式。在学校团委中推行团支部选举、学校团委团课培训、共青团基本知识测试、入团积极分子义务劳动、团员宣誓仪式等考察环节组成的新团员考察模式。

（4）积极开展增强团员意识主题活动。开展佩戴团徽、团员评议等系列主题教育活动，不断增强团员的荣誉感、使命感、责任感。

三 洋浦妇女工作委员会

妇工委自1994年成立以来，在洋浦工委、管理局的直接领导下，按照省妇联工作要求并结合我区实际，坚持"一手抓发展，一手抓维权"的工作方针，与时俱进，组织全区各级妇女干部通过有针对性地培训、召开座谈会、宣传咨询、下发调查问卷等形式，积极开展调研工作，在团结带领全区妇女参与经济建设和社会发展、建设社会主义精神文明、妇女儿童权益保障工作

等方面取得了一定成效。

（一）精神文明建设

1. 坚持教育和实践相结合，在广大妇女中开展社会主义荣辱观教育

开展了"读书的女人最时尚，读书的家庭最和谐"读书活动，积极参加省组织的"绿色家庭"、"家庭读书知识竞赛"活动，提高广大妇女和家庭成员的思想道德、科学文化素质，培养健康、文明、科学的生活方式。抓住"三八妇女节"、"母亲节"的有利时机，深入开展"五好文明家庭"、"平安家庭"、"和谐家庭"创建评比活动，组织主题为"我工作，我健康，我快乐"的座谈互动活动，宣传树立了一批环保型、节约型等特色家庭，树立良好家风。

2. 进一步加强未成年人思想道德建设

为他们的成长营造良好的氛围环境，有效开展小学生"八荣八耻"宣传教育活动和"六一"文艺汇演，引领和丰富儿童精神世界。

3. 较好地发挥了妇联组织桥梁、纽带、支柱和妇女之家的作用

组织妇女参加开发区"十一"歌咏比赛，与工会联合组织全区交谊舞大赛，举办太极拳培训班。

4. 注重加强妇女干部队伍素质建设

倡导先进的性别文化，树立时代新形象，展示开发区女性风采，举办女性礼仪、色彩知识讲座，进一步提升了女性的综合能力，增强了妇联组织的活力和战斗力。

（二）妇女儿童权益保障工作

1. 加大法律宣传力度，努力提高妇女法律意识

以"深化妇女普法教育，促进构建和谐社会"为主题，通过拉横幅，散发宣传资料，开展了《妇女权益保障法》和《预防制止家庭暴力》的宣传咨询活动，现场为妇女群众答疑解惑，提高妇女群众的法律意识和自我保护意识。

2. 借新闻媒体之力，搭建妇女儿童工作宣传平台，与电视台共同采编、制作维护妇女儿童合法权益、家庭文明建设节目，共同开设《巾帼风采》栏目，宣传各界妇女典型

借公检法之力，构建维权网络和服务机构，建立妇女维权自愿者队伍，有效地维护妇女儿童的合法权益。

3. 关注妇女群众的切身利益

以开发区全面实施合作医疗保险为契机，全面落实生育保险制度，定期

组织区内妇女健康体检。

（三）搭桥铺路，突出服务，把引导妇女发展工作做实

采取典型引导、评选表彰、开展竞赛等项措施组织引导妇女自我发展、奉献社会。将注重把工作重点放在妇女生存竞争能力、劳动技能、科技知识和生活能力的提高上，积极做好铺路搭桥、提前服务工作。在提高村委妇女文化素质工作中，积极协调人事部门重视推荐基层妇女参加技能培训工作，降低门槛，简化手续，为基层妇女参加学习打开方便之门。建立培训档案，对有劳动能力的妇女培训实行动态管理，适时、适合地组织妇女参加培训。以搭车培训、自办培训、推荐培训等形式实实在在地培训女性各类技能人才，使广大妇女掌握一定的科技知识和具备参与社会竞争的能力，为妇女群众服务、服好务。

（四）加强自身建设

1. 思想建设

坚持以邓小平理论和"三个代表"重要思想为指导，深入贯彻落实科学发展观，大力弘扬社会公德、职业道德和家庭美德。

2. 组织建设

基本上健全了妇联组织网络。在全区18个居委会先后设立了妇委会，同时在82个居民小组也分别设立了妇女小组，覆盖率达到了100％。另外在18个居委会中又设立了妇女禁毒会，不断深入基层，扩大工作覆盖面，完善基层妇女组织建设，增强妇女凝聚力。

3. 阵地建设

坚持把妇工委工作和妇联传统工作、妇联特色工作与时代融合接轨，在加强横向与纵向的联合上协作交流，加强组织建设、制度建设、干部队伍建设和活动阵地建设。

第十三章 洋浦经济开发区管理局、检察院、法院

第一节 洋浦经济开发区管理局

一 机构设置

洋浦经济开发区成立初期，实行"小政府、大社会"的管理体制。1992年7月，根据省机构编制委员会下发的《关于设立洋浦经济开发区管理局的通知》，管理局内设处级机构暂设：综合办公室、规划建设局、工商行政管理局、财政税务局、公安局，暂定事业编制90名（不含公安系统）。

1997年11月，根据省委、省政府的指示，洋浦管理局进行机构调整、精简人员。洋浦管理局自行设置的机构予以撤销，重新核定管理局机关行政编制98名，公安局专项编制由150名核减为50名。经过调整，机构由原来的26个撤并为14个，减少12个，占总数46%。不再单独设立口岸办公室和机关党委，其相应职能并入交通运输局和工委组织部，机关仅保留八局一办，即：管理局办公室（与工委办公室合署办公）、人事局（与工委组织部合署办公）、财政局、税务局、社会发展局、经济发展局（挂工商行政管理局牌子）、规划建设土地局、交通运输局、公安局。撤销所有法定机构，并经省机构编制委员会批准，设立5个事业单位，即：社会保障中心、机关事务服务中心、职业介绍服务中心、规划建设服务中心、渔政渔港监督管理中心，事业单位经费实行财政差额预算管理或自收自支。同时对人员进行了精简，管理局机关由原来的341人减少到169人，精简分流人员172人，占总人数的50.4%。管理局机关和事业单位的主要负责人采取公开竞岗的办法选拔，一般公务员、职员实行双向选择竞争上岗。

2001年，根据省委、省政府的文件要求，洋浦工委、管理局进行机构改革。一是进行机构调整，组建纪律检查工作委员会，下设办公室。组建监察

局，与纪律检查工作委员会办公室合署办公。组建政法委，挂社会治安综合治理委员会办公室牌子，与纪律检查工作委员会办公室合署办公。管理局办公室与工委办公室、区工会合署办公。组织部与机关党委、团委、妇联合署办公。人事局更名为人事劳动保障局，与组织部合署办公。保留经济发展局、公安局、财政局、社会发展局。环境资源与海洋管理职能归入规划建设土地局。组建招商局，负责境内外的招商引资和项目跟踪服务工作。经上述调整，工委、管理局工作部门共设9个，合署办公机构8个，部门挂牌机构2个，合署办公机构不计入机构数。具体机构设置为：纪律检查工作委员会办公室（与监察局、政法委合署办公，政法委挂综治办牌子）、组织部（与人事劳动保障局、团委、妇联、机关党委合署办公）、管理局办公室（与工委办公室、区工会合署办公）、社会发展局、经济发展局、财政局、招商局、规划建设土地局、公安局。派出机构3个：干冲办事处、新英湾办事处、新都办事处。二是精简编制，工委、管理局机关编制由行政编制改用事业编制，由现有98名减为88名，精简10.2%，人员参照公务员管理。

2002年6月，经省机构编制委员会批准，同意在洋浦社会发展局增挂洋浦药品监督管理局牌子。原规定由儋州市药品监督管理局承担的洋浦经济开发区范围内的药品监督管理和稽查职能也相应划给洋浦药品监督管理局。

2005年9月，经省机构编制委员会批准，同意洋浦管理局增设搬迁安置办公室（正处级内设机构）。

近几年，随着洋浦开发建设新一轮高潮的到来，浆纸、炼油、石化等大项目大企业进入洋浦，"大项目启动，大企业推进"的效应不断升温，大批企业和投资者进驻洋浦，搬迁安置、安全生产、环境监测、服务企业以及对中央各部委的联系职能更加重要，而现有机构又不能承担这些职能，现有机构编制设置滞后的矛盾日趋凸显，难以适应形势发展的需要。为了解决洋浦机构编制设置与洋浦形势迅猛发展之间的矛盾，考虑工作实际需要，经省委领导同意，并向省编委上报方案，2005年管理局在撤销了13个自行设立的机构基础上，按照工作急需的原则，先后增设了投资服务中心、会计管理中心、北京办事处、环境监测站、信息中心、综合执法局、市政园林办公室、信访办、一体化应急管理中心等事业单位。

目前，洋浦管理局的工作部门共设10个，合署办公机构8个，部门挂牌机构2个。具体机构设置为：纪律检查工作委员会办公室（与监察局、政法委合署办公，政法委挂综治办牌子）、组织部（与人事劳动保障局、团委、妇联、机关党委合署办公）、管理局办公室（与工委办公室、区工会合署办公)、社会发展局（挂食品药品监督管理局牌子）、经济发展局、财政局、招商局、规划建设土地局、搬迁安置办公室、公安局。派出机构3个：干冲办事处、新英湾办事处、新都办事处。

洋浦管理局下属的事业单位有：投资服务中心、北京办事处、一体化应急管理中心、就业局、社会保险事业局、会计管理中心、信息中心、综合执法局、规划建设服务中心、渔政渔港监督管理中心、环境监测站、市政园林办公室等事业单位。

二　管理体制

洋浦按照"权威、精简、高效、廉洁"的标准，创建了一个适应国情、适合市场经济要求、衔接于国际惯例的"小政府、大服务"的行政管理体制。

洋浦经济开发区处于我国改革开放的前沿阵地，由其独特的开发模式所决定，旧的一套行政管理体制与管理模式已不能适应洋浦开发建设的需要，必须探索并建立起与现代市场经济体制相适应的，符合国际惯例的行政管理新体制。按照市场经济的要求和开发区的实际，在职能划分、机构设置、体制创新等方面学习借鉴国外的成功经验，构建起"精干、高效、廉洁、权威"的行政管理系统。

中央和省委、省政府非常重视和支持洋浦进行行政管理体制改革。1993年9月10日洋浦封关运作的第二天，朱镕基副总理来洋浦视察工作时明确指出："开发区是一个新东西，我们应该按照国际惯例，按照一些发达国家、发展中国家已经有的经验来发展。如果还是一套老的办法，老的机构，老的思想，互相制约，官僚主义，那这个开发区怎么搞？所以我觉得在这个地方搞建设都要符合国际惯例，不要把中国老的一套机制又搬到这个地方来。不能上面设什么机构，下面就设什么机构。"随同前来的国务委员兼国家体改委主任李铁映同志也指出："十四大确立了建立社会主义市场经济体制总的目标后，所有的开发区和新的建设项目都要一开始就按新体制来建，不要我们的新事情、新厂房搞起来了，还是旧体制，还要进行改革。期望洋浦经济开发区在这方面能够走出一条路子，带个头。"

省委、省政府也专门作出决定：洋浦管理局实行行政首长负责制，不搞五套班子，干部实行公务员制和聘用制；省里各部门不在洋浦设分支机构。同时，各"条条"部门包括隶属于中央的"条条"单位，均不要过多地插手洋浦的事情；在具体操作上，开发区管理局要大胆按照国际惯例办事，特别是借鉴香港、新加坡成功的管理方法来实施政府管理。

1992年7月省委、省政府批准"洋浦经济开发区管理局"设立，1993年5月省委批准"中共洋浦经济开发区工作委员会"设立。洋浦经济开发区管理局是省政府的派出机构，代表省政府依法对开发区及其邻接海域行使统一的行政管辖权，并明确在省委、省政府的直接领导下，洋浦经济开发区在行政管理权限上有较大的自主权，省各厅、局对属于开发区管理局下设相关的业务归口部门，只实行必要的业务指导，一般不进行干预，对于必须由开发区管理局和有关省厅、局实行双重管理部门，也以开发区管理为主。

洋浦管理局成立之初的机构按照决策系统、执行系统和监督系统的组织结构进行设置，在强化决策系统和监督系统功能的同时，有效地发挥执行系统辅助决策和执行决策的双重功能，实现机关精干、高效、廉洁、权威。

洋浦行政管理体制从整体上贯彻"小政府，大服务"的指导思想，突出市场调节作用和社会自治功能，企业能办的事，就由企业去办，社会能办的事，由社会去办，个人能办的事，由个人自己去办，政府只行使像马克思所说的"为数不多而非常重要的职能"。

三 工作重点和成果

洋浦管理局成立以来，在省委、省政府的正确领导下，坚持邓小平理论和"三个代表"重要思想，认真贯彻落实科学发展观，不断加大改革开放力度，努力改善投资环境，大力开展招商引资，认真做好搬迁安置，加大实施民生工程，实现了洋浦经济社会的快速、健康发展。对外开放、开发体制、招商引资、与搬迁安置相结合的民生工程等方面都取得了重大成果，为长远发展奠定了坚实的基础。

（一）经济发展工作

经过认真研究国际、国内经济发展走势和面临的机遇与挑战，确立了"利用国际、国内两种资源，大力发展资源"，近几年，经济连年取得跳跃式发展。2007年，实现年地区生产总值74.2亿元，比上年增长69%，比1994年增长17倍；年工业总产值417.4亿元，比上年增长184.3%，比1994年增长683倍；年总税收（含海关税收）69.7亿元，比上年增长162.9%；年地方财政收入8.61亿元，比上年增长45.4%，比1994年增长41倍；年港口吞吐量2351万吨，比上年增长131.5%，比1994年增长44倍；年进出口贸易总额43.29亿美元，比上年增长213.1%，比1994年增长31倍。

（二）社会发展工作

下大力气改善民生。洋浦工委、管理局始终坚持"立党为公、执政为民"的理念，把区内居民生产、生活等切身利益问题作为工作出发点和落脚点，不断完善和推行民生工程。从2004年开始，实行最低生活保障制度、率先实行居民子女免费九年义务教育、已拆迁老龄居民及纯女户给予生活补贴等在内的20多项民生工程。通过开展民生工程，保障了区内群众的基本生活，受到群众的称赞和拥护，增强了群众对党和政府的感情，密切了党群干群关系。

弘扬先进文化理念，培育开发区主流文化。按照"八荣八耻"和"包容、创新、勤奋、共赢"的精神内涵，持久开展以"知荣明耻、爱区守法、明礼诚信、团结友善、尊老爱幼、扶贫帮困、移风易俗、勤俭自强、敬业奉献、热情服务、支持发展"为基本内容的开发区主流文化建设。广泛开展评选"文明社区"、"五好家庭"、"先进党员"、"优秀基层干部"、"十大杰出青年"、"劳动模范"、"模范居民"、"优秀教师"等活动。

加大教育投入，努力改善办学条件。进一步深化中小学人事制度改革，大力推行在全国范围内公开招聘优秀教师的制度，严格老师准入管理，建立健全教师交流机制、保障机制和激励机制。

切实转变居民就业观念，培养勤劳致富意识；加强对职工的职业技能、实用技术、在岗素质提升和定向培训教育，提高居民的就业技能。建立引导就业的激励机制，积极引进劳动密集型企业，创造更多就业岗位，鼓励企业吸纳本地劳动力。完善就业服务公司运行机制，积极拓宽就业渠道。

（三）社会治安综合治理

一是以建设平安洋浦为载体，进一步健全和完善"三级联防"、"三级调解"、警民协作、厂地共建的治安防范体系，加强教育、规范管理、提高整体协防能力；二是公检法通力合作，组织开展专项整治，严厉打击"毒赌黄"、"两抢一盗"、"欺行霸市、强揽工程、敲诈勒索"等各类违法犯罪活动和"黑恶势力"；三是认真排查调解矛盾纠纷，加强信访工作，及时协调解决群众反映的问题，努力把矛盾化解在基层，化解在萌芽状态；四是建立处置群体性突发事件的联动机制，使群体性事件逐渐减少。

四　基层管理组织

管区设置：洋浦管理局设三个区办事处，即干冲区办事处、新英湾区办事处、新都区办事处。干冲区设8个居民委员会、新英湾区设6个居民委员会、新都区设5个居民委员会。

第二节　洋浦经济开发区检察院

1994年8月26日洋浦经济开发区检察院和洋浦经济开发区初级检察院正式揭牌。

洋浦两级检察院显著的特色，全国独有，是我国国家级开发区中设置的唯一一家两级检察院。这样的机构设置既体现了司法主权，保证了经济发展，又保证了案件不出洋浦就都能得到解决，彰显了洋浦按国际惯例办事，深化改革、精简机构的题中之意。

自揭牌之日起，在省委、洋浦工委和省院的领导、省人大的监督、洋浦管理局的支持下，依照宪法和法律赋予的法律监督职能，按照全国、全省检察长工作会议的部署，紧紧围绕"强化法律监督、维护公平正义"的工作主题和"加大工作力度，提高执法水平和办案质量"的总体要求，加强执法规范化和队伍专业化建设，全面履行检察职责，保证国家法律的统一和正确实施，为构建平安洋浦、维护稳定和谐洋浦、促进洋浦经济又好又快发展提供有力的法治保障。

一　机构与队伍发展状况

洋浦经济开发区检察院作为省直副厅级机构，依法行使分院的职权，内设办公室、审判监督一处（对外称洋浦经济开发区初级检察院）、审判监督二处、侦查监督处、罪案侦查局5个正处级机构，核定编制30名。1997年4月省编委重新核定编制37名。1998年11月，经海南省编委批准，侦查监督处更名为民事行政审判监督处。2001年9月进行了机构改革，洋浦经济开发区检察院内设5个正处级职能部门：办公室、侦查审判监督处、罪案侦查局、民事行政检察处、控告申诉处（举报中心）；洋浦经济开发区初级检察院不再作为洋浦经济开发区检察院的内设机构，而作为一级检察院独立设置，内设综合科、刑事检察科两个职能部门，其职责是：依法办理基层检察院管辖的刑事案件批捕、起诉的工作。两级院核定编制37名，其中洋浦区院行政编制26名，检察长1名（副厅级），副检察长1名（正处级），处级领导职数9名（不含副检察长）；初级院行政编制8名，检察长1名（正处级），副检察长1名（副处级），科级领导职数2名。两级检察院机关工勤人员财政预算拨款事业编制3名。

目前，两级检察院现有检察人员29名（女性8名）：检察干部23名，职员2名，工勤人员4名。其中，副厅级干部1名、处级干部11名、科级干部9名；检察员13名、助理检察员6名，司法警察2名；干部平均年龄42岁多。具有本科以上学历20名，约占干部人数的87%，其中研究生学历2名。

二　检察工作

（一）着力于维护洋浦社会稳定

一是依法打击刑事犯罪。建院以来，始终把打击锋芒指向严重刑事犯罪，特别是阻碍搬迁安置工作的犯罪，在适时介入、引导侦查机关全面收集和固定证据，提高审查批捕、审查起诉效率的同时，严把事实关、证据关、程序关和适用法律关，保证稳准狠地打击犯罪。共受理提请批准逮捕案件334件516人，批准和决定逮捕302件458人；受理审查移送起诉案件311件497人，经审查提起公诉276件443人。

在依法打击刑事犯罪中突出抓焦点问题。开发区建设涉及的第一个问题，便是被誉为"老大难"的搬迁问题。为图谋最大利益，极少数不法分子煽动、组织一些不明真相的群众，百般阻挠搬迁工作，甚至公然打伤执法的公安干警，严重影响了开发区建设。此类问题，检察院高度重视，派出精干力量，积极配合洋浦工委、管理局及相关职能部门，对不明真相的群众做好法律、政策宣传和说服工作，对涉嫌犯罪的不法分子则坚决依法予以打击。如在金海浆纸和海南炼化建设中，陈某某、胡某某分别煽动、组织部分群众暴力阻挠搬迁及现场施工，影响极坏。检察院适时派员介入，引导公安机关搜集证据，快捕快诉，最终两人得到了应有的惩罚，搬迁工作得以顺利完成。随着工厂、企业的陆续进驻，一些不法分子把黑手伸向了设备，常常造成设备无法按时安装调试，影响了工厂的建设。与此同时，由于外地务工者的大量进入，人员非常复杂，故意伤害案件比较多且上升幅度快。检察院及时做出部署，把打击的着力点放到了盗窃案件和故意伤害案件上，从而有力地维护了洋浦的社会稳定。

二是不断加强对诉讼活动的监督。建院以来，共向公安机关提出立案监督142件，公安机关立案67件；对法院一审刑事判决抗诉4件，改判3件；依法监督纠正违反规定不交付执行以及违法减刑8人；对法院错误民事判决、裁定提出抗诉2件，法院依法改判；开展对罪犯交付执行和减刑、假释、保外就医等专项检查13次，提出纠正意见23次；受理各类举报控告197件，全部进行了审查处理，有效防止和遏制了重复访和越级访。

（二）着力于服务经济发展

依法查办和积极预防职务犯罪。建院以来，共立案查办职务犯罪案件26件34人，其中查办贪污贿赂案件20件25人，渎职侵权案件6件9人，为国家挽回直接经济损失5089.3万元人民币。如洋浦社会保障中心原主任黎贵儒挪用社保基金91万元人民币案，在群众中引起强烈反响，许多单位对保障中心失去信任，甚至有人提出了退保。此案检察院派出精干人员迅速展开了侦查取证工作。最终，黎贵儒被提起公诉，被依法判处有期徒刑，为老百姓讨回了"说法"。同时，办案人员针对保障中心管理上的不足和弱点，及时发出了一份《检察建议》。要求保障中心从中吸取教训，建立和完善规章制度，堵塞管理中的漏洞，促使保障事业健康发展。又如2007年初省检察院转来的中石化工程建设公司采购部原副主任崔红兵，涉嫌在采购设备中收受贿赂线索。检察院立即组成办案组对崔红兵展开了调查。查实崔红兵在项目的设备采购中收受贿赂79万多元人民币。因崔红兵认罪态度好，2007年8月被法院一审判决有期徒刑十年。崔红兵所在单位对检察机关的调查和起诉工作都十分满意，并以此案作为反面典型在公司内部开展警示教育。通过查办这起商业贿赂案件，为进驻洋浦企业的廉洁经营、高效发展、和谐稳定和创建国际化大公司打下了坚实的基础。

积极探索和实践预防职务犯罪的新途径、新方法、新举措。如成立了洋浦预防职务犯罪工作委员会，与开发区内32个单位建立了预防工作机制，初步形成立体化、多层次的职务犯罪预防体系；利用上法制课、座谈会、开展警示教育活动等多种有效形式，大力宣传预防职务犯罪的重要性；加强与纪检监察机关的沟通与配合，整合反腐倡廉建设力量等，为洋浦的经济建设创造良好法治环境。

三 加强队伍建设

事业发展，人才至关重要。作为开发区，乃至保税港区的检察院，只有锻造一支与时俱进、开拓创新的检察队伍，才能更好地按国际惯例办事，为开发区、保税港区建设提供高效、优质的司法保障。建院以来，检察院历届党组始终重视队伍建设。

一是抓学习。系统地学习了马列主义、毛泽东思想、邓小平理论、"三个代表"重要思想和科学发展观等先进理论，用先进的思想武装头脑，促使广大检察干警牢固树立马克思主义世界观、人生观、价值观和正确的权力观、地位观、利益观，进一步解放思想、更新观念、创新工作；学习宪法、法律、法规和其他检察业务知识，不断提高检察干警的执法能力和办案水平。

二是抓培训。鼓励检察人员参加学历教育，先后有6名同志完成了法律专业专升本教育；45岁以下检察干警全部通过计算机一级B考试；进行岗位练兵和培训，绝大多数检察干警一专多能。

三是抓教育。开展了"三讲"教育、执法作风大检查、"强化法律监督，维护公平正义"教育、党员先进性教育、社会主义法治理念教育、职业道德教育、警示教育等活动，不断增强检察干警的政治敏锐性，提高严格、公正、文明、廉洁执法、司法意识，牢固树立正确的执法观、司法观。

四是抓制度。建立和完善党务政务、检察业务、后勤保障等方面的规章制度50多项，各项检察工作有章可循，逐步实现规范化管理。在法律的框架内积极探索，勇于创新：推行公诉案件普通程序简易审和量刑建议制度，尝试在起诉书中使用被告人照片，避免"张冠李戴"，在法庭上采用了多媒体示证，在讯问中采用了同步录音录像；推行自侦案件线索评估制度，确保案件初查质量，提高成案率；推行执法事由通报和权利告知制度，以及实名举报反馈承诺制和首办责任制；建立质量评控体系，积极探索公诉案件全面审查制度，坚持主罪主证复核，明确办案责任；建立相应的竞争机制、考核机制和奖罚机制，实现责、权、利的统一。

五是抓监督。认真落实党风廉政建设责任制、民主集中制、民主生活会、领导干部个人重大事项报告、述职述廉、谈话制度；自觉接受人大的监督、舆论的监督和人民群众的监督；加强执法规范化建设，建立内部执法监督制度，对执法办案全程进行有效监督。

建院以来，未发生一起检察人员违纪违法案件。区院被洋浦工委、管理局评为精神文明建设、社会治安综合治理、党风廉政建设先进单位共7次；区院和内设各部门被省检察院评为先进单位共8次，记集体三等功1次。两级院干警被评为海南省精神文明建设先进个人1人，被授予海南省"优秀青年卫士"称号1人；被省检察院、洋浦工委、管理局和本院评为先进个人100多人（次）、优秀共产党员28人（次）、优秀党务工作者8人（次），被授予全省检察机关"十佳"优秀公诉人、"十佳办案人"称号分别为2人、1人，洋浦劳动模范、洋浦"十佳"优秀青年称号各1人，记个人三等功近20人（次）。其中，李梅同志被授予"十佳办案人"、洋浦劳动模范和洋浦"十佳"优秀青年称号各1次。

第三节　洋浦经济开发区法院

1994年以来，洋浦开发区中级人民法院以邓小平理论和"三个代表"重要思想为指导，接受上级法院的指导监督，依照宪法和法律，独立行使审判权，坚持司法为民的思想，围绕"公正和效率"的主题，全面抓好各项工作，积极推进法院改革，大力加强队伍建设，充分发挥审判职能作用，为洋浦经济开发区的发展提供了有力的司法保障和优良的司法服务。

一　机构和队伍状况

经最高人民法院批准，洋浦开发区中级人民法院于1994年5月成立，下辖洋浦开发区人民法院。其中，中院内设机构有办公室、立案庭、刑事庭、民事庭、执行庭、政治部等部门；区院内设机构有立案庭、刑事庭、民事庭、执行庭（后撤并归中院）。洋浦两级法院现有在编工作人员33名，具有本科以上学历的有26人，硕士以上学历的有2人，整体文化程度较高。

二　审判与执行工作

2007年洋浦两级法院共受理刑事、民事、行政一、二审案件和执行案件372件，总标的额20598.3341万元。其中受理诉讼案件215件，结案204件，结案率为94.88%；受理执行案件157件，结案91件，中止31件，未结11件，结案率为89.22%。

（一）刑事审判

1994年以来，洋浦两级法院坚持依法严厉打击严重危害社会治安的刑事犯罪的方针，依法严惩各种黑恶势力犯罪、故意杀人、故意伤害、强奸、抢劫、抢夺、盗窃、走私、贩毒、聚众扰乱社会秩序等严重刑事犯罪和各类职务犯罪、破坏社会、经济秩序犯罪，全力维护开发区的社会稳定、经济秩序和人民群众的生命财产安全。其中审理的犯罪性质比较严重、有重大社会影响的刑事案件有杨柄标故意杀人案，蒲丽姬、何宏故意伤害案，周华盛等四人特大抢劫案，洋浦天天盈进出口贸易有限公司走私普通货物物品案，白沙村陈玉平聚众扰乱社会秩序案，原洋浦开发区新英湾办事处主任王彦贪污、挪用公款、走私普通货物物品案，原海南省省委党校副校长方少云贪污行贿案，原洋浦财务管理总公司总经理潘学谦挪用公款案等。2007年共审理一、二审刑事犯罪案件36件，审结33件，判处犯罪分子42人，被判处十年以上有期徒刑、无期徒刑、死刑的有5人。其中值得一提的是，洋浦法院采取审教结合、宽严相济的办法，依法审判了陈玉平聚众扰乱社会秩序罪一案，为协助开发区搞好拆迁工作提供了有力的司法保障。此外，审理贪污受贿犯罪案件1件1人，对办案过程中发现的相关单位中国石油化工工程建设有限公司存在的一些管理制度方面的问题，及时提出司法建议，促进其堵塞管理漏洞，完善管理制度，有效预防和减少职务犯罪。

（二）民事审判

洋浦两级法院充分运用审判职能调节各种社会关系，化解各类民事纠纷，为开发区的经济发展提供有效的法律保障。

民事案件涉及面广，当事人的矛盾对立情绪较大，处理不好易激化矛盾，影响社会稳定。洋浦法院充分运用审判职能调解各类民商事纠纷，促进洋浦开发区的社会和谐。中院党组在2007年初明确提出了"重在调解，和谐司法"的审判工作思路，并设计了立案、庭前、庭中、庭后调解措施，使案件调解率大幅提升，仅洋浦区法院2007年的调解结案率达41%，其中最有影响力和示范作用的是洋浦开发区新都办事处高山上村11户居民诉洋浦开发区新都办事处、洋浦管理局拆迁安置补偿纠纷案。经过承办法官多次耐心、细致地调解，最终促使双方当事人达成调解协议，为开发区解决类似纠纷找到了争议解决的适当模式，对洋浦开发区的和谐、稳定、发展起到了积极的作用。

2007年，洋浦两级法院共受理一、二审民事纠纷案件177件，审结155件。在所受理的案件中，主要有下列案件类型：借款合同纠纷，房地产开发经营合同纠纷，建筑工程承包合同纠纷，买卖合同纠纷，租赁合同纠纷，物权纠纷，人身权纠纷，婚姻家庭、继承纠纷，劳动争议、劳务合同纠纷，产品质量损害赔偿纠纷，雇员受害赔偿纠纷等案件类型。所受理的新类型民事案件不断增加，案件数量也连年递增。随着洋浦法院审判人员的不断调出减少，案多人少的矛盾尤为突出。

此外，洋浦法院还发挥审判职能的延伸作用，积极为开发区管理局及各职能部门提供法律咨询、审查合同协议、法律文件等各种法律服务，为开发区能够更快、更好地发展作出最大的努力。

（三）执行工作

执行工作是人民法院任务重、困难多、结案率相对较低、当事人反映特别集中的一块业务。1994年以来，洋浦中院党组不断加大执行工作的力度，对执行工作实行重点管理，统一指挥。2007年该院为切实解决执行工作中存在的问题，从本院实际出发，提出了加强对执行工作监督、管理的工作思路，并对所有未结执行案件进行了认真的调研，并充分征求了社会各界的意见和建议，在通过全面、客观地分析执行工作现状的基础上，制定了《洋浦经济开发区中级人民法院执行工作若干规定》。其内容主要包括执行案件分类管理；执行员拟定执行方案；执行分权制衡；执行行为公开；执行回告、重大事项审委会讨论规定；执行文书审核会签；执行案件纳入案件评查和评查范围、内容、措施，细化执行工作监督；等等。这些规定进一步加强对执行工作的监督管理，有效破解"执行难"奠定了良好的基础，有力地促进了执行工作朝着科学、合理、有序、高效、廉洁的方向发展，促使办案效率明显提高，执结率每月递增，执行行为进一步规范有序。

2007年6月，该院集中时间和人员，开展了清理执行积案大会战。尤其是对2007年5月法院大接访中来访的16宗多年长期上访案件，采取有力措施，集中力量统一行动，加大执行力度，在较短时间内执结了12宗，2宗正在部分履行。对2宗确无财产可供执行的人身伤害案，院领导出面与有关部门协商，为其办理医疗保险。深入细致的工作既妥善地解决了涉诉上访问题的同时，也在处理执行积案方面取得了较大的突破。从2007年起，执行结案多于新收案，执行工作开始进入良性循环。2007年，中院受理执行案件157件，结案91件，结案率89.22%（中止案件不计入总数），是近几年来执行工作业绩最好的一年。

三 自身建设

在队伍建设方面，洋浦两级法院从建院起，历来注重坚持经常性的廉政教育工作，确保"班子不出问题、队伍不出问题、案件不出问题"。一是进一步完善党风廉政建设责任制，按照"谁主管、谁负责、一级抓一级、层层抓落实"的原则签订了党风廉政责任状，把责任落实到人，并狠抓制度的落实；二是定期、不定期地听取纪检监察工作汇报，做到及时发现、及时整改、及时处理，一旦发现干警有违法违纪行为并查证属实，即严肃处理，决不姑息；三是通过观看电影、录像等方式用正反面典型事例教育干警，做到警钟长鸣。在廉政制度建设方面，主要出台了《关于贯彻落实〈人民法院审判人员违法审判责任追究办法〉和〈人民法院审判纪律处分办法若干规定〉的实施细则》、《关于审判人员严格执行回避制度的若干规定的几点意见》、《审判人员"十个不准"》等制度，建立健全了廉政工作机制。

在整顿工作纪律方面，他们采取了以下管理措施：一是进一步严格上下班指纹打卡制度，院领导每周亲自检查打卡结果。每周一统计前周签到电子指纹记录，根据电子指纹记录核实出勤情况并报院领导，以此作为当月出勤绩效工资的奖惩依据。二是政治部与纪检监察小组不定期、不打招呼地对干部职工的在岗情况开展联合检查，对擅自离岗者先由部门领导找其告诫谈话，并由政治部登记，同时作为当月出勤绩效工资的奖惩依据。三是行政事务出差须将出差事由报部门领导审查并由院分管领导批准；审判执行业务出差，须由业务庭领导作出意见并将案件情况书面报告分管院领导，由分管院领导审查批准，出差回院后将出差开展工作和执行情况书面报分管院领导，作为工作业绩考评依据。由于上述措施针对性、操作性强，对改善两级法院干警的工作纪律和工作作风起到了非常明显的效果，确保了各项工作高效有序的运转。

2007年，根据省高院的统一部署，洋浦两级法院认真开展了"抓主题教育、树公正形象"主题教育活动。整个活动分三个阶段进行：一是动员学习、提高认识；二是查找问题、边整边改；三是检查总结，提高完善。两级法院通过这次教育活动，各方面取得了显著效果：一是法院及法官形象得以提升；二是重大群体案件调解有明显效果；三是集中清理了区内一些上访案、"骨头案"，执行结案率递增；四是干警的工作纪律和工作作风有实质性改观；五是司法政务管理规范有序，中院的司法政务管理经验受到洋浦开发区工委的表彰和推广。

专题调查报告

专题一 儋州市文明生态村调查

近十年来，儋州市始终坚持"两手抓，两手都要硬"的方针，解放思想，与时俱进，真抓实干，扎实创建文明生态村连片示范区，全市农村精神文明建设进入了一个新的发展阶段。

一 文明生态村建设概况

（一）主要成绩

至 2007 年底，全市共投入资金 1012.6 万元，建成文明生态村 514 个，占自然村总数 36.7%。扩大文明生态村连片示范规模，创建文明连片示范区近 60 个，覆盖 300 个村庄，建成沼气池 27800 座。2007 年全市农民人均纯收入达到 4008 元，年均增长近 9 个百分点。2007 年，全市共启动 81 个文明生态村，建成 56 个，新硬化村巷道 327 条，面积 13600 多平方米，砌排水沟 251 条，长 7200 多米，栽种花木 11500 株。

（二）创建历程

1998 年 10 月，儋州市率先在王五镇历还村启动了全省第一个文明生态村建设。2000 年，儋州市建成了那大办事处冒坤村等 50 个文明生态村。2003 年 7 月，市里提出在全市开展以全面建设小康社会为目标、以基层组织建设为龙头、以文明生态村建设为载体的农村综合创建活动。2004 年 7 月，在试点基础上全面铺开。同年，提出"沿线连片、辐射连片"创建文明生态村示范区的总体实施方案。沿线连片是沿主干公路线连片、沿海岸线连片。以主要交通道路为主轴，在沿路镇建设文明生态村长廊；以北部湾海岸线为主轴，在沿海镇建设文明生态村"黄金海岸"；同时选择村委会所在村庄或具有较大影响力的村庄作为中心村，延伸规划，带动周边村庄开展创建。

2004 年，全省文明生态村建设现场会在儋州市召开，儋州文明生态村"连片创建"模式受到中宣部、中央文明办肯定，经验在全国推广。

二 主要做法与经验

1998年以来,儋州市坚持以文明生态村作为社会主义新农村建设的综合载体,按照"科学规划、片区联创、突出重点、整体推进"思路,创新载体,扎实推进文明生态村创建,取得了较好成效。

(一) 主要做法

1. 优化领导机制,拓展连片创建新思路

(1) 整合领导机构。为了加强对文明生态村创建工作的领导,儋州市对文明生态村的领导机构进行了整合,对创建全国文明城市领导小组、社会主义文明生态村建设领导小组及其办公室进行了调整,市委常委、宣传部长戴青云兼任创建全国文明城市领导小组和文明生态村建设领导小组常务副组长,并把两个领导小组的办公室设立在市委宣传部,由市委宣传部统一领导、统一指挥,加强了成员单位之间的交流与合作,改变了过去政令不畅、联络不紧的局面,做到了"五个同步",即同步策划、同步部署、同步督促、同步考核、同步总结,有效加强了全市文明生态村创建的指挥和协调。

(2) 实行规划申报前移。由于农村公路建设、农村扶贫工程、农田水利基本建设工程、农村饮水解困工程等涉农项目,都是当年上半年向省申报下一年度建设项目,为了更好地整合涉农项目资金推进文明生态村建设,儋州市把下一年度的文明生态村创建申报时间由原来的年底申报提前到本年6月份前,要求各镇下一年度文明生态村创建村庄必须在本年度5月份前完成规划,并于6月上旬向市文明办提出申报,再由文明办把创建村庄名单提交到有关涉农项目工程主管部门,要求各主管部门把涉农项目工程与创建文明生态村结合起来,共同实施,确保文明生态村创建工作顺利,有效地进行。

(3) 建立联席工作制度。为有效地解决文明生态村创建过程中遇到的问题,儋州市组织了市文明办、市新农办、市建设局、市规划建筑设计院以及涉农部门等,实行"三联合"工作机制,对创建村庄进行全方位指导。"三联合":第一是联合调研,即在创建前期,组织有关单位到创建村进行调研,并作出基本创建规划和深度创建规划,个别村庄还制定一、二期等分期创建方案;第二是联创共建,即着眼于解决创建村庄创建资金缺乏等问题,动员相关部门、市属企事业单位、省驻市单位以及在市行政区域范围内的企业与创建村庄结成联创对子,实行文明生态村联创共建;第三是联合现场办公制度,即在文明生态村的创建过程中,不定期组织有关单位到创建村庄进行现场办公，直接针对具体问题确定责任单位，以帮助创建村庄解决在创建过程中遇到的难题，加快创建速度。

2. 创新连片思路，打造那大联创新龙头

截至2007年底，儋州市文明生态村创建村庄已达514个，相邻文明生态村329个，丰富连片创建内涵，培育连片创建特色，成为全市文明生态村创建新的要求。为扩大文明生态村的辐射面，儋州市决定对文明生态村创建工作进行深度挖掘，确定了创建文明生态村"六个联创"思路，即"那大镇连片联创片区"、"退场村庄联创片区"、"老区村庄联创片区"、"那兰区域联创片区"、"民族村庄联创片区"、"征地村庄联创片区"，并以全省首个实现把半数以上自然村建成文明生态村的那大镇为龙头，打造综合创建的连片示范区新样板。

（1）制定新规划。根据那大镇各连片示范区的布局、特点及优势，把侨南连片示范区、石屋连片示范区、洛南连片示范区、茶山连片示范区、红旗连片示范区整合起来，组织制定那大镇连片示范区联合创建新规划，既修订每个村庄的具体创建规划，又补充五个连片示范区联合创建总体规划，以优势互补、利益共享的方式，扩大连片示范区连接面，总体提升连片创建功能。

（2）完善新设施。为加强文明生态村创建村庄的生态文化建设，儋州市兴建了茶山新村二层宣传文化综合楼，红旗新村、牛路窝村、塘房坡村、万发新村等多间宣传文化室。儋州市还以石屋村为示范点，联合中国人民大学乡村建设中心创办全国第一间农村社区大学——石屋社区大学，配套电教室、图书室、展览室、会议室、健身室、食堂各一间，专家实验楼、学员宿舍楼各一栋，有学员床位80个、各种图书8000册。同时，还在石屋村创办了"阳光少年培训学校"，以加强对学校、家长难于管理的问题学生进行管理教育，使他们能够健康的成长。

（3）注入新内涵。以石屋连片示范区为中心，以石屋社区大学为依托，利用"建在农民家门口的社区大学"的优势，以培育新农民、建设文明生态村为宗旨，坚持"实际、实用、实效"的原则培育新农民，2007年举办了文明生态村建设、热带作物栽培、村两委班子干部、致富能手等培训班100多期，培训农民万余人次，为儋州文明生态村建设培育了一批有文化、懂技术、会经营、讲文明、守法纪的新型农民。同时，积极深入开展"五下乡"、"十进村"、"十入户"等送知识下村活动，一年来，全市开展这类活动达100场次，参加人员万余人次，以及文艺进村、电影进村305场次，图书进村11000多册。

3. 关注热点村庄，彰显连片创建新效应

儋州市坚持文明生态村创建"三延伸"要求，大力推动文明生态村创建向社会治安问题多、矛盾突出的村庄延伸，向党群干群关系紧张、工作推不开的村庄延伸，向生产生活条件落后、经济贫困的村庄延伸，充分发挥文明生态村在促进社会主义新农村建设、构建和谐农村的综合载体作用。

（1）推进退场村庄创建，维护农村社区和谐。农垦并场队退场工作开展以来，从农垦系统退入儋州市的自然村为149个，这些村庄普遍存在着群众生产生活条件差、情绪低落、党群干群关系紧张、社会动荡不安等现象。基于维护退场地区社会安定，帮助退场村庄解决生产、发展、稳定问题的考虑，儋州市决定在退场的22个村委会中各选择一个村庄作为文明生态村创建示范点，并投入了400多万元对这些村庄进行硬化道路、改水改厕等基础设施建设。大成镇退场村庄新营村，距离省道公路仅200余米，但是退场前村民却进出无路，村里混乱不堪、杂草丛生、污水横流，村民的生活环境非常恶劣。开展创建后，新营村已建成了笔直宽广的进村水泥路，建起环村道、硬化8条村巷，建成有宣传文化室、篮排球场和宣传栏的文化活动中心，还建设了自来水塔，村容村貌焕然一新。

（2）推进征地村庄创建，服务洋浦开发建设。项目建设征地，是洋浦新一轮开发建设的关键性问题，是儋州洋浦相互依托、相互支持、共同发展的重要环节。儋州市把改善征地村庄群众生产生活条件，让群众享受洋浦开发建设带来的实惠摆上文明生态村创建的重要日程，以创建为抓手，配合洋浦做好保税港区下游配套产业链建设用地的征地工作，确保征地地区社会的稳定。儋州市决定在征地地区的羊屋头、序吴、盘龙等村庄实施文明生态村创建工程，整合社会各种力量，投入100多万元，集中解决了征地村庄的饮水、用电、路难行等老大难问题，改善了征地村庄群众的生产生活条件。文明生态村创建后的羊屋头村，村道宽广靓丽、村容整洁、村里绿树成荫、村民生活怡然自得，之前的紧张气氛早已荡然无存。

（3）推进民族村庄创建，促进民族和谐相处。文明生态村创建前，儋州市民族村庄的村民普遍收入较低、生活条件较差，民族间群众交往较少。2007年以来，儋州市把增加民族村庄群众收入，促进民族间的和谐共处作为全市文明生态村创建工作的重点，全力推动民族村庄的文明生态村创建。在兰洋镇南罗村的文明生态村创建过程中，儋州市投入了80多万元，着重帮助村里解决饮水、道路硬化等问题，还投入资金在村里建设了"五位一体"的宣传文化中心，运用先进的教育培训设备，对村里的群众进行农业科技、就

业技能等培训。如今的南罗村一改过去贫穷落后的局面，经济总量从原来全镇的倒数第 3 名跃升为全镇的前列，人均年收入达到 4500 元。同时，儋州市组织加强民族村庄与周边汉族村庄的文化交流，使他们了解彼此的文化，促进了他们的和谐相处。

（4）推进老区村庄创建，焕发老区活力。革命老区是儋州革命的奠基石，老区人民曾为儋州的解放作出了巨大的牺牲。而今，老区却是儋州较为贫穷的地方，老区人民生产生活条件差、生活非常艰苦，社会发展缓慢。为帮助老区村庄解决发展中遇到的路难行、水难喝等核心问题，焕发老区的活力，儋州市决定在老区实行文明生态村创建活动。创建前的光村镇泊潮老村，道路泥泞，村民出行非常不便，村民喝的是被海水盐化的地表水，群众的生活非常艰苦。文明生态村创建后，儋州市投入 60 多万元，帮助村里修建了一条直通光村镇的道路，硬化了村巷，还在村中挖了深水井，进行自来水改造，把干净、卫生的自来水引入每家每户。通过创建，泊潮村焕发新的活力，群众自发搬迁文化阵地建设用地中的 200 多座坟丘，积极配合产业结构调整，全村经济发展迅速，2007 年人均收入达到 4800 元。

4. 实施城乡共建，扩大连片创建新合力

推进连片联创，把创建工作向热点村庄延伸，需要比单个创建更大的投入。儋州市全力整合各种社会力量，努力拓宽连片创建的投入渠道，有效地缓解了创建资金的压力，推动了连片示范区创建的快速进行。

（1）文明单位共建。通过先进单位与文明生态村创建村庄结对共建的方式，充分利用文明单位思想观念新、文明意识强的优势，带动共建村庄进行文明生态村建设。在兰洋镇南罗村文明生态村的创建过程中，儋州市的全省创建文明生态村先进单位儋州地税局、儋州移动公司、市建设局等投入 50 多万元，支持南罗村硬化村道村巷 600 多米，种树 100 多棵，建成篮球场等村民文化体育活动场所，丰富了村民的业余生活，有效地改善了村民的生产生活环境。

（2）职能部门共建。儋州市动员各职能部门参与文明生态村联创共建活动，积极发挥市各职能部门的作用，共创文明生态村。创建前的王五镇流坊村，土地面积约 800 亩，人均不足半亩，村民多以种植水稻为主，收入有限，生活十分困难。儋州市农业局、畜牧局与流坊村结成共建帮扶对象以后，利用自身的科技优势，动员村里群众种植黑皮冬瓜等高附加值的经济作物，进村对农民进行牲畜饲养技术培训，鼓励村民饲养牲畜。目前，该村家家户户基本上都养有一定数量的牛、羊等牲畜。2007 年，流坊村的人均收入达到

4100元。王五镇长茂村，在市公路局的帮助下，村民的收入也得到了较大提高。

（3）机关单位共建。儋州市实行机关单位支持文明生态村创建工作责任制，规定5~8个机关联系点单位支持一个乡镇的文明生态村创建活动，并把支持创建工作作为考核机关作风转变的一项重要指标。光村镇铁炉村是光村镇较为贫穷的村庄，最为突出的就是路难行。那里遍地石头，平时大车基本上没法进入，下雨天的时候连摩托车也无法通行，村里种的甘蔗经常由于车辆无法进入，甘蔗没法运出而烂在地里。与交通局结成联创共建对象后，交通局出资80多万元硬化了一条长3公里、宽4米的进村路，并建设了环村路，彻底解决了困扰铁炉村发展的大难题。

（4）工商企业共建。儋州市充分利用区域内工商企业较多的优势，引导他们通过参与共建文明生态村活动的方式来回报社会。木棠镇戴坊村是北部地区较为贫穷落后的村庄，出行无路，村民生产生活非常不便。自2003年4月与儋州电网等工商企业实行文明生态村共建活动后，由企业出资帮助硬化了村路5公里，种植各种花木1200多株，建成30吨自来水塔，建成文化室、篮排球场、宣传栏等一批文体设施，设立了村广播中心站和农民书屋，村容村貌有了显著的改观，村民生活条件明显好转。

（5）外出人员共建。在文明生态村的创建过程中，儋州市充分发挥创建村庄外出人员的示范带头作用，利用他们思想解放、社会关系宽、具有一定经济实力的优势，支持家乡创建工作，并回村教育、动员村里群众共建美好家园。全市30个村的86名外出干部筹资332万元参加了本村的文明生态村建设。那大镇子熙村的群众和外出干部筹集了10多万元，并争取到政府和有关单位的支持，硬化一条长1300米，宽3.5米的环村路，整治村巷26条。地处边远山区的王五镇白井村的外出干部积极捐资建村，一次性捐出了25万元。

（二）主要经验

1. 创新发展，乘势而上，在连片创建上出思路

创建文明生态村是一件新生事物，没有固定模式，应该不断创新。面对新形势，儋州市委市政府认为，要让文明生态村建设走在全省的先进行列，必须从更高的起点、更宽的视角、更深的层次，探索具有前瞻性、创造性的新思路，跳出"东抓一个、西建一个"的套路，改变过去分散创建的做法，加快文明生态村建设步伐。为了实现这一设想，2002年儋州市确定了"抓住重点，连片推进，扩大规模，提高水平"的原则，提出创建文明生态村连片

示范区的思路。这一思路收到了"五个有利于"效果，即有利于加快创建步伐，不断扩大文明生态村的覆盖面；有利于推进农村城镇化建设，缩小城乡差别；有利于节约和整合资金，集中有限财力把文明生态村建好；有利于实现资源共享，防止出现重复建设现象；有利于加强农民教育，优化农村社会风气。因此，儋州市及时制定了《关于加快文明生态村建设的意见》，按照以点带片，以片连线，以线促面的要求，大力度、大动作、大规模地推进文明生态村建设。

2. 明确要求，突出特色，在规模推进上下功夫

创建连片示范区，主要在"连"字上做文章。儋州市以那大镇侨南连片示范区为汉族地区样板、以南丰镇武教连片示范区为少数民族地区样板。为了做好"连"字文章，儋州市主要抓好三个关键环节。一是抓好片区联创。规定每个连片示范区必须以3个以上相邻的自然村为单元，实行连片创建。比如：那大镇侨南连片示范区，同时启动了叶屋、杨屋、丰收、侨光、深田、良种场6个自然村，南丰镇武教连片示范区，则由上麦草、红山、海雅、红坎、武教头5个自然村组成，构建精神文明与生态文明共同发展的新区域。二是抓好道路绿化连接。连片示范区重在"连"字，示范区内村村之间的道路要拓宽，并建绿化带，使村与村的道路、绿化连接起来。侨南连片示范区硬化了贯通6个村、长2600多米、宽6米的大道；武教连片示范区以省道为主干道，每个村开通了连接省道的道路，并在道路两旁栽上树木，长达5700多米，使之突出连片的特点。三是抓好文化设施共享。在那大镇侨南、南丰镇武教两个连片示范区中，分别选定侨光村、红山村作为中心村，建设片区文化活动中心。实现文化阵地资源共享，减少重复建设、节约资金投入，做到少花钱多办事。

3. 立足实际，强化内涵，在提高档次上做文章

儋州市认为，文明生态村连片示范区，必须是全面建设小康社会的"亮点"。为此，2007年儋州市紧紧围绕建设生态环境、发展生态经济、培育生态文化三大内容，着重做好六项工作：一是硬化村道。即以硬化为基础，拆除一批有碍新村建设的破旧房屋，规划、平整、拓宽村中巷道，共修水泥村道356条、13.8万平方米，砌排水沟587条、7.8万米。二是绿化村庄。在村道两旁铺设草皮、种植既有观赏价值又能产生经济效益的花果树木；在村内空地开辟公共绿地、建设景观小区；引导农民在庭前屋后栽种经济果木。2007年，在开展连片创建示范区中，全市共新种各类花木果树1.6万株，铺草皮3.2万平方米。三是建设沼气池。以扩大沼气普及率为改变农村卫生状

况和保护生态的切入点，把创建村列为推广沼气重点村，发动群众大力建设沼气池，共新建沼气池1556个，其中红山、上麦草、海雅等村沼气使用率达100%。四是整治卫生。铲除村在杂草，引导农户将闲置的砖石、柴草、农具等实行定点堆放，清理村中卫生"死角"；制定农户卫生守则，引导农户搞好门前、室内、庭院、巷道卫生；建垃圾池1867个，农村环境卫生状况大为改观。五是发展庭院经济。引导农民在村庄周围、村中空地、庭前屋后开辟家庭果园，建沼气池，发展家庭养殖业，许多村庄基本做到家家有果园、户户养禽畜，拓宽了农民增收途径。六是活跃文化生活。以片区"五位一体"文化活动中心为依托，组织农业技术、政策法规、健康常识等培训，开展歌咏比赛、调声表演、篮排球赛等文化活动，丰富农民精神生活，提高农民文明素质，促进农村社会风气的进一步好转。

4. 构建机制，齐抓共建，在落实责任上使真功

坚持把责任落到实处，形成一级抓一级、层层抓落实的工作格局，是抓好文明生态村连片示范区创建工作的关键。因此，在实际工作中，儋州市紧紧抓住明确责任、齐抓共管这个环节不放，延伸创建手臂，着力营造上下联动的良好局面。一是把责任落实到每位市领导。实行市领导"双层包点"制，市四套领导班子领导每人负责联系一个镇，并在那大镇侨南、南丰镇武教两个连片示范区中具体包点抓一个创建村，坚持每月下包点镇、每周下包点村现场办公，当好包点镇、村创建工作的总策划、总协调、总指导。二是把责任落实到镇党委政府。规定镇党委政府对本镇连片示范区建设负总责，党政一把手亲自抓选点、抓样板；每个创建村要确定一个班子成员具体负责，抽调得力干部驻村开展工作，确保创建任务落实。三是把责任落实到一个机关联系单位。以协助基层抓好创建工作为衡量机关作风建设的重要标准，每4~6个机关单位负责联系一个镇，帮助、指导、检查、督促联系镇推进文明生态村连片示范区建设。四是把责任落实到村干部。规定连片示范区所在村的村支部书记为本村创建工作负责人，以抓好本村创建工作为己任，克服畏难情绪，深入宣传发动，组织、带领群众建设美好家园，充分发挥农村基层党组织的战斗堡垒作用。

5. 多方筹资，整合力量，在加大投入上用"硬招"

创建文明生态村连片示范区，需要有足够的资金投入，能否有效整合资金，确保投入到位，是创建工作能否出成效、上水平的重要保障。在实践中，儋州市采取"一为主三倾斜四资助"的办法，多渠道筹措创建资金。"一为主"，即以群众投入为主。坚持以群众作为创建连片示范区的主体，把主要精力放在发动群众上,组成工作队进村入户,通过会议、座谈、个别谈心等形式,向农民讲清、讲透创建文明生态村的意义,激发群众的创建热情,引导群众在投工投劳的基础上,积极主动地投钱、投料,建设自己的家园。"三倾斜",即把改水改厕、沼气池建设、民房改造专项资金向文明生态村建设倾斜。协调市计划发展、民族宗教、爱卫办等部门,把省拨的改水改厕、沼气池建设、民房改造的资金重点投向连片示范区,合理利用省拨资金,推动连片示范区创建工作。"四资助",即市镇财政资助一点、机关单位资助一点、外出工作人员资助一点、企业资助一点。把创建资金纳入市镇预算盘子,协调机关联系单位给予人力、物力、财力援助,动员创建村外出干部、经商人士等参与家乡建设,发动企业慷慨解囊,形成全社会参与的良好局面。近几年来,全市共投入1012.6万元,其中,群众投入620万元,市镇财政投入250万元,社会各界捐助142.6万元,为连片示范区建设提供了强有力的物质保障。

6. 严格标准,加强督查,在工作成果上求突破

文明生态村连片示范区建设,是一项长期性工作,必须强化检查督促,否则,就会停留在口头上,无法真正落到实处。为确保能够收到预期成效,儋州市坚持"效果就是硬道理",认真抓好跟踪、检查、考核三个环节。一是加强制度建设。实行镇"每月一报"、机关联系单位"每周一报"制度,规定镇党委政府、机关联系点第一责任单位定期上报连片示范区建设情况,使创建工作始终摆在镇党委政府和机关联系单位工作的重要位置。二是加强督查工作。从市委宣传部、市文明办和市委、市政府办公室抽调人员,成立专门的督查小组。要求各镇年初制定创建方案,把创建片区各创建村责任人、联系点单位、实施步骤、完成时间等上报市文明办。由市文明办适时组织实地检查,及时发现和解决问题,通过编印《文明生态村建设简报》,推广经验,杜绝说假话、不干事、敷衍塞责的行为。三是加强年终考核。依照创建连片示范区"八条标准",制定量化评估考核细则,年底进行全面的检查验收。验收情况按照分数排序,利用市"一报两台"向社会公布,对实绩突出的给予奖励,对措施不力、没有收到实效的给予严肃批评,并责令限期整改,确保各项工作落到实处。

三 文明生态村建设的制约因素及对策

一是文明生态村建设面临着农村、农业基础设施薄弱的问题。新中国成立以来,农村基础设施建设有了很大的变化,但还存在薄弱环节,农业的基

础设施比较脆弱，农村中的交通、水利、燃料、饮水和环境仍然是制约农村发展的主要障碍。农村产业结构不合理、工业化程度低等一些深层次的问题还没有从根本上得到解决，农民增收难的问题还比较突出。影响农村社会稳定的土地纠纷、失地农民生活保障等一些因素还未从根本上得到解决。

二是文明生态村建设面临着正确处理政府支持、全社会参加与农民主体作用的三者关系问题。在实践中，三者的关系非常容易出现问题。一种表现是政府大包大揽，农民漠不关心，不少群众对创建工作思想认识不足，存在"等、靠、要"思想。一种表现是农民积极主动，政府支持不够；还有一种表现是其他各种社会力量没有加入到社会主义文明生态村建设中来。

三是文明生态村建设面临着人才的瓶颈制约问题。相当部分农民的思想道德意识和文化素质还不够高。一方面是农村人口基数的不断扩大，需要采取措施向第二、第三产业转移；另一方面文明生态村建设所需要的人才严重不足。

四是文明生态村建设面临着组织化程度低的问题。从目前看来，农村合作经济组织不仅数量少、规模小，而且缺少相应的制度保障。和农村组织化相关的金融合作、社会保障等在目前的制度框架中还未纳入。自发的新型社会化服务组织在农村更是少见。

五是文明生态村建设面临城乡二元分割体制导致的制度困境问题。本来应由政府承担的公共建设如教育、卫生、体育等社会负担，转移到农民身上，原本就不富裕的农民承担了一部分社会公共产品的成本，变得更加不堪重负。与此同时，农民承担责任的能力弱小，不能为社会公共产品提供丰厚的支持，反过来又造成了农村公共产品供给不足。

专题二 海南省国投洋浦港有限公司调查

1997年6月20日,由海南省与国家开发投资公司的全资子公司国投交通公司在原洋浦港务有限公司的基础上,按照现代企业制度的要求改制合资设立的国投洋浦港有限公司正式成立。公司为独立法人、独立核算、自主经营、自负盈亏。公司注册资本为20000万元人民币,注册地在洋浦经济开发区内。其中国投持股75%,海南省政府持股25%。2006年,海南省成立海南省发展控股有限公司,由该公司作为出资方,代表海南省人民政府成为公司股东。国投洋浦港有限公司是一个新兴的年轻港口企业,拥有一批朝气蓬勃的国投洋浦港人。公司现有在册员工818人,其中港口业务人员541人,退休员工16人。大专以上学历166人,专业技术人员198人,公司员工平均年龄38岁。

公司经营范围包括港务管理、货物装卸运输、仓储业、木片加工、集装箱拆装和运输、水陆客货运输和代理、水运辅助、邻港储运业、邻港加工业、生产服务、设备租赁、房地产开发经营、旅游业、宾馆业、对外贸易、工程咨询及监理。公司经营宗旨是:根据国家的有关法律、法规和产业政策,开发建设经营洋浦港,促进洋浦经济开发区及海南省交通事业的发展和地区经济的振兴。坚持"严管厚爱"管理理念和"做精做强洋浦港"的发展理念,热忱为国内外货主、客商提供优质高效服务,致力与国内外企业友好合作,促进共同繁荣。

国投洋浦港有限公司自成立以来,成绩斐然。2001~2005年连续荣获国务院国资委中央企业法制宣传教育先进单位;2004~2005年连续两年荣获海南省质量信得过服务先进单位;2004~2005年连续两年荣获洋浦经济开发区财政突出贡献奖;2005年获海南省用户满意服务企业称号;2006年度获国家安全人民防线建设先进单位;2006年获洋浦经济开发区平安建设先进单位等殊荣。此外,公司还涌现出一批"专业技术尖子"、"岗位技术能手"。

一　港口概况

在美丽富饶的海南岛西北海岸,大自然铸造出一个理想的海湾——洋浦湾;在洋浦湾的万顷碧波中,一条通往世界的黄金水道,正以雄伟崭新的姿态恭候万吨巨轮——新兴现代化的深水港良港洋浦港。

(一)自然条件

风况:本港常向风为东北风,6~10月份为台风季节,每年平均有2~4次台风。

气温:属热带季风气候,年平均气温24.7°C,7月气温最高,平均气温29.3°C,1月最低,平均温度18.9°C。

潮汐:属规则全日潮型,平均潮位1.91米,最高潮位4.06米,最低潮位0.24米,最大潮差3.6米,平均潮差1.81米。

雾况:全年以12月至翌年4月间雾日多,年平均雾日16天,最多雾日21天。其中3月份最多。

降雨:年平均降雨量1113.8毫米,5~10月份,11月至翌年4月为旱季,年均降雨日数为100.8天。

(二)交通条件

洋浦港是海南西北部工业走廊出海通道的重要出海口,处在环太平洋航运中心的黄金水道上。洋浦港水陆交通便捷。疏港一级公路28公里处与海南环岛西线高速公路相连,洋浦至海口137公里,至八所港124公里。粤海铁路海南西线已铺至洋浦外围的儋州境内。水路至海口港87海里,至八所港54海里,至三亚港174海里,至湛江港173海里,至广州港450海里,至香港389海里,至越南的海防港151海里,至香港389海里,至澳门345海里,至日本大阪1693海里,至新加坡1829海里。现与国内各大港口以及20多个国家、地区通航。目前,开通了洋浦—广西钦州,洋浦—广州南沙,洋浦—广州新沙—南沙,洋浦—海口—泉州—汕头,洋浦—香港五条集装箱班轮航线,以及洋浦—太仓不定期班轮航线。

(三)港域情况

洋浦港水域使用面积为:港池面积8.45万平方米,调头区面积22.87万平方米,航道面积206.87万平方米(按边坡1:7,平均水位1.91米计算),锚地面积9平方公里(其中航道和锚地为公用设施)。陆域使用面积为206.52万平方米。占用岸线1911米,码头泊位长度1691米。洋浦港现有锚地1处,位于小铲礁西北侧,该处水域开阔,天然水深适宜,海底平坦,海床底质为淤泥混沙。长度和宽度均为8公里，水深16米，距码头约18.5公里。洋浦港航道是在原潮汐汊道基础上开发建成，航道为单向。洋浦港航道总长8.1公里，底宽100米，底高程9.2米。2万吨级船舶不需乘潮可随时进港。港池水深－10.8米至－13.5米，3号～5号泊位调头区直径400米，6号～8号泊位调头区长直径475米，乘潮时4万～5万吨级大船可满载进出港。乘潮靠泊过5.3万吨级船舶。

（四）港口吞吐能力

洋浦港总面积约163万平方米，堆场面积约52.82万平方米（其中件杂货堆场38.98万平方米，地面承载力5吨/平方米；集装箱堆场13.84万平方米，地面承载力7吨/平方米）。码头泊位总长度1696米，现有泊位9个，其中，1个3000吨级工作船泊位、2个3.5万吨级通用泊位、5个5万吨级通用泊位和1个3.5万吨级集装箱泊位。现有2万吨级航道，计划在原2万吨级航道基础上改道扩建为5万吨级航道，航道有效宽度150米，底标高－13.0米，航道长度为8700米，港口年设计通过能力达760.4万吨。港口主要提供集装箱、煤炭、矿石、钢铁等货物的装卸服务。仓库（地面承载力3吨/平方米）：有5幢，总面积为2.7万平方米。机械：全港共有各类装卸机械100多台，其中门座起重机13台（最大变幅35米、最大负荷40吨），轮胎吊11台（最大负荷25吨），牵引车13台，平板车40台，装载机12台，推耙机5台（功率51.5kW），挖掘机7台，叉车16台（箱内作业叉车4台），集装箱牵引车（集卡）7台，底盘车10台，集装箱正面吊3台（额定负荷吊具下45吨），岸边集装箱装卸桥（岸桥）1台（50吨，－45米），轮胎式集装箱龙门式起重机（场桥）1台（额定负荷吊具下41吨、堆5层箱高、跨距23米）。港作船舶：共有拖轮2艘，2800匹马力和3600匹马力拖轮各1艘。

（五）优惠政策及联检单位

洋浦港3号、4号、5号泊位、堆场及后方陆域属洋浦保税港区范围，享有保税港区优惠政策：境外货物进入区内保税；从区内运往境外货物免征关税；境外进入区内的生产性设备、基建物资关税和进口环节代征税；国内货物入区退税；区内货物流转免增值税和消费税，区内企业不实行保证金台账制度。联检单位主要有：洋浦经济开发区海关、洋浦保税港区海关、洋浦海事局、洋浦边防检查站、洋浦出入境检验检疫局。

二 生产经营及效益情况

洋浦港自1990年开港以来，由于海南省经济欠发达，进出岛货物总量不大，加之洋浦开发区工业项目没有真正形成生产能力，因此货源一直不足，吞吐量基本维持在50万吨左右，以散杂货为主。

1996年以前，由于房地产出售形成的其他业务收入较高，同时，在成本核算上不规范，计提折旧不合理，而且对某些成本费用项目的结转滞后，即1996年以前年度应该结转的有关成本费用项目没有结转，造成利润虚增，账面盈利。1997年成立国投洋浦有限公司以后，公司对港口经营管理体制进行了一系列改革，并对资产、负债及成本费用项目进行了清理，按照企业会计制度采用适当的会计政策和会计处理方法对有关项目进行了重新处理，结转了以前未结转的有关成本费用项目，公司到1997年止累计亏损2480万元。

"衡量一个港口能力的最重要标志就是吞吐量，在经济全球化时代，要在激烈市场竞争中占有一席之地，必须具备强劲的竞争力"，公司经营班子达成共识，坚持适时调整经营策略，以货源为中心、以市场为导向、以管理为重点、以质量为保障，拓展经营市场，实现了由生产组织到货源组织的重大转变，将主战场放到了港外，发挥港口优势，抢抓机遇，把发展集装箱业务列为洋浦港的重点及长远发展方向，扩大业务范围，提升服务质量，赢得船东、货主的青睐。

美丽的洋浦港

进入新世纪，港口生产一直保持着良好发展势头，吞吐量连年创新高，2001年完成货物吞吐量60.2万吨，2002年货物吞吐量完成了92万吨，集装箱吞吐量首次突破2万标箱。国投洋浦港货物吞吐量的快速增长始于2003年。当年，随着金海浆纸特大型工业项目等的开工建设，带来了物流的增长，洋浦港当年货物吞吐量上升到了110万吨。2003年11月22日年货物吞吐量首次突破了100万吨，成为海南最大的煤炭、石膏集散地，圆了国投洋浦港人第一个梦。海南省人民政府2003年11月26日发来贺电，对洋浦港完成年吞吐量100万吨表示祝贺。此后港口吞吐量出现了强劲发展的良好势头，货物吞吐量不断攀升，连续实现翻番，2003～2007年分别实现吞吐量114万吨、218万吨、413万吨、426万吨和428万吨，效益年年递增。2004年一举创利1300多万元，摘掉了洋浦港14年来亏损的帽子，2005年和2006年分别创利4000多万元，2007年的利润达到5000万元，实现连续五年盈利。

公司在本港发展主业的同时，不断洞察商机，不仅成功地承包了金海浆纸厂三个五千级泊位的生产，还成功地向房地产和酒店业拓展。如今，洋浦湾海景花园酒店名声在外，是洋浦开发区一张名片，来洋浦的顾客都会首选该酒店下榻。普瑞小区成为区内理想的人居之地；福玛特超市及2007年5月开张营业的普瑞综合市场更是洋浦人理想的购物中心。

三 公司管理体制的改革与创新

1994年以前，隶属于交通部海南港务局的洋浦港务局是洋浦港的经营主体，实行的是政企合一的管理体制。1994年海南港口管理体制下放后，洋浦港务局剥离了政府职能，变更为洋浦港务有限公司，真正开始实行企业化的管理体制。

1997年6月20日，国投洋浦港有限公司正式成立。公司实行股东会、董事会、监事会、经营层各负其责为特征的法人治理结构下的总经理负责制。现任董事长（法人代表）潘勇，公司总经理、党委书记康韬，下设二十多个部门。公司的发展首先得益于一套政企分开、产权清晰、权责分明、管理科学的现代企业制度。公司通过转换经营机制、改革管理体制，在创新中寻求发展，以强化管理、优化服务为抓手，走出了一条向国际化港口迈进的探索之路。自成立以来，首先建立了法人治理结构，明确了出资人和经营者的权责关系，从体制上保证了公司国有资产进行规范、有序的经营。其次，在控股方国投交通公司的指导和支持下，公司成功地完成了劳动用工制度、薪酬制度、住房制度等改革，加大制度建设力度，实行绩效管理，从根本上解决了长期以来港口冗员较多、劳动生产率较低、部分资产闲置等问题，进一步增强了企业竞争力。再次是引进安健环管理体系建设，逐步将以往的安全管理与NOSA安健环体系有机地结合起来，使安全管理更具科学性、系统性。再者是加快港口信息化进程，提高工作效率。公司高层坚持构建"数字化"港口的理念，建设了一套集计算机技术、网络通信技术为一体的信息工程，并采用应用软件系统进行生产、设备、物资、人力资源、集装箱、办公自动化和财务管理，逐步实现了生产管理的信息化、自动化、流程化。拥有一套完善的计算机管理信息系统，整个系统分为OA办公自动化子系统、散杂货生产管理子系统、物资管理子系统、设备管理子系统、人力资源管理子系统、集装箱管理子系统和用友财务管理子系统七大系统。另外还建立了港区生产监控系统。信息系统的全面运行，加快了港口信息互递，特别是在港口生产中发挥了举足轻重的作用。

通过不断地完善、深化、创新，着力转变员工的思想观念，强化市场、服务意识，不断加强、完善内部管理、控制制度，使企业的生产管理水平得到不断提高，凝聚力逐渐增强，1997~2003年每吞吐吨综合成本下降了30%，1997~2003年职工年均收入增长幅度超过50%。使公司各项工作逐步走上制度化、规范化的发展道路。公司借鉴青岛港的先进管理经验，结合本港实际，建立和完善了适应现代企业经营机制及管理体制，使企业的生产管理水平得到不断提高，无论是管理体制、经营机制，洋浦港均处在海南同行业的前列。确立了"严管厚爱"的管理理念，转换经营机制、改革管理体制，走科技兴港、创新发展之路。

（一）制度创新

企业要发展，制度是保障。说起国投洋浦港十年来的管理之变，参与创业的员工们记忆犹新，如数家珍——2003年的管理年、2004年的效益年、2005年的发展年、2006年的巩固年、2007年的规划年。公司成立伊始，坚持以改革为动力、以创新求发展，积极推进建立现代企业制度，建立健全法人治理结构，并严格按照法人治理结构的要求实现有效运转，制度建设严为先。公司先后进行了3次人事改革。1997年定编数1020个，1998年804个，2003年593个。1998年12月29日开始实行全员劳动合同制，打破"铁饭碗"，强化员工的危机意识，实现了管理的转型。

在经历1997年改革的阵痛之后，尤其进入了2003年，在知名管理咨询机构的帮助下，公司从发展战略、业务流程、激励考核入手，进行了全方位的系统改革。公司成立制度委员会，进一步优化机构，定岗定编，实行按岗付薪，合理配置人力资源；修订、完善以及新建了一系列管理制度，明确地提出"严管厚爱，做精做强"的经营理念和"逐步打造规范的内部管理机制、培育优秀的企业文化，以适应竞争日益激烈的市场"的工作思路。

自 2003 年以来，公司制度委员会已经制定、修订和完善了 63 项制度，涉及财务、采购、人事等 9 大体系。今年还将通过涉及安全生产、培训等 26 项制度。不断完善的制度让员工树立了牢固的制度观念，员工每做一件事，首先考虑的是是否有相关制度规定。在国投洋浦港的码头现场，可以看到这样的标语："没人负责我负责，有人负责我服从。"如今，这不仅仅是写在墙上的口号，而是深入员工心中的信念了。

公司把员工军训制度化、班组建设制度化，重新设计并准行了按岗付薪、管弹及业务晋升制度、绩效管理以及色彩管理等新的管理方法和工作程序，极大地加强了员工的责任感和工作效率。洋浦港船舶平均每装卸千吨货在港停时从 1997 年的 0.53 天减少到 2007 年 5 月的 0.26 天，装卸工人的装卸工时效率从 1997 年的 98 吨增加到 2007 年 5 月的 70.3 吨。管理成本一降再降，每千吨吞吐量装卸成本从 1997 年 15982 元减少到 2007 年 5 月的 9793 元，下降了 38.4%。

（二）品牌创新

面对激烈的市场竞争，借助国投品牌的无形资产，实现国投洋浦港品牌的塑创是公司高管思考最多的事情。大力培育"创优质服务，树港口品牌"的企业精神，建立和完善货源信息网及揽货激励机制。实施全员营销策略，提升服务水准。公司把优质服务视为公司生存和发展的生命线，制定了以搞好优质服务为中心内容的"四个第一"（信誉第一、服务第一、质量第一、安全第一）和"四个满意"（船方、货方、车方、对方港满意）的服务方针，使用文明用语，规范服务，做到"来有问声、问有答声、走有送声"；完善值班制度。为方便货主，在公司商务部及相关部门显眼的地方摆放公示牌，上面详细地标明了值班人员的姓名、联系电话，24 小时全天候提供服务，让货主随时都能找到具体办事人。优质服务赢得了货主、船方的信赖，也赢得了良好的市场占有率。与此同时，公司把降低成本增效益作为日常工作的重中之重，不断强化员工节约意识。公司创办《洋浦港》报，启用新标识，充分展现了奋发向上的企业风采。

为加快港口信息建设，打造数字化港口，公司成立计算机中心，实现了公司生产管理的信息化、自动化、流程化。另外，公司与中国网通海南通信合作的通信工程已完工并交付使用，使公司的通信设施提高了一个档次。2007年，公司对集装箱及门机系统进行无线局域网建设。

港旗、港歌、港识、港报成了企业上升员工认同感的手段之一。在品牌的塑创上，国投给予洋浦港鼎力的支持，原董事长陈克斌同志还专门为我们的港歌作词。洋浦港不仅有自己的港旗港歌，还有国投洋浦港标识。通过建立网站，创办《洋浦港》报，大力传播和展示企业风采。经过10年的努力，企业内部凝聚力和企业社会形象得到大幅度的提升，洋浦港已逐步成为受社会尊重的企业，国投企业品牌在海南得到宣扬和广泛赞同。员工身穿带有国投标志的服装，深感融入国投大家庭的光荣。

（三）企业文化创新

国投在给洋浦港带来大量资金的同时，还给洋浦港带来了优秀的文化理念。洋浦港人对国投的认同首先来自文化的认同。公司自成立以来，高度重视企业文化建设，秉承国投"三为"宗旨，参照国投文化，制定了以五个负责为核心的《我们的信念》，即对顾客负责，对同事负责，对管理层负责，对社区负责，对股东负责。具体来说：

1. 对乘客、货主、船东和接受服务的所有顾客负责

必须保证公司运送的人员和运输的货物的安全，服务要迅速，提供的服务产品对于社会必须是有价值的，必须不断致力于降低成本。

2. 对同事负责

必须给员工安全感，工资公平而适当，工时合理，管理层公正，必须保持工作场所整洁、有秩序，员工应该享有建议和申诉的权利，够格的人应该有晋升的机会。

3. 对管理层负责

公司经理人必须有才能、受过教育、有经验，必须是具备一定素养和常识、能为他人着想的人。

4. 对社区负责

员工必须做个好公民——支持正义和公益事业，依法纳税，提倡改善市政，提倡卫生、教育和廉洁的政府，在社区传播道德和文化。

5. 对股东负责

企业必须赚取相当的利润，必须保障备用资金，保持企业发展后劲，股东应该得到公平的回报。

公司发展的远景目标是把洋浦港建设成为百年老店，让员工安居乐业。在培育"严管"执行文化的同时，努力践行《我们的信念》，时刻关注身边

的"小事",大力提倡"厚爱"的人本文化。细心的人会发现:每一次"小"事者是国投洋浦港人坚持"为出资人,为社会,为员工"理念,践行《我们的信念》"对顾客、同事、管理层、社区、股东负责"的最好诠释。国投洋浦港成功地将企业责任分解到管理的各个层面,企业负责的过程也是企业获得效益的过程。2003年12月,洋浦港的"管理责任体系"形成。这一体系,以"我们的信念"为题,不断向每个管理环节和每个员工中浸透。在衡量岗位上的员工是否是企业责任的合格承担者时,首先考虑的就是他是不是能在岗位上实现自我价值。但是要想让员工们能实现自我价值必须让他们对国投洋浦港有认同感和归属感。这些在国投洋浦港都是通过注重细节来实现的。

小到一本书。公司总经理康韬把《把信送到加西亚》、《没有任何借口》、《细节决定成败》、《绩效管理系统素质库》等作为推荐阅读的图书发到员工手中,鼓励员工多读书,读好书,不断提升自身的职业素养。

小到一次体验,一声祝福。公司坚持定期免费为员工体检,让员工及时了解自身的健康状况。每位适逢生日的员工不仅能在《洋浦港》报上及时地看到总经理康韬写给自己的生日祝福,还能如期收到来自公司赠送的生日礼金。

小到员工事无巨细。逢年过节,班子成员走访困难家庭,送去慰问金;开办员工食堂,并向员工提供每月100元的伙食补助;发放降温饮料;给金海作业区工作人员提供免费午餐;为员工建文化活动设施。员工工资水准从1996年月平均工资的808元,到2007年的月平均工资2345元。令人欣喜的是,与企业"共生共荣"的理念和"学习是个人和经营成功的关键"理念如今已和风细雨般潜入了员工心中并生根发芽……

小到一封信。2004年10月,针对公司一起交通事故,总经理康韬在给全体员工《关注健康,珍惜生命》的信中真情流露:洋浦港开港至今已度过了十四个春秋,历尽坎坷。14年来,我们携手并肩,互相激励,相互关爱,走到了今天,我们终于迎来了洋浦港腾飞的曙光……生命最可贵,希望每个员工都能关注健康,珍惜生命,一同创造洋浦港明日的辉煌,共享奋斗的成果。

小到一次培训。公司鼓励员工与公司共同发展,为每一位员工进行了职业生涯设计针对员工的不同岗位、不同层次、不同阶段和不同需要,分别制定员工的培训计划。或是邀请专家来港为员工培训,或是内部培训,或是外出学习……

小到一个弯头。在普瑞豪苑后,出现了这样一个小问题:卫生间排污管没有弯头,异味往上涌。可是工程经相关部门验收是符合国家规范要求的。总经理康韬得知这一情况后,果断地告诉普瑞地产管理者们:只有心里装着顾客,顾客心中才会有你。因此,必须借鉴汽车行业的召回制度,对所有的排污管道进行改造;已经装修好的房间按原装修规格恢复装修,所有费用由普瑞公司承担。

小到一个评选。公司认认真真,实实在在地开展"四好班子"、"岗位标兵"、"员工满意度"等评选活动。如今,管理层以身作则,率先垂范,员工比学赶超蔚然成风。

小到数不清的捐助。设立专门基金,开辟了资助困难员工的新渠道。上到公司领导层下到普通员工踊跃捐款。公司领导班子还将洋浦管理局奖励给班子成员个人的4万元捐赠给"123阳光工程",并从基金中拨出32000元资助了符合条件的4名特困员工。

坚守信念,对社区负责。公司在抓好经济的同时,主动承担社会责任。2006年向洋浦"大学生助学工程"捐款15万元;向洋浦实验学校小学部捐赠4万元。公司组织周边学生与群众参观港口,接受港口知识和爱港思想教育。值得一提的是,目前,公司自愿献血的员工越来越多。

公司还通过寓教于文、寓教于乐丰富多彩的系列文体活动,陶冶员工思想情操,培育诚信、敬业、创新的企业精神,增强公司凝聚力和向心力。坚持开展员工军训活动,培养了一支特别能吃苦、特别能战斗、具有团结协作的团队精神的员工队伍;在"岗位练兵"热潮和技术"大比武"竞赛中,涌现出一大批技术尖子和机械操作能手;闭路电视台和《洋浦港》报成为弘扬先进企业文化、表达员工心声的窗口。

(四)后勤服务创新

在国投洋浦港,人是大写的,员工能处处感受到为了人、关心人、理解人、尊重人、帮助人、培育人的企业氛围。公司坚持在有限的条件下不断提高后勤服务水平,不断创新服务细节,尽可能为员工创造良好的工作、生活条件,把后勤服务创新当做留住企业人才的重要手段。

新建成的办公综合楼,犹如张开双臂敞开自己的怀抱迎接远道而来的客人,是洋浦一处靓丽的风景。生活区——怡园小区环境优美,是花园式小区,营造了一个舒适的员工生活家园。近几年来,公司积极为员工营造安居乐业的环境。现在,不仅建成普瑞豪苑、恢复员工食堂,而且还有健身房、员工培训中心。通过每月补助员工伙食,免费为全体员工体检,增加水电补贴,发放降温饮料等,让员工感到公司的关爱和温暖,员工归属感、凝聚力不断增强。由于公司经济效益好转，员工工资大幅增加，福利待遇一年比一年好，国投的"三为"理念已经得到我们员工的认同。让员工身穿带有国投洋浦港标志的服装，让员工住进洋浦最好的生活小区，使员工们深感融入国投大家庭的光荣。

经过10年的实践，国投洋浦港有限公司在企业管理方面已积累了一些经验，并在不断地完善。规范的管理使洋浦港从小到大，10年间港口吞吐量增长了近10倍，公司总资产从刚成立的2.4亿元增加到现在的9.4亿元。由于经济效益的明显好转，港口规模不断扩大，员工对港口未来发展充满信心，国投的影响力已经渗透到每一位洋浦港人的心中。

专题三 海南省炼油化工有限公司调查

中国石化海南炼油化工有限公司（简称海南炼化）地处海南省西北部的洋浦经济开发区。2003年6月3日，中国石化集团公司海南炼油项目筹备组成立。2004年4月26日，海南炼油项目奠基开工。2006年9月28日，装置一次投料试车成功，打通全流程，投入商业运行。

一 项目概况

中国石化海南炼油化工有限公司是我国20世纪90年代以来第一个整体新建的炼油企业。中国石化集团公司党组根据国家炼油工业发展战略，为调整炼油生产能力布局，巩固西南地区及沿海市场，进一步提高市场竞争能力和经济效益，建设具有国际竞争能力的石油化工基地和石化产品出口基地，于2003年启动海南炼油项目，2006年9月建成投产。海南炼油项目总投资116亿元；原油加工能力为800万吨/年。该项目每年可实现销售收入300亿元以上，销售收入全省人均可达3750元，年产值可占全省工业总产值的1/3以上，每年20亿元税收；每年生产成品油和化工产品总量700多万吨。

海南炼化的800万吨炼油项目就是一种"领头产业"。炼油厂具有较大的纵向带动作用和横向扩散效应，能直接带动石化工业、石化产品制造业等下游产业的迅速崛起。石油化工能够推动化肥业、精细化工业、合成橡胶业、合成纤维业、合成塑料业的兴起和发展。这些产品的精深加工和复合利用，又能推动轻工业、纺织业、建材业、复合材料业、耐用消费品工业等产业向新领域新方向发展，并由此带动一批劳动密集、资金密集型产业和技术密集型产业的发展。专家分析，石化工业对经济的带动和促进，将以几十倍的增长效应递增。石油炼制工业不仅对炼油厂周围地区经济的发展具有强大的辐射功能，而且对周围地区经济发展具有强大的聚集效应，使地方经济依托大炼油的开发建设发展起一批服务于大炼油的地方性产业，增强洋浦乃至海南的工业经济实力。随着洋浦石化产业链的延伸，围绕这一产业的大量的资金流、物流和人流将不断地涌入，越来越多的上下游项目将不断进入。

海南炼油项目的投产，除满足海南及周边省份的成品油等产品需求外，还可充分依托海南的区位优势，向东南亚地区出口成品油及石化产品，开拓国际市场。该项目是海南省实施"大企业进入、大项目带动"战略的具有重大意义的项目，必将对海南的经济起到很大的带动作用，促进海南和谐社会的建设。

（一）主要装置

公司主要生产装置有：800万吨/年常压蒸馏、250万吨/年减压蒸馏、310万吨/年催化原料预处理装置、280万吨/年重油催化裂化、脱硫醇装置、60万吨/年气体分馏装置、120万吨/年加氢裂化装置、200万吨/年柴油加氢精制装置、30万吨/年航煤加氢精制装置、80万吨/年脱硫脱硫醇装置、120万吨/年连续重整装置、20万吨/年异构化装置、10万吨/年甲基叔丁基醚装置、60000Nm^3/h制氢装置；8万吨/年硫黄回收和溶剂再生装置、180吨/小时酸性水汽提装置；20万吨/年聚丙烯装置和合资建设的8万吨/年苯乙烯等16套炼油化工生产装置及相应的油品储运设施、公用工程系统。其中除连续重整装置需购买国外专利使用权以外，其余工艺装置全部采用国产化技术。海南炼化码头设计通过能力为2600万吨/年，其中原油码头综合通过能力约1800万吨/年，成品油码头综合通过能力总计约800万吨/年。

（二）主要产品

海南炼化以加工进口原油为主，自备的深水码头位于洋浦神头港区，拥有包括30万吨级原油、10万吨级成品油在内的泊位5座，年吞吐能力超过2500万吨。拥有110万立方米的原油和超过70万立方米成品、半成品储存能力及相应的输转设施。主要生产和销售各种规格的汽油、柴油、航空煤油、石脑油、苯、液化气、燃料油、聚丙烯、苯乙烯等石油化工产品。汽柴油产品全部达到欧Ⅲ标准，部分达到欧Ⅳ标准，产品主要销往海南省、华南、西南及香港、澳门等地区。公司从2006年9月开始国际贸易，出口产品全部采用国际标准，汽油、柴油、航空煤油、车用液化气、硫黄、MTBE等产品出口销往东南亚、中国香港、中国澳门等多个国家和地区。

（三）生产技术水平

海南炼化严格遵循"本质安全"、"节能减排"和"零泄漏、零污染"的原则，生产工艺流程方案采用常减压蒸馏—催化原料预处理—重油催化裂化/加氢裂化（CDU/VDU－RDS－RFCC/HC）的全厂总工艺加工流程。催化原料加氢预处理，中间馏分全加氢，汽油、航煤和柴油等进行加氢精制。对加工中产生的酸性水按加氢和非加氢型分别进行处理和利用，对产生的酸性气进行硫黄回收及对硫回收排出的尾气进行加氢和焚烧等，从生产的全过程实施了污染控制，对生产中产生的"三废"进行有效治理。该流程在轻油收率、综合商品率、清洁产品和环境保护等方面具有明显的优势。根据各废水污染物性质，按"清污分流"、"污污分治"的原则采用不同的治理措施。全厂水重复利用率为97.3%；水回用率为52.7%，用水量及排污量大大减少。全厂吨原油取水量为0.97吨水/吨原油，加工吨原油工业废水产生量为0.51吨水/吨原油。对污水处理场产生的挥发性废气采用收集和生物脱臭设施处理，使无组织排放变成有组织并经处理后排放，减少恶臭影响。通过规范化的处理处置，本项目固体废弃物向环境外排量为零。从生产工艺与装备要求、资源能源利用、污染物产生、产品和环境管理要求等方面的指标与《石油炼制清洁生产标准》（HJ/T125-2003）比较，海南炼油项目可达到一级或优于二级标准。总体达到了国内清洁生产先进水平，部分指标达到了国际清洁生产先进水平。

二　建设纪实

根据中国石化集团公司党组的决策和中国石化集团公司总部领导的要求，海南炼油项目按照"高起点、高标准、高速度、高质量"和"节约投资、减少占地、减少定员"的原则，依靠科技进步和科学管理，吸取国内外工程建设管理和炼油方面的先进经验，坚持安全、环保、可持续的科学发展观，建设成为"技术先进、装备精良、质量领先、效益突出、环境友好、管理科学"的21世纪样板炼厂。海南炼化是中国石化20世纪90年代以来第一个整体新建的炼油企业，也是目前国内单系列规模最大的炼油企业之一。中国石化将海南炼油项目定位为"中国石化的进口原油加工基地和成品油出口基地"。中国石化将发挥在石油化工化纤领域的综合优势，在海南延伸发展石化产业，积极推进海南经济结构的调整和优化。

这一项目的建成在全国创造了"三个第一"的奇迹。第一个奇迹是从2004年4月26日破土动工到2006年9月28日正式投产，原计划3年才能建成投产的主体工程18个月就完成，速度之快，全国少见；第二个奇迹是这个炼油厂116亿元的投资预算不但没有突破，而且还搞了不少配套设施；第三个奇迹是在全国同样规模的炼油厂职工多则上万人，少则五千人，而海南炼化全厂只有500名职工，实现了人少贡献大，成为全国的样板。海南炼油项目被领导和专家给予了设计方案最优、建设周期最短、工程质量控制最好、开工组织最周密、安全环保最优良等诸多赞誉。原中国石化高级副总裁曹相洪院士认为:"海南炼化建设是先进管理模式和集团化优势的集中体现,它的结果是具有中国特色的近乎完美的管理模式。"

(一) 政府支持　科学决策

如何拉长工业短腿,迅速提升经济总体实力?在经历多年探索后,海南省委、省政府作出了抉择:依托自然资源禀赋,实行"大企业进入,大项目带动"战略。海南是我国海洋辖区面积最大的省份,辽阔的海洋蕴涵着巨大的财富。据预测,海南省辖管海域有油气沉积盆地39个,总面积64.88万平方公里,蕴藏石油地质潜量约328亿吨,折合经济资源潜量152亿吨,天然气地质潜量11.7万亿立方米,折合经济资源潜量4.2万亿立方米。对海洋油气资源的开发利用,将会促使工业产值成倍增长。依托南海丰富的油气资源,海南发展石油化工业优势得天独厚。

可是好事多磨,海南炼化项目从1990年国务院批复一直到2003年正式启动,十余年间数起数落,几多复杂难以言表。2002年,海南省政府对该项目进行分析研究时认为,原项目业主已无法使该项目进行下去,必须抓住当前国内成品油市场尚未饱和的有利时机,引进战略投资者,对项目进行重组,尽快启动。最终,洋浦以集特区、开发区和保税区"三区合一"的优势,引来了中国石化落户。在中国石化"扎好篱笆打好桩"的战略布局中,海南炼化是最南端的一根"桩",是集团公司党组为调整炼油能力布局、满足西南地区及沿海市场需要、开拓国际市场而作出的重大决策。由于海南炼化特殊的战略意义,在工程建设过程中也受到了党和国家领导人的关注。海南省委、省政府更是把海南炼油项目列为"海南一号工程"。主要领导多次到现场,密切关注着项目进展,及时帮助协调解决工程建设过程中出现的困难和问题。省委省政府的主要领导多次在会上强调:"要举全省之力,支持海南炼化。"中国石化集团公司领导先后到海南召开了9次现场办公会,14次项目联合领导小组(IPMT)协调会。项目现场几乎所有的总部领导都来过,集团公司党组书记总经理、董事长陈同海先后4次到现场指导工作。副董事长总裁王基铭先后来过15次,亲自组织召开了8次现场办公会。

(二) 管理先进　优势明显

海南炼油项目结合目前国际通行的工程管理方式及中国石化建设经验,采用IPMT + EPC + 监理的工程管理模式组织建设。这是当前国内最先进的工程管理模式。从工程建设的结果看,也是具有中国特色的近乎完美的项目管理模式。

主装置和主要的公用工程和辅助工程采用EPC总承包模式，划分为若干个子项实行EPC工程总承包。在现场管理上，坚持"以我为主，强力协调"，全方位参与了EPC的设计、采购、施工协调，适时组织土建、一级地下管网和安装百日会战等。经过一系列"抓细节"，他们超常规地缩短了建设工期。在工作流程上，实行设计、采购、施工深度交叉，缩短总体流程和控制投资量；在工程承包管理上，科学合理切块承包，最大限度拓宽作业面；在计划安排上，实行统筹计划、总体执行计划、详细执行计划、分项作业计划四级计划滚动管理体制；在各作业层面，对吊装、焊接等作业尽量横向交叉。经过两次"百日会战"后，确保了总体统筹控制计划目标的按期实现。项目建设总工期26个月，比常规工期缩短了1/3的时间。施工质量达到了国家优质工程标准。建立了各级质量管理体系和各级质量保证体系，做到了质量管理横向到边、纵向到底。

项目采用施工阶段监理的方式，划分为若干个子项，在石化系统内进行监理招投标，由经验丰富、能力较强的监理公司承担监理任务。通过招标，选择了9家工程监理公司对项目建设依法进行全方位、全过程的监理。由石油化工工程质量监督总站、各EPC总承包、施工单位专业技术人员组成质量监督体系，实行了"第三方检测、一票否决制"，对整个项目建设进行全过程的质量监督。系统内的中国石化工程建设公司、洛阳石化工程公司、上海工程公司三个总承包单位，第二、四、五、十建设公司四个施工分包单位，成为海南炼油项目建设的主打力量。码头工程由交通部所属的第四航务工程勘察设计院进行总承包。这种模式的直接效果就是调集了中国石化工程建设的大部分设计、施工、监理的精兵强将，由联合领导小组及项目管理部统筹协调，集中有效地落实总部的决策。

由于海南岛内工业资源匮乏，绝大部分物资材料采购都来自内地。为了保证工期，海南项目充分发挥中国石化集团化采购的优势，采取了长周期设备提前订货、重要设备材料集中统一采购等措施，保证了工程的顺利建设。进入投料开车阶段以后，集团公司从全系统抽调精兵强将，组成了现场服务组、效能监察督查组、专家组和七个开工队，全力支援和协助海南炼化开车。各参建单位发扬"一家人、一条心、一个目标、一股劲"的精神，充分发挥中国石化的集团化优势和先进的项目管理模式的作用，这是工程建设成功的关键。

（三）狠抓质量　安全生产

对于海南炼化项目来说，进度是焦点，质量和安全更重要。工程质量的好坏决定着项目的成败，也直接关系到项目建成后的安全生产和经济效益。海南炼化特别注重质量监督控制，建立了完善的质量管理体系和质量保证体系，落实了强有力的质量保证措施和严格的监督检查机制。主要从五个层面抓质量控制。施工单位是质量主体，是第一责任人；各总承包单位设有质量部，对工程质量进行监督；海南炼化施工管理部设有质量组，同时聘请了10个监理单位协同抓好质量控制；石油化工工程质量监督总站派驻现场监督组。在这种情况下，几乎没有不合格的产品能过这"五道关"。在项目建设中，按照市场化运作、统一协调的原则实行的混凝土集中搅拌和管道、钢结构集中工厂化防腐；设备材料检验严格执行《接保检大纲》和《主要管道材料可追溯性管理办法》；集团公司工程建设管理部先后组织的5次工程质量大检查等质量管理的硬措施，都对保证工程质量起到了关键性的作用。工程质量最后要用开车去检验，第一套开工的主装置常减压异常顺利，整个开工过程没出一点问题，没漏一滴油。其他装置也都安全顺利地一次开车成功，这是对工程质量最好的检验结果，也是对建设者、对所有参加开工人员的最高奖赏。

在项目管理的诸多规章制度中，和其他的专业管理制度相比，HSE管理制度数量和篇幅都首屈一指。用制度明确了各参建单位的HSE职责，建立了以海南炼油项目管理部、监理单位、总承包单位、施工单位四个层面为主的HSE管理网络。成立了专职HSE（健康、安全、环保）管理机构，制定了59项HSE管理制度、22项各类检查证、表，形成了项目管理的一整套相对比较完善的HSE管理体系。并将有关条款写进合同，在施工安全、交通安全、环境保护等方面从严要求。截至目前，动土、动火、用电、爆破、高处作业、海上作业、吊装作业等各类作业，全部实现了安全作业。公司董事长李国梁常在会上强调，在安全和质量问题上，就是要小题大做，铁面无私，六亲不认。在海南炼油项目建设过程中，没有出现任何上报安全事故，这不能不说是一个奇迹。

（四）布局合理　技术领先

进入海南炼化厂区，首先会被其紧凑的布局所吸引。16套装置布局严谨，环环相扣。30万吨级原油接卸码头离生产区仅约3公里。大型船舶能够实现一次接卸，大大地节约了成本和有效地降低了损耗。

海南炼化拥有国内炼化企业中最集中、最先进的中心控制室。企业不设车间，控制、操作管理都实现了集成，包括14套炼油装置、1套化工装置和配套的辅助公用工程，以及原油和成品油码头的控制都在中心控制室内进行。目前全厂一个班次只有70多名操作工，其中室内操作工50多人，还有20多名室外操作工，承担所有装置的现场操作检查。装置的运转、码头的装卸等通过中控室的摄像头都可以看到，缩短了机关部门和操作的距离，提高了工作效率。通过摄像头，可以清晰地看到生产装置、码头、火炬，画面可以随时切换到装置的重要部位。

海南炼化的设计工艺非常先进，生产工艺流程方案采用常减压蒸馏—催化原料预处理—重油催化裂化/加氢裂化（CDU/VDU－RDS－RFCC/HC）的全厂总工艺加工流程，可对生产全过程实施污染控制。通过规范化处理，海南炼化固体废弃物外排量为零。对照《石油炼制清洁生产标准》（HJ/T125－2003），海南炼化的生产可达到一级或优于二级标准，总体达到国内清洁生产先进水平，部分指标达到了国际清洁生产先进水平。

洋浦 800 万吨炼化厂

海南炼化除一套重整装置使用国外 UOP 公司的专利技术以外，其余都是中国石化自己开发的技术：催化裂化装置使用石科院开发的 MIP 技术，渣油加氢工艺是工程建设公司（SEI）和抚顺石化研究院联合开发的技术，常减压、聚丙烯是 SEI 开发的技术，代表了国内的最高水平，柴油加氢、航煤加氢使用的是石科院和抚研院共同开发的技术。海南炼化代表了国内炼油技术的最高水平，也是中国石化集体智慧的具体体现。

（五）清洁生产　和谐发展

蓝天、沙滩、海浪……风光旖旎的海南风景如画，游人如织。中国石化和海南省的经济发展需要大炼油项目，但如果因为炼油项目而污染了环境，走"以牺牲环境来换取经济发展"的老路，不仅不符合和谐发展的理念，更重要的是不利于子孙后代的生存。炼油项目在设计中采用了具有国际先进水平、目前国内最为先进的炼油工艺技术，采用了全加氢工艺流程。依靠科技进步，坚持科研、设计、生产紧密结合的原则，海南炼化采用的技术路线和工艺方案能保证安全生产、产品质量、环境保护、资源利用、经济效益等各方面的先进性、可靠性、合理性，使全厂各项技术经济指标达到或接近国际先进水平。实现从过去单纯的污染物末端治理发展到从原材料、生产工艺、设备的选择、产品生产及产品的储运的全过程污染控制，最大限度地减少对环境的影响。数字更令人信服。116亿元总投资中，海南炼化花了近25亿元用于环境保护和提高产品环保等级。安全环保部作为海南炼化的常设部门，负责每日监测排污状况等，确保大型环保设备每日正常运转。

在设计上他们坚持环保理念，少产生废水、废渣、废气。污水排放使用MBR膜处理技术，在生产过程中所产生的废气、废水、废渣，通过先进工艺回收再加工，大部分能够变废为宝，实现气体有害物全部回收，排水可用于农田灌溉，向大海排放达到国家二级海域标准；建设8万吨/年硫黄装置，废气排放完全达到国家标准；废渣基本没有。下一步还将采取措施提高水循环利用水平。炼油项目的生产过程和产品的各项环保指标全部达标、国内领先，实现经济、社会、环境协调发展的目标。生产汽油标号将全部达到93号以上，汽、柴油质量标准达到国Ⅲ标准和欧Ⅲ标准，同时还可以生产出部分满足欧Ⅳ标准的汽、柴油产品。

（六）合同审查　防范风险

从建厂第一天开始、从签订第一份合同开始，海南炼化就建立了严格的合同法律事务审查制度。

每一个细节都要考虑到，也就是说每一份合同在签订之前，必须经过法律事务审查，合同的内容条款是否合法、有效、有没有漏洞、有没有容易引发纠纷、诈骗等的歧义条款，这就从程序上避免了纠纷的产生。首先是建立合同评审制度。合同谈判谈完以后，海南炼化专门设有一个评审小组，来评审这个合同的价格是否合适，合同伙伴是不是合适，工期质量各方面的要求是不是合适，把所有的风险都防范在前面了，也就是说通过这些细节措施把风险预防前移。再一个就是注重合同履行过程中的跟踪。合同订立之后，就会把合同内容分解下去，哪个部门负责什么，这个部门就拿一个合同的副本或复印件，由工程主管部门牵头，定期的去做好监督检查，并把合同中履行的情况定期通报反馈。最后还配备专门管理合同的工程师，来负责合同履行过程中的统计工作。这个合同履行到什么程度了，哪些条款是多少，付款达多少，进行动态管理。专门管理合同的工程师，要对可能发生纠纷的苗头进行提前分析，进行预防。比如，海南炼化的主体工程是由中石化的专业队伍承建，而一些辅助的基础工程是由海南当地的建筑公司做了。其中有一个建筑公司在盖办公楼的时候，盖到一半不想干了，专门管理合同的工程师发现了苗头后，及时向有关部门提出与这家公司变更合同建议。根据这家公司所做的工程量做了结算，然后另外招标给其他公司继续完成。

此外，关于避免拖欠农民工工资的措施，海南炼化更是"细中有细"，严格履行合同，遵守法规，保护农民工的合法权益，充分体现了海南炼化良好的社会责任感。海南炼化在项目建设过程中，首先是按照国家的法律法规规定，给劳动检查部门缴纳保证金。第二是对施工单位发放农民工工资进行跟踪，建立了工程款支付公示牌，公示牌上标明施工单位，工程进度，工程款支付数量，这就使农民工一目了然，让施工单位找不到拖欠农民工工资的理由，使农民工工资得到按时发放。第三是每个项目部都有专门的农民工工资问题负责人，专门盯紧施工单位，及时发现拖欠农民工工资的情况，予以解决。第四是在合同中约定，每一份工程合同里都有一条专门的条款，用来制约施工单位不得拖欠农民工工资，如果出现了拖欠农民工工资问题，就由炼化直接向农民工支付，在整个工程建设过程中，有五六个单位是由炼化直接支付的，支付后从施工单位的工程款里扣除。

三　生产经营及效益情况

海南炼化具有技术先进、设备精良、定员标准先进、产品质量领先、轻油收率高、油品进出口运输成本低、环保指标优异等特点，全厂各项技术经济指标达到或接近国际先进水平。位于洋浦经济开发区又能享受到开发区和保税区的优惠政策，投产后在国内和国际市场上都具有较强的竞争能力。销售收入、税收、利润、投资收益率等经济指标达到国内先进水平，不仅有良好的经济效益，而且具有良好的社会效益。

2006年5月16日，第一艘30万吨级油轮"诺神"号成功靠泊海南炼化30万吨级原油码头。海南省省委书记卫留成、中石化集团公司党组副书记、副总经理周原出席原油码头投用暨第一艘油轮接卸仪式；8月7日，常减压装置第一次引原油开工为后续装置备料，实现一次投料成功；9月6日，第一船产品（液化气）顺利出厂；9月11日，国内第一船成品油顺利出厂；9月28日，加氢裂化装置开车一次成功，实现打通全流程，全厂开工投料一次成功；9月29日，第一船1万吨92#汽油顺利出口越南。随着海南炼化的正式建成，这个已竣工投产的800万吨炼油厂，以预期中的300多亿元的年销售收入，可占全省GDP 1/3以上的年产值，以及每年20亿元上缴海南财政的税收，成为当之无愧的海南"一号工程"。

2006年加工原油215.1万吨,全年实现销售收入66.5亿元,上缴税额2.8亿元,实现工业总产值83.58亿元;2007年加工原油794万吨,实现销售收入299.9亿元,上缴税额13.91亿元,实现工业总产值330.59亿元;2008年1~7月份加工原油469万吨,实现销售收入216.8亿元,上缴税额6.57亿元,实现工业总产值221.48亿元。

四 公司管理特色及体制创新

海南炼化按照国际石化企业现行的先进标准及"新厂、新模式、新体制、新机制"的原则建立现代企业制度,坚持制度创新和管理创新,在企业内部建立了"层次少、职责清、效率高"的管理体制和运行机制。大力弘扬"为特区腾飞助动力,与海南炼化共成长"的企业文化核心理念,努力创建具有海南炼化特色的企业文化,培育"文化管人,制度管事"的企业管理理念。

(一)管理创新

海南炼化管理创新首先体现在内部管理体制和运行机制创新。一是机构高度扁平化,综合运用ERP,使生产、经营、管理的过程实现控制信息化,不设车间管理层,建立了以经理班子——部门及装置(专业)专职工程师——操作层为主线的扁平化管理模式;二是部门精简,只设十一个部门,既是管理部门也是运行部门;三是一人多岗、一专多能,岗位职能高度复合化。

1. 管理部门也是运行部门

每个生产单元设单元主管,通过加强对操作工的培训和轮岗,把操作工变成多面手。开工期间,生产人员十分紧张,四个运行班组合并成两个,实行两班倒,就是这样,很多下了夜班的员工白天又出现在岗位上。在开工之前压力很大,一个全新的现代化炼油厂,辅助系统和15套主装置短期内要开起来,对员工是一个严峻的考验,没有几个人经历过这么多的新装置开车。但由于生产运行人员提前介入,熟悉现场和流程,总部加大支持和协调力度,组织了专业齐全、力量强大的专家组和开工队,使他们信心十足地实现了安全顺利开车成功。另一个重要原因是拥有先进的信息化管理手段。海南炼化信息化规划从一开始就按照总部信息部三层规划,底层是PSC(过程控制)层,中间是MES(生产管理)层,最高是ERP。同老企业不同,海南炼化的数据源比较齐全,企业ERP、PIMS、LIMS、MES等信息系统与装置同步投用,为管理创新提供了可靠的技术支撑。

2. 管理部门同时也是执行部门

管理人员一般身兼数职。比如，综合管理部的职能包括经理办、党委办、企管、纪检、审计、宣传、法律事务等部门职能。各部门的管理岗位、生产操作岗位几乎都是复合岗和交叉岗，即每个人在承担本岗位工作的同时还兼管其他业务。如操作工，在老石化企业，分工很细，有司炉工、司泵工、巡检工、一操、二操等，在海南炼化，操作工工作内容高度复合，只区分为外操工和内操工。过去在老厂车间设有车间主任、副主任、供应员、设备员等，班长就只管生产，现在不设车间，原来由车间做的工作就分解了，班长不光带着人搞生产，还要做些技术工作。

3. 精简机构，科学设岗

因人设岗当然不合时宜，精简机构是必由之路。海南炼化部门精简，不设车间，实行扁平化管理，每个人工作都很饱满，责任在肩，自觉性也高。像以前老炼油厂，一个事好几个部门来管，效率就低，部门少了人少了，效率就高了。那么，怎么实现有效的运转呢？关键在于有效的监督。在海南炼化，每项工作都会有一个"流程表"，工作内容、完成时限以及责任人明确。每个部门的职责是什么，做完由谁去监督，一目了然。在员工队伍组建之时，海南炼化有"三个不承诺"，即不承诺解决家属就业问题，不承诺解决住房问题，不承诺保留原有职位。这样看似苛刻的条件，吸引到的是一批真正想干事、能干事的中国石化精英。他们奔事业而来，活跃在海南炼化的各个岗位之上。因此，尽管在创建时期时常需要高负荷地工作，但管理骨干们都在积极主动地按各自的职责全身心地、尽职尽责地干好自己的工作，不会是催一催才动一动。人少了，但相应人浮于事、扯皮推诿的现象也没有了。每个人都知道自己该干什么，每个人都对自己的行为负责，每个人都自觉地尽职尽责。一个尽职尽责的团队，再加上良好的体制机制，保证了企业生产和管理工作的顺利稳步向前推进。

在海南炼化，没有懒人、闲人，无论是管理人员还是操作人员都有很强的时间观念，上班时间接电话，如果对方说第三句话还没把主题说出来，有的员工便会问：请问您有什么事需要我办。这么大的一个炼化企业只有500人，其中管理人员150人，操作人员350人。工作量加大每个人吃得消吗？按照国外先进炼化企业的定员标准，海南炼化配备人员不应低于800人。而基于中国石化现状，老企业人员定额都高于国际惯例3~4倍。即使是小型炼化厂人员也都在千人以上。事实上在海南炼化随时都会感觉到员工队伍昂扬向上的精神状态和主人翁责任感。在老企业操作工外检，一般习惯于每检查一个地方翻个牌子，以示检查到位，同时还有专门的人员去检查翻牌情况，表现好的被称为"免检班组、免检操作工"；在海南炼化，提倡干活不用监督检查，人人都是免检级。

4. 按劳取酬，多劳多得

人员减少了，但是责任意识却增强了，海南炼化实行的是按劳取酬，多劳多得。他们建立了一套新的用人机制和薪酬制度。员工实行聘任制，按国家法律规定与企业签订劳动合同，打破原来的身份和职级，根据能力和工作需要确定岗位并实行动态管理，以岗定薪、易岗易薪、能上能下、能进能出。海南炼化工资结构一改老企业岗位津贴＋技能级别＋工龄工资的结构，实行按岗位取酬，采取"你在什么岗位，就拿什么岗位的工资"的工资结构，这种公平合理的分配方式带来的是每个人心理上的平衡，这种感觉在老企业是找不到的。海南炼化"以岗论英雄"，不管你多高的学历，多高的职称，在岗位面前人人平等。取消了干部编制，不管你原来任何职，职务高与低，来到这里都变成了员工，即使是做管理，也仅仅是分工的体现。起初，这种变化实在让人接受不了，尤其是对于那些在老企业当惯了"长"的人。渐渐地人们尝到了甜头，这种打破人才特权的做法，是为每个人的发展提供了更大的空间，尽管不带"长"了，但成就感更大了，尽管上岗时起跑线相同，但跑着跑着距离加大了，工资待遇也拉开了档次。运行以来，海南炼化把人用活，把人用好，使每个员工在企业找到了"感觉"，提升到"我与企业共荣辱、共发展"的境界。在海南炼化，不少管理人员一个人承担着在老体制下一个部门的工作量，没有以一当十的勇气和能力，是应付不过来的。

（二）文化创新

作为一个新企业，海南炼化员工有相当一部分来自中石化旗下各分公司。要把来自全国南北20多个企业、有着不同工作生活习惯、有着不同思维方式甚至不同价值观的500人凝聚起来，对企业管理者来说是很大考验。2004年1月3日，在第一批成建制调来的员工到来后召开的大会上，首次提出了海南炼化的企业文化理念——"与海南炼化共成长"。它是海南炼化的领导层大力倡导并身体力行，在企业发展过程中逐渐沉淀、积累、总结、升华，并为企业员工广为接受、自觉践行的价值理念和行为准则。无论你在什么岗位，无论是对外还是对内，你的一言一行，都必须符合"共成长"的准则。否则，你就要付出不成长的代价。这一理念的核心，就是让员工的个人命运与企业联系起来，凭借企业的发展壮大来实现个人的成长目标；再通过培养好骨干团队，建立起适应市场机制的经营体系，设计出科学高效的管理制度，在整个企业内部形成蓬勃向上的旺盛发展势头。海南炼化企业文化的核心就是和谐，就是怎么把企业、社会、员工的价值融合在一起，统一在一起。作为企业领导人，要想把企业员工的创造力、积极性、潜能发挥出来，核心问题是理解不理解员工心里想什么，理解不理解员工需要什么。"与海南炼化共成长"的企业文化理念，强调的是责任文化建设和执行文化建设。成长基于责任，责任成就未来。员工只有尽职尽责了，企业发展了，员工的个人梦想也才能在与企业的共同发展中实现。同时加强企业"廉政文化"建设，培育员工特别是管理层人员的廉政从业意识，丰富企业文化的内涵。

如今，"与海南炼化共成长"的理念不仅被制作成大大的标语牌矗立在洋浦厂区门前，更深深烙入每位海南炼化员工心中。这个和谐、共赢的理念后来又逐渐延伸，从企业内部延伸到所有参与海南炼化建设的其他企业和人员，包括洋浦当地的政府和群众。让他们都感受和收获海南炼化发展所带来的实惠，从而更加支持海南炼化的建设。

（三）后勤服务创新

海南炼化是一个完全按照新体制新机制建设和管理的炼油厂，全厂只有500人，而500人却要保证800万吨/年炼油厂的生产运营，意味着海南炼化要彻底摒弃以往老国企"企业办社会"做法，集中精力抓好生产和管理，将行政后勤管理服务，转变为专业化、市场化的物业管理服务，有效地减轻了行政管理压力，真正实现把人用精、用活的管理核心。除了生活后勤服务实行社会化以外，装置检维修、码头作业、全厂仓库、保安服务等都实行社会化管理。消防系统所用消防车辆由海南炼化购买，消防队员全部是武警消防官兵，纳入武警和地方消防系统，很大程度上减轻了企业负担。

检维修等业务走高度社会化、市场化的道路，海南炼化组织专人对系统内的检维修队伍进行实地考察、充分调研。系统内的部分检维修单位在中国石化改革发展的大环境下，也在求生存、谋发展、开拓市场。海南炼化根据自身的装置特点和检维修单位的实力，选择了原属茂名石化、齐鲁石化、长岭炼化、沧炼、洛阳石化5家炼化企业的检维修队伍，分片承包海南炼化的生产装置维护任务。海南炼化根据5家单位所长，把维护任务按照装置区域进行划分，分片包干。片区管理使维护任务清晰，责任明确，减少了协调的工作量，避免了出现问题专业工种之间互相扯皮的现象。而且检维修单位部分技术人员逐步介入施工管理，熟悉设备、电气和仪表。全面介入"三查四定"、熟悉装置、消化资料和开工保运。前期较早的介入，充分培养、锻炼了检维修队伍，提高了技术水平，同时充实了建设现场的管理力量。提前介入避免了施工单位把装置交给海南炼化，海南炼化再交给检维修单位的两次对接，实现了从工程管理到正常生产管理的无缝对接。为企业赢得了时间，赢得了效益。

（四）安全生产创新

炼油化工是个特殊行业，安全生产尤为重要。海南炼化十分重视安全生产，创新安全生产机制，认真组织开展"安全生产月"活动，获得了优异的成绩，2007年、2008年连续两年被评为海南省安全生产先进企业。

1. 精心组织，注重实效

领导挂帅，成立"安全生产月"活动领导小组，围绕"治理隐患、防范事故"的主题，结合本单位的实际情况、工作性质和特点，制定了有针对性的"安全生产月"活动方案，并认真组织实施，为活动的开展奠定了基础。

2. 加强教育，自我防护

公司认真做好劳务分包单位新入厂员工安全教育，与全体员工签订安全承诺书，员工安全教育和安全考试率及安全承诺书签订率均达100%。针对部分进厂作业人员缺乏基本安全技术知识和炼化企业安全知识的特点，对各劳务分包单位的进厂人员进行有毒气体的理化特性及中毒表现、中毒后的应急处理、如何进行自救互救，以及空气呼吸器的使用等相关知识的职业卫生教育，增强了劳务工的安全意识和自我保护意识。加强直接作业环节的安全监督管理，积极组织监护人培训教育，共培训460余人次，极大地提高了生产运行人员、施工单位人员的安全监督监护意识、安全操作技能和安全责任心，为生产安全运行、安全施工提供了有力保障。邀请中国安全生产科学研究院的专家、学者面向生产单元和劳务分包单位安全监督管理人员进行了为期一周的专题讲座服务活动。

3. 组织宣传　营造氛围

在"安全生产月"活动期间，张贴安全宣教挂图如《安全生产月主题壁报宣教挂图》、《习惯性违章宣教挂图》、《特大典型事故案例宣教挂图》等10套，宣传标语500余张。6月11日，海南炼化公司走上街头，开展了安全生产宣传咨询日活动。利用公司内部信息网络的优势，征集"安全生产月"活动宣传口号1000余条。

4. 完善网络　整改隐患

进一步完善了HSE管理网络，从公司领导、海南炼化各部门到各生产单元，逐级落实安全生产责任人、做到HSE管理层层有人抓，层层有人管。加强现场直接作业环节的安全管理，特别是对用火作业、进入受限空间作业、高处作业、进入生产区施工作业等加强监管和巡查。对现场违章作业或安全措施落实不到位的，责令停止作业，进行整改，并对该单位在公司大会上给予通报批评。认真组织专项 HSE 检查，确保安全生产。根据海南洋浦的气候特点，及时为现场生产安全、码头作业安全提供准确可靠的气象信息，除为海南炼化提供日常气象服务外，当遇到台风、高温等重大灾害性天气时，增加预报服务次数和气象变化形势分析，为安全生产提供可靠的气象支持。

专题四　海南省松涛水利工程调查

　　海南省松涛水利工程（以下简称"工程"）包括松涛水库和与之配套的水利设施，是海南省最大的水利枢纽工程。松涛水库1958年开始兴建，1969年基本建成。松涛水库是我国最大的土坝工程之一和全国"十大水库"之一，被称为海南的"生命之源"。

　　松涛水库以灌溉为主，集供水、发电、养殖、防洪、生态旅游观光等多功用于一身，水库中有大小岛屿300多个，总库容达33.45亿立方米，有效库容28亿立方米。水库大坝高81.1米，长760米，将奔腾的南渡江水截在南洋和番加洋河谷里，库区面积达130平方公里，集雨面积1496平方公里，兴利库容20.85亿立方米，年平均放水量达12亿立方米。主要担负着海南省五市县128万亩农田灌溉任务，并为海口、儋州、临高、澄迈和洋浦、老城等市县及重点工业地区提供工业、生活用水，同时保护南渡江下游10个乡镇200多万人的防洪度汛安全。松涛水利灌区粮食总产量占全省总产量27%，蔗糖总产量和油料总产量分别占全省总产量53.9%和25.3%，是全国的十大灌区之一。真可谓"弱水三千，独饮一瓢"。松涛水库这一瓢清水对于海南而言，意义格外重大。

一　库区基本情况

　　松涛水库位于南渡江上游，其规划灌溉区域在东经108°55′~110°24′（东西长131公里）、北纬19°14′~20°03′（南北宽64公里）之间。东及南渡江下游左岸，南至南渡江支流大塘河流域、珠碧江下游右岸，西临北部湾，北濒琼州海峡，灌区总面积58.67万公顷，占海南省面积的17.3%，其中包括儋州、临高、海口的全域，澄迈、白沙的一个乡。灌区范围内共有乡镇88个，国有农场16个；人口169.14万人（占海南省人口的24.81%），农业劳动力54.31万人；耕地21.37万公顷，其中水田用地6.34万公顷，菜地及水浇地1.89万公顷，旱地13.14万公顷；热带作物种植面积8.37万公顷，其

411

中橡胶 7.79 万公顷。

在这一地区投入巨大的人力、财力兴建大型水库及其配套的水利工程，是与该地区所具有的地形地貌、地质土壤、气象水文、自然灾情和该地区的经济社会发展的客观需要分不开的。

二 松涛建库对海南开发与发展的重大贡献

（一）肩负灌溉、发电与防洪安全重任

松涛水库在灌溉、发电与防洪安全的责任重大。这三大功能在海南开发与发展的进程中十分突出。到 1990 年，灌区继续建设配套工程总体规划取消了橡胶灌溉面积 205 万亩。肩负下游 200 多万人口的防洪防汛的重任。

开发海南，松涛电力功不可没。自 1968 年，第一个水电站——南丰电站建成投产以来，松涛已经先后建成了装机容量超过 4.053 万千瓦的 11 座跌水电站。装机容量最大的南丰电站建站 40 年来累计发电 30.5 亿度。全局发电累计已达 51 亿多度，为海南开发与发展作出了重要的贡献。2005 年 9 月"达维"台风肆虐海南，全省大面积停电，在此危急时刻，南丰电站"黑驱动"，为全省抗震救灾提供宝贵的电能支持。

（二）为城镇生活用水和重要工业地供水

松涛水库为海口、儋州等琼西北四市县上百个城镇提供生产、生活用水。1990 年以来，已累计放水 400 多亿立方米。随着海南"一省两地"建设和"大企业进入、大项目带动"的"双大"战略的实施，松涛为洋浦、老城、儋州等工业重地提供水源。

三 秉承建库优良传统，促进松涛科学发展

海南省松涛水利工程管理局是海南省水务局直属正处级事业单位，直接负责管理松涛水利工程。松涛水利工程包括松涛水库及南茶、跃进、福山、兰马等中型水库和总干渠、2 条干渠、9 条分干渠、2 条补水渠等总长 444 公里的上三级渠道以及装机容量超过 4.053 万千瓦的 11 座跌水电站。松涛管理局下设机关 6 个职能科室、直属基层单位 28 个，分布在两市三县几百公里范围内，点多线广。在职职工 1600 多人，离退休职工 800 多人。生产经营主要是水利工程管理、供水、发供电、种植养殖、工贸旅等，实行事业单位企业管理的自负盈亏营运模式。松涛水利工程管理局先后被水利部授予"全国水政工作先进集体"、"全国水利管理先进集体"、"全国水利系统人事劳动教育先进集体"、"全国水利系统文明单位"等荣誉称号。

跨入新世纪，松涛水利工程管理局大力践行"三个代表"重要思想，认真学习和贯彻党的十七大精神，与时俱进，开拓进取，全面落实科学发展观。"以人为本"，大力发展经济，努力保护生态环境，全力解决民生问题，构建和谐新松涛，焕发出勃勃生机。近年来，松涛三大文明建设不断上新台阶，成绩斐然。2000年经济总收入6580.46万元。2002年实际供水15.75亿立方米，实际发电量1.99亿度；捕鱼9.381万公斤，干胶产量91320公斤，全年总收入达6206.3万元，其中供水电收入5130.7万元，完成年计划119.82%；综合经济收入846万元，完成年计划100%，实现利润149.65万元。全年人均产值（指货币资金部分）29800元；同比增长2900元/人，职工年均收入12068元/人，同比增长685元/人。

2003年在水库水位较低以及经受"非典"等诸多不利因素困扰的影响下，仍以发展的态势增长，各项生产、工作依然取得令人欣喜的成绩：全年供水、发电量、捕鱼、干胶生产均超额完成任务，全局总收入6149.01万元，完成年计划112.59%。近年来，松涛水利工程管理局克服了连续几年低水位运行带来的诸多困难，经济仍然保持平稳健康发展，解决了一系列民生问题。在水利部和省局的大力支持下，8年多来共筹集资金1亿多元投入水利渠道配套设施和水库除险加固建设，完善配合工程建筑99宗。硬化了渠道21.13公里，占已经硬化渠道131.2公里的1/6。以战略眼光大力发展松涛旅游，使松涛库区在短短几年间变成海南著名、全国知名的景区，产生了巨大的经济效益。管理局努力迈开了水务一体化步伐，先后建成了和舍、新地自来水厂，解决群众饮水困难。在水利部和省水务局的大力支持下，投入安居工程建设资金5000多万元，建设职工楼26幢、基层单位办公楼9幢，600多户职工喜迁新居，15个单位安装了自来水。投入1700多万元，整治环境，硬化道路，绿化美化。职工精神面貌焕然一新，爱松涛，讲奉献，爱岗敬业的精神蔚然成风，涌现出一批先进集体和先进个人。近年来，全局系统无一例违反计划生育，无1人发生违反治安管理案件，无发生一桩领导干部违法违纪案例，有9个基层单位获得当地政府授予的"文明治安"先进称号、23个基层单位、科室和30多个干部职工获得省部级和省行业系统先进集体（个人）称号。

四 松涛水利（天湖）风景区旅游开发与生态保护问题

（一）旅游开发

松涛水利（天湖）风景区是隶属于海南省松涛水利工程管理局的一个负

有水利工程管理、水利资源开发、生态旅游观光使命的全民所有制单位。现有员工120人，年收入250多万元。企业发展按照水利部要求，于1999年开始以创建"国家水利风景区"为目标的创建工作，并于2002年2月获得"国家水利风景区"称号，2006年分别获得"国家AAA旅游风景区"和"海南省水利系统精神文明建设先进单位"。

景区坚持以游客至上、游客为本的原则，以诚信取得游客的信赖，以优质的服务赢得游客的一致好评。从1999年开业迎宾至今从没有出现游客因价格或服务质量问题提出投诉案件。先后获得2002~2003年度儋州消费者协会"诚信单位"和2004~2005年度海南省消费者协会"诚信单位"的称号。赢得游客的信赖，景区也得到迅速发展，知名度不断提高，已成为海南最具影响力的旅游风景区之一。经水利部水利风景区评审委员会同意，松涛水库旅游区被批准为第二批37个国家级水利风景区之一，成为目前海南唯一一家被评为国家级水利风景区的水管单位。

景点有卧美人、观天一线、猴山绝壁、巍峨大坝、黎王宫殿、石窟水帘和大康岭瀑布等。湖中岛屿众多，风景迷人；湖畔奇山异洞，引人入胜。1999年以来，松涛水库利用其生态观光旅游的优势，先后投入巨资，打造了3艘型号不一的豪华游轮。观水光山色，品鳙鱼火锅，是这里别具一格的旅游品牌。经过开发建设，松涛水库具备了一定的旅游接待规模，经济稳步提高，至2007年累计接待游客50多万人次，旅游收入2000多万元，为壮大水利经济作出了突出贡献。

（二）生态环境问题

在人们印象中，松涛水库山清水秀，风光旖旎，"宝岛明珠"之美誉早已名扬天下。虽然目前松涛水库水质总体保持良好，但污染未绝，整个库区仍面临三大污染源的威胁，保护水资源和库区生态环境的任务依然艰巨。

1. 水源林遭破坏现象时有发生

近年来，由于水库周边村庄、农场人口不断增加，人均耕地面积越来越少，为扩大耕地面积，一些村民上山滥砍滥伐，毁林开荒，使水源林严重受毁。据统计，自2000年以来，水源林被毁面积达4600多亩。水源林大量被毁，陆生生态环境质量变差，造成严重的水土流失，引起水库淤积、库容减小，同时土壤中的氮磷等营养物质以及残留的农药和化肥污染水体，威胁人畜饮水安全。水源林遭破坏，主要表现为两种手段。蚕食手段一：先种槟榔后砍树。在儋州市南丰镇油文村新沙田沟，现场调查看到，一片长势良好的次生林，被砍空了一大片，砍倒的树桩、树枝横七竖八地堆放在地上，树枝间是一株株六七十厘米高的槟榔苗。而新沙田沟一半处于松涛水库库区管理范围，一半处于保护范围，这里的树林都是水库水源林，受到严格保护。留在空地上的树桩有新有旧，可以看出这片树林是分多次一小块一小块被砍掉的。这是在松涛水库出现的一种新毁林方式，毁林者为了逃避法律惩罚，一次只砍一小片树林。这样毁林，不容易及时发现，即使发现，由于毁林面积小，也难以立案。松涛水库管理局对新沙田沟种槟榔毁林做了初步统计，前后毁林面积约有10亩，而因种槟榔被破坏的水源林多达60亩。蚕食手段二：隔几行砍一行种橡胶。在松涛水库库区有一个叫沙洲岛的孤岛，调查发现，乘坐快艇前往沙洲岛，可看到沙洲岛上绿树成荫，没有一点毁林的迹象。但是如果登上沙洲岛，穿过外面一层林子后，就会赫然发现，沙洲岛上的树木许多被砍掉，并且种上了橡胶，有的橡胶已经开割。这是一种更为隐蔽的毁林方式。毁林者不砍伐外面能直接看到的树木，而对林子里的树木，也是采取隔几行砍一行的办法，每隔三四行就砍出一行空地。据松涛水库库区派出所干警统计，沙洲岛上共砍出了11行空地，每行空地长约200米，共砍伐树木850株，约17.5立方米，跨越林地面积约26亩。发现沙洲岛毁林事件后，他们立即向儋州市林业局报告，儋州市林业局派人调查后称，由于毁林面积太小，无法立案，只能对毁林者处以罚款。

2. 水体污染问题不容忽视

近年来库区经济的发展给松涛水库带来了一系列环境问题。虽然水质现状总体来说比较好，多数水质能达到地表水一、二类标准，基本符合松涛水库二类水质目标要求。但局部水体出现总磷、石油类、总氮浓度超标；特别是总磷多点超标，石油类浓度普遍偏高，如控制不力，会使水库水质恶化。而在当前，松涛水库正面临着"三难"的发展问题。一是水库保护与开发利用协调发展难。目前水库开发利用形式多样，包括农业生产、水产养殖、旅游等，这些开发利用活动必然给库区带来不同程度的污染，增加水库水资源保护的难度。二是改变库区农业经济现状难，目前库区居民主要靠种植农作物、橡胶林、果树等获取收入。农业生产过程中化肥、农药的施用必然会造成面源污染，从而给水源保护工作带来困难。三是污染控制难。松涛水库上游因为白沙县城的存在，排污量大；同时库区散居居民的生活污染物以及旅游人口带来的污染物也给库区水体带来污染；还有水库交通船舶含油污水造成的污染，这都决定了水库污染控制工作具有较大难度。具体来说主要有以下的污染源。

（1）废水污染。水库上游白沙库区水面狭窄，水深较浅，纳污能力较小，应注意控制污染物排放量。白沙糖厂已搬迁，白沙农场胶厂、牙叉农场胶厂已整合，胶水统一拉至龙江农场加工，不再向松涛排污。目前影响松涛水库的主要污染源是城镇的生活污水。未经处理的生活污水经若干个排污口汩汩流出，汇入南叉河后又流入松涛水库。南叉河紧挨白沙县城段河水显得浑浊，河面上漂浮着各种污染物，在烈日烘烤下，散发出恶臭味。牙叉农场橡胶加工厂虽已不加工橡胶，但仍有少量乳白色的洗胶废水排出，各连队的胶水先拉到该厂集中，再运往龙江农场加工。乌黑的废弃重油残渣顺着排污沟排入厂外的小溪，最后流入松涛水库。油污就这么排，能不影响松涛水库的水质吗？位于松涛水库库区内的番加农场橡胶加工厂。制胶废水经过沉淀后，通过厂外一条小溪排入松涛水库。据儋州国土环境资源局环境监测站有关负责人介绍，该厂污水处理设施2000年投入使用后，污水通过生物处理后达标排放，但近几年因种种原因，未能对该厂制胶废水实施监测。目前松涛水库库区仍有10多个排污口，实际排放污水100多万吨/年，一级保护区内无排污口，也无在建项目，大部分排污口集中在准保护区，以上游居多。另外，松涛水库设计洪水位下分布有儋州、白沙及农垦总局下属的村庄、连队21个，涉及常住人口605户，人口3338人。库区周边散居居民生活污水及生活垃圾分散排放到水库中，对水库局部水体也造成较大影响。

（2）面源污染。水库岸边的农业开发也给松涛水库生态环境保护带来压力，农业面源污染已成为影响库区水质的一大污染源。面源污染主要来源于库区农业生产过程中化肥、农药的施用，通过暴雨形成的径流将地表有毒有害物质带入水体造成污染。如化肥、农药、禽畜粪便等随地表径流进入水体，从而引起面源污染。库区生产用地以橡胶林地为主，占库区用地面积的85%，其次为干旱地，占10%。污染主要来自橡胶林种植过程中农药、化肥的施用。有关专家称，面源污染肉眼看不见，是潜在的污染源。橡胶林造成的面源污染影响较大，上游库区面源污染负荷明显高于下游。因而，保护好上游库区水质对整个水库至关重要。

（3）船舶油污。在松涛库区，不时可见一艘艘机动小渡船"嘟嘟嘟"来往穿梭，那是库区居民进出的交通工具。发动机就外挂在小船尾部，在航行中滴漏些许油污漂浮于水面上。这些油污对局部水域的水质造成一定影响，是造成水库石油类污染的一个主要因素。据不完全统计，目前在松涛水库航行的船舶共有300多艘。其中，机动船就有118艘，大部分是私人建造的小船，基本无防渗、防漏、防溢设施。这些船舶分散靠泊在水库库岸边，停靠码头离取水口较近，对附近的水质构成一定影响。据介绍，含油废水主要包括船舶舱底油污水和洗船油污水。目前在松涛库区的旅游船均装备有先进的油水分离器，可对船舶上的含各种燃料油、舱底水进行有效处理，不会污染库区水质。值得注意的是，石油类不容易降解，造成水库整体石油类浓度较高，局部出现超标。如控制不力，将会使水库水质恶化。

五　相关对策

为保护松涛生态环境，松涛管理局提出，严格贯彻落实省委省政府的要求，把松涛水库的生态保护和建设提高到一个新水平，争取3~5年内实现"四无"（水库管理保护范围内无人居住，无毁林开荒现象，无经济林木，松涛水域无人为污染），"五有"（保护松涛生态有专门执法队伍，有先进的执法设备，被破坏的水资源有较大的恢复，相关指标达到国家规定标准，水库渔业资源及库区野生动物有显著增加），让松涛水库青山永驻，绿水长流，成为全省生态建设的示范点。促进松涛水库的可持续发展，保护好松涛水库的青山绿水，在旅游开发的同时，加大生态环境的保护力度，水库水源林覆盖率逐年增加，污染源逐年减少，水质保持在二类水标准。

（一）坚决贯彻执行《海南省松涛水库生态环境保护规定》

该《规定》2008年1月1日起正式施行。凡超标向水库排放污染物的，环保部门将处以1万元以上10万元以下的罚款，或由县级以上人民政府依法责令停业或者关闭。《规定》进一步明确了松涛水库管理范围和保护范围、管理范围内的土地权属、行政执法、管理和保护范围内人工林的采伐及水质监测等。松涛水库保护范围内禁止筑坝、围库造地、爆破、采石、挖矿、超标排放污染物等。禁止在松涛水库饮用水水源一级保护区设置排污口；禁止新建、改建、扩建与供水设施和保护水源无关的建设项目。设置排污口或建设与供水设施和保护水源无关的建设项目的，由县级以上政府依法责令限期拆除或关闭。禁止在松涛水库饮用水水源二级保护区新设排污口；已设置的排污口应限期治理，其污染物排放不得超过国家标准。库区林木管理也有明确规定。省林业行政主管部门将松涛水库管理范围内的林地规划为生态公益林用地。已规划为商品林用地的限期调整为生态公益林用地。纳入生态公益林地范围内的农村集体所有或者个人所有的林木，依照国家和本省有关生态公益林的规定给予补偿。要求松涛水库周边有关城镇建设城镇生活污水处理厂，加强城镇污水接收管网建设，实现城镇污水达标排放。松涛水库管理和保护范围内的乡镇应建相应规模的污水处理设施。同时，水库周边有关市、县政府应根据省政府批准的城镇垃圾处理控制性规划，建设标准化垃圾处理厂，对城镇垃圾进行无害化、资源化处理。水库管理和保护范围内的乡镇、农场应建垃圾处理场所。村庄、居民点应设置垃圾集中堆放点，定期回收处理。

（二）做好旅游开发总体规划，真正做到开发与保护相统一

1988年，委托北京水利规划设计院编制松涛水库旅游规划，对松涛水库的自然景观、人文景观及发展前景进行了科学的规划，坚持在不污染水质、不破坏生态环境的前提下发展水利旅游业。争取尽快建立省一级松涛水库生态保护区，把松涛水库管理保护范围和水库主要来水河道的一定区域划入生态保护区。对松涛水库管理保护范围（水库校核水位195.3米以上500米范围内，总面积528013.5亩）尽快实行土地权属划界，使土地权属分清，管理到位，遏制毁林行为。确保做到"破坏资源环境的事不做，污染环境的钱不赚，低水平的建设项目不上"。1999年先后投入运营的3艘游船，均采用了先进的环保造船技术，游船产生的污水、油水、生活垃圾全部进行了达标处理，确保水质不受污染，游船营运3年来未发生油污现象。同时加强了旅游船管理。生态观光船只的废水和粪便处理，船上采用油水分离设备，并设有24吨位的废水蓄藏仓，将原两星期抽一次储粪池改为3天抽一次，在库区管区增设了垃圾箱，经常组织职工到水库中打捞水面上污染浮物。利用鳙鱼、鲢鱼主要吸食水中浮游生物的特性，加大鳙鱼、鲢鱼苗的投放量，每年投放水库鱼苗500万尾，2002年投放水库的鱼苗高达600万尾，有效地净化了水质。

（三）强化库容管理，维护水库的生态平衡

先后成立水政监察大队和松涛水库渔政管理站，查处各类水事、渔事违法案件。加大保护水生态环境的投入。拨专款购置冲锋舟等设备，加强对水库周边生态的检查巡逻，增加巡逻经费。针对松涛水库水源林滥伐乱砍违法行为，海南省人民政府于2000年颁布了《关于保护松涛水库工程设施及水资源的通告》。为保护好松涛水库水域渔业资源，海南省海洋与渔业厅制定了《松涛水库水域渔业资源管理暂行办法》。上述政府文件的颁布执行为加强水库的综合治理奠定了基础。省人大通过的《海南省松涛水库生态环境保护规定》，对水库的生态保护将起到积极的作用。

（四）坚决查处水事违法案件

恢复松涛公安分局机构，并授权松涛管理部门有综合执法权来管理和保护松涛水库。增加水库管理经费并拨出专款建造水政巡逻船，使松涛水库的管理走上规范化的轨道。争取市县的配合，共同管好松涛水库。松涛水库管理局对松涛水库管理和保护范围内的违章建筑进行强行拆迁。据统计，近年

来共拆迁违章建筑 117 户、涉及公司 4 家、单位 4 个、拆简易房 560 间、瓦房 194 间、迁移人数 628 人，共退耕还林 1000 亩土地，恢复水库水源林 140 万亩，还水库一片青山绿水。2005 年投资 20 万元在库区筑起一道 200 米长、高 3 米的挡土墙，防止水土流失。投资 230 万元分别在库区管理区和大坝管理区远离水库的地方兴建 6 幢共 36 单元的职工住宅楼，拆除原靠近水库边的职工宿舍，并建三级化粪池，将生活污水集中处理，减少对库区的污染。另投资 20 万元，请省环保专家到大坝库区两管理区新建小型污水处理站进行设计，将生活污水处理后达标排放。

（五）多渠道增强人们的生态环保意识

保护松涛水库生态环境人人有责，全社会须共同关心支持，创造一切有利于保护松涛水库生态环境的条件。对库区和大坝管区的在岗人员进行环保知识培训，对生活区进行环境改造整治，建设排污处理设施，植树种花，建设洁化、美化、净化和亮化的生态环境。一方面深入水库周边乡镇、农场、农村宣传教育，以宣传车巡回宣传和张贴散发宣传单的形式，加强宣传教育，营造保护生态环境氛围。另一方面依靠地方党政和公检法部门的配合，严厉打击破坏生态环境的行为。做到了发现一宗，追查一宗，打击一宗，教育一片。

专题五　海南省温氏禽畜有限公司调查

海南温氏禽畜有限公司是广东温氏食品集团属下的一个二级半公司，隶属于其二级公司车岗分公司管理。2004年9月，海南温氏公司挂牌成立，注册地海南省儋州市原洛基镇政府院内。目前，该公司设有办公室、财务部、饲料厂、肉鸡销售部、肉鸡服务部、肉猪服务部（兼肉猪销售）、1个种鸡场、1个孵化厂、3个种猪场等11个三级部门。

一　企业概况

2004年9月，海南温氏公司挂牌成立，正式落户海南省儋州市。公司遵循"公司+农户"的生产经营模式，在儋州大力发展养殖业，本着"精诚合作，齐创美满生活"的核心理念，实行产、供、销一条龙服务，集养猪、养鸡、肉猪、肉鸡销售、饲料加工的一体化农业产业化模式。公司设定的经营规模为年上市肉鸡1000万只，上市肉猪10万头，年生产饲料10万吨，年销售额达2.5亿元，并规划在3~5年内达到预定的生产目标。公司满负荷生产可带动1000户农户致富，带动近2000个剩余劳动力就业。

"公司+农户"合作养猪（鸡）是温氏模式的核心之一。公司与养殖户的关系是相互合作关系，合作双方通过资金、劳力、场地、技术、管理等的优化组合，实行优势互补，资源互补，形成一股合力，使广大养殖户通过公司这个桥梁进入大市场，在激烈的市场竞争中，公司与养殖户携手合作共同发展。

在合作养猪（鸡）的全过程中，温氏公司负责饲料的采购和生产，药物、种苗生产，饲料技术的研发和普及，肉猪（鸡）质量的验收，肉猪（鸡）的销售等工作；养殖户负责肉猪（鸡）饲养全过程的管理。公司与养殖户的合作是一种生产行为的自愿组合，即和公司合作的养殖户实际上是公司的生产车间，负责将温氏公司交给的猪（鸡）苗、饲料、药物进行"来料加工",加工成肉猪（鸡），再交回公司统一收购销售，并根据加工出来的肉猪（鸡）质量领取相应的加工费用，即利润，这是一种"生产车间"按公司规定的生产管理标准和技术标准进行"来料加工"的模式。

合作双方在"自愿合作，互利互惠"的前提下，实行双向选择，公司可以选择养殖户，养殖户也可以选择公司。在这个组合过程中，合作双方形成了紧密的利益共同体，公司与养殖户总体上风险共担，利益共享。公司不仅向广大养殖户提供猪（鸡）苗、饲料、药物，还提供技术指导标准、科学合理的保温方法、行之有效的免疫程序、疾病防治、饲养管理技术和要求，以及肉鸡的回收销售等；养殖户自行筹资建造鸡舍、购置养鸡设备设施、自行安排劳力资源进行饲养管理，并向公司交纳一定数量的合作周转金。

二 生产经营情况

在当地政府和社会各界的大力支持下，经过公司全体员工近3年的努力奋战，海南公司克服了各种困难，经历了一个从无到有的过程，如今，各生产场的基础设施已基本配套完毕，并逐渐步入正常的发展轨道，达到年上市肉猪8万头、上市肉鸡900多万只的生产能力；目前拥有合作养鸡户600多户，主要饲养品种有新兴黄鸡、广西土鸡、江西鸡、文昌鸡、竹丝鸡等；拥有合作养猪户200余户，主要饲养品种有二元杂、四元杂等。

2006年销售总值1.3亿元，2007年销售总值2.2亿元，2008年销售总值2.5亿元，成立四年多来养殖户累计获利高达7000多万元。因带动农民致富效果显著，2005年被儋州市政府授予"儋州市农业龙头企业"荣誉称号；2006年被儋州市政府授予"2006年度农业龙头企业突出贡献奖"；2007年公司法人代表、董事长严居能先生获海南省人民政府"2006～2007年度海南冬季农产品优秀运销商"荣誉称号；2007年被评为"海南省2007年度十佳农业龙头企业"荣誉称号，被中国企业产品质量协会授予"全国质量、信用、服务AAA级企业"称号；2008年被评为海南省农业产业化重点农业龙头企业以及"海南省放心消费示范单位"。

三 "公司+农户"模式成为儋州农村经济发展的有益探索

近年来，儋州市大力扶持和紧密依托海南温氏禽畜养殖有限公司，积极采取"公司+农户"的模式，因势利导，有效推进畜牧业快速发展。目前，全市2500多户养殖专业户中，约有50%是"公司+农户"模式。"公司+农户"模式成为撬动儋州市畜牧业发展的重要动力。

（一）树立"公司+农户"典范

为了让"公司+农户"这一模式让农民接受，儋州市首先选择了那大地区有一定基础的养殖户进行示范，树立了"公司+农户"30户"百头"养猪和30户"千只"养鸡典型，养殖农户每只鸡平均毛利1.5元，每头猪平均毛利50元，户年增加收入3万元以上。这一模式树立成功后，儋州市根据企业发展合作养殖过程的不同阶段，共召开了5次现场会，规模最大的近1000人参加。结合不同的生产条件，帮助企业推广"公司+农户"的模式，推广规模化、规范化的生产方式，推广先进的科学养殖技术，通过电视、广播、报纸等新闻媒体对合作养殖、产品销售等过程进行宣传，增强农户合作养殖的信心和决心。

（二）积极引导"公司+农户"

温氏公司"公司+农户"养殖圈，是以洛基总部为点，向周边辐射15公里。为了带动养殖圈内的农户与公司合作发展畜牧养殖业，儋州市认真落实跟踪服务制度，畜牧局长亲自协调有关镇、农场召开宣传大会，并带企业领导深入有关镇、农场开展宣传发动工作。一方面打消农户怕受骗的顾虑；一方面拉近了企业与农户的距离。带动了那大周边5个镇、4个农场养鸡、养猪生产基地的发展。

儋州温氏集团

（三）落实农户合作资金

在合作养殖初期，有些农户想合作养殖但没有资金。为了解决这一问题，儋州市协调信用联社，温氏公司担保，给养殖户小额贷款，帮助资金困难的农户建设鸡舍、猪舍，产品销售后，由公司负责分期分批扣还贷款，解决183户养鸡农户和56户养猪农户的资金短缺问题，也解决了还贷难问题。另外利用扶贫资金扶持、帮助企业联结的困难养殖户解决畜禽养殖基础设施建设资金投入的困难。

（四）加强对养殖户培训

为了适应公司合作养殖发展的需要，儋州市每年有计划地组织畜牧兽医技术人员深入各镇举办畜禽养殖和疫病防治技术培训班，加强对饲养户和农民的培训，从建设新农村，培育新农民的方向出发，不断提高他们的饲养技术水平和增强发展畜牧养殖业的信心，进一步促进"公司+农户"合作养殖的发展。近几年来，共举办培训班156期，受训人员18500人次，其中有30%的人参与了温氏公司的合作养殖，对提高科学养殖水平起到了积极的作用。同时，积极利用农业科技服务"110"，协助企业及时帮助饲养户解决饲养和防病、治病等技术问题。

四 "公司+农户"模式对新农村建设的推动作用

"公司+农户"模式一方面可以很好的解决和缓解农村剩余劳动力的就业压力，促使农村原来单家独户经营的农民集结成一个整体，共同抵御市场风险，带动农民致富；吸收农村劳动力就业，拓宽农民就业渠道。"公司+农户"模式具有增加农村劳动力就业和发挥农业资源优势的双重功效。一方面可以最大限度地实现农村劳动力的有序转移，使农村的产业链向二、三产业延伸，催生以农业生产为基础的各类农产品加工企业和与农业相关的各类服务企业，全方位开辟新的就业门路。另一方面为农业规模化经营创造更好的条件，使农业劳动生产率显著提高。

"公司+农户"模式还可以减轻政府的负担，为政府排忧解难，通过带领农民使用前沿科技，全面提高生产力水平，提高农民的收入。增加农民收入，是解决"三农"问题的核心，也是我国当前社会发展的一个热点问题，更是新农村建设的前提和基础。"公司+农户"模式可以发挥龙头企业的资金、技术、市场营销方面的优势，利用农民的劳动力资源和土地资源，本着诚信合作的原则，在公司和农户之间找到的结合点，在增加农民收入的同时，可以促进创建安定、团结、和谐的社会局面，避免农户因没有工作而无所事事，剔除社会安全隐患。

另外，温氏模式的引入带动了其他相关产业的发展，公司和农户合作以后，不仅将简单的技术和市场结合起来，也带动了其他相关产业的发展，并将其链接起来，如肉鸡、肉猪、鸡苗、饲料等运输量的增加带动了运输业的发展；运输人员、客户、养殖户等人员活动的增加促进了餐饮业的发展；温氏合作的副产品——鸡粪可以广泛用于果树种植、养鱼等，不仅可以减少污染、也可以创造更多的利润，使得温氏模式范围扩展得更为广泛，有效促进新型农村的建设步伐。

五 "公司+农户"模式的反思

如前所述，"公司+农户"模式的提出和实施，对于农村经济的发展有着巨大的推动作用，提高了农户的积极性，拓宽了农民致富的途径，弥补了农户分散不集中的现状。在农民学习生产技术、规避市场风险和规模经营增收等方面发挥了积极作用。但是由于农户与公司之间实力悬殊，不是完全平等的市场关系，又缺少其他力量予以平衡，导致这个模式在操作过程中稍有不慎，就容易暴露出它与生俱来的缺陷：农户在生产经营过程中没有话语权、自主意志得不到体现，农户与公司的权责严重不对等、条约显失公平，利益分配完全由公司单方决定、向公司方倾斜等，这势必影响到两者"双赢"的预期效果。因此，在充分肯定"公司+农户"模式的诸多好处的同时，也要看到"公司+农户"模式的各种弊端，及其对农村经济发展和农民切身利益所可能带来的隐患，采取切实措施加以解决。

（一）在不完全平等的市场关系下，农户缺乏参与权和知情权

这种模式对农民的诱惑显而易见：大公司、低成本、不用担心销售、先进的管理方式和养殖技术，"只要不笨就能赚钱"的承诺，多数人赚钱的传言，但是到出售产品时才知道有许多原来不注意的费用是很可怕的。以养猪为例，所谓超料费、超重费、资金占用费等，均为公司与农户合作前的约定。超料费是指，公司规定一定的料肉比，如果养殖户超过这个比例，养殖户多使用的饲料将被罚款10元每包的超料费。同样，公司规定上市肉猪均重不能超过一定数量，超重部分也要罚款。资金占用费是每个养殖户都要扣除的，是"公司提供的猪苗、饲料、药物等所值货币同期内银行利息"。这样一来，有些农户就可能亏本了。

有些不法企业竟打着"公司+农户"模式公开欺骗农民。由于农民力量的薄弱、法律意识的缺乏、付诸法律成本的高昂，使合同也成了一张废纸，

这样的例子比比皆是，如近几年发生的震惊全国的海南锦绣大地米邦塔食用仙人掌事件等。2002年，海南锦绣大地生物有限公司宣传：作为墨西哥最畅销的绿色蔬菜"米邦塔"仙人掌，由海南锦绣大地公司引进到中国，30~40天就可以采收，每年可以采收8~10次，连续高产15年，一亩地一年能赚6万元，公司与农民签订合同，农民购买种苗，负责种植，他们负责回收。在农户精心照料下，合同签订半年后，1尺长的仙人掌长到了规定的尺寸，海南锦绣大地公司却以种种借口拒收。海南锦绣大地生物工程公司通过合同一方面销售他们的种苗，另一方面向老百姓承诺收购其产品，最后以种种借口拒绝回收。结果造成全国13个省的数以万计的农民被骗，涉及资金达数亿元，这就是利用公司加农户模式进行明目张胆地欺诈农户的代表作。

（二）农户承担的权利和义务、收益和风险不对等

在公司加农户模式下，个体的农户被大公司解决销售问题和进行技术指导的美好前景所驱使，与公司签订不平等合同。拿普遍实行公司加农户模式的肉鸡养殖业来说，龙头企业引进技术、设备、种鸡和饲料配方，组织生产并负责市场销售，肉鸡的孵化、种鸡的提供、防疫的实施、饲料的供给、成鸡的加工、销售，都由龙头企业承担，肉鸡的饲养由农民负担，农民担负起农业生产的主要部分。农户养一只肉鸡首先要向公司缴纳一定的押金，然后双方签订显然不平等的合同，在合同中，除了公司保证回收成品鸡的义务外，多数的义务都是农户的，在养殖过程中，农户必须购买公司高于市价数倍的鸡苗和饲料、兽药等，公司从鸡苗、饲料的供应环节和成品鸡销售环节中赚取巨大利润，而农民却只赚取很少的收益，甚至由于种种原因而血本无回。

由于公司与农户难以形成密切相关的利益共同体，它们只是各自分离并具有独自利益的经济主体，在实际生产中的利益博弈中，两者之间博弈力量极不均衡，地位极不对等，如果遇到市场风险和双方之间发生矛盾，公司由于维持自己利益的最大化，利用其博弈中的优势，侵害力量薄弱的、分散的农民的利益。当农业性的企业获得超额利润的时候，也许会分给农民一部分。但是当企业得不到社会平均利润，或者亏本的时候，它就会把风险转嫁给农民，这使得处于利益两极的公司和农户关系很难长期维系。

（三）公司控制市场信息和销售渠道，农民利益得不到保证

由于农民在"公司+农户"模式中处于弱势地位，一般只能作为被动的价格接受者。因此，公司可以以"公司+农户"模式，根据农产品产地供大于求、生产相对过剩的矛盾而肆意压低农产品的收购价格，贩运到外地高价

425

卖出，获取巨大的价差。"公司+农户"模式垄断外地市场和销售渠道、控制当地市场行情获取高额利润。虽然"公司+农户"模式可以扩大流通渠道、延长产业链，但农民仍处于产业化链条的末端，尽管这个长长的链条中每个环节都能增值，但公司是不会与农民共享。公司控制了市场信息和控制当地的市场行情，即使在市场行情好的时候，处于弱势的农民也不会得到好处。

（四）农业技术的推动力不足，难于促进农业生产力的发展

"公司+农户"模式，在理论上说可以促进集约化生产、规模化经营，但在实践中公司除了在产前向农民高价提供种子、农资，产后销售农产品外，在农业的生产过程中并没有对农业的技术的改进进行过多的投入，"公司+农户"模式下的农民照样是在家庭联产承包责任制基础上分散、独立地进行生产。在家庭联产承包责任制的条件下，农民依然无力进行农业工具的改进，他们负担不起改良农具和良种的高昂成本，因此他们依然拿着几千年的生产工具锹、镐、耙在低水平地进行效率不高的农业。"公司+农户"模式的实施让农民在生产资料的采购环节：农产品种子、种畜、化肥、农药等方面花费巨大的财力，使农户无力再对农业生产工具、生产技术进行改进。

（五）一定程度上抑制了农民专业合作社的发展

2008年7月1日起中国正式实施《农民专业合作社法》，合作社将成为农村经济发展中的一股重要力量，有了代表农民利益的合作社的加入，有了实现农民利益的力量在其中发挥作用，公司跟农户的关系将更加平衡，合作将更加稳固。

表面上解决了农产品供求矛盾、提高了地方财政收入的"公司+农户"模式被作为国家和地方政府重点扶持的对象，公司同时享有了行政组织和经济组织的双重优势，而农户则同时处于具有行政方面和经济方面的双重劣势。农民没有成为国家直接扶持、补贴的对象，农民利益并没有得到有效的维护，农户也不是产业化组织的真正主体，尽管公司自身存在这样那样的问题，却合理地被作为产业化经营的主体，公司加农户模式对专业合作经济组织产生内在的抑制作用，使真正意义上的合作经济组织进入产业化经营十分缓慢，勉强生存的合作经济组织也在不断减少，并使大力发展以农民作为主体的合作经济组织的经济和体制基础迟迟不能稳定，因此，"公司+农户"模式也就成为农业产业化的最主要组织形式。农民专业合作组织和农户的专业化生产将减少到最低限度，农户也会最大限度地从"公司+农户"模式中退出，一些规模效益不佳的龙头企业甚至会破产。在"公司+农户"的内部，公司

会对农户过分挤压，利用垄断优势剥夺农户利益，如果农户退出公司加农户模式的成本较低，农户会主动退回到自给自足的小生产状态；如果退出成本过高，短期后果只能是农民贫困化程度的增长，农户最终会被淘汰出局，因此说在这种背景下，公司加农户模式很难良性、有效地运行，就是勉强的维持，农户也是最终的受害者。

（六）土地大量被兼并，资源浪费严重

我国"入世"后，非贸易壁垒日益强化，"绿色壁垒"日渐形成，国外对我国农产品的药残超标检查非常严格，我国农产品的主要出口国，加大了商检力度，大批出口的农产品被检验出不合格，农产品出口经常性地受阻，那些走"公司＋农户"模式的企业最容易出问题。从表面上看，这是进口国的非贸易壁垒在强化的缘故，更深层次的问题却是"公司＋农户"这一产业化的基本模式，因为企业的监督成本太高等原因，已经不适应农产品国际贸易的要求了。

对养殖业的"公司＋农户"模式来说：公司集中加工，农户分散养殖，公司对农户统一提供种苗，统一采购饲料，统一防疫。这几个"统一"说起来容易，但真正实施起来却非常的困难。因为养殖户素质参差不齐、技术水平各不相同，饲养的场所、七零八落、分散各地，公司难以进行有效地防疫监督控制，如果与公司签订合同的养殖户中出现一点问题，就会导致出口受阻的现象发生。随着我国民众生活水平的提高，很多大城市都出台农副产品地方标准、实行市场准入制度。农产品进入城市的门槛提高了。国内外市场严峻的形势已经严重影响到公司的切身利益，于是一些农业企业开始突破单一的"公司＋农户"模式，建立自己的养殖基地、种植基地，做大企业自身经营规模，使农产品生产趋向规模化、集约化。于是"公司＋农户"变成了"公司＋基地"。"公司＋基地"的产业化新模式，实现了农产品的标准化、规模化生产，降低了企业的生产成本，然而通过承包、租赁、兼并等多种方式建成的农业生产基地，少则上百亩，大的有几千亩，把大量农田变为养殖场，由于经营不善，企业破产，最后甚至被撂荒，造成了人地关系的紧张。

六 "公司＋农户"模式的创新

"公司＋农户"模式对农民增收，完善公司带动农户的组织制度和利益联结机制，创新体制机制，调整农产品加工业的发展模式，使农民从生产、加工、流通、销售等各个环节获得更多的收益，做了有益的探索，作出了贡献。但是，这种模式也存在着如上所述的诸多隐患。温氏公司作为实行这种模式的一个典型，其长处和隐患也都是存在的。目前儋州市委、市政府已经注意到这方面可能出现的问题，引导温氏公司健康发展，促使他们重视合作农户的意见，设法解决他们反映的问题，对"公司+农户"模式进行完善和创新，再次引领农业生产经营模式的变革，促进农村生产力更大发展，切实提高农民的收入水平。目前中国农民的资金、技术、市场能力和外部支持与20世纪相比已不可同日而语，农村的生产力发展水平已经有了长足的进步，"公司+农户"模式理应向着有利农户的方向调整。例如，公司要与农户签订合同，在程序上确认农户为合作者，将公司与企业的利益分配合约化、透明化，而不是仅靠公司的自觉去"赋予"或让渡利益给农民，要协调好与合作农户的利益分配关系，真正实现公司和农户的双赢。又例如，实行"公司+合作社+农户"模式，通过提高农民的组织化程度来提高农户与公司的谈判地位，这表面看来是有损公司利益的傻事，但实质上却为公司的长远发展提供了机制上的保障。

为提升现代农业的规模效益与抗风险能力，要积极探索推广公司加农户共生模式，通过前瞻性的制度设计和经济杠杆引导，预测风险，共谋发展。"公司+农户"模式主要是订单农业，但市场风险变化和不确定性，往往造成订单履约率比较低，当市场走俏价格升高时，一些农户就把已签约的农产品直接拿到市场上去卖。市场滞销价格下跌时，又要求公司多收购这些农产品。反之，一些农业企业也有类似的投机取巧行为。这个问题可以说是普遍性的，也是"公司+农户"模式难以大面积推广的一个症结。在互惠互利前提下，调高成本，价格倒挂，让违约者不仅无利可图，还要赔本。公司与农户既是利益共生体又是矛盾统一体，在两者分工中，农户主要从事初级农产品的生产供应，公司负责产品深加工和营销推广，一般情况下，农户出手农产品以后的风险由公司承担，要杜绝一些以次充好等不守诚信现象。尽可能规避预期风险，打造双方诚信合作的平台，兼顾双方利益，公司与农户共担风险，实现双赢。这才是"公司+农户"模式的健康发展之路。

户情调查报告

儋州市 300 户城乡居民问卷调查

根据中国百县市经济社会调查丛书总编辑委员会的要求,我们聘请儋州市城市调查队对 300 户城乡居民进行问卷抽样调查。问卷抽样采取三阶抽样,按人口比例确定区样本数,然后将各区的街道办事处进行编码,采取等距抽样方式,将抽中的街道办事处所辖的社区进行编码,采取等距(系统)抽样方法抽取社区,最后在抽中的社区中,将家庭户随机选一个调查对象。调查共发放问卷 300 份、回收有效问卷 300 份,回收率 100%,问卷调查于 2008 年 10 月 28 日开始进行。调查样本的分布情况,见户调表 1。

户调表 1 调查样本的分布情况

单位:%,户

调查单位	所占的比例	调查的户数
党政机关	4.7	14
各种事业单位	17.4	52
金融贸餐饮行业	21.3	64
交通邮电矿企业	9.6	29
个体户和私营企业	5.7	17
农　民	36.4	109
其他(学生、退休人员、失业、待岗)	4.9	15

本报告以调查所得数据的统计结果为依据,力争在全面如实反映统计结果的基础上,能够突出重点,对儋州经济社会发展中比较普遍、集中的现象与问题做出定性与定量的表述与解释,并在此基础上进行深入的分析与探索,期望能够从中发掘具有规律的结论,以便为儋州全面建设小康社会提供实证依据。

一 被访者的基本情况

1. 性别、民族和户口

性别。在被访者中,男性占 90.7%,女性占 9.3%。

民族构成。在被访者中,汉族占 99.3%,壮族占 0.3%,其他占 0.4%。

户口。在被访者中,户口为农业户口的占 52.3%,非农业户口的占 47.7%。

2. 年龄

被访者中,20 岁以下的占 0.3%,21~35 岁占 37.3%,36~55 岁占 54.7%,56 岁以上的占 6.9%。

3. 文化程度

在被访者中,文盲占 2.0%,初小占 9.6%,高小占 9.0%,初中占 43.7%,高中、中专技校、职业高中占 22.3%,大专占 10.7%,大学以上占 2.7%。

4. 政治面貌

在被访者中,中共党员有 47 人,占 15.7%,共青团员有 9 人,占 3.0%;民主党派 13 人,占 4.3%,其他人员有 231 人,占 77.0%。

5. 婚姻状况

在被访者中,从未结过婚的有 4 人,占 1.3%;结过婚的有 296 人,占 98.7%。在已婚者中,已婚有配偶的有 279 人,占 93.1%;离婚未再婚的有 7 人,占 2.3%;离婚再婚的有 4 人,占 1.3%;丧偶未再婚的 6 人,占 2.0%。

6. 就业状况

在回答该问题的 300 名被访者中,就业人员有 290 人,占 96.7%;非就业人员有 10 人,占 3.3%。在业人员中,正常工作的占 99.4%,离退休后重新工作占 0.3%,其他占 0.3%;在没有工作的人中,离退休占 60%,丧失劳动能力占 30%,其他占 10%。关于就业的具体情况详见户调表 2。

户调表 2　被访者在业情况分布

单位:人,%

在业人员状况			不在业人员状况		
状况	频数	有效百分比	状况	频数	有效百分比
正常工作	288	99.4	学龄前儿童	—	—
离退休后重新工作	1	0.3	在校学生	—	—
未到劳动力年龄就业	—	—	从未就业/待业	—	—
病休或内退			失业		

续户调表 2

在业人员状况			不在业人员状况		
状况	频数	有效百分比	状况	频数	有效百分比
留职停薪	1	0.3	家务	—	—
下岗待业	—	—	离退休人员	6	60.0
其他	—	—	丧失劳动能力	3	30.0
			其他	1	10.0
合计	290	100	合计	10	100

7. 宗教信仰

在所有被访者中,无宗教信仰的有 250 人,占 83.4%；信佛教的有 49 人,占 16.3%；信基督教的有 1 人,占 0.3%。

二 家庭情况

家庭是以婚姻关系为基础,以血缘关系为纽带,共同生活的基本社会组织,家庭是社会的细胞,随着儋州经济和社会的发展,家庭也发生了变化。

家庭规模。在被访的 300 户家庭中,家庭总人口最少的为 1 人,最多的为 10 人。大部分家庭的人口在 4～5 人。其中,4 口之家最多,有 89 户,占 30.0%；其次为 5 口之家,有 82 户,占 27.0%；再次是 3 口家庭,有 49 户,占 16.0%。

从户均人口数上看,在被访的 300 个有效家庭样本中,平均每户有 4.4 人,标准差为 1.366。其中,平均每户有男性人口 2.53 人,标准差为 0.885；女性人口 2.12 人,标准差为 0.937。此外,户均在业人口为 2.37 人,标准差为 0.942。

家庭结构。在被访的 300 户有效家庭样本中,夫妻对数为 1.173 对,标准差为 0.487。

在家庭代数中,平均每户为 2.293 代,标准差为 0.567。最多为 4 代同堂,最少的为 1 代。

家庭结构以核心家庭为主,有 173 户,占 57.7%；由核心家庭成长起来的主干家庭有 100 户,占 33.3%,此外,无子女家庭（夫妇家庭 1）6 户,占 2.0%,空巢家庭（夫妇家庭 2）有 4 户,占 1.3%,单亲家庭 8 户,占 2.7%,单身家庭 4 户,占 1.3%（见户调表 3）。

户调表3　被访者家庭结构

单位：户，%

家庭结构	频数	百分比	家庭结构	频数	百分比
夫妇家庭1	6	2.0	主干家庭	100	33.3
夫妇家庭2	4	1.3	联合家庭	3	1
单亲家庭	8	2.7	单身家庭	4	1.3
核心家庭	173	57.7	其他家庭	2	0.7
隔代家庭	—	—	合计	300	100

三　工作情况（不含没工作的比例）

1. 被访者有无工作情况

绝大部分人有过工作的经历。在300名被访者中，有98.6%的人曾经工作过，从没有工作的人只占1.4%。在被访问者中，现在有工作的有289人，占96.3%。

2. 被访者工作变动情况

在问及工作变动情况时，所有的人都有作答，没有人没有换过工作。其中，换工作的次数最多为4次的有1人，占0.3%；仅换过1次工作的有181人，占60.3%；换过2次工作的有50人，占16.7%；换过3次工作的有68人，占22.7%。

在被问及开始工作年龄时，有278人作答，开始工作年龄从16～30岁区间，平均工作年龄为21.61岁，中位值为21.5岁，众数为20岁。

3. 被访者的职业状况

被访者的工作行业较为分散，排在前九位的是：农业（32.8%）、批零贸易和餐饮业（21.7%）、交通运输及邮电业（9.7%）、教育文化艺术及广播电影电视业（5.5%）、国家机关、党政机关和社会团体群众自治组织（4.8%）、社会服务业（4.5%）、渔业（4.1%）、群众自治组织（3.8%）、卫生体育福利业（3.4%）。

被访者所在单位的法人单位所有制排在前五位的是：个体（47.6%）、农村集体（36.9%）、国有（10.3%）、私营（3.1%）、其他（0.4%）。

被访者所在单位的法人单位级别大多为无行政级别，占86.6%；第二位为科级，占6.9%；处在第三位的是股组级，占3.1%；第四位的是其他，占2.8%；第五位是县处团级，占0.3%。

被访者的职业分别为：一般体力劳动者蓝领（64.5%）、办事人员白领（10.7%）、其他（10.3%）、专业技术工作（6.9%）、熟练技工灰领（4.5%）、中层管理（2.8%）、高层管理（0.3%）。

就业形态：家庭经营农民（34.1%）、个体业者（42.8%）、固定工（11.0%）、临时工（6.9%）、合同工（2.4%）、其他（2.3%）、私营企业主（0.3%）。

工作月数：有工作的被访者中，一年中工作满10个月以上的占绝大多数（91.1%），其中工作10个月的占15.2%，工作11个月的占7.6%，工作12个月的占68.3%。最短也工作了6个月。

被访问者中，86.6%的人从来没有从事过第二职业，只有13.4%的人从事过第二职业，从事第二职业的行业分布在其他、建筑业、制造业、群众自治组织、农业、交通运输业和社会服务业等。

四 家庭物质生产与生活

1. 承包经营情况

承包经营家庭生产资料情况：只有104户被访者家庭经营了土地。其中经营10亩以下土地的有65户，10~12亩的有19户，经营20~30亩有8户，30~40亩有3户，40~50亩有3户，50亩以上的有6户。经营的土地中12449亩用作农业用地，占84.5%；32户有林牧业用地，共153.5亩，占10.4%；10户有水产用地，共78.7亩，占5.3%。有4户人家拥有自留山地，共37亩。拥有农业机械1套的有7户；有90户饲养了大牲畜，大多饲养了7头以下的大牲畜，有76户；最多的饲养了30头大牲畜，有1户。显然，这表明该市农业人口仍停留在小农经济状态。

承包经营非农业生产资料情况：只有5人回答了企业占地面积这一问题，其中1亩以下的有1家，1~10亩的有4家，比较分散。企业建筑面积50平方米以下的有2家，50~100平方米的有3家，100~200平方米的有4家，300平方米以上的有3家。拥有设备1套的有4家，拥有设备2套、3套、4套的各有1家。拥有1辆机动车的有4家，拥有2辆有1家。企业流动资金1万~3万元的有4家，3万~9万元的有10家，10万元以上的有1家。企业生产资料现值1万~5万元的有4家，5万~10万元的有4家，20万~50万元的1家、50万元以上的1家。企业从业人员1~10人的有20家，10人以上的有1家。其中没有雇请人员的有8家，雇请5人以下的有7家，雇请5~10人的有4家，10人以上的有1家。

2. 收入情况

人们的收入差距悬殊,有全家全年收入2000元及以下的,也有全家全年收入10万元及以上的,其中以全家年收入在20000~30000元之间为最多,占21.3%,其次为10000~15000元,占17.6%,有4户未作回答,见户调表4。

户调表4　被访者全家全年总收入

全家全年总收入(元)	频数(户)	百分比(%)	全家全年总收入(元)	频数(户)	百分比(%)
2000元及以下	4	1.4	40000~50000	34	11.5
5000~10000	32	10.8	50000~60000	15	5.0
10000~15000	52	17.6	60000~70000	12	4.1
15000~20000	38	12.8	70000~100000	9	3.0
20000~30000	63	21.3	100000元以上	10	3.4
30000~40000	27	9.1	合计	296	100

第一,农业收入。有农业收入的有123户,其中绝大多数是家庭经营收入,收入在2000元及以下的有2户,2000~5000元的有10户,5000~10000元的有36户,10000元以上的有75户。见户调表5。

户调表5　被访者农业收入

全家全年总收入(元)	频数(户)	百分比(%)	全家全年总收入(元)	频数(户)	百分比(%)
2000元及以下	2	1.6	40000~50000	6	4.9
2000~5000	10	8.1	50000~60000	5	4.1
5000~10000	36	29.3	60000~70000	9	7.3
10000~15000	25	20.3	70000~100000	1	0.8
15000~20000	12	9.8	100000元以上	4	3.3
20000~30000	7	5.6	合计	123	100
30000~40000	6	4.9			

第二,非农业收入。有非农业收入的被访者177户中,共有316人有从业收入。在非农业各类收入中,工资收入、经营性收入、奖金和福利收入人数所占比例分别为31.3%、44.3%、6.6%(见户调表6)。从被访者收入比较,经营性收入成为工资收入之外的最大收入,而且多为个体经营。

户调表6 被访者非农业收入

单位：人，%

分组\收入类别	非农业收入合计		工资收入		奖金和福利收入		经营性收入		金融资产收入		第二职业收入	
2000元以下	10	3.2	—	0.0	3	14.2	1	0.7	—	0.0	6	12.8
2000~5000元	48	15.2	4	4.0	11	52.4	4	2.9	1	11.2	28	59.6
5000~10000元	54	17.1	20	20.2	6	28.6	18	12.9	4	44.4	6	12.8
10000~15000元	56	17.7	21	21.2	1	4.8	25	17.9	4	44.4	5	10.6
15000~20000元	37	11.7	17	17.2	—	0.0	20	14.3	—	0.0	—	0.0
20000~30000元	45	14.2	20	20.2	—	0.0	24	17.1	—	0.0	1	2.1
30000~40000元	21	6.6	7	7.1	—	0.0	13	9.3	—	0.0	1	2.1
40000~50000元	20	6.3	6	6.1	—	0.0	14	10.0	—	0.0	—	0.0
50000~60000元	5	1.6	1	1.0	—	0.0	4	2.9	—	0.0	—	0.0
60000~70000元	4	1.3	1	1.0	—	0.0	3	2.0	—	0.0	—	0.0
70000~80000元	2	0.6	—	0.0	—	0.0	2	1.4	—	0.0	—	0.0
80000~90000元	3	1.0	1	1.0	—	0.0	2	1.4	—	0.0	—	0.0
90000~100000元	5	1.6	1	1.0	—	0.0	4	2.9	—	0.0	—	0.0
100000元以上	6	1.9	—	0.0	—	0.0	6	4.3	—	0.0	—	0.0
合计	316	100	99	100	21	100	140	100.0	9	100.0	47	100.0

第三，其他收入。其他收入中，社会保障性收入是工资收入外的最大收入，离退休、社保、社会救助收入占被调查人数的69.0%，这也从侧面反映出儋州社会保障的发展。居民收入渠道也比较单一，有88.5%的家庭没有其他收入（见户调表7）。

户调表7 被访者其他收入

单位：人，%

分组\收入类别	其他收入合计		离退休费收入		社会保障收入		社会救助收入		变卖财产收入		其他收入	
2000元以下	18	31.0	1	10.0	5	50.0	12	60.0	—	0	—	0.0
2000~5000元	9	15.6	—	0.0	1	10.0	8	40.0	—	0	—	0.0
5000~10000元	5	8.6	—	0.0	1	10.0	—	0.0	—	0	4	66.6
10000~15000元	10	17.2	3	30.0	0	0	—	0.0	6	50	1	16.7
15000~20000元	3	5.2	2	20.0	0	0	—	0.0	1	8.3	—	0.0
20000~50000元	11	19.0	4	40.0	3	30.0	—	0.0	3	25.0	1	16.7
50000~200000元	2	3.4	—	0.0	—	0.0	—	0.0	2	16.7	—	0.0
200000元以上	—	0.0	—	0.0	—	0.0	—	0.0	—	0.0	—	0.0
合计	58	100	10	100	10	100	20	100	12	100	6	100

3. 家居情况

数据显示，户均居住面积 158.7 平方米，居住面积 50 平方米以下的占 2.6%，居住面积 50～100 平方米的占 24.3%，居住面积 100～150 平方米的占 29.7%，居住面积 150～200 平方米的占 13.7%，居住面积 200 平方米以上的占 30.3%。拥有自己的住房的家庭在总家庭数中占绝大多数，其中自有全部产权占 89.7%，自有部分产权占 7.0%；他人所有占 0.7%，集体所有和国家所有占 0.3% 和 2.3%，见户调表 8、表 9、表 10。

户调表 8　被访者住房产权情况

单位：户，%

产权	自有全部产权	自有部分产权	他人所有	集体所有	国家所有	合计
频数	269	21	2	1	7	300
比例	89.7	7.0	0.7	0.3	2.3	100

户调表 9　被访者住房类型情况

单位：户，%

住房类型	普通平房	独门独院平房	筒子楼	公寓合居单元房	公寓独居单元房	不清楚	合计
频数	123	81	77	8	10	1	300
比例	41.0	27.0	25.7	2.7	3.3	0.3	100

户调表 10　被访者住房结构情况

单位：户，%

产权	土坯砖木结构	砖石瓦木结构	砖瓦混凝土结构	框架混凝土结构	其他	合计
频数	4	109	54	129	4	300
比例	1.3	36.3	18.0	43.0	1.3	100

数据显示，被访者在房屋质量和配套设施方面有很大的进步。在居住的 300 套住房中，有独用厨房的占 93.7%，有独用厕所的占 63.0%。有独用浴室的占 66.3%，有冷暖设备的占 14.7%，有经常供电的占 94.7%，有自来水的占 71.3%，使用燃气的占 83.0%。此外还有 40 户有 2 套以上住房。但仍有 2.0% 的住房在 50 平方米之下，仍有 28.6% 的居民没有用上自来水，仍有 5.3% 的居民用电没有保障，这说明住房水平还有待进一步提高，见户调表 11、表 12、表 13、表 14。

户调表11 被访者住房配套设施情况之一

单位：户，%

厨房	无	合用	独用	双厨	其他	合计
频数	2	15	281	1	1	300
比例	0.7	5.0	93.7	0.3	0.3	100
厕所	无	合用	独用	双厕	三厕	其他	合计
频数	64	24	189	16	5	2	300
比例	21.3	8.0	63.0	5.4	1.7	0.6	100

户调表12 被访者住房配套设施情况之二

单位：户，%

浴室	无	合用	单用	双浴	三浴	其他	合计
频数	43	30	199	18	5	5	300
比例	14.3	10.0	66.3	6.0	1.7	1.7	100

户调表13 被访者住房配套设施情况之三

单位：户，%

燃气	无	燃气罐	燃气罐和管道燃气并用	合计
频数	50	249	1	300
比例	16.7	83.0	0.3	100.0
电源	有电，但无保障	有经常性供电	其他	合计
频数	16	284	—	300
比例	5.3	94.7	—	100.0

户调表14 被访者住房配套设施情况之四

单位：户，%

水源	河水	公用井水	独用井水	公用自来水	独用自来水	合计
频数	15	1	70	90	124	300
比例	5.0	0.3	23.3	30.0	41.3	100.0

4. 耐用消费品情况

家庭是一个消费的基本单位。随着生产的发展，人民生活水平的提高，逐渐使这种功能得了满足。通过家庭拥有耐用消费品的情况可以看出居民的生活质量。目前，人们的消费水平已由"温饱型"向"小康型"转变，家庭的物质生活和精神生活的消费水平也随之不断提高。

从户调表15中可以看出,每百户拥有消费品的依次为:电扇(每百户拥有229件),电视机(每百户拥有119件),移动电话(每百户拥有143件);其次是家庭必需品分别是:煤气灶(每百户拥有99件),摩托车(每百户拥有90件),电话(每百户拥有81件),自行车(每百户拥有73件),组合家具(每百户拥有70件),电冰箱(每百户拥有48件),手表(每百户拥有45件),洗衣机(每百户拥有43件),抽油烟机(每百户拥有32件),家用电脑(每百户拥有16件),录像机(每百户拥有13件),照相机(每百户拥有6件),家用轿车(每百户拥有3件),钢琴(每百户拥有1件)(见户调表15)。

户调表15 300户拥有耐用消费品的情况

单位:%

项目	0件	1件	2件	3件	4件	5件	6件	件/每百户
手表	62.7	30.7	6.0	0.7	0	0	0	45
自行车	40.3	47.3	11.7	0.7	0	0	0	73
收音机	83.3	16.7	0	0	0	0	0	17
缝纫机	95.3	4.7	0	0	0	0	0	5
电扇	18.0	45.3	28.3	6.7	1.7	0	0	229
电冰箱	57.3	39.7	2.0	0.7	0	0	0.3	48
洗衣机	56.7	43.3	0	0	0	0	0	43
煤气灶	19.0	64.7	14.7	1.3	0.3	0	0	99
抽油烟机	69.0	29.7	1.3	0	0	0	0	32
空调机	82.7	13.7	2.7	1.0	0	0	0	22
电视机	2.7	77.3	18.7	1.3	0	0	0	119
电话	27.7	64.7	7.0	0.7	0	0	0	81
移动电话	13.0	42.7	33.7	9.3	1.3	0	0	143
照相机	94.0	6.0	0	0	0	0	0	6
录像机	87.0	13.0	0	0	0	0	0	13
家用电脑	84.3	15.7	0	0	0	0	0	16
组合家具	35.0	60.0	4.7	0.3	0	0	0	70
摩托车	21.3	68.3	9.7	0.7	0	0	0	90
家用轿车	96.7	3.3	0	0	0	0	0	3
钢琴	99.3	0.7	0	0	0	0	0	1

5. 实际拥有财产情况

111个有效样本平均全家财产合计17万元,109个有效样本家庭平均拥有的房屋价值14.5万元,相当于平均全家财产的85.3%;207个有效样本家庭平均拥有耐用消费品0.9万元,相当于平均全家财产的5.3%,而其他财产的统计因为有效样本均不足30个,低于统计总户数的十分之一,意义不大(见户调表16)。

户调表16　样本户家庭实际拥有财产情况

单位:万元

类别	生产资料现值	股份合作资产现值	房屋现值	耐用消费品现值	金融资产现值	其他财产一	其他财产二	全家财产合计
总财产	105	0	1580.5	186.3	36.5	120.1	35.2	1887
户均财产	10.5	0	14.5	0.9	2.6	4.5	5.9	17.0
有效样本户数	10	0	109	207	14	27	6	111

五　居民社会生活

1. 政治参与情况

公民的政治参与程度是衡量我国社会主义民主建设的一个重要标准。公民通过参与议政使他们可以有机会行使自己的权利,实现自己的政治愿望,从而在国家和社会之间起到稳妥地矫正政府行为和公民意愿及选择之间的矛盾的作用,使公民的政治需求得到释放,实现公民对现有政治体制认同感的提高,巩固公民对现有政治体制的认同价值,这就能减轻社会冲突,确保政治的稳定和发展。我国人民当家做主、行使民主权利的基本途径主要有两条:一是通过人民选出代表参加全国和地方各级人民代表大会,二是在基层实行直接民主,如关系群众利益的事,由群众当家依法办理。

对现任各级领导姓名的认知情况。对领导人的认知是居民政治参与的测量指标之一,从问卷的情况可总结出以下特点:第一,在中央、省、县、乡四级党委领导人中,中共中央总书记知名度最高,省委书记知名度最低;第二,在中央、省、县、乡四级政府领导人中,国务院总理和国家主席的知名度最高,省长知名度最低;第三,从性别角度看,男性对各级领导人的认知均远远高于女性,女性对政治的热情远远不如男性,这在全国都有代表意义,见户调表17。

户调表17　不同性别的被访者对各级领导人的认知状况

单位：人

性　别		男	女	合计
中共中央总书记	知　道	258	26	284
	不知道	14	2	16
国家主席	知　道	259	25	284
	不知道	13	3	16
国务院总理	知　道	258	25	283
	不知道	14	3	17
省委书记	知　道	181	14	195
	不知道	91	14	105
省　长	知　道	129	12	141
	不知道	143	16	159
市委书记	知　道	200	14	214
	不知道	72	14	86
市　长	知　道	155	9	164
	不知道	117	19	136
乡镇街道书记	知　道	213	19	232
	不知道	59	9	68
乡镇长街道主任	知　道	180	12	192
	不知道	92	16	108

从群众参政议政的情况来看，人们对行使自己的政治权力的积极性并不是很高，参加人民代表选举的占66.3%，参加村委会、居委会选举的占80.3%，参加村民大会、居民大会的仅占70.0%。未参加各种政治活动的原因主要有不知道、不感兴趣、外出和因病未参加，其中不知道的占37.3%以上（35.6%不知道人民代表选举，37.3%不知道村委会、居委会选举，50.0%不知道村民大会、居民大会选举），这一数据表明加大公民行使选举和被选举的宣传力度还需要进一步提高（见户调表18、户调表19）。

户调表18　被访者参加政治活动情况

单位：人，%

类　别	参加人民代表选举		参加村委会、居委会选举		参加村民大会、居民大会	
	人数	比例	人数	比例	人数	比例
参加了	199	66.3	241	80.3	210	70.0
未参加	101	33.7	59	19.7	90	30.0

户调表19 被访者未参加政治活动的原因

单位：人，%

类 别	未参加人民代表选举		未参加村委会、居委会选举		未参加村民大会、居民大会	
	人数	比例	人数	比例	人数	比例
不 知 道	36	35.6	22	37.3	45	50.0
不感兴趣	29	28.7	22	37.3	24	26.7
外 出	7	6.9	6	10.2	6	6.7
因病未参加	—	0.0	—	0.0	—	0.0
其 他	29	28.7	9	15.3	15	16.7
合 计	101	100.0	59	100.0	90	100.0

一定的政治参与水平必须与一定的政治工作结构相适应，作为社会经济发展的产物，公民政治参与的活跃是社会进步的体现，是一种客观的政治现象。因此，应尽可能地推动和扩大公民的政治参与，将之纳入现有政治体系之中，不但有助于较畅通地解决在社会生活方面遇到的困难、问题、意见和想法，即有利于人们与外界协调关系化解矛盾，更能促进人们的政治参与有序化，使其多层次的政治参与和需求得到有效释放，有利于整个社会的政治安定。

2. 社会交往和外出情况

社会交往情况：

社会交往是社会互动的主要形式，如血缘圈、地缘圈、亲缘圈、业缘圈等等。这些社会圈子相互交叉、相互重叠，影响和制约着人们的行为选择和观念取向。

我们运用数值量表法设定；没有交往0分，交往很少1分，交往一般2分，交往很多3分。数值越大，交往程度越高（见户调表20）。

户调表20 行各阶层社会交往能力

类 别	党政领导干部	一般干部	国有企业厂长、经理	老师、专家教授、专业技术人员	工人	农民
交往能力	2.21	1.86	2.62	1.88	1.99	0.75
类 别	外商	私营企业主	科研单位、学校等领导	服务人员	个体户	其他
交往能力	2.89	2.22	2.39	1.89	1.30	1.66

由户调表20可见，各阶层社会交往分别为外商第一（2.89），第二是国有企业厂长、经理（2.62），第三是科研单位、学校等领导（2.39），第四是

私营企业主（2.22），第五是党政领导干部（2.21），第六是服务人员（1.89），第七是老师、专家教授、专业技术人员（1.88），第八是一般干部（1.86），第九是其他（1.66），第十是个体户（1.30）。

一年内的外出情况：

在被访者中，无外出238人，占79.3%；有过外出61人，占20.3%。从外出的总体时间上看，样本中曾经外出的被访者中，一年内外出时间最长的为35天，外出时间最短的为2天。平均外出天数为11天，中位值为9天，众值为10天，标准差为7.37。

一年中有过1次外出的61人，有过2次外出的28人，有过3次外出的6人，有过4次外出的4人，有3人有过5次以上外出。

外出原因。被访者的外出原因多种多样，排在前五位的依次是：探亲（22.5%）、访友（21.6%）、旅游（16.7%）、学习（14.7%）和出差（10.8%）。而且人们的因私外出已占79.4%，特别是随着生活水平的提高和生活条件的改善，人们的生活也变得更惬意。

外出地点。人们的外出地点也是多种多样，但只有9.8%到省外，也有个别人到港澳台，见户调表21。

户调表21 近一年内外出活动情况

单位：人次，%

外出原因 类　　别	人次	比例	外出地点	人数	比例
出差	11	10.8	本乡镇/街道农村	1	1.0
开会	5	4.9	本县/市/区城镇	18	17.6
学习	15	14.7	本县/市/区农村	3	2.9
探亲	23	22.5	本省/市/区城镇	62	60.8
访友	22	21.6	本省/市/区农村	2	2.0
看病	4	3.9	外省/市/区城镇	10	9.8
旅游	17	16.7	不回答	6	5.9
其他	5	4.9			
合计	102	—	合计	102	—

六　社会问题

1. 遇到的社会问题

被访者中，最近两年没有遇到任何问题的有46人。在遇到过问题的254

名被访者中，遇到 3 次占 32.5%；遇到 5 次的占 11.0%；在遇到问题的 254 人中，遇到超时工作问题的人最多，达 26 次的有 56.5%，见户调表 22。

户调表 22　遇到的主要问题

单位：次，%

项　目		有效回答	超时工作	工作条件恶劣	工资拖欠	税费负担过重	产权纠纷	拆迁补偿问题	执法不公	土地征用问题	债务纠纷	其他
合计	次数	46	26	3	3	—	3	—	3	3	5	—
	比重	100	56.5	6.5	6.5	0.0	6.5	0.0	6.5	6.5	11.0	0.0

从事不同职业的，居民遇到的问题也不相同。超时工作的人群主要是体力劳动者和熟练技术人员，占被访者的 82.6%。遇到工资拖欠和工作条件恶劣问题的主要是体力劳动者，见户调表 23。

户调表 23　遇到社会问题的原因汇总

单位：%，人

遇到问题	高层管理	中层管理	专业技术人员	办事人员白领	熟练技术灰领	体力劳动蓝领	其他	合计	百分比
超时工作	—	1	0	1	2	21	1	26	53.1
工作条件恶劣	—	—	—	—	—	3	—	3	6.1
工资拖欠	—	—	—	—	1	2	—	3	6.1
税费负担过重	—	—	—	—	—	—	—	—	0.0
产权纠纷	—	—	—	1	—	2	—	3	6.1
拆迁补偿问题	—	—	—	—	—	—	—	—	0.0
执法不公	—	—	—	—	—	3	—	3	6.1
土地征用问题	—	—	—	—	—	3	3	6	12.2
债务纠纷	—	—	—	1	—	1	3	5	10.2
其　他									
合　计	—	1	—	3	3	35	7	49	
百分比	0.0	2.0	0.0	6.1	6.1	71.4	14.3		

2. 解决问题的方式

遇到问题时人们常用的三个解决方式是忍气吞声、找领导、打官司。

不同职业、不同阶层遇到的问题不同，遇到的相关人群不同，所以采取的方式也会不同。高层管理者和专业技术人员解决的主要方式分散；中层管理者遇到问题的主要解决方式主要是找领导；办事人员白领采取的方式多找中间人调停、忍气吞声或找领导；熟练技工灰领采取的方式多找中间人调停、忍气吞声；一般体力劳动者在职场上相对弱势，采取的解决方式是中间人调停、上访、忍气吞声和找领导。调查还显示，儋州市居民在遇到难处时，表示找中间人调停的占很大的比例，占32.0%，上访和打官司也占有一定的比例，分别达10%和4.0%，这都反映了一种积极、正面的解决问题的心态；表示忍气吞声的所占的比例也不小，达16.0%，这反映了一种消极、负面的解决问题的心态；至于有动拳打人、罢工示威静坐等过激手段者各占2.0%，见户调表24。

户调表24 不同职业遇到问题后寻求解决的方式

单位：%，人

职业类别\解决问题方式	打官司	请中间人调停	上访	媒体曝光	动拳头	罢工示威静坐	找领导	找有权力的亲友帮忙	忍气吞声	其他	总计	百分比
高层管理	—	—	—	—	—	—	—	—	—	—	—	0.0
中层管理	—	—	—	—	—	—	1	—	—	—	1	2.0
专业技术工作	—	—	—	—	—	—	—	—	—	—	—	0.0
办事人员白领	—	2	—	—	—	—	1	—	1	—	4	7.8
熟练技工灰领	—	1	—	—	—	—	—	1	—	—	3	5.9
一般体力劳动者蓝领	2	12	5	—	1	1	13	—	5	—	39	76.5
其他	—	1	—	—	—	—	1	—	1	1	4	7.8
总计	2	16	5	—	1	1	16	1	8	1	51	100
百分比	3.9	31.4	9.8	0.0	2.0	2.0	31.4	2.0	15.7	2.0	100	—

七 闲暇时间和活动

在被问及"过去一年您有多少闲暇时间"这一问题时，有3.7%的人回答基本无事可做，有0.7%的人回答有半年左右闲暇时间，有1.0%的人回答有120天左右闲暇时间，有8.3%的人回答有90天左右闲暇时间，有19.3%的人回答60天左右闲暇时间，有13.3%的人回答有40天左右闲暇时间，有44.3%的人回答有30天左右闲暇时间，有9.0%的人回答没有闲暇时间。在被问及闲暇时间从事什么活动时，人们做了如下的选择：看电视、录像已经成为人们最主要的闲暇活动，有38.3%的被访者将其列为从事最多的活动，有30.3%的人将其列为从事最多功能的第二项活动，有17.3%的人将其列为从事最多的第三项活动。抚养、教育子女和体育活动也成为人们的一项重要活动,见户调表25。

户调表25 闲暇时间从事最多的活动

单位:%

从事最多的第一项活动		从事最多的第二项活动		从事最多的第三项活动	
闲暇活动	百分比	闲暇活动	百分比	闲暇活动	百分比
看电视、录像	38.3	看电视、录像	30.3	看电视、录像	17.3
去电影院、歌舞厅	1.0	去电影院、歌舞厅	3.7	去电影院、歌舞厅	3.3
体育活动	0.7	体育活动	5.0	体育活动	3.7
养花鸟鱼	1.3	养花鸟鱼	0.0	养花鸟鱼	0
搓麻将、打扑克	4.7	搓麻将、打扑克	17.3	搓麻将、打扑克	16.7
听广播、录音	0.0	听广播、录音	2.7	听广播、录音	2.0
旅游	1.0	旅游	1.7	旅游	3.0
读书看报	3.3	读书看报	7.7	读书看报	8.7
学习文化技术	1.0	学习文化技术	3.0	学习文化技术	2.0
玩宠物	0	玩宠物	0.3	玩宠物	0
抚养、教育子女	38.3	抚养、教育子女	12.0	抚养、教育子女	10.9
逛商场	1.0	逛商场	1.7	逛商场	1.0
看戏、听说书	0	看戏、听说书	0.3	看戏、听说书	0
串门聊天	4.7	串门聊天	8.7	串门聊天	16.0
下棋	0	下棋	1.7	下棋	3.3
宗教活动	0	宗教活动	0	宗教活动	0
钓鱼	0.7	钓鱼	2.3	钓鱼	4.7
照顾老人、病人	0.3	照顾老人、病人	0.7	照顾老人、病人	2.0
上网	2.7	上网	1.0	上网	2.0
其他	0.0	其他	0	其他	3.3

调查显示,不同职业、不同文化程度的被访者的闲暇活动方式不同。在被访者调查中,用于看电视、录像的人数最多,占被访者人数的86%;其次是抚养、教育子女,占被访者人数的60.6%;再次是搓麻将、打扑克,占被访者人数的38.7%。其中高中以下文化程度被访者前四项闲暇活动是:看电视、录像,占所有闲暇活动的30.5%;抚养、教育子女,占所有闲暇活动20.67%;搓麻将、打扑克,占被访者人数的14.11%;串门聊天占被访者人数的11.1%。大专以上文化程度被访者前四项闲暇活动是:看电视、录像,

占被访者人数18.3%；抚养、教育子女占18.3%，读书看报占15.8%和上网占10.0%。

另外从调查表中也可以看出不足之处：一是群众性的体育活动不多，从事体育闲暇活动人数偏少；二是群众性的文化活动不多；三是旅游等消费性闲暇活动被访者参与者的比例不高。

再从不同文化程度的人从事闲暇活动比较来看，从事体育活动最多的、读书看报最多的是高级管理层、中层管理层、专业技术人员；教育子女最多的职业群体是专业技术人员和无业失业人员以及一般体力劳动者；上网最多的是中级管理层、专业技术人员和办事人员；去电影院、歌舞厅最多的是高层管理人员、中层管理人员和专业技术人员、办事人员（见户调表26）。

户调表26　不同文化程度的人从事最多的闲暇活动比较

单位：人

从事最多的三项活动	不识字	初小	高小	初中	高中/中技校/职高	大专	大学本科	合计
看电视、录像	6	28	26	122	54	18	4	258
去电影院、歌舞厅	—	3	3	10	6	2	—	24
体育活动	—	4	2	9	4	5	4	28
养花鸟鱼	—	—	—	—	2	2	—	4
搓麻将、打扑克	1	12	10	57	29	7	—	116
听广播、录音	2	4	4	3	1	—	—	14
旅游	—	—	—	5	6	3	3	17
读书看报	—	1	1	20	18	14	5	59
学习文化技术	—	—	1	3	5	8	1	18
玩宠物	—	—	—	—	1	—	—	1
抚养、教育子女	3	16	16	83	42	17	5	182
逛商场	—	—	1	6	3	1	—	11
看戏、听说书	—	1	—	2	—	—	—	3
串门聊天	4	12	11	45	14	1	1	88
下棋	—	1	2	9	2	4	—	18
钓鱼	1	2	—	11	8	1	—	23
照顾老人、病人	—	2	1	2	3	—	1	9
上网	—	—	—	3	2	12	—	17
其他	1	1	—	1	—	1	—	4
不回答	—	—	3	2	1	—	—	6

八 居民生活评价

1. 对现在生活的评价及对今后生活的估计

不同社会群体对其家庭生活水平变动情况的主观评价在一定程度上反映了贫富的差距，对今后生活的估计反映出居民对未来生活的信心和不同阶层的发展趋势。

总体来看，与五年前比较，300名被访者对现在的生活的总体评价是1.45分，众数是0.6分（按五级评分计量，1分为差许多、2分为差一点、3分为差不多、4分为好一点、5分为好许多）。在对今后五年估计中，300名被访者对今后的生活的总体评价是1.43分，众数是0.45分，对未来的生活评价较低，主要是金融危机的影响，人们对未来的生活感到担忧。

对现在生活的评价，不同职业群体进行比较，高层管理、中层管理、专业技术人员和办事员普遍低于总体评分，但熟练技工（灰领）和一般体力劳动者（蓝领）评分要高于总体评分，分别为0.01和0.06个百分点。从工作收入来看，大部分也低于总体评价，但年收入在10000~20000元的群体评价要稍好一些，年收入在1000~15000元的群体评分为1.75，高于总体评分0.32，年收入在1500~20000元的群体评分为1.68，高于总体评分0.25。

对今后五年的生活评估，不同职业群体评价也较低，高层管理、中层管理、专业技术人员和办事员办事员普遍低于总体评分，但熟练工人（灰领）和一般体力劳动者（蓝领）的评价却高于总体评分，分别为1.85和1.48，高于总体评分0.42和0.05个百分点。从工作收入来看，大部分也低于总体评价，但年收入在2000~5000元和年收入在15000~20000元的群体评价要稍好一些，年收入在2000~5000元的群体评分为1.75，高于总体评分0.32，年收入在15000~20000元的群体评分为1.48高于总体评分0.05（见户调表27、户调表28）。

户调表27 对现在生活的评价及对今后生活的估计

单位：%，人

类别		不清楚	差许多	差一点	差不多	好一点	好许多	合计
与五年前相比较	比例	1.0	60.0	34.0	3.6	0.7	0.7	100
	频度	3	180	102	11	2	2	300
对今后五年估计	比例	10.3	45.0	36.0	8.7	0.0		100
	频度	31	135	108	26	—	—	300

户调表28 各职业对现在生活的评价及对今后生活的估计

单位：人

项目	职业	不清楚	差许多	差一点	差不多	好一点	好许多	合计	得分
与五年前相比较	高层管理	—	1	—	—	—	—	1	1
	中层管理	—	7	1	—	—	—	8	1.3
	专业技术工作	1	12	7	—	—	—	20	1.3
	办事人员（白领）	—	22	8	—	—	1	31	1.39
	熟练技工（灰领）	—	7	6	—	—	—	13	1.46
	一般体力劳动者（蓝领）	2	104	69	9	2	1	187	1.51
	其他	—	20	9	1	—	—	30	1.37
	合计/平均	3	173	100	10	2	2	290	9.33
对今后五年的估计	高层管理	—	1	—	—	—	—	1	1
	中层管理	—	6	2	—	—	—	8	1.25
	专业技术工作	—	13	7	—	—	—	20	1.35
	办事人员（白领）	3	16	11	1	—	—	31	1.32
	熟练技工（灰领）	—	5	5	3	—	—	13	1.85
	一般体力劳动者（蓝领）	24	70	72	21	—	—	187	1.48
	其他	1	18	10	1	—	—	30	1.37
	合计	28	129	107	26	—	—	290	9.62

2. 对工作条件的感受

我们按五级评分法设定：不清楚0分，很不满意1分，不满意2分，一般3分，较满意4分，很满意5分。数值越大于3，满意度越高。调查结果表明：被访者对工作条件的满意度较低，各项指标的得分均为一般。对与上级的关系的满意度为0.45，对与同事的关系的满意度为0.43，对工作或劳动条件的满意度为2.54，对工作或劳动收入的满意度为2.51。

3. 个人及生活方面的评价

调查结果表明：被访者对生活条件的满意度较低。对住房的满意度为2.65，对孩子上学是否方便满意度为1.67，对邻里关系的满意度为2.11，对家庭生活的满意度为2.17，对自己的健康状况的满意度为1.93，对业余生活的满意度为2.12（见户调表29、户调表30）。

4. 对居住环境的感受

从问卷调查中可以看出，在居住环境方面，对水源水质和供应情况的满意度为2.66，对电力供应及其质量满意度为2.35，对交通、通信条件满意度

户调表29　对工作生活条件的感受情况之一

单位：人

项　目	说不清楚	很满意	较满意	一般	不满意	很不满意	不适用	不回答	得分
与上级的关系	12	27	21	12	226	2	—	0.45	—
与同事的关系	9	15	34	17	223	2	—	0.43	—
工作或劳动条件	6	5	25	137	106	14	6	1	2.54
工作或劳动收入	6	5	48	91	121	21	7	1	2.51
住房条件	5	7	41	121	108	18	—	—	2.65
孩子上学方便程度	4	1	8	82	105	10	90	—	1.67
邻里关系	5	1	1	75	182	36	—	—	2.11
您的家庭生活	3	—	15	82	131	69	—	—	2.17
自己的健康状况	27	4	15	63	120	71	—	—	1.93
业余生活	42	3	21	112	80	42	—	—	2.12

说明：得分以5分为满分。

户调表30　对工作生活条件的感受情况之二

单位：人，%

项　目	满意 人数	满意 比重	不满意 人数	不满意 比重
与上级的关系	27	2.3	33	2.5
与同事的关系	15	1.3	51	3.9
工作、劳动条件	167	14.5	120	9.3
工作、劳动收入	144	12.5	142	10.8
住房条件	313	27.2	116	8.8
孩子上学是否方便	91	7.9	115	8.8
邻里关系	77	6.6	218	16.6
家庭生活	100	8.6	200	15.3
自己健康状况	82	7.0	191	14.6
业余生活	136	11.8	122	9.4

为2.55，对环境卫生和绿化美化满意度为2.75，对大气和噪声的控制满意度为2.62，对社会治安状况满意度为2.75。其中，满意程度比例最高的是"大气和噪声控制"，其次是"环境卫生和绿化、美化"，再次是"社会治安状况"。满意程度差的是"电力供应及其质量"（见户调表31、户调表32）。

户调表31　对居住环境的感受情况之一

单位：人

项目	说不清楚	很满意	较满意	一般	不满意	很不满意	得分
水源水质和供应情况	5	28	22	106	114	25	2.66
电力供应及其质量	5	12	7	90	161	25	2.35
交通、通信条件	6	3	37	116	115	23	2.55
环境卫生和绿化美化	33	12	70	120	59	6	2.75
大气和噪声的控制	57	20	79	90	47	7	2.62
社会治安状况	12	25	47	98	101	17	2.75

说明：得分以5分为满分。

户调表32　对居住环境的感受情况之二

单位：人，%

项目	满意 人数	满意 比重	不满意 人数	不满意 比重
水源水质和供应情况	50	13.8	139	19.8
电力供应及其质量	19	5.3	186	26.6
交通、通信条件	39	10.8	138	19.7
环境卫生和绿化、美化	82	22.7	65	9.4
大气和噪声控制	99	27.4	54	7.7
社会治安状况	72	20.0	118	16.8

从以上分析得知，大部分居民对其生活现状存在轻微不满，但这种轻微不满是个人和社会发展必然的结果，因为在社会的发展进步过程中，人的需求层次是上升的，人是不知足的。而且一定范围内的不满意会导致个体努力工作、学习，从而使个体发展、社会进步。

编　后

　　《中国国情丛书——百县市经济社会追踪调查·儋州（洋浦）卷》是继1996年出版的《中国国情丛书——百县市经济社会调查·儋州卷》之后，对1993~2008年15年间儋州、洋浦经济社会发展历程所做的进一步调查。本次追踪调查项目是2008年5月确定的。本项目调研课题组，基本上以承担《中国国情丛书——百县市经济社会追踪调查·海口卷》（2007年12月出版）的原班人员组成。调研和编写历时一年零两个月。在此期间，课题组成员多次到儋州、洋浦进行实地调查，与儋州市委、市政府，及洋浦开发区党政领导和各部门的同志进行交流，收集资料，撰写书稿，于2009年7月底完成全书修改定稿。

　　1993~2008年的15年，只不过是历史上短暂的一瞬，但在儋州和洋浦的历史上却留下了浓墨重彩的一页。洋浦作为特殊的经济开发区，1992年3月从儋州这个母体中分化出来，经历10年坎坷，2003年开始腾飞，到2008年，在经济建设、体制创新、社会和文化发展等方面，创造了一个又一个惊人的奇迹。它的超常规发展离不开儋州母亲的哺育，同时又推动着儋州母体更加健康快速地发展。儋州和洋浦之间形成了不可分离、互补互促的关系，演绎出许多感人的人间喜剧，提供了许多发人深省的启示。现在，我们通过追踪的调查研究，把这段成长的经历展示出来，把它们宝贵的发展经验总结出来，让社会各界分享，这是一件有意义的事。当然，这个总结还是初步的，基本上是描述性的，提出的一些看法未必都对，我们欢迎各界朋友就有关的问题，提出意见，进行讨论。

　　本书主要编写人员为：主编廖逊，常务副主编夏鲁平，副主编王琼兰，顾问柳树滋。各篇章撰稿者为：前言：柳树滋；代序：夏鲁平；儋州部分第一篇：林芳兰、夏周青（其中，第一章、第二章、第三章、第四章、第五章、第六章：林芳兰；第七章：夏周青）；第二篇：夏周青；第三篇：岑选星；第四篇：刘光前；第五篇：于苏光；洋浦部分第一篇：林芳兰、夏周青

（其中第一章、第二章、第三章、第四章、第五章、第六章：林芳兰）；第二篇：夏周青、刘光前（其中第七章：夏周青；第八章、第九章：岑选星；第十章、第十一章：刘光前）；第三篇：于苏光；专题调查报告：王琼兰；专题调查报告：郭晓帆。

本书统稿人员为：柳树滋、夏鲁平、夏周青、岑选星。最后由柳树滋定稿，廖逊审定。

儋州市委的陈海洁同志在本课题申报立项时，提供了儋州市的一些背景材料，在本书定稿前提供了儋州市和那大镇的地图，在此一并致谢。

在调查和撰稿期间，得到了儋州市委、市政府和洋浦经济开发区工委、管理局的大力支持与热情协助，得到了儋州、洋浦各局办领导和本课题联络员密切配合，正是他们为本次调研提供了指导性意见，做了大量细致的基础性工作，才使本书得以顺利完成。所以本书是集体智慧与亲密合作的结晶。在此，我们对所有的合作者和为本书的调查编写出版作出过贡献的同志表示衷心的感谢！由于我们水平所限、时间仓促和某些统计资料的短缺，舛误疏漏在所难免，敬请广大读者批评指正。

社会科学文献出版社网站
www.ssap.com.cn

1. 查询最新图书　　2. 分类查询各学科图书
3. 查询新闻发布会、学术研讨会的相关消息
4. 注册会员，网上购书

本社网站是一个交流的平台，"读者俱乐部"、"书评书摘"、"论坛"、"在线咨询"等为广大读者、媒体、经销商、作者提供了最充分的交流空间。

"读者俱乐部"实行会员制管理，不同级别会员享受不同的购书优惠（最低 7.5 折），会员购书同时还享受积分赠送、购书免邮费等待遇。"读者俱乐部"将不定期从注册的会员或者反馈信息的读者中抽出一部分幸运读者，免费赠送我社出版的新书或者光盘数据库等产品。

"在线商城"的商品覆盖图书、软件、数据库、点卡等多种形式，为读者提供最权威、最全面的产品出版资讯。商城将不定期推出部分特惠产品。

咨询／邮购电话：010-59367028　　邮箱：duzhe@ssap.cn
网站支持（销售）联系电话：010-59367070　　QQ：168316188　　邮箱：service@ssap.cn
邮购地址：北京市西城区北三环中路甲 29 号院 3 号楼华龙大厦　社科文献出版社读者服务中心　邮编：100029
银行户名：社会科学文献出版社发行部　　开户银行：工商银行北京东四南支行　　账号：0200001009066109151

图书在版编目（CIP）数据

琼西崛起的双子星座：儋州·洋浦卷/廖逊主编. —北京：
社会科学文献出版社，2010.5
（中国国情丛书. 百县市经济社会追踪调查）
ISBN 978-7-5097-1344-0

Ⅰ.①琼… Ⅱ.①廖… Ⅲ.①地区经济-经济发展-调查
研究-儋州市 ②社会调查-儋州市 Ⅳ.①F127.664 ②D668

中国版本图书馆 CIP 数据核字（2010）第 033999 号

中国国情丛书——百县市经济社会追踪调查·儋州·洋浦卷

琼西崛起的双子星座

主　编／廖　逊

出 版 人／谢寿光
总 编 辑／邹东涛
出 版 者／社会科学文献出版社
地　　址／北京市西城区北三环中路甲 29 号院 3 号楼华龙大厦
邮政编码／100029
网　　址／http://www.ssap.com.cn
网站支持／(010) 59367077
责任部门／皮书出版中心 (010) 59367127
电子信箱／pishubu@ssap.cn
项目经理／邓泳红
责任编辑／丁　凡
责任校对／王　鹏
责任印制／蔡　静　董　然　米　扬

总 经 销／社会科学文献出版社发行部
　　　　　(010) 59367080　59367097
经　　销／各地书店
读者服务／读者服务中心 (010) 59367028
排　　版／北京中文天地文化艺术有限公司
印　　刷／北京季蜂印刷有限公司

开　本／787mm×1092mm　1/16
印　张／30.5　字数／534 千字
版　次／2010 年 5 月第 1 版　印次／2010 年 5 月第 1 次印刷
书　号／ISBN 978-7-5097-1344-0
定　价／79.00 元（含光盘）

本书如有破损、缺页、装订错误，
请与本社读者服务中心联系更换

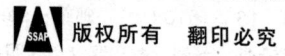

版权所有　翻印必究